COMPÊNDIO BIOJURÍDICO SOBRE REPRODUÇÃO HUMANA ASSISTIDA

20 24

Ana Thereza
Meirelles Araújo

Maria de Fátima
Freire de Sá

Dados Internacionais de Catalogação na Publicação (CIP) de acordo com ISBD

S111c   Sá, Maria de Fátima Freire de
        Compêndio Biojurídico sobre Reprodução Humana Assistida / Maria de Fátima Freire de Sá, Ana Thereza Meirelles Araújo. – Indaiatuba, SP : Editora Foco, 2024.

        296 p. : 16cm x 23cm.

        Inclui bibliografia e índice.

        ISBN: 978-65-6120-052-3

        1. Direito. 2. Biodireito. 3. Reprodução Humana Assistida. I. Araújo, Ana Thereza Meirelles. II. Título.

2024-562   CDD 344.04197   CDU 340.6

Elaborado por Vagner Rodolfo da Silva - CRB-8/9410

Índices para Catálogo Sistemático:

1. Direito 344.04197

2. Direito 340.6

COMPÊNDIO BIOJURÍDICO SOBRE REPRODUÇÃO HUMANA ASSISTIDA

Ana Thereza
Meirelles Araújo

Maria de Fátima
Freire de Sá

2024 © Editora Foco

Autoras: Ana Thereza Meirelles Araújo e Maria de Fátima Freire de Sá
Diretor Acadêmico: Leonardo Pereira
Editor: Roberta Densa
Assistente Editorial: Paula Morishita
Revisora Sênior: Georgia Renata Dias
Capa Criação: Leonardo Hermano
Diagramação: Ladislau Lima e Aparecida Lima
Impressão miolo e capa: META BRASIL

DIREITOS AUTORAIS: É proibida a reprodução parcial ou total desta publicação, por qualquer forma ou meio, sem a prévia autorização da Editora FOCO, com exceção do teor das questões de concursos públicos que, por serem atos oficiais, não são protegidas como Direitos Autorais, na forma do Artigo 8º, IV, da Lei 9.610/1998. Referida vedação se estende às características gráficas da obra e sua editoração. A punição para a violação dos Direitos Autorais é crime previsto no Artigo 184 do Código Penal e as sanções civis às violações dos Direitos Autorais estão previstas nos Artigos 101 a 110 da Lei 9.610/1998. Os comentários das questões são de responsabilidade dos autores.

NOTAS DA EDITORA:

Atualizações e erratas: A presente obra é vendida como está, atualizada até a data do seu fechamento, informação que consta na página II do livro. Havendo a publicação de legislação de suma relevância, a editora, de forma discricionária, se empenhará em disponibilizar atualização futura.

Erratas: A Editora se compromete a disponibilizar no site www.editorafoco.com.br, na seção Atualizações, eventuais erratas por razões de erros técnicos ou de conteúdo. Solicitamos, outrossim, que o leitor faça a gentileza de colaborar com a perfeição da obra, comunicando eventual erro encontrado por meio de mensagem para contato@editorafoco.com.br. O acesso será disponibilizado durante a vigência da edição da obra.

Impresso no Brasil (3.2024) – Data de Fechamento (3.2024)

2024
Todos os direitos reservados à
Editora Foco Jurídico Ltda.
Rua Antonio Brunetti, 593 – Jd. Morada do Sol
CEP 13348-533 – Indaiatuba – SP

E-mail: contato@editorafoco.com.br
www.editorafoco.com.br

A Beatriz, que, com menos de 1 ano,
transformou essencialmente as nossas vidas.

A Aisha, pelo tanto de companhia e amor que recebo todos os dias.

Ana Thereza.

A mi maestro y amigo Profesor Doctor
Carlos María Romeo Casabona.

Maria de Fátima.

"A realidade é sempre maior que todos os nossos esquemas e compensa ir a ela diretamente, sem esquemas preconcebidos."

(Diego Gracia. *Pensar a Bioética:* metas e desafios, p. 381).

PREFÁCIO

En una época como la actual, en la que las relaciones sociales se van modificando de forma constante y acelerada, provocado en gran medida por las innovaciones científicas y tecnológicas, se van viendo afectadas las valoraciones de los cambios sociales que se derivan de tales innovaciones. El cosmos axiológico que se vino construyendo a lo largo de las últimas décadas, en particular desde la segunda mitad del siglo pasado, con elementos de referencia tan importantes como los derechos humanos / derechos fundamentales y libertades públicas, ha sido puesto a prueba en numerosas ocasiones.

A pesar de la fortaleza de este marco jurídico universal de referencia es cierto que de forma constante se tiene que revisar y reinterpretar (pero sin salirse de su propio límite o marco normativo, dada la exigencia, que personalmente defiendo, con firmeza, de mantener la preciada seguridad jurídica), y en muchas situaciones nuevas construir nuevos derechos que expandan, siempre con prudencia, el catálogo de derechos humanos reconocidos universalmente.

La reproducción humana y, sobre todo, la reproducción humana médicamente asistida, constituyen un importante desafío, tanto en el marco médico-asistencial y científico como en el jurídico, tantas son las novedades que se vienen desplegando y que repercuten directamente en concepciones tan esenciales como la vida en gestación e in vitro, la familia (ya no solo hetero-biparental, sino también monoparental, en algunos casos homoparental), el matrimonio, la identidad sexual (el reconocimiento de paternidad/maternidad de las personas transexuales) y otras. Hace años se dijo que con las técnicas de reproducción humana asistida la maternidad/paternidad pasó a ser un acto de voluntad de ser padre o madre, más que un asunto puramente biológico o legal, claro está que la ley debía otorgar un reconocimiento a tal acto de voluntad.

De estos asuntos y de otros muchos más se ocupan en esta excelente monografía mis muy admiradas y queridas colegas Ana Thereza Meirelles Araújo y Maria de Fátima Freire de Sá, con quienes he compartido desde hace mucho tiempo, sobre todo con la segunda, multitud de actividades de investigación, proyectos de postgrado, publicaciones (libros y artículos), conferencias, cursos y congresos.

Es cierto que con la reproducción humana asistida se han venido ampliando, de forma constante, las posibilidades técnicas de reproducción humana, la mayor de las veces para ayudar a resolver problemas de infertilidad o de esterilidad, que incluye, por decirlo de alguna forma, la infertilidad funcional, es decir, de parejas homosexuales o incluso de personas (hombre o mujer) solas. Y también está abierta a la reproducción de una mujer o de un hombre fértiles en solitario, que en cuanto tales buscan una forma de maternidad/paternidad alternativa, descartando la reproducción sexual.

Y es cierto que las técnicas de reproducción asistida han permitido distinguir varias alternativas de reproducción: la sexual, mediante la cópula entre mujer y hombre; la sexuada (se aportan, sin acto sexual reproductivo, los gametos masculino y femenino –espermatozoide y ovocito-, bien el seno de la pareja con los propios gametos o con la aportación de uno de ellos siendo el otro de un tercero o tercera, o de un embrión genéticamente total o en parte ajeno a la pareja o a uno de ellos) y asexuada (especulativamente con un solo gameto, el ovocito activado por medio de diversas técnicas, como prometía la clonación, por el momento estancadas).

La gestación por sustitución o maternidad subrogada es la que genera en la actualidad mayor controversia. Paradójicamente se enfrenta con un rechazo absoluto por parte de algunos colectivos, por lo general extremos, como ocurre con la Iglesia Católica (pronunciamiento por SS el papa Francisco) y con algunos movimientos feministas, reducidos pero muy influyentes; particularmente estos últimos, desconocen el diálogo como instrumento irrenunciable de convivencia, reflejando una mentalidad totalitaria, de pensamiento único, que hemos padecido en mi país con algunos miembros del Gobierno anterior, que tenían este perfil (ellas). Hay que reconocer que el tratamiento ético y jurídico de la gestación por sustitución es también muy complejo, pero hay espacios que la pueden hacer aceptable y darle acogida desde la doble perspectiva ética y jurídica que estoy delineando: como solución para la infertilidad fisiológica o funcional en el sentido que he mencionado más arriba; puede presentar manifestaciones de solidaridad y altruismo o de afecto familiar o con otras personas afectivamente próximas, lo que requiere para el reconocimiento de su valor ético la exclusión de la retribución o pago (al margen de las aceptables compensaciones ponderadas) como motivación principal de la mujer gestante, pues es éste el punto más controvertido y más débil que presenta esta técnica y lo que genera más actitudes contrarias, que comparto; pero no rechazo esta forma de reproducción si intervienen los objetivos y valores que he señalado, dando absoluta prioridad al hijo fruto de tal gestación y previniendo cualquier forma de explotación real de la mujer gestante. Muy recientemente, el Tribunal Constitucional español ha otorgado el amparo solicitado (recurso a este órgano al que tienen derecho todos los ciudadanos españoles cuando entienden que los órganos judiciales han vulnerado o no reconocido un derecho fundamental o libertad pública proclamados en la Constitución española) a una mujer a la que se denegó la adopción del hijo de su marido, que había nacido mediante gestación por sustitución en el extranjero, según una nota hecha pública por este tribunal el 28 de febrero pasado, sin perjuicio de que se trata de un caso muy especial (la sentencia no se ha publicado todavía).

Solo esta variedad de posibilidades reproductivas, combinada con otras meramente apuntadas más arriba, nos puede conducir a situaciones en ocasiones muy complejas y difícilmente abarcables jurídicamente. Es ésta una de las materias, la reproducción humana asistida, por la que el Derecho se mueve con menos comodidad, pues aunque el Derecho deba mirar hacia el futuro, si quiere ser útil para la sociedad, pero también debe aspirar a un conjunto de valores y principios que impregnan a la cultura occidental, a la seguridad jurídica, al sentido común y a caminar paso a paso, si quiere ser respetado por esa misma sociedad que, no olvidemos, es plural y pluralista, y por desgracia con frecuencia consumista, dispuesta a exigir con capricho y sin ningún límite lo que puede contravenir valores ético-sociales básicos y esenciales; o menospreciar y quebrantar principios jurídicos y derechos, sean fundamentales o no lo sean, en todo caso elementales para preservar la convivencia social y la dignidad humana individual o colectiva.

Estos meros apuntes revelan ya la ardua tarea que han acometido las autoras de esta obra, dando muestras de visión abierta y al mismo tiempo ponderada. No voy a entrar en las materias concretas en las que han tenido la valentía de ocuparse, como digo, con acierto; el lector las descubrirá rápidamente solo con una rápida lectura del índice y comprobarán que no han dejado sin ocuparse de ningún asunto o materia relacionados con la reproducción humana médicamente asistida. Pero sí quiero subrayar que el lector aprenderá mucho si entra de lleno en el libro, tanto sobre los aspectos médicos de estas técnicas como de los problemas jurídicos que plantean, sobre todo cuando el legislador brasileño ha regulado muy pocos aspectos, como son los relacionados con la bioseguridad, según entiende por bioseguridad; sustituidos desde la ponderación y posicionamiento de instituciones deontológicas.

Deseo terminar esta presentación de las Profesoras Ana y Maria de Fátima, en primer lugar, recordando al lector que tiene ante si una obra que abarca todos los aspectos jurídicamente relevantes de la reproducción humana, y más en particular con la reproducción humana asistida médicamente, no solo, como decía más arriba, las regulaciones y carencias legales del ámbito jurídico brasileño, sino también desde la perspectiva de los derechos constitucionales fundamentales, señalando certeramente algunos "olvidos" del constituyente de su país; y, en todo caso, desde un enfoque innovador, crítico cuando lo han percibido necesario, y abierto al futuro, subrayado con un trasfondo ético sustancial, tan importante en tantas materias relacionadas con el Bioderecho, pero sobre todo con la Medicina de la reproducción humana. Y en segundo lugar, deseo destacar que esta obra realizada por mis distinguidas colegas y muy queridas amigas refleja la madurez de su pensamiento y la calidad de sus aportaciones en el mundo del Derecho.

Con mi felicitación académica quiero añadir que pienso que sería un acierto publicar esta obra en español, tanto por el interés que con toda seguridad despertará en otros países iberoamericanos, con quienes compartimos un entramado cultural más extenso y profundo de lo que podría creerse por algunos, como porque se integrará asimismo con rapidez en la comunidad científica de médicos, biólogos y juristas europeos, en concreto de España.

En Bilbao, a cinco de marzo de 2024.

Dr. iur. Dr. med. Dr h.c. mult. Carlos María Romeo Casabona

Catedrático Emérito de Derecho Penal. Grupo de Investigación Cátedra de Derecho y Genoma Humano. Universidad del País Vasco. España.

SUMÁRIO

PREFÁCIO XI

CONSIDERAÇÕES INICIAIS XIX

CAPÍTULO 1 – REPRODUÇÃO HUMANA ASSISTIDA: FUNDAMENTOS MÉ-
DICOS... 1

1.1 Incursão histórica da medicina reprodutiva 2

1.2 Panorama epidemiológico da infertilidade 9

    1.2.1 Infertilidade: aportes relevantes 10

        1.2.1.1 Infertilidade feminina 12

        1.2.1.2 Infertilidade masculina 14

1.3 Pontos sobre fisiologia reprodutiva e embriologia clínica 16

1.4 Técnicas e procedimentos de reprodução assistida 20

    1.4.1 Consulta e aconselhamento reprodutivo 21

    1.4.2 Inseminação intrauterina 24

    1.4.3 Concepção extrauterina: FIV E ICSI 25

    1.4.4 Uso de gametas doados à luz dos indicadores médicos......... 32

    1.4.5 A sugestão pela gestação por substituição 34

    1.4.6 Criopreservação ou congelamento de gametas e embriões...... 36

CAPÍTULO 2 – O PANORAMA DAS NORMAS DE BIOSSEGURANÇA 39

2.1 Resoluções de Diretoria Colegiada da Anvisa 39

    2.1.1 RDC 339/2020... 40

    2.1.2 RDC 771/2022 42

2.2 A Nota Técnica 6/2022 da Anvisa 47

2.3 SisEmbrio e relatórios de produção de embriões 47

2.4 Relatórios de importação – reprodução humana assistida 50

2.5 Relatório de avaliação sanitária em centros de reprodução humana assistida (BTCG) 55

CAPÍTULO 3 – PROJETOS DE LEI E REGULAMENTAÇÃO DEONTOLÓGICA 63

3.1 O atual estado dos projetos de lei 63

3.2 A atuação do Conselho Federal de Medicina na construção das regras deontológicas 67

3.3 Deontologia e competência normativa 67

3.4 A Resolução CFM 2.320/2022: notas introdutórias 69

CAPÍTULO 4 – PREMISSAS CONSTITUCIONAIS E REPRODUÇÃO HUMANA.. 73

4.1 Autonomia privada em procriação 73

4.2 Pluralidade das entidades familiares e livre planejamento familiar 76

4.3 Melhor interesse da criança e paternidade/maternidade responsável 77

4.4 A procriação como um direito 80

4.5 O inexistente marco constitucional sobre o início da vida 83

    4.5.1 A dificuldade do conceito de vida 83

    4.5.2 O início da vida na legislação e jurisprudência brasileiras 87

    4.5.3 A natureza jurídica do embrião *in vitro*.. 97

CAPÍTULO 5 – DESTINATÁRIOS DAS TÉCNICAS E ELABORAÇÃO DO TERMO DE CONSENTIMENTO LIVRE E ESCLARECIDO 105

5.1 Os destinatários 105

    5.1.1 Pessoas com demandas de fertilidade 107

    5.1.2 Pessoas sozinhas e casais hetero e homoafetivos 109

    5.1.3 Pessoas com diagnóstico oncológico ou de outras doenças 111

    5.1.4 Pessoas que optam por preservar a fertilidade diante da passagem do tempo... 113

    5.1.5 Pessoas que optam pela procriação assistida por motivações terapêuticas e de outra natureza 115

5.2 Relação médico-paciente em reprodução humana assistida e termo de consentimento livre e esclarecido 116

5.2.1 Vulnerabilidade, informação e compreensão: considerações relevantes 117

5.2.2 A necessidade da formação dialógica do consentimento 121

CAPÍTULO 6 – A PROCRIAÇÃO QUANTO À ORIGEM DOS GAMETAS 125

6.1 Procriação homóloga 125

6.2 Procriação heteróloga 127

    6.2.1 Por doação anônima 128

    6.2.2 Por doação entre parentes.. 130

    6.2.3 Doação compartilhada e doação entre amigos ou conhecidos.......... 132

6.3 O problema do critério seletivo do doador 134

6.4 Gratuidade 139

6.5 Ascendência genética 141

6.6 DNA e epigenética: notas relevantes 149

CAPÍTULO 7 – FERTILIZAÇÃO EXTRACORPÓREA E QUESTÕES BIOJURÍDICAS 153

7.1 Da eugenia à neoeugenia 154

    7.1.1 Aportes históricos e conceituais 155

    7.1.2 Tipos de eugenia: positiva e negativa 161

    7.1.3 Neoeugenia e eugenia liberal... 164

7.2 Diagnósticos e possibilidades de seleção em reprodução 170

    7.2.1 Diagnóstico pré-implantacional e Diagnóstico genético embrionário.. 174

    7.2.2 A condição de inviabilidade embrionária prevista na Lei 11.105/2005.. 178

    7.2.3 A seleção de sexo 181

    7.2.4 A seleção para fins de aperfeiçoamento 182

7.3 Seleção genética e bebê salvador 185

7.4 A destinação do excedente embrionário 189

CAPÍTULO 8 – GESTAÇÃO POR SUBSTITUIÇÃO OU CESSÃO TEMPORÁRIA DO ÚTERO 199

8.1 A ausente disciplina normativa e a natureza contratual 201

8.2 Condicionantes da técnica pela resolução e críticas 209

    8.2.1 Grau de parentesco 209

    8.2.2 Filho vivo 211

    8.2.3 Gratuidade 211

8.3 A impossibilidade da gestante ser a doadora de gametas 217

8.4 Cláusula especial do direito de arrependimento 218

8.5 Cláusula especial da liberdade sobre o próprio corpo 220

8.6 Outras questões cíveis: filiação e registro da criança..................................... 221

CAPÍTULO 9 – PROCRIAÇÃO HUMANA *POST MORTEM* 225

9.1 Material congelado e titularidade: gametas e embriões............................... 226

9.2 Consentimento em projetos parentais *post mortem*............................... 227

    9.2.1 O problema da atualidade da manifestação decisória 232

    9.2.2 A admissibilidade de outros meios de prova da decisão procriativa . 233

9.3 Filiação e questões sucessórias 237

CAPÍTULO 10 – PRODUÇÃO INDEPENDENTE CONVENCIONAL E INSEMINAÇÃO CASEIRA.. 241

10.1 Produção independente convencional 241

10.2 Inseminação caseira 242

    10.2.1 Alguns precedentes jurisprudenciais 245

    10.2.2 Anvisa e riscos sanitários 254

10.3 Inseminação caseira: da precariedade jurídica do acerto à necessidade da tutela das implicações 255

CONSIDERAÇÕES FINAIS... 257

REFERÊNCIAS 259

CONSIDERAÇÕES INICIAIS

A reprodução humana assistida (RHA) é um dos temas médicos mais abordados em biodireito. Tal afirmação pode ser constatada tanto pela quantidade de resoluções emanadas do Conselho Federal de Medicina, que disciplinam deontologicamente as condutas, mas que refletem bens jurídicos existenciais (e patrimoniais) importantes, quanto pela expressiva publicação de contribuições sobre diferentes desdobramentos da RHA.

Nós duas, enquanto estudiosas, há tempos, de temas relacionados à bioética, ao biodireito e ao direito médico, nos dedicamos a publicar, separadamente ou em coautoria, artigos, capítulos e livros sobre eixos temáticos diversos. Agora, é chegado o momento de, juntas, escrevermos um livro que consolidasse nosso pensamento acerca de vários temas que envolvem a RHA.

Se, de um lado, pode parecer pretensioso o título do livro – *Compêndio Biojurídico sobre Reprodução Humana Assistida* – de outro, ao nosso sentir, é a melhor maneira de demonstrar a busca pela amplitude e profundidade que o escrito sobre o tema nos demandou. É preciso apontar que parte do livro se dedica a apresentar fundamentos médicos (advindos da medicina reprodutiva; da embriologia; da genética; da fisiologia) essenciais à compreensão do biodireito em um diálogo cuidadoso e responsável.

Nesse sentido, se deu a construção dos 10 capítulos, que, apesar de tratarem de eixos específicos da RHA, mantém coerência argumentativa, de modo que, muitas vezes, um assunto abordado em determinado capítulo foi relembrado em outro, quando pertinente.

A inexistência de legislação ordinária sobre o tema acentua a possibilidade de judicialização e, atentas a isso, analisamos vários julgados e as razões que fundamentaram as respectivas decisões. Aliás, ressaltamos a importância da doutrina para o amparo da atividade jurisdicional, já que a medicina avança a passos largos e o direito precisa trazer respostas coerentes, sempre observando a garantia de iguais liberdades fundamentais.

Ao escrever um livro com tal intento, não se pode olvidar a menção a autores que são verdadeiros marcos no estudo da bioética e do biodireito, assim como aqueles que são referência para a medicina reprodutiva. Há que se lembrar, também, de novos e jovens autores que vêm construindo artigos, capítulos e livros sobre o tema.

Nossa intenção nunca foi o esgotamento do tema, mas trazer ao leitor o resultado de um esforço científico, realizado ao longo de todos esses anos e, mais especificamente, do ano de 2023 e nos primeiros meses de 2024. Não podemos esconder que ficamos satisfeitas com o resultado e torcemos para que você, leitor, também o aprecie. Se assim for, que esse livro componha o acervo de sua biblioteca.

Capítulo 1
REPRODUÇÃO HUMANA ASSISTIDA: FUNDAMENTOS MÉDICOS

O ponto de partida para uma compreensão adequada do complexo de questões biojurídicas que envolvem o tema da reprodução humana assistida não poderia deixar de ser a necessária incursão nos fundamentos da medicina especializada. O detalhamento dos conhecimentos aqui apontados, em prol de uma melhor compreensão sobre a temática, não excluiu a necessidade, em paralelo, de uma escolha criteriosa sobre os pontos e explicações que devem integrar o nicho de natureza médica do capítulo.

A intenção da escrita está longe de consolidar um conjunto completo e exaustivo de informações sobre os fundamentos científicos e técnicas médicas, pois, sobretudo, fugiria da pertinência das nossas áreas de formação e pesquisa. O intento está em reunir conhecimentos importantes que, por vezes, não abarcados em livros jurídicos, são fundamentais para interpretar a norma e construir adequadamente um determinado entendimento.

Sabe-se que o tema é consideravelmente técnico e abrange um conjunto de informações que se revelam em conhecimentos estudados e consolidados ao longo dos muitos anos de desenvolvimento da medicina reprodutiva. A proposta, então, do capítulo é apontar as explicações médicas necessárias à compreensão dos fenômenos ou fatos que repercutem situações jurídicas e demandam análise especializada, o que inclui o viés normativo, seja ordinário ou deontológico, e o viés bioético.

Acrescente-se que a abordagem do conteúdo médico contemplou, em especial, dentre outras referências, os escritos científicos publicados no livro da *Sociedade Brasileira de Reprodução Humana* (SBRH), resultado da reunião de múltiplos capítulos, com temáticas bem especificadas, produzidos por diferentes autores especialistas.

Nos últimos anos, muitas questões jurídicas nasceram da programação de projetos parentais originados em processos assistidos de procriação. A consolidação atual dos conhecimentos médicos nessa área possibilitou o aumento das chances de concretização de uma multiplicidade de projetos familiares, considerando diversos fatores, como a contingência das circunstâncias biológicas, os recursos disponíveis e as técnicas possíveis em cada caso concreto.

A busca pela construção de um arcabouço de informações médicas, em um estudo essencialmente jurídico, é, também, reveladora do compromisso com a lealdade e a integridade científicas, já que, como dito, relevantes questões jurídicas discutidas sobre reprodução demandam o esclarecimento responsável e prévio de justificativas, fundamentos e práticas consolidadas na medicina procriativa.

1.1 INCURSÃO HISTÓRICA DA MEDICINA REPRODUTIVA

A história da medicina reprodutiva talvez se confunda, nos livros especializados, com a história da fertilização *in vitro* (FIV), que é, de fato, uma das suas técnicas de maior complexidade. Ao tempo em que a ciência buscava a eficácia de mecanismos capazes de ultrapassar as barreiras da infertilidade, a arte também produzia resultados que refletiam conteúdos de ficção científica, com ideias sobre o processo artificial de surgimento e manipulação da vida humana, seja sob a forma de obras literárias ou por meio de produções cinematográficas.

A história recente da FIV tem consolidação no final do século XIX, quando o professor e pesquisador sobre reprodução animal, da Universidade de Cambridge, Walter Heape, publicou dois artigos científicos, no *Proceedings of the Royal Society of London*, relatando o primeiro caso de transferência embrionária em coelhas. Em 1934, Gregory Pincus, professor assistente da Universidade de Harvard, realizou experimentos sobre a FIV, também em coelhos, afirmando que a técnica poderia ser utilizada em todos os mamíferos, incluindo, também, os seres humanos. Pincus publicou os resultados do trabalho no *Proceedings of the National Academy of Sciences of the USA*, que gerou expressiva polêmica à época e críticas severas à sua atuação pela comunidade científica, o que teve como consequência a sua exoneração como professor da Universidade.[1]

Gregory Pincus deu continuidade aos seus estudos, chegando a publicar, em 1936, um livro sobre o assunto e, em 1944, criou a Fundação Worcester para Biologia Experimental, um instituto independente de pesquisa em parceria com um neuroendocrinologista da Universidade de Harvard. Foi também em 1944 que ocorreu a primeira FIV de um óvulo humano, realizada por John Rock e Miriam Menkin, pesquisadora que trabalhava com Pincus, ambos da Universidade de

---

1. PETRACCO, Alvaro; BADALOTTI, Mariangela; HENTSCHKE, Marta Ribeiro; CAETANO, João Pedro Junqueira. A história da Fertilização *in vitro* (FIV). In: CAETANO, João Pedro Junqueira; MARINHO, Ricardo Mello; PETRACCO, Alvaro; LOPES, Joaquim Roberto Costa; FERRIANI, Rui Alberto (Org.). *Medicina reprodutiva SBRH*. São Paulo: Segmento Farma: SBRH, 2018, p. 1.

CAPÍTULO 1 • REPRODUÇÃO HUMANA ASSISTIDA: FUNDAMENTOS MÉDICOS **3**

Harvard, com os resultados publicados *no American Journal of Obstetrics and Gynecology*. Não houve transferência dos embriões nesses experimentos, mas, muitas críticas, também, aos pesquisadores.[2]

O cenário precursor do desenvolvimento dos procedimentos de reprodução assistida já apontava a dificuldade da aceitação social sobre as práticas. Hoje, pode-se perceber que o reconhecimento científico das técnicas avalizou a segurança e contribuiu para a legitimidade das escolhas em procriação, chancelada pelas normas jurídicas. No entanto, ainda no cenário atual, não podemos deixar de registrar que toda tentativa de legislação sobre o assunto, em especial uma lei ordinária, tem, historicamente, no Brasil, esbarrado em problemas originados na moralidade ou em fundamentos religiosos.

Seguindo a trilha evolutiva, em 1950, o chinês Min Chueh Chang trouxe importantes contribuições sobre o desenvolvimento embrionário e endometrial, fundamental ao êxito do processo de implantação dos embriões. Posteriormente, também apresentou resultados sobre o processo de capacitação espermática, estudos desenvolvidos sincronamente pelo também cientista Collin Russell Austin, na Austrália. Em 1959, Chang publicou na *Nature* a notícia sobre o nascimento do primeiro mamífero do mundo concebido por fertilização *in vitro*, tornando-se a primeira evidência indiscutível do sucesso do procedimento.[3]

Robert Edwards, no início dos anos 60, passou a explorar os aspectos práticos da FIV em Cambridge, em paralelo a outros grupos também interessados no assunto e desenvolvendo estudos alinhados ao mesmo objetivo. Na Inglaterra, Edwards dedicou-se ao estudo da técnica laparoscópica, em parceria com outros cientistas, e, em 1969, obteve sucesso no processo laboratorial da FIV. Nos anos seguintes, juntamente com a embriologista Jean Marian Purdy, conseguiu cultivar embriões até o estágio do blastocisto. Os resultados obtidos por Edwards e demais cientistas foram duramente criticados pela comunidade médica e científica e por grupos religiosos.[4]

---

2. PETRACCO, Alvaro; BADALOTTI, Mariangela; HENTSCHKE, Marta Ribeiro; CAETANO, João Pedro Junqueira. A história da Fertilização *in vitro* (FIV). In: CAETANO, João Pedro Junqueira; MARINHO, Ricardo Mello; PETRACCO, Alvaro; LOPES, Joaquim Roberto Costa; FERRIANI, Rui Alberto (Org.). *Medicina reprodutiva SBRH*. São Paulo: Segmento Farma: SBRH, 2018, p. 2.
3. PETRACCO, Alvaro; BADALOTTI, Mariangela; HENTSCHKE, Marta Ribeiro; CAETANO, João Pedro Junqueira. A história da Fertilização *in vitro* (FIV). In: CAETANO, João Pedro Junqueira; MARINHO, Ricardo Mello; PETRACCO, Alvaro; LOPES, Joaquim Roberto Costa; FERRIANI, Rui Alberto (Org.). *Medicina reprodutiva SBRH*. São Paulo: Segmento Farma: SBRH, 2018, p. 2.
4. PETRACCO, Alvaro; BADALOTTI, Mariangela; HENTSCHKE, Marta Ribeiro; CAETANO, João Pedro Junqueira. A história da Fertilização *in vitro* (FIV). In: CAETANO, João Pedro Junqueira; MARINHO, Ricardo Mello; PETRACCO, Alvaro; LOPES, Joaquim Roberto Costa; FERRIANI, Rui Alberto (Org.). *Medicina reprodutiva SBRH*. São Paulo: Segmento Farma: SBRH, 2018, p. 3.

A primeira gravidez anunciada (ainda que com curta duração), após a transferência de um zigoto, foi em Melbourne, em 1973, pelos pesquisadores Carl Wood e John Leeton. Em 1976, Edwards e Patrick Steptoe anunciaram o resultado positivo de uma gravidez por FIV, mas que evoluiu para gestação ectópica. No mesmo ano, Yves Menezo apresentou o primeiro meio de cultura específico para FIV, capaz de refletir os ambientes folicular, tubário e uterino (o Menezo B2), em prol de possibilitar o desenvolvimento extracorpóreo de embriões. Convencidos de que o caminho estava correto, mesmo sem apoios científico e econômico, Edwards e Steptoe persistiram e, em 25 de julho de 1978, na Inglaterra, nasceu o primeiro bebê por FIV, Louise Brown, filha de mãe com obstrução tubária bilateral,[5] causando grande comoção e furor no mundo, selando o domínio da tecnologia, ainda que, de início, incipiente. Outros nascimentos foram ocorrendo na Austrália e nos Estados Unidos.[6]

Posteriormente, os estudos passaram a se concentrar na utilização de ciclos estimulados, em busca de melhor conhecimento do controle ecográfico da ovulação e da utilização de mecanismos para identificar o pico de hormônio luteinizante (LH). Nascia uma busca criteriosa pelo melhor momento para a retirada dos óvulos e procedimento de punção folicular. Em 1982, pesquisas apontaram estratégias para evitar a luteinização precoce e controlar o crescimento folicular, ao passo em que também foi descrita a possibilidade de aspiração de óvulos por via percutânea sob a anestesia local. O ano de 1982 representou, para a ciência especializada, o domínio e a disseminação da FIV, com o nascimento de bebês em diversas partes do mundo.[7]

Aqui, registra-se a evidência do protagonismo dos estudos científicos que buscam o domínio da capacidade de ovular e de técnicas que fossem capazes de apontar a qualidade dos óvulos extraídos, pressupostos fundamentais ao êxito dos processos de FIV até os dias de hoje. O rompimento da barreira biológica da ovulação única a cada ciclo e a possibilidade de identificar quais óvulos são mais

---

5. KOTECKI, José Aldair; CARVALHO, Luiz Fernando Pina de; MACEDO, José Fernando de. Visão geral e epidemiologia da infertilidade. In: CAETANO, João Pedro Junqueira; MARINHO, Ricardo Mello; PETRACCO, Alvaro; LOPES, Joaquim Roberto Costa; FERRIANI, Rui Alberto (Org.). *Medicina reprodutiva SBRH*. São Paulo: Segmento Farma: SBRH, 2018, p. 13.

6. PETRACCO, Alvaro; BADALOTTI, Mariangela; HENTSCHKE, Marta Ribeiro; CAETANO, João Pedro Junqueira. A história da Fertilização *in vitro* (FIV). In: CAETANO, João Pedro Junqueira; MARINHO, Ricardo Mello; PETRACCO, Alvaro; LOPES, Joaquim Roberto Costa; FERRIANI, Rui Alberto (Org.). *Medicina reprodutiva SBRH*. São Paulo: Segmento Farma: SBRH, 2018, p. 4.

7. PETRACCO, Alvaro; BADALOTTI, Mariangela; HENTSCHKE, Marta Ribeiro; CAETANO, João Pedro Junqueira. A história da Fertilização *in vitro* (FIV). In: CAETANO, João Pedro Junqueira; MARINHO, Ricardo Mello; PETRACCO, Alvaro; LOPES, Joaquim Roberto Costa; FERRIANI, Rui Alberto (Org.). *Medicina reprodutiva SBRH*. São Paulo: Segmento Farma: SBRH, 2018, p. 4-5.

CAPÍTULO 1 • REPRODUÇÃO HUMANA ASSISTIDA: FUNDAMENTOS MÉDICOS 5

adequados à fecundação são fundamentos essenciais das técnicas de concepção extracorpórea.

O grupo de pesquisadores australianos anunciou, em 1983, a primeira gravidez com embrião doado e também criopreservado. No mesmo ano, Lucinda Veeck, do Instituto Jones, descreveu o processo de maturação e fertilização de óvulos imaturos e Cristopher Chen comunicou a primeira gravidez de trigêmeos por FIV.[8]

É relevante o registro de que a possibilidade de gestações múltiplas, a doação de gametas e embriões, bem como as respectivas criopreservações foram fatores que intensificaram, substancialmente, os debates sobre questões éticas que envolvem o procedimento. Na época, em 1983, movimentos na ciência e na sociedade em geral passaram a questionar as implicações do procedimento, o que culminou, na Inglaterra, na criação de Comitê especializado para debater o assunto, que viria a gerar, em torno de dois anos depois, um dos primeiros documentos do mundo sobre reprodução assistida – o Relatório Warnock.[9]

Em 1984, na Austrália, ocorreu o nascimento dos primeiros quádruplos e a promulgação da primeira lei sobre FIV e pesquisa em embrião – a *The (Medical Procedures) Act 1984*. No mesmo ano, no Brasil, nasceu Anna Paula Caldeira, resultado da primeira FIV com sucesso na América Latina, conquista liderada pelo grupo de Milton Nakamura. O ano de 1985 foi fundamental ao tratamento do fator de infertilidade masculina, ao passo em que também foram descritos mecanismos para melhor abordagem dos folículos e desenvolvido um novo meio de cultura (HTF), por Patrick Quinn, que imitava o fluido tubário, contribuindo sensivelmente para a melhoria dos resultados laboratoriais. Este também foi o ano da primeira gestação por substituição, realizada nos Estados Unidos, tendo como contexto clínico o fato de que a mãe havia sido submetida à histerectomia, mas os ovários tinham sido preservados.[10]

---

8. PETRACCO, Alvaro; BADALOTTI, Mariangela; HENTSCHKE, Marta Ribeiro; CAETANO, João Pedro Junqueira. A história da Fertilização *in vitro* (FIV). In: CAETANO, João Pedro Junqueira; MARINHO, Ricardo Mello; PETRACCO, Alvaro; LOPES, Joaquim Roberto Costa; FERRIANI, Rui Alberto (Org.). *Medicina reprodutiva SBRH*. São Paulo: Segmento Farma: SBRH, 2018, p. 6.

9. LATOURELLE, Jonathon. The Report of the Committee of Inquiry into Human Fertilisation and Embryology (1984), by Mary Warnock and the Committee of Inquiry into Human Fertilisation and Embryology. *The Embryo Project Encyclopedia*. 2014. Disponível em: https://embryo.asu.edu/pages/report-committee-inquiry-human-fertilisation-and-embryology-1984-mary-warnock-and-committee. Acesso em: 30 mar. 2023.

10. PETRACCO, Alvaro; BADALOTTI, Mariangela; HENTSCHKE, Marta Ribeiro; CAETANO, João Pedro Junqueira. A história da Fertilização *in vitro* (FIV). In: CAETANO, João Pedro Junqueira; MARINHO, Ricardo Mello; PETRACCO, Alvaro; LOPES, Joaquim Roberto Costa; FERRIANI, Rui Alberto (Org.). *Medicina reprodutiva SBRH*. São Paulo: Segmento Farma: SBRH, 2018, p. 6.

O primeiro nascimento com embrião criopreservado ocorreu em 1986, e, em 1987, iniciaram-se as tentativas de injeção de espermatozoide sob a zona pelúcida, gerando o primeiro nascimento em 1988. O primeiro caso de biópsia embrionária para diagnóstico genético pré-implantacional ocorreu em 1989, com nascimento em 1990. A partir daí, surgiram diversos estudos sobre a análise do embrião antes da implantação, considerando recursos das tecnologias voltadas ao diagnóstico e conhecimentos da genética.[11]

A indústria farmacêutica, em 1992, passou a introduzir no mercado os hormônios recombinantes necessários ao procedimento. Neste mesmo ano, a técnica de injeção intracitoplasmática de espermatozoide (ICSI) passou a ser usada, por um grupo de pesquisadores belgas e trouxe importantes resultados para o tratamento da infertilidade por fator masculino grave, já que a FIV convencional não apresentava sucesso. Os anos seguintes foram muito importantes para a consolidação de técnicas voltadas ao tratamento do fator masculino de infertilidade, em especial, nos casos de azoospermia, resgatando a fertilidade de indivíduos que, até então, somente podiam procriar mediante sêmen doado.[12]

Na evolução histórico-científica da medicina reprodutiva, não se pode deixar de registrar que, em 5 de julho de 1996, Ian Wilmut e Keith Campbell clonaram, com sucesso, uma ovelha (Dolly), a partir das células mamárias de uma ovelha adulta e um óvulo sem núcleo, no Instituto Roslin, na Escócia.[13] A clonagem da ovelha Dolly é, sem dúvida, um dos marcos contemporâneos do fomento às discussões bioéticas e biojurídicas que envolvem as manipulações biológicas sobre a vida, em seu estado inicial. Sobre a técnica, há questões substanciais, talvez ainda não esclarecidas e potencialmente complexas, se pensarmos na sua aplicação na espécie humana. Reitera-se que as práticas que envolvem a reprodução humana em contexto assistido não devem ser confundidas com outras espécies de manipulações biológicas a serem oportunamente mencionadas com o avançar dos capítulos.

---

11. PETRACCO, Alvaro; BADALOTTI, Mariangela; HENTSCHKE, Marta Ribeiro; CAETANO, João Pedro Junqueira. A história da Fertilização *in vitro* (FIV). In: CAETANO, João Pedro Junqueira; MARINHO, Ricardo Mello; PETRACCO, Alvaro; LOPES, Joaquim Roberto Costa; FERRIANI, Rui Alberto (Org.). *Medicina reprodutiva SBRH*. São Paulo: Segmento Farma: SBRH, 2018, p. 6-7.
12. PETRACCO, Alvaro; BADALOTTI, Mariangela; HENTSCHKE, Marta Ribeiro; CAETANO, João Pedro Junqueira. A história da Fertilização *in vitro* (FIV). In: CAETANO, João Pedro Junqueira; MARINHO, Ricardo Mello; PETRACCO, Alvaro; LOPES, Joaquim Roberto Costa; FERRIANI, Rui Alberto (Org.). *Medicina reprodutiva SBRH*. São Paulo: Segmento Farma: SBRH, 2018, p. 7-8.
13. PETRACCO, Alvaro; BADALOTTI, Mariangela; HENTSCHKE, Marta Ribeiro; CAETANO, João Pedro Junqueira. A história da Fertilização *in vitro* (FIV). In: CAETANO, João Pedro Junqueira; MARINHO, Ricardo Mello; PETRACCO, Alvaro; LOPES, Joaquim Roberto Costa; FERRIANI, Rui Alberto (Org.). *Medicina reprodutiva SBRH*. São Paulo: Segmento Farma: SBRH, 2018, p. 8.

Em 1999, Natalie Brown (irmã de Louise Brown) foi a primeira pessoa nascida por FIV a engravidar espontaneamente. No mesmo ano, também foi noticiado o primeiro nascimento de uma criança saudável após vitrificação de oócito. Em 2000, foi noticiado com sucesso o primeiro transplante de tecido ovariano após criopreservação, sendo que, nesse mesmo ano, também foi comunicada a primeira gravidez, no Japão, por meio da transferência de blastocisto vitrificado. O ano 2000 foi marco do primeiro procedimento de diagnóstico pré-implantacional com tipificação HLA, ocorrido na Inglaterra.[14] A seleção do embrião a ser transferido tinha como objetivo o uso do sangue do cordão umbilical para tratamento do irmão com anemia, consubstanciando o que chamamos de *savior sibling* (irmão salvador) ou, ainda, bebê medicamento.[15]

A partir disso, fica descortinada importante mudança de perspectiva no processo procriativo assistido – os estudos genéticos passam a ser parte do procedimento e a representar margem de contribuição significativa quanto ao sucesso. Os exames e diagnósticos genéticos, na medida em que se consolidam como recursos médicos de relevância, trazem à lume, também, questões biojurídicas que se relacionam com a intenção seletiva e a margem fronteiriça do exercício legítimo da autonomia dos sujeitos envolvidos com a concepção.

Somente a partir de 2002 as técnicas de estudo genético começaram a ter aplicação clínica mais efetiva, em especial, por meio da hibridação genômica comparativa. As técnicas de diagnóstico e *screening* genético pré-implantacional foram fortemente desenvolvidas por Yury Verlinsky e Santiago Munné. A possibilidade de criopreservação efetiva de óvulos, em especial, em prol da preservação da fertilidade de mulheres com câncer ou que buscavam adiar a maternidade, se consolidou em 2003, com nascimentos do grupo de pesquisadores de Tae-Ki Yoon. A técnica de observação contínua de desenvolvimento embrionário foi introduzida em 2008. Robert Edwards, em 2010, aos 85 anos, recebeu o Prêmio Nobel de Fisiologia e Medicina, pelo trabalho diferencial e pioneiro nos estudos e conquistas quanto ao processo de fertilização assistida.[16]

A descrição da história humana da medicina reprodutiva aponta para resultados de alta relevância e que representaram expressiva mudança de paradigmas

---

14. PETRACCO, Alvaro; BADALOTTI, Mariangela; HENTSCHKE, Marta Ribeiro; CAETANO, João Pedro Junqueira. A história da Fertilização *in vitro* (FIV). In: CAETANO, João Pedro Junqueira; MARINHO, Ricardo Mello; PETRACCO, Alvaro; LOPES, Joaquim Roberto Costa; FERRIANI, Rui Alberto (Org.). *Medicina reprodutiva SBRH*. São Paulo: Segmento Farma: SBRH, 2018, p. 8.
15. Os projetos parentais envolvendo a seleção genética com tal finalidade serão abordados no capítulo 7.
16. PETRACCO, Alvaro; BADALOTTI, Mariangela; HENTSCHKE, Marta Ribeiro; CAETANO, João Pedro Junqueira. A história da Fertilização *in vitro* (FIV). In: CAETANO, João Pedro Junqueira; MARINHO, Ricardo Mello; PETRACCO, Alvaro; LOPES, Joaquim Roberto Costa; FERRIANI, Rui Alberto (Org.). *Medicina reprodutiva SBRH*. São Paulo: Segmento Farma: SBRH, 2018, p. 8.

em matéria de projetos parentais. Apesar do fluxo do avanço, ainda há, conforme a doutrina especializada, muito o que descobrir. A partir do ano de 2013, os estudos passaram a ter concentração nas doenças do endométrio, destacando-se o grupo de Valência, chefiado por Carlos Simon, que busca investigar a janela de implantação embrionária por meio da expressão dos genes responsáveis por esse processo. Em paralelo, há, também, importantes investimentos na introdução da técnica de sequenciamento de nova geração (NGS), capaz de permitir a identificação de alterações cromossômicas e doenças monogênicas, aplicadas à biópsia de blastocisto, em prol da identificação de embriões em condição saudável.[17]

Os estudos das células-tronco embrionárias ganharam amplitude nos últimos anos, mas, diante das barreiras religiosa e cultural, para seu uso em reprodução assistida, há importantes pesquisas com células-tronco humanas pluripotentes induzidas (iPSCh), como estratégia de tratamento para casais inférteis. Ainda que experimental, as células-tronco humanas pluripotentes podem ser geradas a partir de células somáticas e da derivação *in vitro* de célula germinativa funcional de pacientes específicos, com o objetivo de que gametas sejam gerados. Há, ainda, que se registrar, atualmente, os avanços importantes na técnica de ativação folicular *in vitro*, associada ao autotransplante de tecido ovariano, em benefício de pacientes com falência ovariana precoce.[18]

Inúmeros foram os avanços em termos de medicina reprodutiva e uma especial análise aponta para nichos que continuam em marcha de evolução, como o crescimento da eficácia de medicamentos orais para a estimulação ovariana, das técnicas de avaliação embrionária não invasiva, melhor compreensão do processo implantatório e de questões imunológicas relacionadas, bem como melhor avaliação da função espermática, além, da hipótese promissora quanto à obtenção de gametas por meio de células-tronco ou células somáticas.[19]

Buscando a promoção do acesso às informações que fundamentam as demandas por processos assistidos de reprodução, passemos, então, à compreensão do panorama epidemiológico da infertilidade.

---

17. PETRACCO, Alvaro; BADALOTTI, Mariangela; HENTSCHKE, Marta Ribeiro; CAETANO, João Pedro Junqueira. A história da Fertilização *in vitro* (FIV). In: CAETANO, João Pedro Junqueira; MARINHO, Ricardo Mello; PETRACCO, Alvaro; LOPES, Joaquim Roberto Costa; FERRIANI, Rui Alberto (Org.). *Medicina reprodutiva SBRH*. São Paulo: Segmento Farma: SBRH, 2018, p. 8.
18. PETRACCO, Alvaro; BADALOTTI, Mariangela; HENTSCHKE, Marta Ribeiro; CAETANO, João Pedro Junqueira. A história da Fertilização *in vitro* (FIV). In: CAETANO, João Pedro Junqueira; MARINHO, Ricardo Mello; PETRACCO, Alvaro; LOPES, Joaquim Roberto Costa; FERRIANI, Rui Alberto (Org.). *Medicina reprodutiva SBRH*. São Paulo: Segmento Farma: SBRH, 2018, p. 8.
19. PETRACCO, Alvaro; BADALOTTI, Mariangela; HENTSCHKE, Marta Ribeiro; CAETANO, João Pedro Junqueira. A história da Fertilização *in vitro* (FIV). In: CAETANO, João Pedro Junqueira; MARINHO, Ricardo Mello; PETRACCO, Alvaro; LOPES, Joaquim Roberto Costa; FERRIANI, Rui Alberto (Org.). *Medicina reprodutiva SBRH*. São Paulo: Segmento Farma: SBRH, 2018, p. 9.

1.2 PANORAMA EPIDEMIOLÓGICO DA INFERTILIDADE

A descoberta das motivações orgânicas, que são capazes de permitir que algumas pessoas possam ter filhos e outras não, somente pode ser compreendida a partir da consideração da dinamicidade da evolução dos estudos que agregaram diversos fatores e apontaram para resultados com repercussões de relevância. O estudo da infertilidade, catalogado por uma imensidão de publicações científicas especializadas, sedimentou o uso de uma série de terapêuticas distintas, escolhidas a partir das variáveis identificadas em cada situação diagnóstica.

Tem-se como infertilidade conjugal o estado caracterizado pela incapacidade de estabelecer uma gravidez após 12 meses de relações sexuais regulares e desprotegidas. O panorama epidemiológico, revelador de uma análise em todo o mundo, demonstra a estimativa de que a infertilidade afeta 10% a 14% dos casais. Considerando os dados populacionais do Brasil e a porcentagem estimada de mulheres em idade reprodutiva, estima-se que, no país, 6 a 8 milhões de casais sejam considerados inférteis.[20]

O cenário epidemiológico brasileiro tem características importantes, tendo em vista o fato de que a maioria dos tratamentos assistidos de reprodução é oferecida em clínicas privadas, em detrimento do sistema público de saúde, onde está grande parte de casais necessitados. No Brasil, estima-se que apenas 22% dos casais com problemas de fertilidade cheguem a procurar um especialista em reprodução, o que gera o percentual exorbitante de 80% de população infértil que não tem acesso a tratamentos especializados.[21]

O Sistema Nacional de Produção de Embriões (SisEmbrio), ligado à Agência Nacional de Vigilância Sanitária (ANVISA), a ser oportunamente esmiuçado no capítulo 2, traz dados que conseguem comprovar o aumento do uso do recurso da fertilização *in vitro*, detalhando, em regra, por ano, o número de embriões humanos obtidos, o número de embriões criopreservados (ou congelados), a quantidade de embriões excedentes doados para fins de pesquisa com células-tronco, conforme a Lei 11.105/2005 e o Decreto 5.591/2005, além do detalhamento das

---

20. KOTECKI, José Aldair; CARVALHO, Luiz Fernando Pina de; MACEDO, José Fernando de. Visão geral e epidemiologia da infertilidade. In: CAETANO, João Pedro Junqueira; MARINHO, Ricardo Mello; PETRACCO, Alvaro; LOPES, Joaquim Roberto Costa; FERRIANI, Rui Alberto (Org.). *Medicina reprodutiva SBRH*. São Paulo: Segmento Farma: SBRH, 2018, p. 13.
21. KOTECKI, José Aldair; CARVALHO, Luiz Fernando Pina de; MACEDO, José Fernando de. Visão geral e epidemiologia da infertilidade. In: CAETANO, João Pedro Junqueira; MARINHO, Ricardo Mello; PETRACCO, Alvaro; LOPES, Joaquim Roberto Costa; FERRIANI, Rui Alberto (Org.). *Medicina reprodutiva SBRH*. São Paulo: Segmento Farma: SBRH, 2018, p. 13.

informações, de naturezas fisiológica e terapêutica, relacionadas à produção de células e tecidos germinativos (oócitos e embriões).[22]

O cenário apontado pelo SisEmbrio comprova que a infertilidade representa uma realidade quantitativa expressiva, reveladora da crescente busca, nos últimos anos, no Brasil, de processos procriativos assistidos, motivados, em especial, por dificuldades biológicas, de diversas ordens, para a concretização de projeto parental.

1.2.1 Infertilidade: aportes relevantes

O estado completo de bem-estar físico, mental e social, e não apenas a ausência de doença ou enfermidade, é o conceito de saúde adotado pela Constituição da Organização Mundial de Saúde (OMS), firmada em conferência internacional, no ano de 1946, em Nova York.[23] Este conceito tem sido o ponto de partida para alargar as discussões quanto a ideia de acesso e quanto aos limites decisórios em termos de projetos parentais assistidos, questões a serem posteriormente trabalhadas.

Após 12 meses de relações sexuais frequentes e desprotegidas, a ausência de gestação define a existência da infertilidade, que, na literatura especializada, pode ser entendida como primária ou secundária. A infertilidade primária é aquela em que uma mulher nunca foi diagnosticada com uma gravidez clínica; na secundária, constatou-se a existência da gestação, mas ela não foi a termo. A constatação da infertilidade demanda a necessidade de investigação em ambos os parceiros, já que há múltiplos fatores que podem ensejar a condição. A recomendação científica e protocolar é que a investigação seja simultânea, focando-se, incialmente, na possibilidade de detectar as causas mais comuns de infertilidade.[24]

Os fatores causais da infertilidade, de natureza biológica, não anulam o fato de que, sob o entorno da condição, há uma série de outros fatores, de fundo emocional e psíquico, que devem ser considerados e conduzidos em caso de ajuda

---

22. ANVISA. *12º Relatório de produção de embriões – SisEmbrio*. Agência Nacional de Vigilância Sanitária – Anvisa. Disponível em: file:///C:/Users/Baiana/Downloads/12%C2%BA%20Relat%C3%B3rio%20 do%20Sistema%20Nacional%20de%20Produ%C3%A7%C3%A3o%20de%20Embri%C3%B5es%20 -%20SisEmbrio%20(2).pdf. Acesso em: 22 fev. 2023.
23. WHO. World Health Organization. *Constitution*. Disponível em: https://www.who.int/about/governance/ constitution. Acesso em: 20 fev. 2023.
24. CORNEL, Cesar Augusto; GREGORCZYK, Vivian Ramos; CORNEL, Felipe Viana; DUCLOU, Caroline Naback. Propedêutica Básica do Casal Infértil. In: CAETANO, João Pedro Junqueira; MARINHO, Ricardo Mello; PETRACCO, Alvaro; LOPES, Joaquim Roberto Costa; FERRIANI, Rui Alberto (Org.). *Medicina reprodutiva SBRH*. São Paulo: Segmento Farma: SBRH, 2018, p. 31.

médica especializada. Talvez, um dos desafios de hoje é saber identificar o cenário de cada demanda e estabelecer possibilidades personalizadas em reprodução, considerando muitos indicadores, sejam eles biológicos, emocionais, psíquicos, econômicos e/ou sociais.

O estado atual do estudo da infertilidade é capaz de evidenciar uma dimensão extensa de causas geradoras, ou mesmo, uma impossibilidade de definição objetiva. Os três principais fatores que influenciam a probabilidade espontânea de gravidez são o tempo de infertilidade, a idade da parceira e a infertilidade relacionada à doença. A infertilidade pode ser específica de um gênero, mas pode estar relacionada a ambos, como infecções, doenças sistêmicas e fatores relacionados ao estilo de vida.[25]

A anamnese é o primeiro passo para a investigação inicial da condição de infertilidade do casal e, se realizada de forma completa, auxilia, significativamente, o processo, otimizando o tempo e a eficácia da escolha terapêutica. É importante considerar, preliminarmente, que a idade da mulher tem papel singular no sucesso do projeto reprodutivo, requerendo, também, brevidade de diagnóstico e de execução do tratamento. As informações obtidas por meio da anamnese (e também do exame físico) são fundamentais ao sucesso da avaliação diagnóstica. Sinteticamente, nesse primeiro momento, é importante avaliar a duração da infertilidade, os resultados de avaliação prévia e de terapias já realizadas; história menstrual; história médica anterior, com especial foco em doenças imunológicas, endocrinopatias e uso de medicamentos, antecedentes de cirurgias e fatores em ginecologia; história obstétrica; história sexual, considerando métodos e frequência de coitos; história familiar, em especial, dados sobre infertilidade e mutações genéticas; e, ainda, histórico pessoal e estilo de vida, o que inclui idade, peso e hábitos como dieta e prática de atividade física.[26]

No exame físico, também é possível identificar fatores causadores da infertilidade, como o índice de massa corporal do paciente, incluindo a distribuição de gordura e obesidade abdominal; evidências físicas relacionadas à amenorreia primária; anormalidades da glândula tireoide galactorreia ou sinais de excesso de andrógenos; presença de massas; evidências físicas relacionadas

---

25. KOTECKI, José Aldair; CARVALHO, Luiz Fernando Pina de; MACEDO, José Fernando de. Visão geral e epidemiologia da infertilidade. In: CAETANO, João Pedro Junqueira; MARINHO, Ricardo Mello; PETRACCO, Alvaro; LOPES, Joaquim Roberto Costa; FERRIANI, Rui Alberto (Org.). *Medicina reprodutiva SBRH*. São Paulo: Segmento Farma: SBRH, 2018, p. 14.

26. CORNEL, Cesar Augusto; GREGORCZYK, Vivian Ramos; CORNEL, Felipe Viana; DUCLOU, Caroline Naback. Propedêutica Básica do Casal Infértil. In: CAETANO, João Pedro Junqueira; MARINHO, Ricardo Mello; PETRACCO, Alvaro; LOPES, Joaquim Roberto Costa; FERRIANI, Rui Alberto (Org.). *Medicina reprodutiva SBRH*. São Paulo: Segmento Farma: SBRH, 2018, p. 32.

à endometriose; anormalidades estruturais vaginais ou cervicais; além de questões uterinas.[27]

A investigação sobre a condição deve dar relevância à especificidade de gênero e, ao mesmo tempo, à possibilidade de causa de origem dupla. Em geral, é estimado que um terço dos casos de infertilidade conjugal esteja relacionado ao fator masculino, um terço ao feminino e o outro terço seja decorrente da conjugação dos dois fatores ou, ainda, por causas desconhecidas.[28]

1.2.1.1 Infertilidade feminina

Fundamentos científicos comprovam que o declínio da fecundidade em mulheres tem início por volta dos 25 a 30 anos de idade, sendo que, na maioria das populações estudadas, em termos de fecundação natural, 40 a 41 anos é a média de idade do último nascimento.[29] Como sinalizado antes, tanto a anamnese quanto o exame físico são essenciais para o início da avaliação diagnóstica e deve incluir a aferição da idade da genitora e considerar as opções terapêuticas pertinentes. A idade da mulher, em determinadas situações, é fator justificante para tratamentos que envolvem, por exemplo, a indicação da doação de óvulos.

Algumas doenças, como síndrome dos ovários policísticos, endometriose, miomas, pólipos endometriais e insuficiência ovariana prematura, possuem papel muito importante na avaliação do cenário das causas de infertilidade feminina.[30]

A verificação da condição de infertilidade feminina envolve fatores de diversas naturezas, como o uterino, o ovariano, o cervical, o tubário e a inclusão, também, da avaliação da reserva ovariana.

No cerne do fator uterino, estão as anomalias congênitas, resultantes de defeitos müllerianos, e adquiridas, como pólipos, leiomiomas, sinéquias, endo-

---

27. CORNEL, Cesar Augusto; GREGORCZYK, Vivian Ramos; CORNEL, Felipe Viana; DUCLOU, Caroline Naback. Propedêutica Básica do Casal Infértil. In: CAETANO, João Pedro Junqueira; MARINHO, Ricardo Mello; PETRACCO, Alvaro; LOPES, Joaquim Roberto Costa; FERRIANI, Rui Alberto (Org.). *Medicina reprodutiva SBRH*. São Paulo: Segmento Farma: SBRH, 2018, p. 32.
28. AMBAR, Rafael Favero; GAVA, Marcelo Machado; GLINA, Sidney. Propedêutica avançada do fator masculino: Além do espermograma. In: CAETANO, João Pedro Junqueira; MARINHO, Ricardo Mello; PETRACCO, Alvaro; LOPES, Joaquim Roberto Costa; FERRIANI, Rui Alberto (Org.). *Medicina reprodutiva SBRH*. São Paulo: Segmento Farma: SBRH, 2018, p. 37.
29. KOTECKI, José Aldair; CARVALHO, Luiz Fernando Pina de; MACEDO, José Fernando de. Visão geral e epidemiologia da infertilidade. In: CAETANO, João Pedro Junqueira; MARINHO, Ricardo Mello; PETRACCO, Alvaro; LOPES, Joaquim Roberto Costa; FERRIANI, Rui Alberto (Org.). *Medicina reprodutiva SBRH*. São Paulo: Segmento Farma: SBRH, 2018, p. 14.
30. KOTECKI, José Aldair; CARVALHO, Luiz Fernando Pina de; MACEDO, José Fernando de. Visão geral e epidemiologia da infertilidade. In: CAETANO, João Pedro Junqueira; MARINHO, Ricardo Mello; PETRACCO, Alvaro; LOPES, Joaquim Roberto Costa; FERRIANI, Rui Alberto (Org.). *Medicina reprodutiva SBRH*. São Paulo: Segmento Farma: SBRH, 2018, p. 14.

metrites, que podem afetar a condição de normalidade do endométrio, resultando em falhas de implantação, que se revelam em perdas gestacionais. O processo de implantação tem início 6 a 7 dias após a fecundação e envolve os estágios da aposição, adesão e penetração. As anormalidades uterinas são responsáveis por 10% das causas de infertilidade feminina, sendo que achados anormais na região são relatados em até 50% de mulheres com problemas no processo de implantação. Os métodos diagnósticos, comumente usados para avaliação do fator uterino, são a ultrassonografia transvaginal, a histerossalpingografia, a histerossonografia, a ressonância magnética e a histeroscopia.[31]

A análise do fator ovariano é feita com base em uma série de critérios clínicos e laboratoriais, capazes de predizer e detectar a existência da ovulação. A disfunção ovulatória é causa para 30% a 40% das situações de infertilidade feminina. A história clínica da paciente pode apontar para a existência de ciclos ovulatórios ou anovulatórios, estes associados, na maioria dos casos, à síndrome do ovário policístico (SOP). Fatores como a irregularidade dos ciclos, a obesidade, a galactorreia (produção e liberação de leite sem gravidez), o hirsutismo (crescimento excessivo de pelos) e a presença de acne expressiva estão associadas a problemas da ovulação.[32]

O fator cervical pode apontar para um quadro de cervicite crônica, cujo tratamento pode ser viável. Isso ocorreria por meio do teste pós-coital, com o objetivo de avaliar a presença e a motilidade dos espermatozoides no muco cervical feminino, posteriormente ao coito. É um teste com indicação discutida, já que não apresenta boa relação custo-benefício, associado ao fato de que o fator cervical é tratado como esterilidade sem causa aparente.[33]

A avaliação do fator tubário considera a importância da função das tubas uterinas, responsáveis pelo transporte do óvulo do ovário até a cavidade do útero e pelo transporte dos espermatozoides até o óvulo, com o objetivo de que ocorra a fecundação. Problemas tubários normalmente possuem relação com doenças sexualmente transmissíveis, endometriose, hidrossalpinge, gravidez ectópicas

---

31. CORNEL, Cesar Augusto; GREGORCZYK, Vivian Ramos; CORNEL, Felipe Viana; DUCLOU, Caroline Naback. Propedêutica Básica do Casal Infértil. In: CAETANO, João Pedro Junqueira; MARINHO, Ricardo Mello; PETRACCO, Alvaro; LOPES, Joaquim Roberto Costa; FERRIANI, Rui Alberto (Org.). *Medicina reprodutiva SBRH*. São Paulo: Segmento Farma: SBRH, 2018, p. 32-33.
32. CORNEL, Cesar Augusto; GREGORCZYK, Vivian Ramos; CORNEL, Felipe Viana; DUCLOU, Caroline Naback. Propedêutica Básica do Casal Infértil. In: CAETANO, João Pedro Junqueira; MARINHO, Ricardo Mello; PETRACCO, Alvaro; LOPES, Joaquim Roberto Costa; FERRIANI, Rui Alberto (Org.). *Medicina reprodutiva SBRH*. São Paulo: Segmento Farma: SBRH, 2018, p. 33.
33. CORNEL, Cesar Augusto; GREGORCZYK, Vivian Ramos; CORNEL, Felipe Viana; DUCLOU, Caroline Naback. Propedêutica Básica do Casal Infértil. In: CAETANO, João Pedro Junqueira; MARINHO, Ricardo Mello; PETRACCO, Alvaro; LOPES, Joaquim Roberto Costa; FERRIANI, Rui Alberto (Org.). *Medicina reprodutiva SBRH*. São Paulo: Segmento Farma: SBRH, 2018, p. 34.

anteriores e intervenções cirúrgicas pélvicas, respondendo por cerca de 25% a 35% dos casos de infertilidade feminina. A avaliação diagnóstica do fator deve ser realizada por meio de exames como histerossalpingografia (radiografias das tubas e cavidade uterinas), histerossonosalpingografia (espécie de ultrassonografia) e videolaparoscopia.[34]

Por fim, tem-se que avaliar a reserva ovariana, que é a aferição do número de oócitos remanescentes presentes nos ovários. A deterioração quantitativa e qualitativa está associada à idade da mulher. O espectro de marcadores da reserva ovariana é amplo e inclui os bioquímicos, FSH basal, estradiol basal, inibina B basal e hormônio antimülleriano, e marcadores da morfometria ovariana (volume, contagem de folículos antrais e diâmetro do ovário). A dosagem de alguns marcadores tem tempo adequado dentro do ciclo e outros, como o antimülleriano, pode ser coletado em qualquer momento.[35]

A complexidade e a diversidade dos fatores de infertilidade feminina demonstram a necessidade de avaliação diagnóstica especializada e minuciosa, em prol da escolha personalizada do tratamento terapêutico, otimizando a saúde física, psíquica e emocional, o tempo e os custos.

1.2.1.2 Infertilidade masculina

O fator masculino é responsável por 20% a 30% dos casos de infertilidade, contribuindo para uma estimativa de 50% dos casos em geral.[36]

No âmbito da anamnese masculina, algumas questões devem ser incisivamente investigadas, como a presença de doenças sistêmicas, cirúrgicas e tratamentos anteriores, incluindo diabetes melito, esclerose múltipla e trauma raquimedular, exemplos que podem levar a distúrbios ejaculatórios, bem como terapêuticas voltadas à hiperplasia prostática benigna. Processos infecciosos podem estar relacionados à azoospermia, devendo, também ser investigada a existência de neoplasias. O levantamento sobre o uso de medicamentos e outras

---

34. CORNEL, Cesar Augusto; GREGORCZYK, Vivian Ramos; CORNEL, Felipe Viana; DUCLOU, Caroline Naback. Propedêutica Básica do Casal Infértil. In: CAETANO, João Pedro Junqueira; MARINHO, Ricardo Mello; PETRACCO, Alvaro; LOPES, Joaquim Roberto Costa; FERRIANI, Rui Alberto (Org.). *Medicina reprodutiva SBRH*. São Paulo: Segmento Farma: SBRH, 2018, p. 34.

35. CORNEL, Cesar Augusto; GREGORCZYK, Vivian Ramos; CORNEL, Felipe Viana; DUCLOU, Caroline Naback. Propedêutica Básica do Casal Infértil. In: CAETANO, João Pedro Junqueira; MARINHO, Ricardo Mello; PETRACCO, Alvaro; LOPES, Joaquim Roberto Costa; FERRIANI, Rui Alberto (Org.). *Medicina reprodutiva SBRH*. São Paulo: Segmento Farma: SBRH, 2018, p. 34.

36. KOTECKI, José Aldair; CARVALHO, Luiz Fernando Pina de; MACEDO, José Fernando de. Visão geral e epidemiologia da infertilidade. In: CAETANO, João Pedro Junqueira; MARINHO, Ricardo Mello; PETRACCO, Alvaro; LOPES, Joaquim Roberto Costa; FERRIANI, Rui Alberto (Org.). *Medicina reprodutiva SBRH*. São Paulo: Segmento Farma: SBRH, 2018, p. 14.

drogas é essencial para uma adequada avaliação seminal. O tabagismo, o alcoolismo e o excesso de medicamentos, como antipsicóticos, antidepressivos e opioides, podem ter relação importante com a infertilidade, já que possibilitam o desequilíbrio dos níveis de serotonina, prolactina e dopamina, além de atingir a espermatogênese. É também importante investigar doenças da infância.[37]

Feita a anamnese e o exame físico, deve ser realizada a análise seminal, que fornecerá informações quanto aos dados sobre a espermatogênese e sobre a permeabilidade do trato reprodutivo. O diagnóstico de infertilidade masculina, tradicionalmente, tem como ponto de partida a avaliação descritiva dos parâmetros do conteúdo ejaculado, envolvendo a concentração, a motilidade e a morfologia dos espermatozoides, por meio do espermograma. No entanto, durante um tempo, a identificação da infertilidade masculina esteve associada à análise seminal, mas, também, é necessário enfatizar que não é o suficiente, já que o processo diagnóstico é um fenômeno complexo e multifatorial.[38]

As deficiências testiculares e pós-testiculares podem gerar a infertilidade masculina, além dos estudos que apontam para o declínio do sêmen e a influência de fatores ambientais, como o uso de produtos químicos de desregulação endócrina.[39]

Por vezes, o espermograma, com resultado fora do parâmetro de normalidade, deve ser repetido para confirmação. A condição de esterilidade do paciente somente deve ser apontada se realmente não houver nenhum espermatozoide em mais de um exame (azoospermia). A análise seminal deve contar, ainda, com a avaliação da integridade de DNA espermático e com investigações de natureza genética, como o cariótipo e outros, já que "múltiplas evidências sugerem que a genética tem um papel significativo na reprodução e, assim, na infertilidade masculina".[40]

---

37. AMBAR, Rafael Favero; GAVA, Marcelo Machado; GLINA, Sidney. Propedêutica avançada do fator masculino: Além do espermograma. In: CAETANO, João Pedro Junqueira; MARINHO, Ricardo Mello; PETRACCO, Alvaro; LOPES, Joaquim Roberto Costa; FERRIANI, Rui Alberto (Org.). *Medicina reprodutiva SBRH*. São Paulo: Segmento Farma: SBRH, 2018, p. 37-38.

38. CORNEL, Cesar Augusto; GREGORCZYK, Vivian Ramos; CORNEL, Felipe Viana; DUCLOU, Caroline Naback. Propedêutica Básica do Casal Infértil. In: CAETANO, João Pedro Junqueira; MARINHO, Ricardo Mello; PETRACCO, Alvaro; LOPES, Joaquim Roberto Costa; FERRIANI, Rui Alberto (Org.). *Medicina reprodutiva SBRH*. São Paulo: Segmento Farma: SBRH, 2018, p. 35.

39. KOTECKI, José Aldair; CARVALHO, Luiz Fernando Pina de; MACEDO, José Fernando de. Visão geral e epidemiologia da infertilidade. In: CAETANO, João Pedro Junqueira; MARINHO, Ricardo Mello; PETRACCO, Alvaro; LOPES, Joaquim Roberto Costa; FERRIANI, Rui Alberto (Org.). *Medicina reprodutiva SBRH*. São Paulo: Segmento Farma: SBRH, 2018, p. 14.

40. AMBAR, Rafael Favero; GAVA, Marcelo Machado; GLINA, Sidney. Propedêutica avançada do fator masculino: Além do espermograma. In: CAETANO, João Pedro Junqueira; MARINHO, Ricardo Mello; PETRACCO, Alvaro; LOPES, Joaquim Roberto Costa; FERRIANI, Rui Alberto (Org.). *Medicina reprodutiva SBRH*. São Paulo: Segmento Farma: SBRH, 2018, p. 39-40.

Acrescente-se, por fim, a pertinência dos exames de imagens, como ultrassonografia de bolsa testicular, vasografia, ultrassonografia transretal e ressonância magnética, como instrumentos também colaboradores da precisão diagnóstica.[41]

1.3 PONTOS SOBRE FISIOLOGIA REPRODUTIVA E EMBRIOLOGIA CLÍNICA

Antes de adentramos às técnicas de consecução da reprodução humana assistida, por motivações pedagógicas, entendemos ser necessário apontar alguns fundamentos da fisiologia reprodutiva e da embriologia clínica, precursores da compreensão sobre as etapas de fecundação, implantação e desenvolvimento da gravidez.

A fecundação é um processo complexo que aponta para uma sequência de eventos divididos em etapas distintas. O processo começa com o encontro entre os gametas e penetração do espermatozoide no oócito, envolve o reconhecimento e a adesão entre receptores da membrana citoplasmática do espermatozoide e a zona pelúcida, reação acrossômica, travessia pelo espermatozoide, fusão das membranas, bloqueios à polispermia, chegando à formação dos pró-núcleos masculino e feminino, duplicação do DNA, fusão entre pró-núcleos e ativação do metabolismo do zigoto (ou ovócito II).[42]

A identificação de cada etapa propicia o conhecimento da dimensão da complexidade do processo fecundativo, o que inclui tentativas múltiplas de gravidez por concepção natural, abortos espontâneos, busca pelos processos assistidos de reprodução e repetição de tentativas, além da insistente discussão quanto ao marco inicial sobre o exato momento em que a vida humana começa.

Uma vez formado o zigoto, ocorrem as clivagens (divisões celulares) que tem como resultado a formação dos blastômeros, "células totipotentes, também referidas como células-tronco embrionárias, uma vez que, quando isoladas individualmente, poderão dar origem a um novo indivíduo".[43]

---

41. AMBAR, Rafael Favero; GAVA, Marcelo Machado; GLINA, Sidney. Propedêutica avançada do fator masculino: Além do espermograma. In: CAETANO, João Pedro Junqueira; MARINHO, Ricardo Mello; PETRACCO, Alvaro; LOPES, Joaquim Roberto Costa; FERRIANI, Rui Alberto (Org.). *Medicina reprodutiva SBRH*. São Paulo: Segmento Farma: SBRH, 2018, p. 41.
42. ARROTEIA, Kélen Fabíola; BRAGA, Daniela Paes de Almeida Ferreira; VEIGA, Fernanda Cristina; COSTA; Carolina Frandsen Pereira da; PEREIRA, Luis Antonio Violin Dias. Fisiologia reprodutiva. In: BORGES JÚNIOR, Edson; BRAGA, Daniela Paes de Almeida Ferreira; SETTI, Amanda Souza (Coord.). *Reprodução humana assistida*. 2. ed. Rio de Janeiro: Atheneu, 2020, p. 12-13.
43. ARROTEIA, Kélen Fabíola; BRAGA, Daniela Paes de Almeida Ferreira; VEIGA, Fernanda Cristina; COSTA; Carolina Frandsen Pereira da; PEREIRA, Luis Antonio Violin Dias. Fisiologia reprodutiva. In: BORGES JÚNIOR, Edson; BRAGA, Daniela Paes de Almeida Ferreira; SETTI, Amanda Souza (Coord.). *Reprodução humana assistida*. 2. ed. Rio de Janeiro: Atheneu, 2020, p. 15.

CAPÍTULO 1 • REPRODUÇÃO HUMANA ASSISTIDA: FUNDAMENTOS MÉDICOS **17**

A fecundação, enquanto processo complexo de formação de um novo indivíduo, tem início no surgimento das células germinativas, durante o período embrionário, de onde se conclui que falhas moleculares, durante todas essas etapas anteriores, podem ser responsáveis pelo impedimento da formação do concepto.[44] Isso, além de revelar a complexidade do desenvolvimento da vida humana, aponta a dificuldade, por vezes, de identificar, com precisão, causas que ocasionaram a infertilidade.

A visitação dos conhecimentos em embriologia clínica aponta para o fato de que o desenvolvimento humano deve ser compreendido como um processo contínuo que tem início quando o oócito (ou óvulo) é fecundado por um espermatozoide. A partir disso, esse oócito fecundado passa a ser submetido naturalmente a processos de divisão, migração e morte celular programada (apoptose), além da diferenciação, do crescimento e do rearranjo celular. Passa então o oócito fecundado a ser uma célula altamente especializada e totipotente (zigoto), que tem como características ser um aglomerado múltiplo de células e ter capacidade de se diferenciar em qualquer outro tipo celular.[45]

Nota-se que, no âmbito da embriologia clínica, as nomenclaturas passam a mudar a partir dos fundamentos que concorrem para o novo estado celular observado. O oócito, imediatamente fecundado, por exemplo, apresenta diferenças do que deva ser compreendido como zigoto, que é o oócito submetido aos processos anteriormente descritos.

Os estudos quanto à continuidade do desenvolvimento humano evidenciam que a maior parte das alterações está concentrada nos períodos embrionário e fetal. No entanto, mudanças importantes ocorrem no decorrer de períodos posteriores do desenvolvimento: nas primeiras quatro semanas do período neonatal, no primeiro ano de vida na fase da lactância, durante a infância (dos dois anos à puberdade) e, ainda, na adolescência (entre 11 aos 19 anos).[46]

Uma gestação deve ter como duração o período de 40 semanas posteriormente ao início do último período menstrual ou de 38 semanas a partir da data de fecundação. Clinicamente, em caso de gravidez por concepção natural, é praticamente impossível determinar com precisão a data exata da fecundação, "uma vez

---

44. ARROTEIA, Kélen Fabíola; BRAGA, Daniela Paes de Almeida Ferreira; VEIGA, Fernanda Cristina; COSTA; Carolina Frandsen Pereira da; PEREIRA, Luis Antonio Violin Dias. Fisiologia reprodutiva. In: BORGES JÚNIOR, Edson; BRAGA, Daniela Paes de Almeida Ferreira; SETTI, Amanda Souza (Coord.). *Reprodução humana assistida*. 2. ed. Rio de Janeiro: Atheneu, 2020, p. 15.
45. MOORE, Keith L; PERSAUD, T.V.N; TORCHIA, Mark G. *Embriologia clínica*. 10. ed. Trad. Adriana de Siqueira et al. Rio de Janeiro: Elsevier, 2016, p. 23.
46. MOORE, Keith L; PERSAUD, T.V.N; TORCHIA, Mark G. *Embriologia clínica*. 10. ed. Trad. Adriana de Siqueira et al. Rio de Janeiro: Elsevier, 2016, p. 23.

que os espermatozoides podem permanecer viáveis no trato reprodutor feminino por um período de 3 a 6 dias, e o ovócito por até 48 horas após a fecundação".[47]

A data da última menstruação termina sendo o critério, na concepção natural, para a determinação da estimativa da idade gestacional. Quando se trata de reprodução humana assistida, a data da fecundação pode ser determinada com precisão,[48] considerando, em essência, que as etapas do desenvolvimento procriativo podem ser minuciosamente acompanhadas.

A gestação é dividida, conforme a embriologia, nos períodos pré-embrionário, embrionário e fetal. É importante salientar que tanto o espermatozoide quanto o oócito (células germinativas) são células sexuais extremamente especializadas. Cada uma delas agrega a metade do número de cromossomos (número haploide) presentes nas células do corpo humano (células somáticas).[49]

Alguns números e letras usadas para conformar tipos e estágios celulares específicos precisam ser adequadamente compreendidos. Os gametas humanos são células haploides e seu conjunto cromossômico é representado pela letra "n", já as células que possuem dois conjuntos de cromossomos (somáticas) chamam-se diploides e têm como símbolo "2n".[50]

Comparativamente ao espermatozoide, o oócito é uma célula grande e imóvel. O espermatozoide é microscópico e altamente móvel. A embriologia clínica demonstra, quanto à constituição dos cromossomos sexuais, a existência de dois tipos de espermatozoides normais (23, X e 23, Y), enquanto existe somente um tipo de oócito secundário (23, X). Convencionou-se que o número 23 "é seguido por uma vírgula e X ou Y para indicar a constituição do cromossomo sexual". Assim, "23, X significa que há 23 cromossomos no complemento, consistindo em 22 autossomos e um cromossomo sexual (X, nesse caso). A diferença no complemento do cromossomo sexual dos espermatozoides forma a base da determinação sexual primária".[51]

---

47. MORAES, Suzana G.; COSTA, Carolina F. P.; PEREIRA, Luis Antonio V. D. Embriologia clínica. In: BORGES JÚNIOR, Edson; BRAGA, Daniela Paes de Almeida Ferreira; SETTI, Amanda Souza (Coord.). *Reprodução humana assistida*. 2. ed. Rio de Janeiro: Atheneu, 2020, p. 19.
48. MORAES, Suzana G.; COSTA, Carolina F. P.; PEREIRA, Luis Antonio V. D. Embriologia clínica. In: BORGES JÚNIOR, Edson; BRAGA, Daniela Paes de Almeida Ferreira; SETTI, Amanda Souza (Coord.). *Reprodução humana assistida*. 2. ed. Rio de Janeiro: Atheneu, 2020, p. 19.
49. MOORE, Keith L; PERSAUD, T.V.N; TORCHIA, Mark G. *Embriologia clínica*. 10. ed. Trad. Adriana de Siqueira et al. Rio de Janeiro: Elsevier, 2016, p. 38.
50. ROCHA, Claudia Chagas. Gametogênese. In: A.R (Coord.). *Avanços em Reprodução Humana Assistida*. São Paulo: Atheneu, 2007, p. 47.
51. MOORE, Keith L; PERSAUD, T.V.N; TORCHIA, Mark G. *Embriologia clínica*. 10. ed. Trad. Adriana de Siqueira et al. Rio de Janeiro: Elsevier, 2016, p. 43.

CAPÍTULO 1 • REPRODUÇÃO HUMANA ASSISTIDA: FUNDAMENTOS MÉDICOS | **19**

Os estudos citados dos cromossomos sexuais revelam convenção quanto a construção de leitura técnica sobre a determinação sexual primária. Sabe-se que, para além da embriologia, novos estudos, em outros segmentos de área, apontam múltiplos direcionamentos e sentidos, buscando interpretações a partir de outros elementos individuais e sociais quanto à construção sobre sexo, gênero e sexualidade.

O período pré-embrionário da gestação se inicia com a fecundação e vai até o término da 2ª semana pós-fecundação. Nessa fase, há pouquíssima probabilidade de que agressões ao pré-embrião humano resultem em malformações congênitas, uma vez que as mesmas resultariam na morte do embrião, ou seriam compensadas e resolvidas pela própria atividade das células pré-embrionárias. O período é regido pela chamada "lei do tudo ou nada" – ou o pré-embrião é abortado ou segue naturalmente ao próximo período gestacional.[52]

Merece registro a importante constatação, partindo do momento anterior ao teste positivo de gravidez, de que "estima-se que 30 a 50% de todas as concepções naturais, em uma mulher saudável, evoluam para um abortamento espontâneo, sendo as anormalidades cromossômicas responsáveis por 40 a 50% desses abortamentos". Acrescenta-se, também, que "frente a um teste positivo de gravidez, cerca de 15% das gestações evoluem para um abortamento".[53]

Um melhor conhecimento do processo procriativo em concepções naturais contribui para a desmitificação da gravidez, que agrega, como apontado, muitas variáveis. Por meio de concepção natural, a busca pela gestação conta com um processo importante de perdas naturais, motivadas por causas biológicas, fisiológicas ou mesmo, impossíveis de identificação precisa pela ciência.

Historicamente, há sempre muitas perguntas sobre porque abortamentos naturais são tão frequentes. Na prática, pode-se mencionar o fato de que uma mulher, com vida sexual ativa e em uso de anticoncepcionais, diante de um atraso menstrual, seguido de posterior sangramento vaginal, habitualmente interpreta esse sangramento como a chegada tardia da menstruação. Em casos como esses, uma parcela das mulheres engravidou e eliminou o pré-embrião recém-formado, ainda que com contornos microscópicos.[54] Os fatores naturais que envolvem a

---

52. MORAES, Suzana G.; COSTA, Carolina F. P.; PEREIRA, Luis Antonio V. D. Embriologia clínica. In: BORGES JÚNIOR, Edson; BRAGA, Daniela Paes de Almeida Ferreira; SETTI, Amanda Souza (Coord.). *Reprodução humana assistida*. 2. ed. Rio de Janeiro: Atheneu, 2020, p. 19.
53. MORAES, Suzana G.; COSTA, Carolina F. P.; PEREIRA, Luis Antonio V. D. Embriologia clínica. In: BORGES JÚNIOR, Edson; BRAGA, Daniela Paes de Almeida Ferreira; SETTI, Amanda Souza (Coord.). *Reprodução humana assistida*. 2. ed. Rio de Janeiro: Atheneu, 2020, p. 19.
54. MORAES, Suzana G.; COSTA, Carolina F. P.; PEREIRA, Luis Antonio V. D. Embriologia clínica. In: BORGES JÚNIOR, Edson; BRAGA, Daniela Paes de Almeida Ferreira; SETTI, Amanda Souza (Coord.). *Reprodução humana assistida*. 2. ed. Rio de Janeiro: Atheneu, 2020, p. 19.

busca pelo estado gestacional também estão relacionados com a compreensão das dimensões da tutela jurídica da vida humana, em seus gradativos estágios, a ser tratada no capítulo 4.

Seguindo os fundamentos da embriologia clínica, para a maioria dos autores, já que não há consenso sobre a divisão exata entre as etapas, o período embrionário corresponde ao desenvolvimento entre a terceira e a oitava semana pós-fecundação, tendo como evento inicial a gastrulação, que é o processo responsável pela formação dos folhetos embrionários (ectoderma, mesoderma e endoderma) de onde se originam as estruturas do futuro indivíduo. É o período de maior suscetibilidade de defeitos congênitos, considerando a intensa proliferação, migração e diferenciação celular, revelando a formação, até o final da etapa, da maioria dos órgãos, não funcionais em regra, com exceção dos sistemas cardiovascular e nervoso.[55]

O período fetal se inicia com a nona semana pós-fecundação e termina com o nascimento, caracterizando-se pela maturação e desenvolvimento funcional de tecidos e órgãos, acentuando-se o processo de crescimento do corpo, em especial entre o terceiro e o quinto mês de desenvolvimento. Interrupções nesse período costumam estar relacionadas a doenças crônicas ou gestacionais maternas, incluindo, também, alterações na placenta e anexos.[56]

Os conhecimentos em fisiologia reprodutiva e em embriologia clínica estão expressivamente ligados à discussão dos critérios bioéticos e legais que foram considerados (ou deveriam) para proteger a vida em seu surgimento, assunto a ser retomado no capítulo 4.

1.4 TÉCNICAS E PROCEDIMENTOS DE REPRODUÇÃO ASSISTIDA

Alinhada à proposta de que o capítulo consolide noções sobre os fundamentos científicos da medicina especializada, busca-se o apontamento dos recursos terapêuticos possíveis ao tratamento do diagnóstico de infertilidade. Reafirmando o fato de se tratar de leitura técnica da área jurídica, concretizamos um levantamento de informações que podem permitir a compreensão sobre os resultados do uso das alternativas terapêuticas, que, por vezes, têm gerado discussões bioéticas e impasses jurídicos, nos últimos 10 anos.

---

55. MORAES, Suzana G.; COSTA, Carolina F. P.; PEREIRA, Luis Antonio V. D. Embriologia clínica. In: BORGES JÚNIOR, Edson; BRAGA, Daniela Paes de Almeida Ferreira; SETTI, Amanda Souza (Coord.). *Reprodução humana assistida*. 2. ed. Rio de Janeiro: Atheneu, 2020, p. 20.
56. MORAES, Suzana G.; COSTA, Carolina F. P.; PEREIRA, Luis Antonio V. D. Embriologia clínica. In: BORGES JÚNIOR, Edson; BRAGA, Daniela Paes de Almeida Ferreira; SETTI, Amanda Souza (Coord.). *Reprodução humana assistida*. 2. ed. Rio de Janeiro: Atheneu, 2020, p. 21.

CAPÍTULO 1 • REPRODUÇÃO HUMANA ASSISTIDA: FUNDAMENTOS MÉDICOS

Os desdobramentos biojurídicos, originados pela regulamentação deontológica da matéria, serão paulatinamente abordados a partir do surgimento dos pontos específicos pertinentes a cada capítulo que seguirá.

1.4.1 Consulta e aconselhamento reprodutivo

Toda escolha sobre a execução de um procedimento assistido para tentar resolver uma demanda de infertilidade tem como ponto de partida uma consulta médica especializada. No entanto, por vezes, a consulta com o especialista em reprodução é antecedida por consulta de aconselhamento reprodutivo, realizada, em regra, por um ginecologista. Nos últimos anos, pode-se notar que o especialista em reprodução humana assistida assumiu, pertinentemente, a realização desse tipo de consulta. Na primeira visita ao consultório, quando a proposta é a busca pelo aconselhamento, a ideia é fornecer ao profissional informações que justificam a demanda, a fim de que o mesmo compreenda circunstâncias e vontades que são essenciais ao curso da orientação.

A realização de um aconselhamento reprodutivo, seja ele feito por um ginecologista ou por um especialista em reprodução, se revela de acordo com os objetivos do(s) sujeito(s) a ser(em) aconselhado(s) e em consonância à marcha da investigação que busca apontar a causa da infertilidade.

Na doutrina médica especializada, é possível perceber a amplitude do significado do termo "aconselhamento reprodutivo", considerando que o mesmo se refere à inclusão de grupos com pretensões distintas: indivíduos e casais com desejo reprodutivo incerto (envolve discussões sobre a ideia de ter ou não ter filhos e estratégias para preservação da fertilidade); indivíduos e casais com desejo reprodutivo não imediato (envolve discussões sobre as chances, idade, tentativas e possibilidades de preservação imediata da fertilidade); indivíduos e casais com desejo reprodutivo imediato (discussões sobre as chances de gravidez natural e sobre a possibilidade de alternativas terapêuticas de tratamento).[57]

A consulta aconselhadora tem características diferentes das consultas médicas em geral, tendo em vista que deve lidar, muitas vezes, com o sofrimento subjetivo e pessoal; com os desejos quanto a constituição de um dos modelos de família (hoje, distintos e plurais); com o cuidado em esclarecer as implicações decorrentes das alternativas terapêuticas possíveis (ainda que em fase prévia);

---

57. DUARTE FILHO, Oscar Barbosa; TOGNOTTI, Elvio. Aconselhamento reprodutivo. In: CAETANO, João Pedro Junqueira; MARINHO, Ricardo Mello; PETRACCO, Alvaro; LOPES, Joaquim Roberto Costa; FERRIANI, Rui Alberto (Org.). *Medicina reprodutiva SBRH*. São Paulo: Segmento Farma: SBRH, 2018, p. 131.

devendo contar, também, com a necessidade de equipe especializada multidisciplinar, como psicólogos, psiquiatras e sexólogos.[58]

Aqui, é relevante afirmar a complexidade de uma consulta de aconselhamento reprodutivo, se pensada a séries de fatores que podem ser investigados e se revelam conforme a história dos demandantes, inclusive o fato de que a procura não seja motivada pela decisão imediata de ter filhos, mas, sim, pela precaução em poder reservar essa possibilidade para momento posterior.

Em caso de demanda imediata para procriação, a primeira ideia é uma orientação quanto a informações sobre ciclo menstrual, período fértil, duração de tentativas naturais e possibilidade de solicitação de exames específicos, conforme cada caso. Informações sobre condições de saúde dos genitores e sobre cuidados com o feto, considerando doenças que podem ser evitadas, também é fundamental. "A prescrição profilática preconcepcional de ácido fólico deve ser confirmada, e as sorologias recentes de doenças infecciosas do casal devem ser avaliadas pelo médico". Um cuidado também especial deve ser destinado para orientação de pacientes que fazem uso contínuo de medicamentos, observando as substâncias e a posologia.[59]

O ato aconselhador pode envolver, também, investigação de natureza genética, a partir dos conhecimentos em genética reprodutiva que demandam solicitação de exames específicos. Cumpre ressaltar que a avaliação genética do embrião, decorrente do possível uso da fertilização laboratorial, será tratada posteriormente, já que se refere a uma etapa que pode integrar um tipo de procedimento assistido.

O aconselhamento da indicação de preservação da fertilidade tem importante protagonismo na consulta, tendo em vista, também, a cada vez mais decisão feminina, nos dias de hoje, pela postergação da maternidade. As informações consolidadas em estudos científicos sobre a idade fértil da mulher, ao longo de anos, são esclarecidas pelos profissionais com o objetivo de contribuir para a programação da procriação.

Deve-se ressaltar, ainda, que "o risco genético maior em relação à idade materna reprodutiva elevada ocorre em função de anomalias cromossômicas

---

58. DUARTE FILHO, Oscar Barbosa; TOGNOTTI, Elvio. Aconselhamento reprodutivo. In: CAETANO, João Pedro Junqueira; MARINHO, Ricardo Mello; PETRACCO, Alvaro; LOPES, Joaquim Roberto Costa; FERRIANI, Rui Alberto (Org.). *Medicina reprodutiva SBRH*. São Paulo: Segmento Farma: SBRH, 2018, p. 131-132.

59. DUARTE FILHO, Oscar Barbosa; TOGNOTTI, Elvio. Aconselhamento reprodutivo. In: CAETANO, João Pedro Junqueira; MARINHO, Ricardo Mello; PETRACCO, Alvaro; LOPES, Joaquim Roberto Costa; FERRIANI, Rui Alberto (Org.). *Medicina reprodutiva SBRH*. São Paulo: Segmento Farma: SBRH, 2018, p. 133.

CAPÍTULO 1 • REPRODUÇÃO HUMANA ASSISTIDA: FUNDAMENTOS MÉDICOS   23

numéricas", anormalidades geralmente resultantes do fenômeno da não disjunção, que é "caracterizado pela falha da separação dos dois cromossomos homólogos durante a meiose celular", acidente genético que é mais frequente quando a idade materna é elevada.[60]

A preservação da fertilidade pode ocorrer por meio do congelamento de gametas ou mesmo de embriões, tendo como motivação tanto o critério etário quanto a existência de doença, cujo tratamento possa causar a esterilidade permanente.

Tecnicamente, a melhor opção é a criopreservação de embriões, mesmo diante dos dilemas bioéticos e jurídicos que o ato possa implicar, já que é técnica com resultado eficiente e semelhante a casos de fertilização *in vitro* com transferência embrionária imediata. A criopreservação de óvulos é uma opção para o caso de mulheres solteiras, mas é menos eficiente que a criopreservação de embriões. No âmbito do aconselhamento reprodutivo, é uma decisão que deve ser ponderada a partir da individualização de cada projeto parental.[61]

Pacientes em longos períodos de anticoncepção devem receber atenção aconselhadora especial. Estatisticamente, 10% da população tem insuficiência ovariana precoce, que geralmente ocorre de maneira silenciosa, o que faz com que, em muitos casos, quando finalmente diagnosticada, a mulher não possa mais contar com os seus próprios óvulos. A avaliação periódica da reserva ovariana é um instrumento importante para a concretização de estratégias em tempo oportuno.[62]

Por fim, deve-se ter em mente que o aconselhamento genético reprodutivo é classificado por distintas fases: na modalidade preconcepcional (antes, portanto, da decisão procriativa); na modalidade pré-implantatória e pré-natal (o que inclui testes ou diagnósticos genéticos pré-implantacionais embrionários); e na modalidade pós-gestacional (voltados a perdas gestacionais repetitivas e em casos de nascimento de filhos com malformação congênita).

---

60. VIANA, Melissa Machado; AGUIAR, Marcos José Burle de. Genética e reprodução humana. In: CAETANO, João Pedro Junqueira; MARINHO, Ricardo Mello; PETRACCO, Alvaro; LOPES, Joaquim Roberto Costa; FERRIANI, Rui Alberto (Org.). *Medicina reprodutiva SBRH*. São Paulo: Segmento Farma: SBRH, 2018, p. 50.
61. DUARTE FILHO, Oscar Barbosa; TOGNOTTI, Elvio. Aconselhamento reprodutivo. In: CAETANO, João Pedro Junqueira; MARINHO, Ricardo Mello; PETRACCO, Alvaro; LOPES, Joaquim Roberto Costa; FERRIANI, Rui Alberto (Org.). *Medicina reprodutiva SBRH*. São Paulo: Segmento Farma: SBRH, 2018, p. 133.
62. DUARTE FILHO, Oscar Barbosa; TOGNOTTI, Elvio. Aconselhamento reprodutivo. In: CAETANO, João Pedro Junqueira; MARINHO, Ricardo Mello; PETRACCO, Alvaro; LOPES, Joaquim Roberto Costa; FERRIANI, Rui Alberto (Org.). *Medicina reprodutiva SBRH*. São Paulo: Segmento Farma: SBRH, 2018, p. 137.

A abordagem médica dos testes genéticos em embriões será retomada em seguida, já que integra etapa das técnicas de concepção extracorpórea.

1.4.2 Inseminação intrauterina

A inseminação intrauterina (IIU) é um tratamento pouco invasivo, de custo médio, e considerado como primeira opção para casais com distúrbios de fertilidade. A técnica, simples e segura, envolve a preparação do esperma, que é depositado diretamente na cavidade uterina depois da ovulação. A concepção ocorre dentro do corpo, o que afasta o enfretamento de questões quanto à destinação de embriões excedentários.

As indicações para a inseminação intrauterina (IIU) são: fator cervical; fator masculino leve; demandas de origem psicológica ou física, impeditivas da relação sexual; casais soro-discordantes ou infectados pelo HIV; casais com problemas de fertilidade sem causa aparente ou, ainda, fator tubário parcial.[63]

Para a realização da IIU, é necessário induzir a ovulação com o objetivo de multiplicidade e crescimento dos folículos, que são "estruturas anecoides, com superfície arredondada, que permeiam o parênquima do ovário em maior ou menor número de acordo com a reserva ovariana própria da mulher".[64] A indução da ovulação consiste no tratamento que estimula o desenvolvimento endometrial e o crescimento folicular, por meio de drogas especializadas (como o citrato de clomifeno e o letrozol), de modo a proporcionar o maior número de oócitos maduros.[65]

A inseminação intrauterina homóloga (realizada com o sêmen do genitor que procurou o processo assistido de reprodução) é mais frequentemente indicada quando constatada a infertilidade masculina leve. No entanto, para além das motivações fisiológicas que demandariam a inseminação intrauterina

---

63. BRANCO, Altina Castelo; FONTES, Alide Caroline Lima; CRUZEIRO, Ines katerina Damasceno Cavallo. Inseminação intrauterina: indicações, fatores prognósticos e resultados. In: CAETANO, João Pedro Junqueira; MARINHO, Ricardo Mello; PETRACCO, Alvaro; LOPES, Joaquim Roberto Costa; FERRIANI, Rui Alberto (Org.). *Medicina reprodutiva SBRH*. São Paulo: Segmento Farma: SBRH, 2018, p. 154-155.

64. LAZAR JUNIOR, Felipe; GIACOBBE, Marcelo; MONTELEONE, Pedro Augusto Araujo. Indução e monitorização da ovulação na baixa complexidade: coito programado (CP) e inseminação intrauterina (IIU). In: CAETANO, João Pedro Junqueira; MARINHO, Ricardo Mello; PETRACCO, Alvaro; LOPES, Joaquim Roberto Costa; FERRIANI, Rui Alberto (Org.). *Medicina reprodutiva SBRH*. São Paulo: Segmento Farma: SBRH, 2018, p. 154-163.

65. LAZAR JUNIOR, Felipe; GIACOBBE, Marcelo; MONTELEONE, Pedro Augusto Araujo. Indução e monitorização da ovulação na baixa complexidade: coito programado (CP) e inseminação intrauterina (IIU). In: CAETANO, João Pedro Junqueira; MARINHO, Ricardo Mello; PETRACCO, Alvaro; LOPES, Joaquim Roberto Costa; FERRIANI, Rui Alberto (Org.). *Medicina reprodutiva SBRH*. São Paulo: Segmento Farma: SBRH, 2018, p. 160.

CAPÍTULO 1 • REPRODUÇÃO HUMANA ASSISTIDA: FUNDAMENTOS MÉDICOS

heteróloga (homens azoospérmicos ou diagnosticados com doenças genéticas ligadas ao cromossomo Y), os novos modelos de família passam a demandar o uso de sêmen doado.[66]

A opção terapêutica pela técnica da inseminação intrauterina demanda a avaliação de alguns fatores prognósticos, como a idade, o nível de estimulação ovariana, a monitorização ultrassonográfica, o tempo de infertilidade, as características seminais, a técnica de preparo de sêmen e os fatores relacionados ao procedimento (melhor momento, número de procedimentos por ciclo, cateter de inseminação e repouso após a inseminação).[67]

A literatura sobre as taxas de êxito da inseminação intrauterina é bastante controversa e inconclusiva, razão pela qual não há como estabelecer um consenso acerca da melhor conduta a ser adotada e sua taxa de gestação, considerando a variabilidade dos fatores biológicos e os indicativos prognósticos já comentados.

1.4.3 Concepção extrauterina: FIV E ICSI

A opção pelas técnicas que envolvem a concepção extrauterina é considerada, pela literatura médica, de alta complexidade. A fecundação ocorre fora do corpo (extracorpórea) e envolve o monitoramento das diversas etapas de desenvolvimento embrionário. Na pragmática clínica, o processo de reprodução não necessariamente precisa se iniciar pelas técnicas de baixa complexidade, como a IIU. Cada situação diagnóstica deve ser analisada em conjunto com a equipe médica responsável.

A concepção extrauterina se dá pela fertilização *in vitro* (FIV) e pela injeção intracitoplasmática de espermatozoide (ICSI). Nesta última, o espermatozoide é injetado extracorporeamente no óvulo, enquanto que, na FIV, o procedimento, também extracorpóreo, imita as condições da fertilização natural.

A FIV foi inicialmente indicada como protocolo de tratamento para infertilidade feminina, relacionada a doenças tubárias, alargando seu uso para outras causas, como endometriose; infertilidade masculina grave; baixa reserva ovariana

---

66. BRANCO, Altina Castelo; FONTES, Alide Caroline Lima; CRUZEIRO, Ines katerina Damasceno Cavallo. Inseminação intrauterina: indicações, fatores prognósticos e resultados. In: CAETANO, João Pedro Junqueira; MARINHO, Ricardo Mello; PETRACCO, Alvaro; LOPES, Joaquim Roberto Costa; FERRIANI, Rui Alberto (Org.). *Medicina reprodutiva SBRH*. São Paulo: Segmento Farma: SBRH, 2018, p. 155.

67. BRANCO, Altina Castelo; FONTES, Alide Caroline Lima; CRUZEIRO, Ines katerina Damasceno Cavallo. Inseminação intrauterina: indicações, fatores prognósticos e resultados. In: CAETANO, João Pedro Junqueira; MARINHO, Ricardo Mello; PETRACCO, Alvaro; LOPES, Joaquim Roberto Costa; FERRIANI, Rui Alberto (Org.). *Medicina reprodutiva SBRH*. São Paulo: Segmento Farma: SBRH, 2018, p. 155-157.

ou falência ovariana; fator uterino de correção cirúrgica limitada e infertilidade sem causa aparente. A ICSI surgiu para a solução de casos de infertilidade masculina grave não contemplados pela técnica da FIV, passando a ser amplamente utilizada na atualidade.[68]

As duas técnicas são procedimentos extracorpóreos que objetivam a gravidez, a partir da manipulação de gametas em laboratório, com duração de 2 a 3 semanas por ciclo. Em ambas as técnicas, as etapas da indução da ovulação, da aspiração folicular e da identificação dos oócitos, bem como o preparo do sêmen ocorrem de maneira semelhante. Com exceção da etapa da fertilização, que é diferente em cada procedimento, segue-se, comum às duas, o cultivo, a transferência embrionária e o suporte hormonal de fase lútea.[69]

Nas duas técnicas de concepção extrauterina, a indução da ovulação é uma etapa determinante para o sucesso do tratamento, já que o número e a qualidade dos oócitos captados são decisivos para a viabilidade dos passos seguintes. Dessa maneira, "estratégias de estimulação ovariana foram desenvolvidas para promover o desenvolvimento simultâneo de múltiplos folículos, o que aperfeiçoa o procedimento, permite o recrutamento e a obtenção de mais oócitos e posterior seleção dos melhores embriões",[70] pressuposto essencial ao êxito da técnica.

Assim como ocorre da IIU, o processo de indução da ovulação é feito mediante o uso de drogas especializadas. É possível notar avanço significativo nos recursos medicamentosos capazes de aumentar a precisão e a eficácia do processo ovulatório, mantido, também, o controle sobre a proliferação.

A indução da ovulação exige o controle da multiplicação folicular, com o objetivo de conter a sua ruptura prematura. Como na IIU, as principais medicações são de uso oral – "como os moduladores seletivos do receptor de estrogênio (citrato de clomifeno) e os inibidores da enzima aromatase (letrozol) – gonado-

---

68. BADALOTTI, Mariangela; COLOMBO, Talita; KIRA, Ariane Tieko Frare; PETRACCO, Alvaro. Fertilização *in vitro* (FIV) e Injeção intracitoplasmática de espermatozoide (ICSI). In: CAETANO, João Pedro Junqueira; MARINHO, Ricardo Mello; PETRACCO, Alvaro; LOPES, Joaquim Roberto Costa; FERRIANI, Rui Alberto (Org.). *Medicina reprodutiva SBRH*. São Paulo: Segmento Farma: SBRH, 2018, p. 197-198.

69. BADALOTTI, Mariangela; COLOMBO, Talita; KIRA, Ariane Tieko Frare; PETRACCO, Alvaro. Fertilização *in vitro* (FIV) e Injeção intracitoplasmática de espermatozoide (ICSI). In: CAETANO, João Pedro Junqueira; MARINHO, Ricardo Mello; PETRACCO, Alvaro; LOPES, Joaquim Roberto Costa; FERRIANI, Rui Alberto (Org.). *Medicina reprodutiva SBRH*. São Paulo: Segmento Farma: SBRH, 2018, p. 198.

70. BADALOTTI, Mariangela; COLOMBO, Talita; KIRA, Ariane Tieko Frare; PETRACCO, Alvaro. Fertilização *in vitro* (FIV) e Injeção intracitoplasmática de espermatozoide (ICSI). In: CAETANO, João Pedro Junqueira; MARINHO, Ricardo Mello; PETRACCO, Alvaro; LOPES, Joaquim Roberto Costa; FERRIANI, Rui Alberto (Org.). *Medicina reprodutiva SBRH*. São Paulo: Segmento Farma: SBRH, 2018, p. 198.

CAPÍTULO 1 • REPRODUÇÃO HUMANA ASSISTIDA: FUNDAMENTOS MÉDICOS 27

trofinas (urinárias ou recombinantes) e drogas simuladoras do pico de LH, além dos análogos do GnRH".[71] Acrescente-se a importância do uso da progesterona, hormônio que atua sobre "os processos de ovulação, modificações do endométrio e manutenção da gestação". Sua ação é incidente na formação do endométrio, fundamental ao recebimento do óvulo fertilizado.[72]

A decisão pelos fármacos a serem usados perpassa pela perspectiva de individualização de cada demanda e da informação destinada aos pacientes, incluindo consequências, riscos e possibilidades de êxito ou não. Podemos pensar que o processo de indução da ovulação é um importante momento para compreender, com profundidade, a complexidade das técnicas de concepção extrauterina e as repercussões jurídicas que delas decorrem. A indução da ovulação, como passo científico essencial, também é propiciadora da possibilidade de excedente embrionário, já que não há um controle efetivo sobre o número exato de embriões fecundados. Em momento posterior, desdobraremos a discussão.

Após a indução medicamentosa da ovulação, passa-se ao acompanhamento seriado, por monitorização, do desenvolvimento folicular, por meio da ecografia transvaginal. O processo de aspiração folicular é realizado pela punção ovariana, via transvaginal, guiada por ultrassonografia e mediante anestesia. O conteúdo aspirado é encaminhado ao laboratório para análise, identificação e classificação dos oócitos, para fins de inseminação extracorpórea no momento adequado. Em paralelo, procede-se à coleta do sêmen, que é submetido a preparo específico, incluindo a seleção daqueles com melhor qualidade, segundo os critérios de viscosidade, liquefação, volume, cor, pH, motilidade, vitalidade e morfologia.[73]

O processo de fertilização entre os oócitos e espermatozoides selecionados apresenta diferenças na FIV e na ICSI. Na FIV clássica ou convencional, os espermatozoides com motilidade são colocados em contato direto com os óvulos, em meio de cultura adequado e levados a uma incubadora. A ideia é fazer com

---

71. BADALOTTI, Mariangela; COLOMBO, Talita; KIRA, Ariane Tieko Frare; PETRACCO, Alvaro. Fertilização *in vitro* (FIV) e Injeção intracitoplasmática de espermatozoide (ICSI). In: CAETANO, João Pedro Junqueira; MARINHO, Ricardo Mello; PETRACCO, Alvaro; LOPES, Joaquim Roberto Costa; FERRIANI, Rui Alberto (Org.). *Medicina reprodutiva SBRH*. São Paulo: Segmento Farma: SBRH, 2018, p. 198.

72. COELHO, Genevieve Marina; ROCHA, Marla Niag. S. Suporte hormonal da fase lútea em fertilização *in vitro* (FIV). In: CAETANO, João Pedro Junqueira; MARINHO, Ricardo Mello; PETRACCO, Alvaro; LOPES, Joaquim Roberto Costa; FERRIANI, Rui Alberto (Org.). *Medicina reprodutiva SBRH*. São Paulo: Segmento Farma: SBRH, 2018, p. 211.

73. BADALOTTI, Mariangela; COLOMBO, Talita; KIRA, Ariane Tieko Frare; PETRACCO, Alvaro. Fertilização *in vitro* (FIV) e Injeção intracitoplasmática de espermatozoide (ICSI). In: CAETANO, João Pedro Junqueira; MARINHO, Ricardo Mello; PETRACCO, Alvaro; LOPES, Joaquim Roberto Costa; FERRIANI, Rui Alberto (Org.). *Medicina reprodutiva SBRH*. São Paulo: Segmento Farma: SBRH, 2018, p. 198-199.

que, num meio de cultivo compatível, os espermatozoides possam direcionar naturalmente a fecundação em ambiente propício. Na técnica da ICSI, um único espermatozoide selecionado é depositado (ou injetado) diretamente no citoplasma oocitário. Antes da injeção, o espermatozoide é imobilizado e aspirado pela cauda para dentro da microagulha. O oócito é segurado pela micropipeta de sucção, para que seja aspirado, delicadamente, o seu citoplasma, que será reinjetado posteriormente com o espermatozoide.[74]

As etapas finais da concepção extracorpórea são comuns às duas técnicas – o cultivo, a seleção e a transferência embrionárias. Após a fertilização, os embriões serão cultivados durante período de tempo em torno de 5 a 6 dias, até o momento em que cheguem na fase do blastocisto, atingindo o desenvolvimento adequado. A qualidade técnica do laboratório é de alta relevância para o sucesso do procedimento. Posteriormente ao cultivo, passa-se à seleção embrionária, etapa que, do ponto de vista científico, demanda cautela e observância de pré-requisitos técnicos.

A seleção de embriões, para a medicina especializada, visa a identificação daqueles com maior potencial de implantação, tendo como base "critérios morfológicos, morfocinéticos ou de testes genéticos, quando realizados". No Brasil, os critérios morfológicos comumente utilizados são os da *Rede Latinoamericana de Reproducción Asistida (RedLara)*, "que se baseia na configuração das blastômeras e no índice de fragmentação citoplasmática", além do "número de blastômeras e a presença ou não de multinucleação". Os critérios propostos pelo Conselho de Istambul, em 2011, também são usados para avaliar o estágio de desenvolvimento do blastocisto. As imagens digitais em intervalos frequentes (*time-lapse system – TLS*) permitem a avaliação morfológica e cinética do embrião de maneira contínua, sem que seja necessário removê-lo do ambiente de cultura na incubadora.[75]

A seleção embrionária é, sem dúvida, uma das questões que protagonizam o cenário de discussões biojurídicas em torno das técnicas de concepção extrauterina. É necessário compreender os fundamentos científicos que justificam os parâmetros para selecionar. De fato, a seleção é parte evidente do arcabouço de recursos técnicos capazes de contribuir, de maneira expressiva, para o sucesso do tratamento.

---

74. BADALOTTI, Mariangela; COLOMBO, Talita; KIRA, Ariane Tieko Frare; PETRACCO, Alvaro. Fertilização *in vitro* (FIV) e Injeção intracitoplasmática de espermatozoide (ICSI). In: CAETANO, João Pedro Junqueira; MARINHO, Ricardo Mello; PETRACCO, Alvaro; LOPES, Joaquim Roberto Costa; FERRIANI, Rui Alberto (Org.). *Medicina reprodutiva SBRH*. São Paulo: Segmento Farma: SBRH, 2018, p. 199-200.

75. BADALOTTI, Mariangela; COLOMBO, Talita; KIRA, Ariane Tieko Frare; PETRACCO, Alvaro. Fertilização *in vitro* (FIV) e Injeção intracitoplasmática de espermatozoide (ICSI). In: CAETANO, João Pedro Junqueira; MARINHO, Ricardo Mello; PETRACCO, Alvaro; LOPES, Joaquim Roberto Costa; FERRIANI, Rui Alberto (Org.). *Medicina reprodutiva SBRH*. São Paulo: Segmento Farma: SBRH, 2018, p. 200-201.

A etapa seletiva envolve duas distintas perspectivas: a primeira é a seleção morfológica (aspectos de forma e estrutura, que envolvem o ritmo de crescimento embrionário em laboratório) e morfocinética (aspectos ópticos e fotográficos), partes inerentes às técnicas de concepção extracorpórea. Essa etapa da seleção integra a técnica assistida e representa o resultado laboratorial do procedimento.

A outra etapa seletiva é a possibilidade de realizar a análise genética dos embriões, comumente referenciada como diagnóstico genético embrionário (ou genético pré-implantacional), que geralmente é feito por indicação médica e pressupõe a decisão dos genitores.

O uso das técnicas de fertilização assistida convive diretamente com os conhecimentos em genética reprodutiva, tendo em vista a crescente necessidade dos testes de diagnóstico pré-implantacional. A biologia molecular passou a integrar, com importante papel, o cotidiano das práticas médicas, de modo que os avanços têm reflexo na abordagem de doenças, com contribuição expressiva no "conhecimento de mecanismos etiopatológicos, auxiliando no diagnóstico clínico e criando formas mais eficientes para o diagnóstico laboratorial".[76] O conhecimento consolidado em genética aponta para um complexo de doenças diferentes, como as doenças mendelianas; as autossômicas dominantes; as autossômicas recessivas; as doenças recessivas ligadas ao cromossomo X e outros tipos de doenças por herança genética, incluindo as multifatoriais ou de herança complexa.[77]

O teste ou diagnóstico genético pré-implantacional tem como definição "a aplicação clínica multidisciplinar de tecnologias genéticas e de reprodução assistida com o objetivo de examinar um número limitado de células de um embrião na fase pré-implantacional de seu desenvolvimento *in vitro*, ou seja, no contexto da fertilização *in vitro* (FIV)".[78] Na medicina especializada, a diferença entre os conceitos de diagnóstico (PGD, em inglês) e *screening* genético pré-implantacional (PGS) está se dissipando, na medida em que os conhecimentos se aglutinam e são cada vez mais usados. A ideia é usar uma única sigla (PGT) como termo

---

76. VIANA, Melissa Machado; AGUIAR, Marcos José Burle de. Genética e reprodução humana. In: CAETANO, João Pedro Junqueira; MARINHO, Ricardo Mello; PETRACCO, Alvaro; LOPES, Joaquim Roberto Costa; FERRIANI, Rui Alberto (Org.). *Medicina reprodutiva SBRH*. São Paulo: Segmento Farma: SBRH, 2018, p. 47.
77. VIANA, Melissa Machado; AGUIAR, Marcos José Burle de. Genética e reprodução humana. In: CAETANO, João Pedro Junqueira; MARINHO, Ricardo Mello; PETRACCO, Alvaro; LOPES, Joaquim Roberto Costa; FERRIANI, Rui Alberto (Org.). *Medicina reprodutiva SBRH*. São Paulo: Segmento Farma: SBRH, 2018, p. 48-49.
78. VIANA, Melissa Machado; AGUIAR, Marcos José Burle de. Genética e reprodução humana. In: CAETANO, João Pedro Junqueira; MARINHO, Ricardo Mello; PETRACCO, Alvaro; LOPES, Joaquim Roberto Costa; FERRIANI, Rui Alberto (Org.). *Medicina reprodutiva SBRH*. São Paulo: Segmento Farma: SBRH, 2018, p. 51.

básico para os dois conceitos e promover a distinção entre testes para anomalias cromossômicas (PGT-A) e testes para doenças monogênicas (PGT-M).[79]

O PGT-A ou PGS tem por finalidade a detecção de aneuploidias e visa selecionar embriões que não possuam anomalias cromossômicas numéricas. A proposta é que a seleção dos embriões apresente maior chance de evolução da gravidez e resulte em recém-nascido nativivo, sendo a técnica considerada de relevância para os casos de idade reprodutiva materna avançada e abortos recorrentes.[80] O PGT-M ou PGD é técnica indicada para casos em que se conhece a mutação a ser detectada no embrião. Como exemplo, temos doenças genéticas potencialmente fatais, como a fibrose cística, e doenças com início na idade adulta, como a doença de Huntington e a ataxia espinocerebelar.[81]

Algumas mutações causadoras de doença na idade adulta, como as mutações dos genes BRCA1 e BRCA2,[82] relacionadas ao câncer de mama e de ovários hereditários, também integram o cenário de detecção, trazendo, também, questionamentos éticos, a serem oportunamente serão retomados. Nesse percalço, registra-se que "ainda não foram definidas quais doenças são graves o suficiente ou qual deve ser a idade de início das doenças para que sejam pesquisadas via teste genético pré-implantacional".[83]

---

79. VIANA, Melissa Machado; AGUIAR, Marcos José Burle de. Genética e reprodução humana. In: CAETANO, João Pedro Junqueira; MARINHO, Ricardo Mello; PETRACCO, Alvaro; LOPES, Joaquim Roberto Costa; FERRIANI, Rui Alberto (Org.). *Medicina reprodutiva SBRH*. São Paulo: Segmento Farma: SBRH, 2018, p. 51-52.

80. MARTINHAGO, Ciro. Teste genético pré-implantacional. In: BORGES JÚNIOR, Edson; BRAGA, Daniela Paes de Almeida Ferreira; SETTI, Amanda Souza (Coord.). *Reprodução humana assistida*. 2. ed. Rio de Janeiro: Atheneu, 2020, p. 59.

81. VIANA, Melissa Machado; AGUIAR, Marcos José Burle de. Genética e reprodução humana. In: CAETANO, João Pedro Junqueira; MARINHO, Ricardo Mello; PETRACCO, Alvaro; LOPES, Joaquim Roberto Costa; FERRIANI, Rui Alberto (Org.). *Medicina reprodutiva SBRH*. São Paulo: Segmento Farma: SBRH, 2018, p. 52.

82. O crescimento dos estudos em Oncogenética tem gerado importantes colaborações no âmbito do processo procriativo de reprodução assistida. Sobre o assunto, consultar: GUINDALINI, Rodrigo *et al.* Personalizing Precision Oncology Clinical Trials in Latin America: An Expert Panel on Challenges and Opportunities. *The Oncologist*, 2019, 24, 709-719; MEIRELLES, Ana Thereza; GUINDALINI, Rodrigo. Oncogenética e dimensão preditiva do direito à saúde: a revelância da informação genética na prevenção e tratamento do câncer. In: SÁ, Maria de Fátima Freire de; MEIRELLES, Ana Thereza; SOUZA, Iara Antunes; NOGUEIRA, Roberto Pôrto; NAVES, Bruno de Oliveira Torquato (Coord.). Direito e Medicina: Interseções científicas. V.I. Biotecnologia e genética. Belo Horizonte: Conhecimento, 2021; MEIRELLES, Ana Thereza; GUINDALINI, Rodrigo. Oncogenética e Estatuto da Pessoa com Câncer: Fundamentos bioético-jurídicos. *Revista Bioética*, v. 30, n. 4, Brasília, out.-dez. 2022.

83. VIANA, Melissa Machado; AGUIAR, Marcos José Burle de. Genética e reprodução humana. In: CAETANO, João Pedro Junqueira; MARINHO, Ricardo Mello; PETRACCO, Alvaro; LOPES, Joaquim Roberto Costa; FERRIANI, Rui Alberto (Org.). *Medicina reprodutiva SBRH*. São Paulo: Segmento Farma: SBRH, 2018, p. 52.

CAPÍTULO 1 • REPRODUÇÃO HUMANA ASSISTIDA: FUNDAMENTOS MÉDICOS

A fase posterior à seleção é a transferência dos embriões aptos. O índice de gestações, após a transferência embrionária, depende de uma complexidade de fatores, como a capacidade técnica de quem executa o procedimento, a qualidade embrionária e as condições endometriais. Um dos grandes desafios da FIV e da ICSI é a determinação do número de embriões a ser transferido, o que exige a avaliação de alguns pré-requisitos. Historicamente, é sabido que as técnicas são imediatamente associadas à ideia das gestações múltiplas, questão que demandam reflexões importantes.

A medicina especializada passou a ponderar, de um lado, o aumento do número de gestações em caso de transferência de mais de um embrião, e, do outro, a incidência de complicações em gestações múltiplas. O ponto de partida da prática clínica deve ser o comando deontológico da vigente Resolução do Conselho Federal de Medicina (CFM), a Resolução 2.320/2022, que estipula o limite para o número de embriões a ser transferido.

O comando deontológico preleciona que:

7. Quanto ao número de embriões a serem transferidos, determina-se, de acordo com a idade:

a) mulheres com até 37 (trinta e sete) anos: até 2 (dois) embriões;

b) mulheres com mais de 37 (trinta e sete) anos: até 3 (três) embriões;

c) em caso de embriões euploides ao diagnóstico genético, até 2 (dois) embriões, independentemente da idade; e

d) nas situações de doação de oócitos, considera-se a idade da doadora no momento de sua coleta.[84]

A decisão médica, então, quanto à quantidade de embriões a ser transferida, deve obedecer aos parâmetros imputados na resolução e considerar aspectos individuais de cada processo reprodutivo.[85]

As condições ideais para transferência embrionária apontam para inúmeras variáveis determinantes ao resultado, como o uso ou não da ultrassonografia para guiar o procedimento, o tempo de repouso após a transferência, o grau de dificuldade para fazê-la, o tipo do cateter usado e retenção embrionária no instrumento, as habilidades individuais de quem a executa, dentre outros aspectos.[86]

---

84. CFM. *Resolução CFM 2.320/2022*. Adota normas éticas para a utilização de técnicas de reprodução assistida. Disponível em: https://sistemas.cfm.org.br/normas/arquivos/resolucoes/BR/2022/2320_2022. pdf. Acesso em: 23 fev. 2023.

85. Os desdobramentos éticos e jurídicos, originados pela aposição das normas deontológicas serão tratados no decorrer dos capítulos.

86. CAETANO, João Pedro Junqueira; PEREIRA, Leonardo Matheus Ribeiro; XAVIER, Erica Becker de Souza; MARINHO, Ricardo Mello. Transferência embrionária (TE): O que é importante? In: CAETANO, João Pedro Junqueira; MARINHO, Ricardo Mello; PETRACCO, Alvaro; LOPES, Joaquim Roberto Costa; FERRIANI, Rui Alberto (Org.). *Medicina reprodutiva SBRH*. São Paulo: Segmento Farma: SBRH, 2018, p. 206-207.

Sobre a transferência embrionária (e também sobre as etapas das técnicas reprodutivas em geral), a Sociedade Americana de Medicina Reprodutiva (ASRM, em inglês), por meio de seu comitê de prática, consolidou importantes diretrizes, em uma série de documentos distintos, para orientar a conduta, por meio de evidências científicas, estruturadas a partir de indicadores de qualidade.[87] Os documentos da ASRM trazem informações frequentemente atualizadas e consolidam práticas que direcionam as condutas em cada fase do procedimento, servindo de consulta a profissionais especialistas em todo o mundo.

1.4.4 Uso de gametas doados à luz dos indicadores médicos

O uso de gametas estranhos ao casal ou ao demandante do projeto parental assistido tem se configurado como alternativa importante, quando constatados impedimentos, de diferentes naturezas, para a procriação. A doação de sêmen pode acontecer tanto no contexto da concepção intracorpórea (inseminação intrauterina) quanto em casos de uso das técnicas extracorpóreas (FIV clássica e ICSI), configurando-se, em todos eles, como procedimento de natureza heteróloga. Registre-se, por óbvio, que a doação de óvulo ocorre em casos de procedimentos extracorpóreos de concepção.

A decisão pelo projeto parental com doação de gametas pode acontecer a partir de circunstâncias distintas. Tradicionalmente, esteve atrelada à indicação médica, por constatação diagnóstica de infertilidade, mas, com o passar dos anos, passou a ser alternativa para projetos de monoparentalidade planejada (a chamada "produção independente"), ou, também, entre pessoas do mesmo sexo.

A doação de gametas realizada em contexto de uma clínica de reprodução assistida é um procedimento técnico, submetido a regras especializadas, conforme resolução deontológica, e amparado por princípios constitucionais, como retomaremos adiante. A doação de gametas realizada fora desse contexto, revelada por meio de acertos, como inseminação caseira (ou doméstica) ou qualquer outro combinado entre as pessoas envolvidas, representa situação substancialmente diversa, que também será oportunamente avaliada.

O fundamento protagonista ínsito à realidade da maioria dos casais que busca a reprodução humana assistida com óvulos doados é o envelhecimento ovariano, revelado pela baixa quantidade e qualidade oocitárias. A postergação da maternidade, por vezes, pode determinar o aumento da infertilidade e o risco

---

87. AMERICAN SOCIETY OF REPRODUCTIVE MEDICINE (ASRM). *Practice Committee Documents*. Disponível em: https://www.asrm.org/news-and-publications/practice-committee-documents/. Acesso em: 23 fev. 2023.

CAPÍTULO 1 • REPRODUÇÃO HUMANA ASSISTIDA: FUNDAMENTOS MÉDICOS | **33**

de abortos sucessivos, o que, do ponto de vista médico, chancela a indicação, após análise específica, da ovodoação.[88]

A partir de 1983, dados apontam para o aumento exponencial da ovodoação como alternativa a projetos parentais. Nos Estados Unidos, por exemplo, o uso de óvulos doados corresponde a 10% de todos os ciclos de FIV, com taxas de nascidos vivos acima de 50% por ciclo.[89] A Rede Latinoamericana de Reprodução Assistida, por meio de seus registros anuais, também tem apontado dados expressivos, oriundos dos países associados, sobre o aumento do uso da ovodoação.[90]

As indicações para as candidatas à ovodoação partem dos diagnósticos de insuficiência ovariana primária (disgenesia gonadal, insensibilidade ovariana e causa autoimune) e insuficiência ovariana secundária (menopausa precoce). Também pode haver indicação em casos de mulheres com função ovariana normal, que tenham resposta insatisfatória à estimulação hormonal; tenham repetidas falhas em tratamento de FIV; tenham idade avançada; doenças genéticas por condição materna; abortos de repetição ou causa desconhecida de infertilidade.[91]

Ao contrário da doação de sêmen, a doação de óvulos é procedimento mais complexo e demanda intervenções invasivas no corpo da doadora, que será submetida a uma série de exames físicos (laboratoriais e de imagem) e avaliação psicológica antes da realização da coleta. Também podem ser realizados testes genéticos em prol de avaliar o risco de doença genética na futura prole. O recrutamento de doadoras é, ainda hoje, um desafio para a área especializada, sendo a doação obrigatoriamente gratuita. A ovodoação envolve os riscos do uso da medicação de estimulação ovariana e a punção folicular.[92]

---

88. CURY, Thais Sanches Domingues; BARROS, Brina Camillo de; AQUINO, Ana Paula Alves de Oliveira; LOPES, Joaquim Roberto Costa. Fertilização *in vitro* (FIV) com óvulos doados. In: CAETANO, João Pedro Junqueira; MARINHO, Ricardo Mello; PETRACCO, Alvaro; LOPES, Joaquim Roberto Costa; FERRIANI, Rui Alberto (Org.). *Medicina reprodutiva SBRH*. São Paulo: Segmento Farma: SBRH, 2018, p. 216.
89. BRIGATI, Bárbara; IZIQUE, Renata R. Doação de óvulos. In: BORGES JÚNIOR, Edson; BRAGA, Daniela Paes de Almeida Ferreira; SETTI, Amanda Souza (Coord.). *Reprodução humana assistida*. 2. ed. Rio de Janeiro: Atheneu, 2020, p. 337.
90. REDELARA. Rede Latinoamericana de Reproducción Assistida. *Registro 2019*. Disponível em: https://redlara.com/registro_anual.asp?categoria=Registros%20Anuais&USIM5=700. Acesso em: 1º mar. 2023.
91. BRIGATI, Bárbara; IZIQUE, Renata R. Doação de óvulos. In: BORGES JÚNIOR, Edson; BRAGA, Daniela Paes de Almeida Ferreira; SETTI, Amanda Souza (Coord.). *Reprodução humana assistida*. 2. ed. Rio de Janeiro: Atheneu, 2020, p. 337.
92. CURY, Thais Sanches Domingues; BARROS, Brina Camillo de; AQUINO, Ana Paula Alves de Oliveira; LOPES, Joaquim Roberto Costa. Fertilização *in vitro* (FIV) com óvulos doados. In: CAETANO, João Pedro Junqueira; MARINHO, Ricardo Mello; PETRACCO, Alvaro; LOPES, Joaquim Roberto Costa; FERRIANI, Rui Alberto (Org.). *Medicina reprodutiva SBRH*. São Paulo: Segmento Farma: SBRH, 2018, p. 217.

Assim como nos casos de doação de óvulos, os fatores biológicos e diagnósticos, já mencionados anteriormente quando abordadas as causas de infertilidade, podem também culminar em indicação médica para uso de sêmen doado. É necessário obedecer ao processo de congelamento do líquido seminal para que as amostras sejam mantidas em período de quarentena, em prol da realização de exames infecciosos com janela imunológica ampla.[93]

A doação de gametas possui disciplina ética e deontológica a ser posteriormente retomada em capítulos seguintes, envolvendo aspectos que se referem às condutas dos profissionais médicos, mas que terminam, também, resvalando em questões relacionadas aos direitos dos pacientes submetidos aos tratamentos.

Registre-se, de antemão, que embriões excedentes ao processo de procriação laboratorial também podem ser doados, consoante ausência de proibição legal, assunto também a ser retomado.

1.4.5 A sugestão pela gestação por substituição

A gestação por substituição, também conhecida como cessão temporária do útero, e, popularmente, como barriga de aluguel (expressão não apropriada), configura-se quando a gestante cede o útero para o desenvolvimento de uma criança que não será sua.

O intento, nesta seção, não é discorrer sobre as várias possibilidades de realização do procedimento de gestação por substituição abarcadas pelo direito, mas informar, sob o ponto de vista médico, quando tal prática é aventada, até porque, em momento próprio, discorreremos sobre a pluralidade dos novos arranjos familiares que justifiquem a demanda por este procedimento.

Aqui, por exemplo, cabe pensar que a mesma mulher cedente do útero, na prática, poderia, também, ser a doadora do óvulo, gerando vínculo biológico com a criança futura. Hipóteses como essa, ainda que previamente mencionadas para que se possa ampliar a compreensão sobre a dimensão em que se discute esse tipo gestacional, serão destrinchadas no capítulo 8, em prol da análise biojurídica da legislação ordinária vigente e do disposto na resolução atual do CFM sobre reprodução assistida.

A Medicina especializada ensina:

---

93. SCARABOTO, Débora; SCANTAMBURLO, Viviane; CENTA, Lídio Jair Ribas. Congelamento de espermatozoides: Aspectos clínicos e laboratoriais. In: CAETANO, João Pedro Junqueira; MARINHO, Ricardo Mello; PETRACCO, Alvaro; LOPES, Joaquim Roberto Costa; FERRIANI, Rui Alberto (Org.). *Medicina reprodutiva SBRH*. São Paulo: Segmento Farma: SBRH, 2018, p. 512.

As *indicações absolutas* para utilização de útero de substituição são mulheres que apresentam ausência congênita de útero ou histerectomizadas, mas com a presença de ovários funcionantes. Outras situações em que pode ser empregado (*indicações relativas*) são mulheres que apresentam certas condições médicas, como doenças renais ou cardíacas graves ou isoimunização grave, que podem colocar em risco a vida da mulher, ou da criança, caso ela se torne gestante. Mulheres que apresentam abortos de repetição cuja chance de levar a gestação a termo é remota, e mulheres com repetidas falhas de implantação, sem causa definida após fertilização *in vitro* com transferências de embriões saudáveis, podem ser indicações para a prática do útero de substituição, apesar de não haver consenso na literatura.[94]

Para entender a indicação terapêutica da gestação por substituição, é importante retomar os fundamentos fisiológicos atinentes às possíveis causas de infertilidade feminina e considerar, também, argumentos anatômicos. O histórico da paciente e a investigação diagnóstica detalhada são decisivos para compreender a impossibilidade de gestar e, consequentemente, os argumentos médicos que fundamentam a indicação do procedimento.

Indicações absolutas e relativas são consideradas a partir, justamente, da investigação diagnóstica feita pelo especialista. Em outro cenário, é naturalmente possível identificar que o procedimento pode ser alternativa à execução de projetos parentais onde seus genitores não possuem uma patologia física a ser diagnosticada, como casais homoafetivos e homens solteiros ou viúvos.

Na consulta médica, é importante registrar que as partes envolvidas devem ser submetidas a orientações éticas e jurídicas para que compreendam as consequências e os limites legais da prática, como entrega da criança, filiação, registro e responsabilidades, pressupostos que serão retomados. A consulta é o momento adequado para dirimir dúvidas decorrentes das consequências legais do procedimento, cabendo, portanto, à clínica e ao profissional o conhecimento do que será informado aos demandantes.

As clínicas de reprodução humana assistida, por meio de equipe multidisciplinar, devem avaliar o estado emocional da cedente do útero e da genitora. É oportuno lembrar que o óvulo a ser utilizado pode ser da própria genitora ou de doadora (anônima ou não). Feitos os aconselhamentos e esclarecimentos, a genitora (dona do óvulo a ser usado) deve se submeter a uma estimulação ovariana controlada, com aspiração folicular, para posterior fertilização *in vitro* (clássica ou ICSI). Concomitantemente, deve haver o preparo endometrial da gestante para recepcionar o(s) embrião(ões) selecionados.

---

94. RIBEIRO, Cláudio Barros Leal; SILVEIRA, George Hamilton Caldas; RUIZ, Erika Caldas Razuk. Gestação de substituição ou cessão temporária do útero. In: CAETANO, João Pedro Junqueira; MARINHO, Ricardo Mello; PETRACCO, Alvaro; LOPES, Joaquim Roberto Costa; FERRIANI, Rui Alberto (Org.). *Medicina reprodutiva SBRH*. São Paulo: Segmento Farma: SBRH, 2018, p. 223.

1.4.6 Criopreservação ou congelamento de gametas e embriões

A criopreservação ou congelamento de células germinativas (gametas e embriões) pode ser motivada por fundamentos distintos. A decisão criopreservadora ocorre por conta da motivação etária (para garantir possibilidade de prole futura), da motivação terapêutica (como prevenção a tratamentos de saúde que possam culminar na infertilidade), ou, ainda, no caso de embriões, por quantidade excedente ao procedimento.

A possibilidade de vitrificar, em especial os oócitos, ganhou motivação robusta nos últimos anos. Independentemente de qualquer constatação diagnóstica, a mulher, por vezes, tem optado por postergar a maternidade, considerando sua realidade pessoal e profissional, situação que tem sido chamada de "preservação da fertilidade de causa social". Em estudo referenciado em capítulo especializado sobre o tema, foram investigadas 450 mulheres no Brasil, com média de idade de 33 anos, que responderam um questionário disponibilizado na internet. No resultado, 85,4% consideraram a criopreservação de óvulos como a forma de aumentar a possibilidade de fertilidade futura. No entanto, 50% delas afirmaram que o custo do procedimento seria barreira expressiva para viabilizá-lo. Demonstrou-se, também, que 90% delas já tinham prévio conhecimento de que o congelamento é uma forma de possibilitar e postergar a maternidade.[95]

A criopreservação social dos óvulos tem sido um método protagonista pelo seu potencial reprodutivo significativo. A decisão pela maternidade deve pressupor a atenção à idade biológica, que é, à luz da medicina, uma ameaça real à fertilidade. O adiamento da maternidade se dá, por vezes, pela ausência de parceiro ou por motivações de natureza profissional e financeira.

Além da oncológica, várias podem ser as doenças que justificam a indicação da criopreservação de gametas, como as doenças autoimunes (lúpus, doenças inflamatórias intestinais e artrite reumatoide); as doenças que requerem transplante de células-tronco hematopoiéticas (anemia falciforme e talassemia maior); as doenças que causam insuficiência ovariana (como a conhecida endometriose, tumores ovarianos benignos e alterações no eixo hipotalâmico-hipofisário-gonadal); as doenças genéticas masculinas e os traumas gonadais.[96] O procedimento também pode ser indicado para a preservação de gametas de indivíduos

---

95. ROSA E SILVA, Ana Carolina Japur de Sá; ADAMI, Karina de Sá; MARINHO, Ricardo Mello; MAIA, Laura Maria Almeida. In: CAETANO, João Pedro Junqueira; MARINHO, Ricardo Mello; PETRACCO, Alvaro; LOPES, Joaquim Roberto Costa; FERRIANI, Rui Alberto (Org.). *Medicina reprodutiva SBRH*. São Paulo: Segmento Farma: SBRH, 2018, p. 304.

96. CARVALHO, Bruno Ramalho; SOBRINHO, David Barreira Gomes; VASQUES, Raquel Medeiros; SÁNCHEZ, Carlos Portocarrero; ROLINDO, Taciana Fontes. Preservação da fertilidade em doenças benignas. In: CAETANO, João Pedro Junqueira; MARINHO, Ricardo Mello; PETRACCO, Alvaro;

transgêneros, antes do início do uso de bloqueios e hormônios específicos, ou da cirurgia para remoção de órgão reprodutivo.[97]

No âmbito da oncofertilidade, a evolução do tratamento depende de múltiplos fatores, entre eles, o tipo de câncer, de cirurgia e terapia, a idade da mulher e o histórico da saúde reprodutiva. Sabe-se que os efeitos do tratamento oncológico podem culminar em infertilidade, inclusive, em pacientes em idade reprodutiva e com desejo de ter filhos.[98]

A quimioterapia, a radioterapia, bem como a combinação de tratamentos em oncologia podem levar à diminuição da reserva, ou, em alguns casos, à falência ovariana. Como principais técnicas que visam a preservação da fertilidade em pacientes oncológicas femininas, tem-se a criopreservação de óvulos, a criopreservação de embriões, a criopreservação de tecido ovariano e o uso de agonistas do GnRH. Em pacientes oncológicos masculinos, a principal indicação ainda é o congelamento de sêmen.[99]

A criopreservação de espermatozoide tem sido considerada parte fundamental dentro das técnicas de reprodução assistida, ganhando protagonismo nos casos de diagnósticos de doenças oncológicas (e seus respectivos tratamentos), patologias benignas, bem como em casos de preservação da fertilidade em pacientes que serão vasectomizados e receiam o arrependimento. Há, também, pacientes com azoospermia, que optam por congelar seus espermatozoides obtidos por meio de punções ou biópsias testiculares.[100]

O congelamento de gametas também pode ocorrer como uma das etapas que envolvem a doação para finalidade de reprodução assistida, considerando

---

LOPES, Joaquim Roberto Costa; FERRIANI, Rui Alberto (Org.). *Medicina reprodutiva SBRH*. São Paulo: Segmento Farma: SBRH, 2018, p. 311.

97. ROSA E SILVA, Ana Carolina Japur de Sá; ADAMI, Karina de Sá; MARINHO, Ricardo Mello; MAIA, Laura Maria Almeida. In: CAETANO, João Pedro Junqueira; MARINHO, Ricardo Mello; PETRACCO, Alvaro; LOPES, Joaquim Roberto Costa; FERRIANI, Rui Alberto (Org.). *Medicina reprodutiva SBRH*. São Paulo: Segmento Farma: SBRH, 2018, p. 304.

98. ASSI, Juliana; BRAGA, Amanda Cristina; SILVA, Maria Gabriela Sant'Anna; OLIVEIRA, Cristiane, Araújo de. O papel da enfermagem nos serviços de reprodução assistida. In: CAETANO, João Pedro Junqueira; MARINHO, Ricardo Mello; PETRACCO, Alvaro; LOPES, Joaquim Roberto Costa; FERRIANI, Rui Alberto (Org.). *Medicina reprodutiva SBRH*. São Paulo: Segmento Farma: SBRH, 2018, p. 273.

99. MARINHO, Ricardo Mello; CHEHIN, Maurício Barbour; ROSA E SILVA, Ana Carolina Japur de Sá. In: CAETANO, João Pedro Junqueira; MARINHO, Ricardo Mello; PETRACCO, Alvaro; LOPES, Joaquim Roberto Costa; FERRIANI, Rui Alberto (Org.). *Medicina reprodutiva SBRH*. São Paulo: Segmento Farma: SBRH, 2018, p. 295-296.

100. SCARABOTO, Débora; SCANTAMBURLO, Viviane; CENTA, Lídio Jair Ribas. Congelamento de espermatozoides: Aspectos clínicos e laboratoriais. In: CAETANO, João Pedro Junqueira; MARINHO, Ricardo Mello; PETRACCO, Alvaro; LOPES, Joaquim Roberto Costa; FERRIANI, Rui Alberto (Org.). *Medicina reprodutiva SBRH*. São Paulo: Segmento Farma: SBRH, 2018, p. 509-510.

o que foi apontado na seção anterior, com desdobramentos biojurídicos nos capítulos que seguem.

O conjunto de fatores que determinam a marcha de acontecimentos no processo de concepção extracorpórea, seja na FIV clássica ou na ICSI, aponta para a possibilidade de que sobrem embriões. Umas das questões mais discutidas parte, justamente, da análise biojurídica acerca das alternativas para a destinação do excedente. Uma delas é o congelamento, tendo em vista que, nem sempre, o casal ou o(a) demandante tem resposta certa quanto ao destino que gostaria de imputar a seus gametas ou embriões remanescentes.

Capítulo 2
O PANORAMA DAS NORMAS DE BIOSSEGURANÇA

É preciso, preliminarmente, evidenciar o atual estado regulatório da reprodução humana assistida, no Brasil, por meio de um relato do panorama acerca dos tipos de legislação (ordinária e em sentido amplo) que disciplinam conteúdos relacionados ao tema. Dessa forma, esse capítulo tem como foco a abordagem do conteúdo das normas de biossegurança editadas pela Agencia Nacional de Vigilância Sanitária (ANVISA).

O assunto não é disciplinado por lei ordinária específica, mas por um conjunto de instrumentos normativos em sentido amplo, como a atual Resolução do Conselho Federal de Medicina (CFM), a ser tratada em capítulos posteriores, as Resoluções de Diretoria Colegiada (RDC) e Notas Técnicas da Agência Nacional de Vigilância Sanitária (ANVISA), além dos documentos "Relatórios do Sistema Nacional de Produção de Embriões (SisEmbrio)", "Relatórios de Importação – Reprodução assistida" e "Relatório de Avaliação sanitária em Centros de Reprodução Humana Assistida (BTCG)", que revelam conteúdos de biossegurança e informações estatísticas importantes ao assunto.

A compreensão sobre o estado regulatório do tema, no direito brasileiro, perpassa pelo fato de que tanto a Constituição da República quanto os Códigos Civil e Penal, além de outras legislações ordinárias vigentes, como a Lei de Biossegurança, trazem previsões normativas diretamente relacionadas ao assunto.

Os fundamentos e os desdobramentos das técnicas assistidas de procriação estão, ainda que não diretamente disciplinados, aportados em conteúdos relacionados a direitos fundamentais, a direitos da personalidade, a regras sobre obrigações e contratos, a responsabilidades civil e penal (considerando a relação com a previsão dos tipos penais), bem como a regras do direito de família e das sucessões.

2.1 RESOLUÇÕES DE DIRETORIA COLEGIADA DA ANVISA

A Agência Nacional de Vigilância Sanitária (ANVISA) foi criada pela Lei 9.782, de 26 de janeiro 1999, e é uma autarquia sob regime especial, sediada no

Distrito Federal, presente em todo o território nacional por meio de suas coordenações. Sua finalidade institucional é a promoção da proteção da saúde da população, por meio do "controle sanitário da produção e consumo de produtos e serviços submetidos à vigilância sanitária, inclusive dos ambientes, dos processos, dos insumos e das tecnologias a eles relacionados", o que também inclui o controle de portos, aeroportos, fronteiras e recintos alfandegários.[1]

A Lei 9.782/1999 estabelece as competências da ANVISA, donde se extrai o poder normativo de editar resoluções, instruções e outros instrumentos legais que visem determinar as fronteiras de atuação humana no que tange à configuração de riscos sanitários e biológicos à saúde da população em geral.[2] A lei reconhece a legitimidade da ANVISA em legislar, fiscalizar e intervir, quando se trata da identificação de riscos que comprometam a integridade da saúde de todos.

A partir da competência reconhecida por lei, a ANVISA é, atualmente, a responsável pela edição de protocolos de biossegurança, revelados por meio das suas resoluções, que orientam a prática das técnicas de reprodução assistida em laboratório, consolidando recomendações que visam à diminuição expressiva de riscos e prejuízos à saúde humana.

2.1.1 RDC 339/2020

A Agência Nacional de Vigilância Sanitária (ANVISA) adotou, em 20 de fevereiro de 2020, a Resolução de Diretoria Colegiada (RDC) 339,[3] que dispõe sobre a instituição do Sistema Nacional de Biovigilância. Tal resolução, composta por dezenove artigos, distribuídos em três capítulos (Das Disposições Iniciais; Do Sistema Nacional de Biovigilância; Das Disposições Finais e Transitórias), foi publicada no Diário Oficial da União (DOU) em 26 de novembro de 2020.

O objetivo do Sistema Nacional de Biovigilância é proporcionar "a melhoria da qualidade dos processos relacionados ao ciclo de células, tecidos e órgãos humanos, em alinhamento com o Programa Nacional de Segurança do Paciente" (art. 2º), cuja abrangência se dá a todos "os entes do Sistema Nacional de Vigilância Sanitária (SNVS) e estabelecimentos e profissionais de saúde que desenvolvam quaisquer atividades relacionadas com o ciclo de células, tecidos e

---

1. ANVISA. *Dados institucionais*. Disponível em: https://www.gov.br/anvisa/pt-br/acessoainformacao/institucional. Acesso em: 21 abr. 2023.
2. BRASIL. *Lei 9.782/1999*. Define o Sistema Nacional de Vigilância Sanitária, cria a Agência Nacional de Vigilância Sanitária, e dá outras providências. Disponível em: http://www.planalto.gov.br/ccivil_03/leis/ L9782compilado.htm. Acesso em: 21 abr. 2023.
3. ANVISA. *Resolução de Diretoria Colegiada (RDC) 339*. 26 de novembro de 2020. Disponível em: https://bvsms.saude. gov.br/bvs/ saudelegis/anvisa/2020/RDC_339_2020_.pdf. Acesso em: 21 abr. 2023.

CAPÍTULO 2 • O PANORAMA DAS NORMAS DE BIOSSEGURANÇA **41**

órgãos humanos nos processos de transplantes, enxertos, reprodução humana assistida, desde a doação até a evolução clínica do receptor e do doador vivo" (§ 1º, art. 3º).[4]

Um extenso rol de conceitos técnicos é explicitado no artigo 5º, quais sejam: alérgeno; biovigilância, ciclo de células, tecidos e órgãos humanos; cultura de segurança; dano; doador; evento adverso; evento adverso grave; gestão de risco; notificação; notificação imediata; queixa técnica; receptor; registro; segurança do paciente; e uso terapêutico. No entanto, a resolução dedica-se a uma seção própria sobre eventos adversos (seção II, arts. 10 a 14), razão pela qual optamos por transcrever, abaixo, as definições de:

> Art. 5º, VII – evento adverso: qualquer ocorrência desfavorável relacionada à doação, retirada/coleta, avaliação, processamento, armazenamento, distribuição e ao procedimento de uso terapêutico de células, tecidos e órgãos, em um receptor ou doador, podendo ou não levar à transmissão de uma enfermidade, risco à vida, deficiências, incapacidades ou hospitalização ou, ainda, a prolongação do tempo de enfermidades ou hospitalização, e morte;
>
> Art. 5º, VIII – evento adverso grave: qualquer evento indesejado e inesperado associado a qualquer etapa do processo, desde a doação, retirada/coleta de células, tecidos ou órgãos até o uso terapêutico, que resulte na transmissão de doenças infecciosas ou neoplásicas, incapacidade persistente ou significativa, hospitalização ou prolongamento de uma hospitalização preexistente ou morbidade, morte, risco de morte para doadores vivos ou receptores; [...].[5]

O capítulo II estabelece, na seção I, as atividades do Sistema Nacional de Biovigilância sendo que o objetivo principal, inserido no artigo 6º, é contribuir para a segurança do paciente receptor e doador de células, tecidos e órgãos humanos em todo território nacional. Para a garantia da segurança, o parágrafo único do artigo 6º afirma a necessidade da identificação, do registro, do processamento e da análise da informação dos eventos adversos relacionados a todas as práticas permitidas, com monitoramento e intervenção nos riscos.

A coordenação do Sistema Nacional de Biovigilância cabe à ANVISA (art. 7º), assim como é de sua obrigação (I) a viabilização e a manutenção de um sistema nacional de informação para a biovigilância; (II) o estabelecimento de fluxos e procedimentos para notificação de eventos adversos; (III) a identificação e a divulgação de sinais e alertas relacionados ao uso de células, tecidos e órgãos humanos de alcance nacional; (IV) o assessoramento e a cooperação técnica com as

---

4. ANVISA. *Resolução de Diretoria Colegiada (RDC) 339*. 26 de novembro de 2020. Disponível em: https://bvsms.saude. gov.br/bvs/ saudelegis/anvisa/2020/RDC_339_2020_.pdf. Acesso em: 21 abr. 2023.

5. ANVISA. *Resolução de Diretoria Colegiada (RDC) 339*. 26 de novembro de 2020. Disponível em: https://bvsms.saude. gov.br/bvs/ saudelegis/anvisa/2020/RDC_339_2020_.pdf. Acesso em: 21 abr. 2023.

diversas vigilâncias sanitárias locais em investigações que se fizerem necessárias; (V) o acompanhamento das investigações sobre casos de transmissão de doenças em doadores e receptores de células, tecidos e órgãos humanos em conjunto com a vigilância local; (VI) a promoção de articulação entre os sistemas de vigilância de eventos adversos e queixas técnicas relacionados aos produtos e serviços sujeitos à vigilância sanitária; (VII) a estimulação e o apoio à implementação de protocolos e documentos de boas práticas em células, tecidos e órgãos humanos, para garantir a qualidade e a segurança dos procedimentos prestados.[6]

Como foi dito acima, os eventos adversos têm seção própria. O artigo 10 e parágrafos 1º e 2º tratam das atividades e da responsabilidade do profissional responsável pela biovigilância. Caberá a ele registrar o evento adverso, contatar os integrantes do Sistema Nacional de Biovigilância, notificar à coordenação do órgão a ocorrência do evento adverso, investigar o fato e aplicar as medidas corretivas e preventivas que entender necessárias.

Assim, todo evento adverso identificado em estabelecimentos integrantes do Sistema Nacional de Biovigilância deve ser comunicado ao profissional responsável (arts. 11 e 12). Embora a resolução não faça distinção explícita entre eventos adversos graves e moderados – distinguindo apenas evento adverso e evento adverso grave, como já transcrito – os parágrafos 1º e 3º do artigo 12 graduam o tempo da notificação conforme o tipo do evento: 24 horas, contadas a partir da ocorrência de eventos graves, e até o 15º dia útil do mês subsequente à identificação do evento adverso moderado e leve.

É obrigação dos estabelecimentos integrantes do Sistema Nacional de Biovigilância manter, pelo período mínimo de vinte anos, toda documentação referente ao registro e à investigação dos eventos adversos (art. 14). Qualquer descumprimento das disposições dessa resolução constitui infração sanitária, sem prejuízo das responsabilidades administrativa, civil e penal pertinentes (art. 18).

2.1.2   RDC 771/2022

A Diretoria da Agência Nacional de Vigilância Sanitária (ANVISA) adotou, após reunião realizada em 22 de dezembro de 2022, a Resolução de Diretoria Colegiada (RDC) 771,[7] que dispõe sobre as boas práticas em células germinativas,

---

6. ANVISA. *Resolução de Diretoria Colegiada (RDC) 339*. 26 de novembro de 2020. Disponível em: https://bvsms.saude. gov.br/bvs/ saudelegis/anvisa/2020/RDC_339_2020_.pdf. Acesso em: 21 abr. 2023.
7. ANVISA. *Resolução de Diretoria Colegiada (RDC) 771. 22* de dezembro de 2022. Disponível em: http:// antigo.anvisa.gov.br/documents/10181/5141698/RDC_771_ 2022_.pdf/816aa15e-ceba-4e-12-b666-9affe9d66957. Acesso em: 25 abr. 2023.

CAPÍTULO 2 • O PANORAMA DAS NORMAS DE BIOSSEGURANÇA

tecidos germinativos e embriões humanos para uso terapêutico. A Resolução 771 é bastante extensa, composta por 133 artigos, divididos em cinco capítulos (Das Disposições Iniciais; Das Disposições Gerais; Das Disposições Técnicas; Da Importação de Células Germinativas, Tecidos Germinativos e Embriões Humanos; Das Disposições Transitórias e Finais), e foi publicada no Diário Oficial da União (DOU) em 28 de dezembro de 2022.

A RDC 771 tem por objetivo o estabelecimento de requisitos técnico-sanitários para o uso terapêutico (próprio ou doação) em técnicas de reprodução humana assistida e é dirigida a todos os estabelecimentos, de natureza pública ou privada, que realizem atividades com células germinativas, tecidos germinativos ou embriões humanos (arts. 1º e 2º).[8]

Como é próprio dos microssistemas jurídicos, presente está na RDC 771 uma série de definições técnicas, previstas no artigo 3º e distribuídas em quarenta e quatro incisos. Diante desse alto número de termos e, não sendo nosso objetivo, aqui, replicar a norma em totalidade, e sim trazer seus aspectos mais relevantes à proposta do livro, apenas alguns conceitos serão abordados.

Para o correto funcionamento, os Centros de Reprodução Humana Assistida (CRHA) necessitam de licença sanitária, cuja emissão deverá ser feita pelo órgão de vigilância sanitária competente (art. 4º). Cabe aos CRHA a solicitação de renovação das respectivas licenças de funcionamento (§ 2º, art. 4º) e é deles, também, a incumbência de informar ao órgão de vigilância sanitária o encerramento das atividades (art. 5º). O responsável legal – que, segundo o inciso XXXII, do artigo 3º, é a "pessoa física que assume legalmente a administração do Centro de Reprodução Humana Assistida" – deverá cuidar do destino dos materiais e embriões armazenados, assim como se responsabilizará pela manutenção dos registros pelo período mínimo de vinte anos (§ 1º, art. 5º). Também incumbe a ele garantir que todos os pacientes com amostras armazenadas nos CRHA assinem o Termo de Consentimento Livre e Esclarecido (TCLE) que deve prever, inclusive, o destino do material (§ 2º, art. 5º). Em havendo vinculação do CRHA com algum estabelecimento de saúde, as responsabilidades quanto ao encerramento das atividades podem ser compartilhadas (§ 3º, art. 5º).[9]

A RDC 771/2022 previu, também, situações envolvendo roubo, furto ou extravio de células e tecidos germinativos e embriões humanos no CRHA ou

---

8. ANVISA. *Resolução de Diretoria Colegiada (RDC) 771*. 22 de dezembro de 2022. Disponível em: http:// antigo.anvisa.gov.br/documents/10181/5141698/RDC_771_ 2022_.pdf/816aa15e-ceba-4e-12-b666-9affe9d66957. Acesso em: 25 abr. 2023.

9. ANVISA. *Resolução de Diretoria Colegiada (RDC) 771*. 22 de dezembro de 2022. Disponível em: http:// antigo.anvisa.gov.br/documents/10181/5141698/RDC_771_ 2022_.pdf/816aa15e-ceba-4e-12-b666-9affe9d66957. Acesso em: 25 abr. 2023.

durante o transporte de materiais. Nesses casos, há que se notificar o órgão de vigilância sanitária competente e a ANVISA, no prazo máximo de um dia útil após o ocorrido, com a cópia do boletim de ocorrência (art. 6º).

Pesquisas com células e tecidos germinativos e/ou embriões humanos podem ser feitas desde que o projeto esteja devidamente aprovado pelo sistema CEP/CONEP.[10] É o que dispõe o artigo 7º.

As disposições técnicas estão previstas no capítulo III que é o mais extenso dos cinco e, sobre elas, trataremos de alguns aspectos importantes. Sobre as atribuições dos CRHA, o artigo 9º assim prescreve:

> Art. 9º São atribuições de CRHA, os procedimentos relacionados ao preparo de células germinativas, tecidos germinativos e embriões humanos para uso terapêutico, incluindo seleção, coleta, identificação, registros para fins de rastreabilidade, recepção, processamento, armazenamento, transporte, descarte, liberação de amostras, notificação e monitoramento de eventos adversos e garantia da segurança do paciente que submete ao procedimento.[11]

As atribuições mencionadas no artigo 9º estão pormenorizadas no seu parágrafo 1º e, dentre elas, cabe destacar que os CRHA devem garantir a qualidade dos serviços de triagem clínica e laboratorial; devem obter o Termo de Consentimento Livre e Esclarecido (TCLE); devem realizar coletas, receber ou rejeitar amostras de acordo com os requisitos de qualidade e segurança; devem proceder à identificação numérica ou alfanumérica sistemática de amostras com o objetivo de impedir trocas, assim como garantir a rastreabilidade ao longo de todo o processo para o uso terapêutico das células e tecidos germinativos e embriões humanos. Cabe, também, aos CRHA, a avaliação, a liberação, o armazenamento, a implantação de sistema de gestão de qualidade, o descarte e o fornecimento de informações sobre células, tecidos e embriões humanos (Incs. I a XI).[12]

Anualmente, os CRHA devem enviar à ANVISA relatório contendo dados quantitativos de produção (XII). Os documentos precisam ser arquivados de modo a preservar a rastreabilidade de todos os envolvidos no processo, sempre garantindo a segurança e a confidencialidade destes (XIII), o que é feito mediante a biovigilância (XIV), executada por profissional responsável designado pelos CRHA (XV).

---

10. O sistema CEP/CONEP representa protocolo próprio voltado à aprovação de pesquisas.
11. ANVISA. *Resolução de Diretoria Colegiada (RDC) 771*. 22 de dezembro de 2022. Disponível em: http:// antigo.anvisa.gov.br/documents/10181/5141698/RDC_771_ 2022_.pdf/816aa15e-ceba-4e-12-b666-9affe9d66957. Acesso em: 25 abr. 2023.
12. ANVISA. *Resolução de Diretoria Colegiada (RDC) 771*. 22 de dezembro de 2022. Disponível em: http:// antigo.anvisa.gov.br/documents/10181/5141698/RDC_771_ 2022_.pdf/816aa15e-ceba-4e-12-b666-9affe9d66957. Acesso em: 25 abr. 2023.

CAPÍTULO 2 • O PANORAMA DAS NORMAS DE BIOSSEGURANÇA **45**

O parágrafo 2º do artigo 9º permite a terceirização das atividades de triagem clínica e laboratorial de coleta, de arquivamento de documentos, de armazenamento e de transporte de células e tecidos germinativos e embriões, desde que os estabelecimentos que as executem estejam devidamente regularizados junto à vigilância sanitária.

A terceirização de atividades de CRHA deve ser formalizada por contrato, convênio ou termo de responsabilidade devidamente assinado pelas partes (art. 39) e tal prática não exime as responsabilidades legais do CRHA, que responde solidariamente junto as autoridades sanitárias por descumprimentos técnicos, operacionais e legais (art. 41).

A RDC 771 prevê a implementação de sistema de gestão e garantia de qualidade. Dentre as ações de garantia de qualidade está a implantação de sistema de gestão de documentos (Inc. VI, art. 13) que "abranja e descreva as regras para padronização, controle, elaboração, modificação, aprovação, divulgação, manutenção, segurança, rastreabilidade, arquivamento e revisão periódica de documentos." (art. 17). Eles devem ser mantidos em arquivos pelo período de 20 (vinte) anos, no mínimo, contado a partir do uso ou do descarte de células e tecidos germinativos e embriões humanos (art. 21). Estão abarcados nesse período os documentos ou as informações sobre doadores; coleta de células e tecidos germinativos; acondicionamento e transporte de células, tecidos e embriões; processamento, acondicionamento e armazenamento de células, tecidos e embriões; resultado de testes de controle de qualidade; liberação de células e tecidos germinativos e embriões humanos; motivo do descarte; solicitações e usos terapêuticos e para fins de pesquisa de células, tecidos e embriões; transferências embrionárias; TCLE para os procedimentos e doações; eventos adversos; queixas técnicas diversas, relatórios de não-conformidades e as medidas adotadas (Incs. I a XIV).[13]

Os parágrafos 1º e 2º do artigo 21 distinguem períodos de arquivamento para documentos críticos e não críticos, sendo que os primeiros estão abarcados pela regra geral de arquivamento (20 anos) e os segundos, definidos em procedimentos operacionais padrão (POP), devem ficar guardados por 5 (cinco) anos, no mínimo.

O capítulo III destina a seção IV ao termo de consentimento livre e esclarecido (TCLE). O documento – escrito e assinado pelas partes envolvidas – deve conter autorização para os procedimentos de RHA a serem realizados, especifi-

---

13. ANVISA. *Resolução de Diretoria Colegiada (RDC) 771*. 22 de dezembro de 2022. Disponível em: http:// antigo.anvisa.gov.br/documents/10181/5141698/RDC_771_ 2022_.pdf/816aa15e-ceba-4e-12-b666-9affe9d66957. Acesso em: 25 abr. 2023.

cando as necessidades de cada tipo de intervenção a que se submeterá a pessoa. A linguagem deve ser clara e o termo deve ser o mais detalhado possível.

De acordo com o artigo 87, o TCLE deve conter, quando couber: autorização para coleta de oócitos, transferência de embriões e doação de células, tecidos e embriões; autorização para criopreservação de células e tecidos germinativos ou embriões humanos e os riscos a ela inerentes; compromisso de as partes manterem-se rastreáveis; autorização para descarte de amostras que não atendam a critérios de uso ou armazenamento; autorização para coleta de sangue para a realização de testes considerados obrigatórios pelas normas sanitárias vigentes e também pelo CRHA; autorização da paciente receptora para a transferência dos oócitos doados a fresco e autorização ou recusa para doação de material para projetos de pesquisa aprovados previamente pelo sistema CEP/CONEP (I a VIII).[14]

Outro aspecto importante abarcado pela RDC 771 refere-se à doação de células e tecidos germinativos e embriões humanos. De acordo com o artigo 90, a doação deve ser gratuita e há que se respeitar o sigilo, características muito debatidas por doutrinadores do direito, razão pela qual, no momento oportuno, trataremos do assunto. Também é imprescindível a assinatura do TCLE.

A RDC 771 regulamenta a importação de embriões humanos, bem como de células e tecidos germinativos, provenientes de doadores (seção I, art. 111 e seguintes) e do próprio paciente (seção II, art. 123 e seguintes).

O artigo 111 estabelece que somente empresa importadora habilitada previamente pela ANVISA é que tem autorização para importar material genético proveniente de doadores para uso terapêutico. A habilitação abarca atividades de armazenamento, distribuição e transporte das amostras para posterior distribuição ao CRHA que contratou o serviço. A importação será procedida por meio do Sistema Integrado de Comércio Exterior (SISCOMEX), remessa expressa ou declaração simplificada de importação (art. 118).[15]

Quanto a material próprio armazenado em outro país, a importação depende de autorização da ANVISA, que deverá ocorrer após peticionamento eletrônico procedido por CRHA licenciado ou importador habilitado, que informará que a amostra é para uso do paciente titular desta (art. 123).

---

14. ANVISA. *Resolução de Diretoria Colegiada (RDC) 771*. 22 de dezembro de 2022. Disponível em: http:// antigo.anvisa.gov.br/documents/10181/5141698/RDC_771_ 2022_.pdf/816aa15e-ceba-4e-12-b666-9affe9d66957. Acesso em: 25 abr. 2023.
15. ANVISA. *Resolução de Diretoria Colegiada (RDC) 771*. 22 de dezembro de 2022. Disponível em: http:// antigo.anvisa.gov.br/documents/10181/5141698/RDC_771_ 2022_.pdf/816aa15e-ceba-4e-12-b666-9affe9d66957. Acesso em: 25 abr. 2023.

CAPÍTULO 2 • O PANORAMA DAS NORMAS DE BIOSSEGURANÇA   **47**

A RDC 771 traz processo detalhado sobre os passos necessários para a importação de células e tecidos germinativos e embriões, nos artigos 110 a 124, imputando aos CRHA a necessidade de que toda importação esteja em conformidade com as normas de biovigilância vigentes.

2.2   A NOTA TÉCNICA 6/2022 DA ANVISA

Em 2022, a ANVISA emitiu a Nota Técnica 6, que atualizou a Nota Técnica 72/2020[16] sobre diretrizes sanitárias para a realização de procedimentos de reprodução humana assistida, considerando a evolução da pandemia de COVID-19.

Após consulta à Sociedade Brasileira de Reprodução Assistida (SBRA), à Sociedade Brasileira de Reprodução Humana (SBRH), à Associação Brasileira de Embriologistas em Medicina Reprodutiva e ao Pronúcleo de Rede Latino-Americana de Reprodução Humana Assistida (REDLARA), a ANVISA emitiu algumas importantes recomendações. Dentre elas, cabe salientar a de letra "a", que insta o Centro de Reprodução Humana Assistida (CRHA), também conhecido por Banco de Células e Tecidos Germinativos (BCTG), a estabelecer protocolos de segurança de controle da pandemia de COVID-19. Elencou, como fatores a serem observados: o número de colaboradores; a necessidade de equipamentos de proteção individual específicos; a condição estrutural do estabelecimento; o suporte logístico e o fornecimento de materiais e insumos essenciais.[17]

A Nota Técnica 72/2022 também fez recomendações acerca da seleção e triagem de doadores de gametas e embriões, nacionais e importados (b1 a b5); da interferência da vacinação em doadores de gametas e embriões (c) e da seleção e triagem de pacientes sujeitos aos procedimentos de reprodução humana assistida[18] (c1 e c2).

2.3   SisEMBRIO E RELATÓRIOS DE PRODUÇÃO DE EMBRIÕES

Criado por Resolução de Diretoria Colegiada da ANVISA, os Relatórios do SisEmbrio (Sistema Nacional de Produções de embriões) têm apontado informa-

---

16. ANVISA. *Nota Técnica 72*. 2020. Disponível em: https://www.gov.br/anvisa/ptbr/centraisdeconteudo/publicacoes/sangue-tecidos-celulas-e-orgaos/notas-tecnicas/revogadas/nota-tecnica-72-2020-gstco/view. Acesso em: 22 abr. 2023.
17. ANVISA. *Nota Técnica 72*. 2020. Disponível em: https://www.gov.br/anvisa/ptbr/centraisdeconteudo/publicacoes/sangue-tecidos-celulas-e-orgaos/notas-tecnicas/revogadas/nota-tecnica-72-2020-gstco/view. Acesso em: 22 abr. 2023.
18. ANVISA. *Nota Técnica 72*. 2020. Disponível em: https://www.gov.br/anvisa/ptbr/centraisdeconteudo/publicacoes/sangue-tecidos-celulas-e-orgaos/notas-tecnicas/revogadas/nota-tecnica-72-2020-gstco/view. Acesso em: 22 abr. 2023.

ções importantes ao cenário das práticas de procriação medicamente assistida, como o crescimento do uso das técnicas e os desdobramentos ocasionados por elas.

No site da ANVISA, é possível ter acesso a 13 Relatórios do SisEmbrio, publicados, com dados que se referem aos anos de 2005 a 2019. Posteriormente ao ano de 2019, há um registro, que aponta dados referentes aos anos de 2020 a 2022, documento que tem tal especificidade, tendo em vista os impactos e dificuldades da coleta de informações referentes aos anos em que a pandemia da COVID-19 se estabeleceu.[19]

O 12º Relatório define com precisão os objetivos do documento: identificar o número de embriões humanos produzidos pelas técnicas de fertilização *in vitro* criopreservados nos Bancos de Células e Tecidos Germinativos (BTCG), conhecidos como clínicas de reprodução humana assistida; atualizar as informações sobre embriões doados para pesquisas com células-tronco embrionárias, (conforme a Lei 11.105/2005 e o Decreto 5.591/2005); fazer divulgação sobre as informações relacionadas à produção de células e tecidos germinativos (oócitos e embriões) no Brasil, quais sejam: "número de ciclos de fertilização *in vitro* realizados, número de oócitos produzidos, número de oócitos inseminados, número de oócitos com dois pronúcleos, número de embriões clivados, número de embriões transferidos, bem como o número de embriões descartados por ausência de viabilidade"; além de divulgar os indicadores de qualidade dos bancos, em prol de melhorias, a fim de auxiliar inspetores sanitários e possibilitar o acesso da população aos indicadores de qualidade dos serviços.[20]

O 13º Relatório traz os dados do ano de 2019, comparando-os aos dos anos anteriores, como o número de Centros de Reprodução Humana Assistida no Brasil, por unidade federativa; o total de embriões congelados e o total de embriões doados para pesquisa, considerando os critérios localidade e região; o número de ciclos realizados por ano; o total de oócitos produzidos, embriões transferidos e embriões descartados; a média de oócitos por mulher e a média da taxa de fertilização; a taxa nacional de fertilização por ano; bem como a média nacional de oócitos por ciclo por ano.[21]

---

19. ANVISA. Disponível em: www.gov.br. Acesso em: 22 fev. 2023.
20. ANVISA. *12º Relatório de produção de embriões – SisEmbrio. Agência Nacional de Vigilância Sanitária – Anvisa.* Disponível em: file:///C:/Users/Baiana/Downloads/12%C2%BA%20Relat%C3%B3rio%20 do%20Sistema%20Nacional%20de%20Produ%C3%A7%C3%A3o%20de%20Embri%C3%B5es%20 -%20 SisEmbrio%20(2).pdf. Acesso em: 22 fev. 2023.
21. ANVISA. *13º Relatório de produção de embriões – SisEmbrio. Agência Nacional de Vigilância Sanitária – Anvisa.* Disponível em: https://app.powerbi.com/view?r=eyJrIjoiOTVjMDYxOGMt MmNlYy00MjQ3LTg3Y2I tYTAxYTQ4NTkxYjFkIiwidCI6ImI2N2FmMjNmLWMzZjMtNGQzNS04MG-M3LWI3MDg1ZjVlZGQ4MSJ9&pageName=ReportSection770f72a0cca27de07030. Acesso em: 24 abr. 2023.

O último documento postado pela ANVISA é um compilado de informações referentes aos anos de 2020, 2021 e 2022, concernentes ao período da pandemia e ao ano seguinte, onde seus efeitos ainda estão em curso. Os tipos de informações coincidem, em parte, com os documentos anteriores, como a atualização sobre a quantidade de clínicas de reprodução assistida por unidade federativa; o número de embriões congelados e o número de embriões doados para pesquisas com células-tronco embrionárias, considerando cada Estado; os ciclos realizados por ano, bem como o número de embriões transferidos e descartados.[22]

Segundo o relatório, até o ano de 2022, existem 193 centros de reprodução humana assistida no Brasil. São Paulo e Minas Gerais são os Estados com o maior número de centros, com 66 e 24, respectivamente. Quanto às capitais, São Paulo tem 33, Rio de Janeiro tem 12 e Belo Horizonte tem 11 centros de reprodução. Os dados apontaram para o crescimento do número total de centros no país, considerando o ano de 2020 (166), 2021 (172) e 2022 (181). Ficou registrado, também, que, entre os anos de 2020 a 2022, apenas 44 embriões foram doados para pesquisas com células-tronco embrionárias, em contraponto ao número de 297.848 embriões congelados no mesmo período. Os 119.114 ciclos realizados, no mesmo intervalo temporal, culminaram em 63.301 embriões transferidos e 158.129 embriões descartados.[23]

O documento sobre os dados mais atuais trouxe, também, o detalhamento de informações de outras naturezas, completando dados que, nos relatórios anteriores, não foram apontados, como os tipos de procedimento de inseminação intrauterina (com sêmen próprio; com sêmen de doador; em pacientes menores de 35 anos e em pacientes maiores de 35 anos); os dados numéricos referentes aos procedimentos de ovodoação (com óvulos frescos e descongelados) e coleta oocitária destinada a FIV e para a criopreservação; procedimentos de congelamento de embrião; procedimentos de coleta de sêmen para doação e procedimentos de doação de embriões.[24]

Dentre tantas informações relevantes sobre o uso de gametas de doadores, os dados apontaram que foram realizados 990 procedimentos com inseminação intrauterina com sêmen de doador e 7.570 ciclos com sêmen de doador em casos

---

22. ANVISA. *Relatório de produção de embriões – SisEmbrio. 2020, 2021, 2022. Agência Nacional de Vigilância Sanitária – Anvisa.* Disponível em: https://www.gov.br/anvisa/pt-br/acessoainformacao/ dadosabertos /informacoes-analiticas/sisembrio. Acesso em: 2 abr. 2023.

23. ANVISA. *Relatório de produção de embriões – SisEmbrio. 2020, 2021, 2022. Agência Nacional de Vigilância Sanitária – Anvisa.* Disponível em: https://www.gov.br/anvisa/pt-br/acessoainformacao/ dadosabertos /informacoes-analiticas/sisembrio. Acesso em: 2 abr. 2023.

24. ANVISA. *Relatório de produção de embriões – SisEmbrio. 2020, 2021, 2022. Agência Nacional de Vigilância Sanitária – Anvisa.* Disponível em: https://www.gov.br/anvisa/pt-br/acessoainformacao/ dadosabertos/informacoes-analiticas/sisembrio. Acesso em: 2 abr. 2023.

de procedimentos de coletas oocitárias destinadas à concepção extrauterina (FIV e ICSI). Nesse mesmo período (2020 a 2022), quanto aos procedimentos de coleta de sêmen para doação, foram armazenadas amostras de 1.247 doadores e utilizadas amostras de 793, que geraram 1.065 gestações clínicas. O documento aponta, ainda que, sobre os procedimentos de doação de embriões, além dos 44 destinados às pesquisas com células-tronco embrionárias, 3.929 embriões foram doados para uso terapêutico, o que significa para fins de procriação por outro(os) demandante(es).[25]

Os relatórios do SisEmbrio são importantes documentos que, por meio de pesquisas estatísticas, demonstram números expressivos quanto aos tipos de técnicas mais utilizadas no Brasil, o destino de gametas coletados e embriões fecundados e a origem do material biológico (dos demandantes do projeto parental ou de doadores). Os dados apontados nos últimos anos caminham para a interpretação de que a reprodução humana assistida é, de fato, uma alternativa cada vez mais consolidada por pessoas que tenham alguma motivação impeditiva ao processo de procriação natural. Como alternativa expressivamente procurada, pode-se entender que os relatórios produzidos, em regra, por ano, são essenciais à compreensão dos dilemas bioéticos e dos problemas biojurídicos que deles possam surgir.

2.4 RELATÓRIOS DE IMPORTAÇÃO – REPRODUÇÃO HUMANA ASSISTIDA

Em 2017, a ANVISA publicou o 1º Relatório de Importação de Amostras Seminais para uso em Reprodução Humana Assistida, tendo como objetivo central apresentar e discutir dados relativos à importação desse tipo de material biológico no Brasil. O relatório visou apontar o número de anuências de importação concedidas pela Gerência de Sangue, Tecidos, Células e Órgãos (GSTCO/ANVISA), entre os anos de 2011 a 2016; a procedência das amostras, entre os anos 2014 a 2016; o destino das amostras por região demográfica e por unidade federada do país, entre 2014 a 2016; as principais características fenotípicas dos doadores de sêmen, de 2014 a 2016; e, por fim, o perfil dos solicitantes das amostras, entre os anos 2014 a 2016.[26]

---

25. ANVISA. *Relatório de produção de embriões – SisEmbrio. 2020, 2021, 2022. Agência Nacional de Vigilância Sanitária – Anvisa.* Disponível em: https://www.gov.br/anvisa/pt-br/acessoainformacao/dadosabertos/ informacoes-analiticas/sisembrio. Acesso em: 2 abr. 2023.
26. ANVISA. *1º Relatório de Amostras Seminais para uso em Reprodução Humana Assistida. 2017.* Disponível em: file:///C:/Users/Baiana/Downloads/1%C2%BA%20Relat%C3%B3rio%20de%20Importa%C3%A7%C3%A3o%20-%20Reprodu%C3%A7%C3%A3o%20Humana%20Assistida%202017.pdf. Acesso em: 24 abr. 2023.

O segundo e último Relatório de Importação de Amostras Seminais para uso em Reprodução Humana Assistida, publicado em 2018, reafirmou os mesmos objetivos do anterior e apontou informações técnicas de relevância às técnicas com doação de material biológico para procriação.

O documento determina que as técnicas podem ser realizadas por meio da utilização de material biológico proveniente de doadores estrangeiros, de modo que "o procedimento para importar células e tecidos germinativos (sêmen, oócitos e embriões) deve acontecer conforme o disposto no Capítulo XXIII, Seções I e IV, da RDC/Anvisa 81, de 5 de novembro de 2008". Prossegue o relatório afirmando que o importador "é o responsável pelo cumprimento das normas legais, incluindo as medidas, as formalidades e as exigências ao processo administrativo de importação". Para que seja solicitada a anuência de importação, o estabelecimento (BCTG) ou o seu representante (importador), ambos pessoa jurídica, devem enviar e-mail à Anvisa, contendo a seguinte documentação: cópia da licença sanitária do BCTG onde será realizado o procedimento de reprodução no Brasil ou do BCTG onde o material será armazenado (para os casos em que o procedimento seja realizado em outros estabelecimento de saúde); cópia da licença sanitária ou documento equivalente do BCTG estrangeiro, que fornecerá a amostra biológica; cópia de documentos de identificação da receptora ou do casal receptor; laudo com o diagnóstico emitido pelo profissional responsável pelo procedimento a ser realizado no Brasil; autorização por escrito da receptora ou do casal receptor para a realização do procedimento de reprodução e para o transporte da amostra; resultados dos exames clínicos e laboratoriais para marcadores de infecções transmissíveis do doador e de testes microbiológicos e genéticos realizados nas amostras biológicas.[27]

O relatório vincula a possibilidade de importação de sêmen a laudo médico que indique o uso das técnicas de reprodução assistida. A importação, então, é direcionada a um determinado paciente, com documentação que ateste demanda de natureza médica, não podendo ser destinada a ofertas para outros interessados. Para que a amostra seminal ou de oócito possa ser usada em técnicas de reprodução no Brasil, não devem ter resultados de triagem laboratorial reagente, positiva ou inconclusiva para marcadores de alguns agentes patogênicos, regra que também é exigida em caso de material germinativo oriundo de outros países. Uma das etapas fundamentais ao processo de importação é o armazenamento e o transporte do material biológico, o que exige regras de embalagem, destinada

---

27. ANVISA. *2º Relatório – Dados de Importação de Células e Tecidos Germinativos para Uso em Reprodução Humana Assistida*. 2018. Disponível: em: file:///C:/Users/Baiana/Downloads/2%C2%BA%20 Relat%C3%B3rio%20de%20Importa%C3%A7%C3%A3o%20%20Reprodu%C3%A7%C3%A3o%20 Humana%20Assistida%202018%20(2).pdf. Acesso em: 24 abr. 2023, p. 4.

a essa finalidade, e temperatura adequadas para manutenção da integridade e qualidade.[28]

Se a análise da documentação enviada na solicitação de importação for satisfatória, a ANVISA emitirá anuência, na forma de parecer técnico favorável, destinado aos solicitantes e com validade de 30 dias corridos da data de sua emissão, autorização que deve compor as documentações aduaneiras.[29]

Os dados aportados no relatório indicam o crescimento gradual, entre os anos de 2011 a 2017, do número de amostras seminais importadas, originadas de países como Estados Unidos, Espanha, Grécia e Ucrânia.[30]

O documento traz, ainda, a compilação dos motivos que, segundos os BCTGs brasileiros, fazem os pacientes optarem por bancos de sêmen e oócitos internacionais, quais sejam:

1. Aumento da divulgação dos bancos internacionais e da disponibilidade da importação deste tipo de material, com um maior número de BCTGs nacionais com acesso aos respectivos serviços;

2. Maior quantidade de doadores e doadoras com ampla disponibilidade de acesso às suas características físicas, intelectuais e psicológicas;

3. Maior disponibilidade de amostras com uma diversidade de testes genéticos realizados;

4. No caso de amostras seminais: a. maior disponibilidade de informações sobre a família do doador, inclusive com relatos de doenças preexistentes; b. Possibilidade de acesso às fotos dos doadores quando crianças; c. Existência de poucos bancos de sêmen no Brasil, que, na maioria das vezes, resulta na dificuldade de se encontrar amostras com as características pretendidas pelos futuros pais.

5. No caso de oócitos, a importação acontece pelas seguintes razões: a. No Brasil, não existem bancos de oócitos congelados para doação. É permitida a doação voluntária de gametas, bem como a situação identificada como doação compartilhada de oócitos em RHA, em que a doadora e a receptora, participando como portadoras de problemas de reprodução, compartilham tanto do material biológico quanto dos custos financeiros que envolvem o procedimento de RHA. A doadora tem preferência sobre o material biológico que será pro-

---

28. ANVISA. *2º Relatório – Dados de Importação de Células e Tecidos Germinativos para Uso em Reprodução Humana Assistida.* 2018. Disponível: em: file:///C:/Users/Baiana/Downloads/2%C2%BA%20 Relat%C3%B3rio%20de%20Importa%C3%A7%C3%A3o%20%20Reprodu%C3%A7%C3%A3o%20 Humana%20Assistida%202018%20(2).pdf. Acesso em: 24 abr. 2023, p. 4.

29. ANVISA. *2º Relatório – Dados de Importação de Células e Tecidos Germinativos para Uso em Reprodução Humana Assistida.* 2018. Disponível: em: file:///C:/Users/Baiana/Downloads/2%C2%BA%20 Relat%C3%B3rio%20de%20Importa%C3%A7%C3%A3o%20%20Reprodu%C3%A7%C3%A3o%20 Humana%20Assistida%202018%20(2).pdf. Acesso em: 24 abr. 2023, p. 5.

30. ANVISA. *2º Relatório – Dados de Importação de Células e Tecidos Germinativos para Uso em Reprodução Humana Assistida.* 2018. Disponível: em: file:///C:/Users/Baiana/Downloads/2%C2%BA%20 Relat%C3%B3rio%20de%20Importa%C3%A7%C3%A3o%20%20Reprodu%C3%A7%C3%A3o%20 Humana%20Assistida%202018%20(2).pdf. Acesso em: 24 abr. 2023, p. 5.

CAPÍTULO 2 • O PANORAMA DAS NORMAS DE BIOSSEGURANÇA

duzido; b. Aumento do número de mulheres com idade avançada procurando tratamento em reprodução humana.[31]

No relatório, são também descritas as características fenotípicas dos doadores de sêmen e de oócitos, ressalvando-se que os fundamentos e implicações de tais escolhas serão, ainda, oportunamente tratados. As importações, relatadas no documento de 2017, apontam amostras seminais obtidas de 323 doadores e amostras de oócitos de 47 doadoras diferentes. Atesta-se que, por meio dos endereços eletrônicos dos bancos de sêmen norte-americanos e dos bancos de oócitos citados, é possível acessar as características fenotípicas, bem como informações diversas sobre esses doadores, tais quais: "ascendência, cor dos olhos e dos cabelos, formação profissional, tipo sanguíneo, faixa etária, estilo de vida (signo, religião, *hobbies* etc.), perfil psicológico, testes genéticos, informações da família e também fotos de infância e atuais dos doadores".[32]

O relatório afirma que "cada amostra foi categorizada levando-se em conta 3 aspectos fenotípicos: 1. Ascendência 2. Cor dos olhos 3. Cor dos cabelos". As amostras dos doadores eram de 5 ascendências (considerada no documento como "linhagem de gerações anteriores a uma determinada pessoa ou a uma determinada família"): asiática; caucasiana; latina; multi (ascendências diversas); negra. Importante o registro de que os gráficos do documento apontam para uma predominância expressiva dos doadores de sêmen e das doadoras de oócitos de ascendência caucasiana (no caso das doadoras, 88%).[33]

O documento também traz importante relato sobre o perfil dos solicitantes das amostras seminais em processos de importação. A maioria é de casais heterossexuais, onde os homens são portadores de problemas de infertilidade, em especial a azoospermia (falta de espermatozoides no sêmen); mulheres solteiras que desejam realizar procriação monoparental e independente; e, em um número menor de solicitantes, casais homoafetivos de mulheres. Registrou-se, no relatório, aumento significativo de solicitações e consequentes autorizações (ou anuências) de importação de amostras seminais e de oócitos nos últimos anos.

---

31. ANVISA. *2º Relatório – Dados de Importação de Células e Tecidos Germinativos para Uso em Reprodução Humana Assistida.* 2018. Disponível: em: file:///C:/Users/Baiana/Downloads/2%C2%BA%20 Relat%C3%B3rio%20de%20Importa%C3%A7%C3%A3o%20%20Reprodu%C3%A7%C3%A3o%20 Humana%20Assistida%202018%20(2).pdf. Acesso em: 24 abr. 2023, p. 6-7.

32. ANVISA. *2º Relatório – Dados de Importação de Células e Tecidos Germinativos para Uso em Reprodução Humana Assistida.* 2018. Disponível: em: file:///C:/Users/Baiana/Downloads/2%C2%BA%20 Relat%C3%B3rio%20de%20Importa%C3%A7%C3%A3o%20%20Reprodu%C3%A7%C3%A3o%20 Humana%20Assistida%202018%20(2).pdf. Acesso em: 24 abr. 2023, p. 10.

33. ANVISA. *2º Relatório – Dados de Importação de Células e Tecidos Germinativos para Uso em Reprodução Humana Assistida.* 2018. Disponível: em: file:///C:/Users/Baiana/Downloads/2%C2%BA%20 Relat%C3%B3rio%20de%20Importa%C3%A7%C3%A3o%20%20Reprodu%C3%A7%C3%A3o%20 Humana%20Assistida%202018%20(2).pdf. Acesso em: 24 abr. 2023, p. 10-11.

Entre 2011 e 2017, foram anuídas 1.950 amostras de sêmen, com um elevado crescimento em 2016 e 2017. Em relação aos oócitos, em 2017, foi autorizada a importação de 51 amostras, totalizando 321, desde que iniciado o processo de controle das importações no Brasil.[34]

No relatório, "a maioria das amostras seminais e de oócitos importadas foi proveniente, respectivamente, do banco de sêmen norte-americano Fairfax Cryobank (70%) e do Ovobank (Espanha) (97%)". Em 2011, das 860 autorizações para importação de sêmen, "73% das amostras destinaram-se aos bancos de células e tecidos germinativos da região Sudeste do país, 13% aos serviços da região Sul, 8% aos da região Nordeste e 6% Centro-Oeste". Sobre as autorizações de importação de oócitos em 2017, 100% das amostras foram enviadas para os centros de reprodução humana da região sudeste do Brasil. Quanto às características fenotípicas, verificou-se a predominância de doadores de sêmen com ascendência caucasiana (91%), cor dos olhos azul (45%) e cabelos castanhos (67%). Já quanto as doadoras de oócitos, a ascendência predominante também foi a caucasiana (88%), com olhos castanhos (49%) e cabelos castanhos (65%). Mulheres solteiras solicitaram a maioria das amostras de sêmen, seguidas pelos casais heterossexuais. Os casais homoafetivos de mulheres representaram 22% das importações. Quanto à importação de óvulos, verificou-se que todas as amostras foram destinadas a casais heterossexuais.[35]

Os relatórios de importação de sêmen e oócitos (publicações de 2017 e 2018) consolidaram importantes informações estatísticas para a compreensão do processo de procriação assistida no Brasil que demanda uso de material biológico doado. Eles evidenciam indicadores de relevância quando se quer construir reflexões bioéticas e, também, jurídicas, sobre as condutas que devem ser permitidas e as que, por motivações diversas, devem ser rechaçadas.

No site da ANVISA, pode-se perceber que não houve publicização dos relatórios dos anos subsequentes, o que seria valioso para a continuidade do estudo estatístico dos inúmeros indicadores que envolvem a motivação, as preferências e os contingenciamentos da procriação de natureza heteróloga no Brasil.

---

34. ANVISA. *2º Relatório – Dados de Importação de Células e Tecidos Germinativos para Uso em Reprodução Humana Assistida*. 2018. Disponível: em: file:///C:/Users/Baiana/Downloads/2%C2%BA%20 Relat%C3%B3rio%20de%20Importa%C3%A7%C3%A3o%20Reprodu%C3%A7%C3%A3o%20 Human20Assistida%202018%20(2).pdf. Acesso em: 24 abr. 2023, p. 15.
35. ANVISA. *2º Relatório – Dados de Importação de Células e Tecidos Germinativos para Uso em Reprodução Humana Assistida*. 2018. Disponível: em: file:///C:/Users/Baiana/Downloads/2%C2%BA%20 Relat%C3%B3rio%20de%20Importa%C3%A7%C3%A3o%20Reprodu%C3%A7%C3%A3o%20 Human20Assistida%202018%20(2).pdf. Acesso em: 24 abr. 2023, p. 5-16.

CAPÍTULO 2 • O PANORAMA DAS NORMAS DE BIOSSEGURANÇA   **55**

Cumpre ressaltar que a RDC 771, de 26 de dezembro de 2022, determina, no seu capítulo 4, as regras para a importação de células e tecidos germinativos e embriões humanos, nos artigos 110 a 124, conferindo a completa disciplina normativa sobre tema.

Em outubro de 2023, a Anvisa concedeu autorização à Criobrasil Serviços Ltda, "para desempenhar atividades essenciais de importação, transporte e distribuição de células germinativas, tecidos e embriões humanos no território brasileiro". A empresa havia apresentado, em julho de 2023, documentos que demonstraram o cumprimento das disposições da Resolução da Diretoria Colegiada 771/2022. Segundo as regras da ANVISA, a autorização de empresa importadora tem programação de renovação a cada dois anos, sendo necessário o envio, a cada seis meses, de relatórios e informações, em prol de garantir a transparência e a continuidade do cumprimento dos padrões regulatórios. Também foi concedida à Criobrasil permissão específica para realizar importação de amostras seminais do banco estrangeiro *Fairfax Cryobank*, dos Estados Unidos.[36]

Outros estabelecimentos e centros de reprodução humana assistida brasileiros também estão buscando aprimoramento e adequação de seus procedimentos operacionais para serem habilitados à autorização de importação.

2.5 RELATÓRIO DE AVALIAÇÃO SANITÁRIA EM CENTROS DE REPRODUÇÃO HUMANA ASSISTIDA (BTCG)

Com o objetivo de contribuir para a transparência das ações de vigilância sanitária, a Gerência de Sangue, Tecidos, Células e Órgãos (GSTCO) da Anvisa produziu o Relatório de Avaliação Sanitária dos Centros de Reprodução Humana Assistida, possibilitando o acesso às informações pela sociedade em geral. O documento aponta dados referentes às inspeções sanitárias realizadas nos CRHA, nos anos de 2019 e 2020, pelo Sistema Nacional de Vigilância Sanitária (SNVS). O objetivo do relatório é "divulgar à sociedade o conhecimento gerado pelas ações de fiscalização sanitária nos Centros de Reprodução Humana Assistida, integrando a comunicação entre os entes que compõem o SNVS para fortalecer o gerenciamento do risco".[37]

---

36. ANVISA. *Anvisa habilita primeira empresa importadora de células germinativas e embriões no Brasil.* Outubro 2023. Disponível em: https://www.gov.br/anvisa/pt-br/assuntos/noticias-anvisa/2023/anvisa-habilita-primeira-empresa-importadora-de-celulas-germinativas-e-embrioes-no-brasil. Acesso em: 20 dez. 2023.

37. ANVISA. *Relatório de Avaliação Sanitária dos Centros de Reprodução Humana assistida – CRHA. 2019-2020.* Disponível em: file:///C:/Users/Baiana/Downloads/Relat%C3%B3rio%20Avalia%C3%A7%-C3%A3o%20Sanit%C3%A1ria%20CRHA%202019-2020%20(1).pdf. Acesso em: 01 maio 2023, p. 3.

Em parceria com as vigilâncias sanitárias estaduais e municipais, a GSTCO aplicou o Método de Avaliação de Risco Potencial em CRHA (Marp – CRHA), tendo como ponto de partida as informações constantes nos roteiros e/ou relatórios das inspeções sanitárias realizadas entre os anos de 2019 e 2020. Esse roteiro de inspeção utilizado em prol das avaliações de risco tem como base a RDC 23/2011, que define o regulamento técnico para o funcionamento dos CRHA no país. Como instrumento metodológico, o Marp – CRHA "sistematiza a verificação do cumprimento dos requisitos estipulados pela legislação sanitária, sendo uma metodologia para gerenciamento dos riscos nos CRHA". O instrumento "utiliza o conceito de risco potencial, por se basear em critérios de controle definidos pela norma sanitária brasileira".[38] Para a caracterização dos CRHA foi utilizada a base de dados do SisEmbrio, da Anvisa, de modo que:

> Foi analisada a consistência das planilhas enviadas, utilizadas como fontes de dados, excluindo-se as que não estavam adequadas. O fluxo de coleta de informações se iniciou nas inspeções sanitárias, na qual cada equipe de vigilância sanitária local aplicou o roteiro de inspeção padronizado utilizando técnicas de observações, entrevistas e análises documentais. Os inspetores, ao final do trabalho, avaliaram as não conformidades encontradas e transcreveram os dados coletados para uma planilha que compõe o Marp – CRHA. Os resultados foram, prontamente, calculados e geraram uma classificação de acordo com o seu risco potencial. A partir desses resultados, foi analisada a porcentagem de não conformidades detectadas e, juntamente com o gestor local, avaliaram o mecanismo mais efetivo para as ações fiscalizatórias. O relatório e as condutas decisórias foram comunicados ao CRHA inspecionado, sendo acordadas as adequações necessárias. Os inspetores então finalizaram as informações sobre as decisões tomadas, arquivaram os documentos produzidos e enviaram cópias aos entes do SNVS correspondentes. Na Anvisa, as planilhas foram avaliadas, consolidadas e arquivadas.[39]

O maior número de CRHA do Brasil está na região sudeste (106 no total), correspondendo a mais da metade de todos os centros brasileiros (57%). A região norte possui apenas 3% dos centros, a região sul 21%, a região nordeste 13% e a região centro-oeste 6% dos CRHA cadastrados na Anvisa. Por CRHA, entende-se os centros avaliados "cujos resultados das avaliações foram encaminhados pela vigilância sanitária local (responsável pela licenciamento e fiscalização) à Anvisa". Registre-se, também, as dificuldades de algumas regiões do país em proceder à inspeção desses centros periodicamente, considerando o número qualificado de pessoal e/ou logística, além dos entraves no repasse dessas informações para a

---

38. ANVISA. *Relatório de Avaliação Sanitária dos Centros de Reprodução Humana assistida – CRHA. 2019-2020.* Disponível em: file:///C:/Users/Baiana/Downloads/Relat%C3%B3rio%20Avalia%C3%A7%C3%A3o% 20Sanit%C3%A1ria%20CRHA%202019-2020%20(1).pdf. Acesso em: 1º maio 2023, p. 3.
39. ANVISA. *Relatório de Avaliação Sanitária dos Centros de Reprodução Humana assistida – CRHA. 2019-2020.* Disponível em: file:///C:/Users/Baiana/Downloads/Relat%C3%B3rio%20Avalia%C3%A7%C3%A3o% 20Sanit%C3%A1ria%20CRHA%202019-2020%20(1).pdf. Acesso em: 1º maio 2023, p. 4.

CAPÍTULO 2 • O PANORAMA DAS NORMAS DE BIOSSEGURANÇA **57**

ANVISA. Inspeções sanitárias devem ser baseadas na ideia de gerenciamento de riscos, propugnando pelas prioridades em situações críticas para a intervenção efetiva, o que faz com que o uso de mecanismos avaliativos baseados em risco sanitário seja fundamental ao processo de otimização eficiente das ações de vigilância sanitária. No ano de 2020, diante das necessárias restrições aplicadas para o enfrentamento da pandemia da Covid-19, as ações de inspeção e fiscalização foram interrompidas, impactando no processo avaliativo dos CRHA.[40]

Conforme a análise proposta, considerou-se satisfatória a categorização que represente um grau de atendimento igual ou superior a 70%, que corresponde, no mínimo, à categoria médio risco. Aproximadamente, 95% dos centros avaliados encontram-se nessa faixa, sendo enquadrados como: médio risco, médio baixo risco e baixo risco, conforme apontou o relatório. Assim, "os centros classificados nas categorias de médio baixo e baixo risco possuem perfil sanitário considerado desejável, o que corresponde a 91% dos estabelecimentos". Quantos aos centros classificados na categoria de médio risco (4%), "apesar de considerados satisfatórios, ainda apresentam não conformidades significativas e requerem melhorias de qualidade". Em torno de 2% dos centros avaliados, foram categorizados como de médio alto e alto risco potencial e, portanto, considerados como não satisfatórios, "influindo em grau crítico na qualidade e segurança das células germinativas e embriões disponibilizados". Tais estabelecimentos são os alvos principais das ações de intervenção das vigilâncias sanitárias locais e da ANVISA.[41]

O relatório apontou o comparativo da distribuição de risco sanitário nos biênios de avaliação (2017-2018 e 2019-2020), acompanhado da "apresentação das linhas de deslocamento do percentual de serviços avaliados nos dois anos consecutivos, de acordo com a dispersão das cinco possibilidades de classificações de risco definidas pela metodologia aplicada". O resultado evidencia "a percepção de movimento apropriado para entender o comportamento dos riscos em serviços complexos como os CRHA e a necessidade de monitoramento permanente dos mecanismos de controle". Deve-se ter em conta que a "dinâmica das atividades produtivas e assistenciais desenvolvidas nesses centros e a natureza dos controles que envolvem pessoas e tecnologias explicam a possibilidade de flutuação e variações nos níveis de riscos", o que demanda mecanismos de "alta vigilância por parte dos próprios serviços, em seus sistemas de garantia de qualidade, nas

---

40. ANVISA. *Relatório de Avaliação Sanitária dos Centros de Reprodução Humana assistida – CRHA. 2019-2020*. Disponível em: file:///C:/Users/Baiana/Downloads/Relat%C3%B3rio%20Avalia%C3%A7%C3%A3o% 20Sanit%C3%A1ria%20CRHA%202019-2020%20(1).pdf. Acesso em: 1º maio 2023, p. 4-5.
41. ANVISA. *Relatório de Avaliação Sanitária dos Centros de Reprodução Humana assistida – CRHA. 2019-2020*. Disponível em: file:///C:/Users/Baiana/Downloads/Relat%C3%B3rio%20Avalia%C3%A7%C3%A3o% 20Sanit%C3%A1ria%20CRHA%202019-2020%20(1).pdf. Acesso em: 01 maio 2023, p. 6.

avaliações externas de acreditadores e de outros avaliadores, além da intensificação de ações de monitoramento exercido pela vigilância sanitária".[42]

O tipo de atividade e a sua finalidade evidenciam, então, a necessidade de que os próprios centros estipulem políticas eficazes e garantidoras de um controle sanitário efetivo. Os centros, por meio de suas políticas de biossegurança, são a primeira ponta da efetivação da redução do risco sanitário, que é necessariamente complementado pela atuação da ANVISA.

A ferramenta metodológica Marp – CRHA calcula a porcentagem de cumprimento dos itens do roteiro por módulo, que possuem uma matriz multicritério com elementos avaliativos de estruturas e processos fundamentais, conforme:

Módulo 1 – Documentação Geral; Módulo 2 – Infraestrutura Física Geral; Módulo 3 – Triagem do paciente/doador; Módulo 4 – Coleta e Identificação das Amostras; Módulo 5 – Processamento das Amostras; Módulo 6 – Criopreservação e Armazenamento das Amostras; Módulo 7 – Transporte; Módulo 8 – Sistema de Garantia da Qualidade.[43]

Os resultados coletados demonstraram a média de cumprimento dos itens do roteiro por módulo de avaliação de risco, de modo que cada medida de controle é avaliada a partir da estimativa entre a possibilidade da falha e o seu consequente dano. Notou-se que o módulo de transporte (módulo 7) foi o que obteve as menores porcentagens de cumprimento, destacando-se a região nordeste (50%). A média nacional do módulo de transporte foi de 68% de cumprimento, a mais baixa se comparada aos demais módulos. Dentro da inspeção sanitária dos CRHA, a pesquisa aponta que o transporte de sêmen e embriões é um ponto crítico, tendo em vista a "ausência de embalagem externa adequada para o transporte das amostras"; a falta de "validação do processo de transporte, que envolve, dentre outras variáveis, a temperatura e o tempo de transporte"; e, ainda, a "ausência de documento de definição de responsabilidades entre remetente, destinatário e transportador, conforme determinação da RDC 20/2014".[44]

O cumprimento dos critérios do módulo 8 (avaliação de sistema de garantia da qualidade) representou a segunda menor média nacional, correspondendo a 78%, sendo a região nordeste a com a menor performance neste quesito. Obser-

---

42. ANVISA. *Relatório de Avaliação Sanitária dos Centros de Reprodução Humana assistida – CRHA. 2019-2020*. Disponível em: file:///C:/Users/Baiana/Downloads/Relat%C3%B3rio%20Avalia%C3%A7%C3%A3o% 20Sanit%C3%A1ria%20CRHA%202019-2020%20(1).pdf. Acesso em: 01 maio 2023, p. 6-7.

43. ANVISA. *Relatório de Avaliação Sanitária dos Centros de Reprodução Humana assistida – CRHA. 2019-2020*. Disponível em: file:///C:/Users/Baiana/Downloads/Relat%C3%B3rio%20Avalia%C3%A7%C3%A3o% 20Sanit%C3%A1ria%20CRHA%202019-2020%20(1).pdf. Acesso em: 1º maio 2023, p. 7.

44. ANVISA. *Relatório de Avaliação Sanitária dos Centros de Reprodução Humana assistida – CRHA. 2019-2020*. Disponível em: file:///C:/Users/Baiana/Downloads/Relat%C3%B3rio%20Avalia%C3%A7%C3%A3o% 20Sanit%C3%A1ria%20CRHA%202019-2020%20(1).pdf. Acesso em: 1º maio 2023, p. 7-8.

vou-se que muitos CRHA "tem dificuldades na validação de seus processos, na implantação de programas de capacitação e qualificação de seus profissionais, definição de procedimentos para detecção, registro, correção e prevenção de erros e não conformidades, bem como na realização de auditorias internas periódicas". O módulo 3 (triagem do paciente/doador) apresentou expressivo decréscimo de cumprimento dos itens, uma vez comparado ao percentual constante no relatório anterior.[45]

Conforme o documento, a consolidação, a análise e a divulgação da situação sanitária dos centros possibilitam a identificação das principais dificuldades, o acompanhamento das melhorias e a evolução do fluxo de informação entre os entes que integram o SNVS, fortalecendo o papel da ANVISA na coordenação desse sistema. "Os resultados agregados sinalizam situações gerais da população estudada, com identificação dos focos de riscos potenciais que podem orientar ações fiscalizatórias por macrorregiões ou por unidades federativas". É importante destacar que, conforme o relatório, as informações coletadas ganham maior especificidade quando a análise é realizada por CRHA avaliado.[46]

O documento exalta a importância da pactuação entre os centros e a ANVISA acerca dos melhores caminhos para a adequação da prática dos procedimentos, além de apontar o relevante papel de subsidiar a atualização dos instrumentos regulatórios, por meio da publicização das avaliações normativas, dos marcadores ou indicadores de controle de qualidade mais eficazes. "O acompanhamento da evolução temporal do risco potencial pode evidenciar avanços ou retrocessos, transformando os resultados em sinalizadores, o que possibilitará ações de prevenção de riscos por meio da antecipação e interrupção de uma tendência".[47]

A atividade que envolve os CRHA evidencia intensa complexidade, possuindo, pois, relação com os âmbitos técnico, econômico, social e político, o que dificulta, por vezes, "o desenvolvimento de metodologias de avaliação que contemplem todos os aspectos relacionados ao risco". O relatório, então, sinaliza as dificuldades para mensurar corretamente os riscos sanitário de cada conduta

---

45. ANVISA. *Relatório de Avaliação Sanitária dos Centros de Reprodução Humana assistida – CRHA. 2019-2020*. Disponível em: file:///C:/Users/Baiana/Downloads/Relat%C3%B3rio%20Avalia%C3%A7%C3%A3o% 20Sanit%C3%A1ria%20CRHA%202019-2020%20(1).pdf. Acesso em: 1º maio 2023, p. 8.

46. ANVISA. *Relatório de Avaliação Sanitária dos Centros de Reprodução Humana assistida – CRHA. 2019-2020*. Disponível em: file:///C:/Users/Baiana/Downloads/Relat%C3%B3rio%20Avalia%C3% A7%C3%A3o%20Sanit%C3%A1ria%20CRHA%202019-2020%20(1).pdf. Acesso em: 1º maio 2023, p. 8.

47. ANVISA. *Relatório de Avaliação Sanitária dos Centros de Reprodução Humana assistida – CRHA. 2019-2020*. Disponível em: file:///C:/Users/Baiana/Downloads/Relat%C3%B3rio%20Avalia%C3% A7%C3%A3o%20Sanit%C3%A1ria%20CRHA%202019-2020%20(1).pdf. Acesso em: 1º maio 2023, p. 8.

ou produto relacionado à atividade dos centros, o que pode comprometer a estimativa do risco real, a partir do método utilizado.[48]

No relatório, foram contempladas limitações para compreensão dos resultados apontados. Deve-se considerar que a amostra de centros avaliados corresponde a 24% dos estabelecimentos brasileiros, o que refere, portanto, uma análise aproximada e de tendências. Aponta, também, que se deve considerar "a possibilidade de viés de aferição, uma vez que estas avaliações são realizadas por profissionais de variados níveis de formação técnica e experiência profissional". Também é uma dificuldade "o manejo de grandes volumes de dados em planilhas eletrônicas, dificultando as análises e o cruzamento de dados, comprometendo a robustez das informações". É preciso considerar, também no relatório, a ausência de dados referentes às regiões norte e centro-oeste, nos anos de 2019 e 2020. "O cenário de pandemia instaurado em 2020 pode ter sido a causa da redução das avaliações referentes a esse ano, mas não explica a ausência de dados das Regiões citadas, principalmente considerando o ano de 2019".[49]

O documento, em sua fase final, aponta, ainda, perspectivas relacionadas às ações de vigilância para os anos seguintes: realizar adaptações e melhorias no instrumento Marp – CRHA, para que o mesmo se torne ainda mais eficiente na busca por retratar a realidade sanitária dos centros; promover monitoramento ativo dos centros avaliados como não satisfatórios (os que obtiveram classificação de risco potencial enquadrada em alto e médio alto risco); ampliar as inspeções conjuntas da ANVISA e vigilância sanitária local, considerando os centros priorizados a partir do cruzamento de informações obtidas por meio do Marp – CRHA e dos indicadores do SisEmbrio, o que pode envolver inspeções remotas (nova modalidade de fiscalização decorrente da pandemia de Covid-19); promover o fortalecimento das ações de vigilância sanitária local, a partir da definição de diretrizes nacionais em prol da formação de inspetores especialistas em células e tecidos germinativos; implantar processos de qualidade usando instrumentos de padronização nacional para a realização de inspeções sanitárias, relatórios e mecanismos dinâmicos de fluxos de informações; articular, com associações representativas da reprodução humana assistida no Brasil, com objetivo de promover participação da ANVISA e vigilância sanitária, eventos educativos e

---

48. ANVISA. *Relatório de Avaliação Sanitária dos Centros de Reprodução Humana assistida – CRHA. 2019-2020.* Disponível em: file:///C:/Users/Baiana/Downloads/Relat%C3%B3rio%20Avalia%C3%A7%C3%A3o%20Sanit%C3%A1ria%20CRHA%202019-2020%20(1).pdf. Acesso em: 1º maio 2023, p. 9.

49. ANVISA. *Relatório de Avaliação Sanitária dos Centros de Reprodução Humana assistida – CRHA. 2019-2020.* Disponível em: file:///C:/Users/Baiana/Downloads/Relat%C3%B3rio%20Avalia%C3%A7%C3%A3o%20Sanit%C3%A1ria%20CRHA%202019-2020%20(1).pdf. Acesso em: 1º maio 2023, p. 9.

elaboração de documentos técnicos orientativos das boas práticas aplicadas aos processos de células e tecidos germinativos.[50]

Por fim, aponta o documento que o cenário esperado é o aumento do número de avaliações de riscos, por meio do Marp – CRHA e, por consequência, a visualização de um retrato preciso sobre os centros do Brasil, propugnando pela redução progressiva dos índices de alto, médio alto e médio risco, além da concentração dos CRHA em médio baixo e baixo risco. Os marcadores de risco identificados no relatório conduzem à avaliação, monitoramento, planejamento, priorização e pactuação por parte de todos os envolvidos no setor de atividade. Os desafios para melhoria exigem e continuarão a exigir diálogo permanente entre "o setor, indústria de materiais, equipamentos e insumos utilizados nos CRHA, profissionais de saúde, associações de especialistas, associações de pacientes, Conselho Federal de Medicina e outros agentes relacionados", visando, sempre, a garantia do acesso à população a produtos e serviços de qualidade na reprodução humana assistida.[51]

O conhecimento sobre os métodos de avaliação do risco sanitário aplicados pela ANVISA permite acessar uma dimensão importante quanto à necessidade de cumprimento das normas vigentes no país no que tange às manipulações de células e tecidos germinativos, além de embriões. O não cumprimento das especificidades das normas sanitárias, pelos centros de reprodução humana, pode ter importantes consequências à execução dos projetos parentais almejados, na medida em que também podem ensejar a judicialização da relação.

---

50. ANVISA. *Relatório de Avaliação Sanitária dos Centros de Reprodução Humana assistida – CRHA. 2019-2020.* Disponível em: file:///C:/Users/Baiana/Downloads/Relat%C3%B3rio%20Avalia%C3% A7%C3%A3o%20Sanit%C3%A1ria%20CRHA%202019-2020%20(1).pdf. Acesso em: 1º maio 2023, p. 9.
51. *ANVISA. Relatório de Avaliação Sanitária dos Centros de Reprodução Humana assistida – CRHA. 2019-2020.* Disponível em: file:///C:/Users/Baiana/Downloads/Relat%C3%B3rio%20Avalia%C3%A7%-C3%A3o%20Sanit%C3%A1ria%20CRHA%202019-2020%20(1).pdf. Acesso em: 1º maio 2023, p. 9.

Capítulo 3
PROJETOS DE LEI E REGULAMENTAÇÃO DEONTOLÓGICA

O atual estado regulatório da reprodução humana assistida tem como ponto de partida a inexistência de legislação ordinária específica e a conformação deontológica da prática, disciplinada, ao longo dos anos, pelo Conselho Federal de Medicina (CFM). Preliminarmente, pode-se afirmar que, diante da carência de lei por processo legislativo ordinário, abriu-se espaço importante para o protagonismo da regulamentação de natureza deontológica, que se multiplicou, de forma expressiva, nos últimos vinte anos.

O caminho para normatizar a reprodução humana assistida representa, na grande maioria das vezes, um desafio para diversos países, tendo em vista a dificuldade técnica de legislar sobre as práticas, e, em especial, conferir disciplina jurídica a um tema que tem como centro a possibilidade de manipular a vida humana em seu estágio inicial.

Vale a pena exemplificar a situação, também, como que ocorreu em Portugal. Antes de 2006, várias foram as tentativas para aprovar uma lei sobre procriação medicamente assistida, que fracassaram pela falta de debate público e consenso amplo sobre o tema. O país assistiu, então, a evolução do uso das técnicas e ascensão das decisões judiciais para dirimir os conflitos decorrentes das práticas não regulamentadas por lei. Assim, durante 20 anos, as técnicas de reprodução assistida eram praticadas em Portugal sem uma regulamentação legal específica. A lei portuguesa sobre procriação surgiu em 2006, permitindo as técnicas sob condições específicas, com o objetivo de prevenir abusos de tecnologias reprodutivas, e estabelecer requisitos de qualidade para centros profissionais e médicos dedicados a esta atividade.[1]

3.1 O ATUAL ESTADO DOS PROJETOS DE LEI

A história normativa da reprodução humana assistida no Brasil é fortemente pensada a partir dos numerosos projetos de lei, propostos por iniciativas

---

1. NEVES, Maria do Céu Patrão. Legal initiative for Gestational Surrogacy in Portugal: an overview of the legal, regulatory, and ethical issues. *Revista Bioetica y Derecho*, Barcelona, 2022; 56: 55-74 DOI 10.1344/rbd2022.56.39614, p. 58.

parlamentares distintas, em momentos também diferentes. O presente relato, que segue abaixo, tem por referência consulta ao site do Congresso Nacional brasileiro. Advertimos, contudo, que esse trabalho de consulta e compilação segue o conteúdo informado pelo site, nem sempre coeso.

Devemos situar a análise levando em consideração que alguns projetos de lei já foram arquivados, tendo em vista versarem sobre previsões que nem mesmo coadunam com legislações superiores já vigentes, como a Constituição Federal e o Código Civil. Considerando a proposta do livro, vale a retomada histórica da tentativa brasileira, até hoje frustrada, de legislar sobre o assunto.

O primeiro projeto de lei que se tem notícia foi o PL 3.638/1993, de autoria do deputado Luiz Moreira, do PTB/BA, proposto em 29.03.1993, que teve como Ementa: "Institui normas para a utilização de técnicas de reprodução assistida" e, no texto, incluiu questões sobre a FIV e a gestação por substituição (erroneamente chamada de barriga de aluguel). Na trilha também dos projetos já arquivados, havia o PL 4.664/2001 (ou PL 4.665/2001), de Lamartine Posella, do PMDB/SP, proposto em 16.05.2001, com Ementa: "Dispõe sobre a proibição ao descarte de embriões humanos fertilizados "in vitro", determina a responsabilidade sobre os mesmos e dá outras providências".

O que se pode perceber, posteriormente, é que diversos projetos de lei passaram a ser propostos, mas tinham finalidades que se diferenciavam. Alguns eram exclusivamente voltados aos procedimentos assistidos de reprodução e outros buscavam disciplinar questões como o acesso às técnicas, o livre planejamento familiar e outros pontos que possuíam alguma relação com a temática.

Em 2003, muitos projetos sobre o tema surgiram. O PL 120/2003, de Roberto Pessoa (PFL/CE), proposto em 19.02.2003, "dispõe sobre a investigação de paternidade de pessoas nascidas de técnicas de reprodução assistida". O projeto "permite à pessoa nascida de técnica de reprodução assistida saber a identidade de seu pai ou mãe biológicos; alterando a Lei 8.560, de 29 de dezembro de 1992".

O PL 1.135/2003, proposto em 28.05.2003, por Dr. Pinotti, do PMDB/SP, "dispõe sobre a reprodução humana assistida" e "define normas para realização de inseminação artificial, fertilização "in vitro", barriga de aluguel (gestação de substituição ou doação temporária do útero), e criopreservação de gametas e pré-embriões".

De autoria do senador Lúcio Alcântara (PSDB/CE) o PL 1.184/2003 (originalmente PL 90/1999), apresentado em 03.06.2003, "dispõe sobre a Reprodução Assistida e "define normas para realização de inseminação artificial e fertilização "in vitro"; proibindo a gestação de substituição (barriga de aluguel) e os experimentos de clonagem radical".

CAPÍTULO 3 • PROJETOS DE LEI E REGULAMENTAÇÃO DEONTOLÓGICA

Também em 2003, o PL 2.061/2003, de autoria de Maninha (PT/DF), proposto em 24.09.2003, "disciplina o uso de técnicas de Reprodução Humana Assistida como um dos componentes auxiliares no processo de procriação, em serviços de saúde, estabelece penalidades e dá outras providências".

O PL 4.686/2004, proposto em 15.02.2004, por José Carlos Araújo (PFL/BA), tem como Ementa: "Introduz art. 1.597-A à Lei 10.406, de 10 de janeiro de 2002, que institui o Código Civil, assegurando o direito ao conhecimento da origem genética do ser gerado a partir de reprodução assistida, disciplina a sucessão e o vínculo parental, nas condições que menciona".

Trazendo discussão correlata, o PL 3.067/2008, de autoria de Dr. Pinotti, do DEM/SP, proposto em 25.03.2008, "altera a Lei 11.105, de 24 de março de 2005", "estabelece que as pesquisas com células-tronco só poderão ser feitas por entidades habilitadas, mediante autorização especial da Comissão Nacional de Ética em Pesquisa – CONEP; proíbe a remessa para o exterior de embriões congelados; veda o envio e a comercialização".

Outros projetos de lei surgiram versando sobre temas correlatos aos procedimentos assistidos de reprodução, como o PL 5.730/2009, de Geraldo Resende (PMDB/MS), proposto em 06.08.2009, que "altera a Lei 9.656, de 3 de junho de 1998, que dispõe sobre os planos e seguros privados de assistência à saúde", determinando "a inclusão da reprodução assistida dentre os serviços oferecidos pelos planos de saúde".

O PL 3.977/2012, de Lael Varella, do DEM/MG, proposto em 30.05.2012, "dispõe sobre o acesso às técnicas de preservação de gametas e Reprodução Assistida aos pacientes em idade reprodutiva submetidos a tratamento de câncer". No mesmo ano, Eleuses Paiva (PSD/SP) propôs o PL 4.892/2012 (em 19.12.2012) que "institui o Estatuto da Reprodução Assistida, para regular a aplicação e utilização das técnicas de reprodução humana assistida e seus efeitos no âmbito das relações civis sociais". Em 03.02.2015, Juscelino Rezende Filho (PRP/MA) apresentou o PL 115/2015, com a mesma Ementa do PL 4.892/2012, segundo consulta no site da Câmara dos Deputados.

O PL 7.591/2017, de autoria de Carlos Bezerra, do PMDB/MT, apresentado em 10.05.2017, "acrescenta parágrafo único ao art. 1.798 da Lei 10.406, de 10 de janeiro de 2002 (Código Civil), para conferir capacidade para suceder aos concebidos com o auxílio de técnica de reprodução assistida após a abertura da sucessão". O mesmo deputado, em 14.06.2017, apresentou o PL 7.880/2017, que "altera a Lei 9.263, de 12 de janeiro de 1996" e "trata da permissão para implantação de embriões humanos produzidos por fertilização in vitro com intuito de doação de células ou tecidos para utilização terapêutica em irmão".

Em 30.10.2019, Afonso Motta (PDT/RS) propôs o PL 5.768/2019, que "acrescenta dispositivos à Lei 10.406, de 10 de janeiro de 2002 (Código Civil) para estabelecer as hipóteses de presunção de maternidade pela gestação na utilização de técnicas de reprodução assistida e autoriza a gestão de substituição".

Deuzinho Filho (REPUBLIC/CE) apresentou o PL 4.178/2020, em 12.08.2020, que "modifica a redação do art. 1.798 da Lei 10.406, de 10 de janeiro de 2002 para estabelecer o direito a sucessão de filho gerado por meio de inseminação artificial após a morte do autor da herança".

O PL 3.461/2021, de Paulo Eduardo Martins (PSC/PR), apresentado em 06.10.2021, "cria os tipos penais de furto, roubo e apropriação indébita de célula germinal humana, de zigoto humano ou de embrião humano, alterando a Lei 11.105, de 24 de março de 2005", versando, portanto, sobre tema correlato aos processos de reprodução. Também em 2021, o PL 3.996/2021, apresentado em 11.01.2021, por Alexandre Frota (PSDB/SP), "dispõe sobre o acesso a todas as pessoas ao serviço de reprodução assistida, independentemente do gênero ou qualquer outra condição, exceto quando causar prejuízos a saúde do solicitante".

O PL 1.902/2022, de autoria da deputada Sâmia Bomfim (PSOL/SP), apresentado em 05.07.2022, "dispõe sobre assento de nascimento de filho havido por inseminação artificial heteróloga no oficial de registro civil das pessoas naturais, independentemente do local onde a inseminação tenha ocorrido". O PL "altera o inciso V do art. 1.597 da Lei 10.406, de 10 de janeiro de 2002 (Código Civil), para prever a necessidade de anuência de ambos os cônjuges ou, se o casal estiver em união estável, de ambos os companheiros, para fins de reconhecimento da filiação".

Por fim, o PL 1.443/2023, de Jonas Donizette (PSB/SP), proposto em 27.03.2023, "altera a Lei 9.656, de 3 de junho de 1998, que dispõe sobre planos privados de assistência à saúde, para tratar da cobertura das técnicas de reprodução humana assistida".

O cenário dos projetos de lei que permanecem em tramitação no Brasil aponta para duas questões importantes. A primeira delas é o fato de que versam sobre distintos objetos de regulamentação; alguns são, de fato, sobre a regulamentação jurídica dos procedimentos e suas consequências, mas, outros versam sobre questões específicas que estão no entorno das técnicas, como os limites de cobertura e acesso, o regime de filiação decorrente e outros pontos que não serão tratados aqui.

Uma outra questão importante está no fato de que a evolução normativa da matéria, revelada pela quantidade dos projetos, evidencia quão complexa é a tarefa de legislar sobre a temática. Cada projeto é capaz de revelar a incorporação tanto de novos procedimentos e possibilidades terapêuticas para sanar a infertilidade, quanto das hipóteses que justificam o alargamento do acesso a elas, levando-se em consideração a pluralidade das entidades familiares.

Cabe ressaltar, por fim, que preferimos omitir o estado de tramitação dos projetos em razão da dinamicidade das mudanças espelhadas no site de consulta, o que inclui as informações sobre apensamentos.

3.2 A ATUAÇÃO DO CONSELHO FEDERAL DE MEDICINA NA CONSTRUÇÃO DAS REGRAS DEONTOLÓGICAS

A opção brasileira pela ausência de legislação ordinária voltada às questões que envolvem a reprodução humana assistida corroborou, ao longo de muitos anos, para a constante postura do Conselho Federal de Medicina (CFM), por meio de suas câmaras técnicas especializadas, em regulamentar, de forma sucessiva, a conduta na esfera deontológica, ou seja, pragmaticamente circunscrita aos profissionais que atuam nesse segmento.

Registre-se a importante atuação do CFM ao publicar as normas deontológicas sobre as práticas reprodutivas assistidas, na medida em que buscou orientar os profissionais médicos e, por vezes, esclarecer, para a sociedade em geral, informações complexas e de não fácil acesso.

O grande desafio ao longo das múltiplas normas deontológicas é compreender as resoluções como instrumentos que regulamentem apenas as condutas dos profissionais especialistas, harmonizando-as com a ordem jurídica em geral, detentora do *status* de lei vinculante a todos os cidadãos, médicos ou não médicos. É que se percebe, por vezes, que o conteúdo disciplinado pelas resoluções toca em questões diretamente relacionadas a direitos ou prerrogativas dos pacientes, culminando com importantes discussões sobre os limites da atuação do CFM.

3.3 DEONTOLOGIA E COMPETÊNCIA NORMATIVA

A Lei 3.268, de 30 de setembro de 1957,[2] composta por 36 artigos, tem por objetivo regulamentar a implementação e a competência dos conselhos de medicina, que antes eram determinadas pelo Decreto-lei 7.955, de 13 de setembro de 1945.

O Conselho Federal e os Conselhos Regionais são constituídos, em seu conjunto, como autarquia, dotados, cada um, de personalidade jurídica de direito

---

2. BRASIL. *Lei 3.268/1957*. Dispõe sobre os Conselhos de Medicina, e dá outras providências. Disponível em: https://www.planalto.gov.br/ccivil_03/LEIS/L3268.htm. Acesso em: 20 jun. 2023.

público, com autonomias administrativa e financeira (art. 1º). O Conselho Federal e os Conselhos Regionais de Medicina representam órgãos supervisores da ética profissional no Brasil, julgando e disciplinando condutas médicas, cabendo-lhes zelar e trabalhar pelo desempenho ético e pelo prestígio da medicina (art. 2º).

Quanto à estrutura organizacional, na capital da República, haverá um Conselho Federal, com jurisdição no território nacional, ficando a ele subordinados os Conselhos Regionais. Em cada capital de Estado e no Distrito Federal, haverá um Conselho Regional, denominado segundo sua jurisdição (art. 3º).

A composição do Conselho Federal de Medicina, que abarca 28 conselheiros titulares, se dá da seguinte maneira: um representante de cada Estado da Federação; um representante do Distrito Federal; e um representante e respectivo suplente indicado pela Associação Médica Brasileira (art. 4º). São atribuições do CFM organizar e aprovar seus regimentos, além de eleger seu presidente e o secretário-geral; votar e alterar o Código de Deontologia Médica, após manifestação dos Conselhos Regionais; promover diligências; propor emendas ou alterações na lei; expedir instruções; conhecer e dirimir dúvida suscitadas pelos Conselhos Regionais; manifestar-se em grau de recurso sobre penalidades impostas pelos Conselhos Regionais; fixar e alterar valor de anuidade, além de normatizar a concessão de verbas relativas ao exercício da atuação dos conselheiros (art. 5º, alíneas).

Os Conselhos Regionais têm as suas atribuições elencadas no artigo 15, quais sejam: deliberar sobre inscrição e cancelamento no quadro do Conselho; manter registros dos médicos e fiscalizar o exercício da profissão; conhecer, apreciar e decidir assuntos atinentes à ética profissional; elaborar regimento interno e expedir carteira profissional; zelar pelo desempenho técnico da medicina; publicar relatórios anuais e exercer atos de jurisdição que lhes competem (art. 15, alíneas).

O CFM e os CRM's realizam julgamentos balizados pelo Código de Médica (CEM),[3] que é a Resolução 2.217, de 27 de setembro de 2018, publicada no Diário Oficial da União, de 1 de novembro de 2018. Importante esclarecer que o CEM "é um conjunto de normas jurídicas, assim como o são portarias e instruções normativas emitidas por órgãos da Administração Pública".[4]

O CFM, além de um código de condutas éticas, construiu normas técnicas voltadas a áreas específicas da medicina, dentre elas, a reprodução humana assis-

---

3. CFM. *Código de Ética Médica*. Resolução CFM 2.217/2018. Publicada em 1º de novembro de 2018. Disponível em: https://portal.cfm.org.br/images/PDF/cem2019.pdf. Acesso em: 20 jun. 2023.
4. SÁ, Maria de Fátima Freire de; NAVES, Bruno Torquato de Oliveira. *Bioética e Biodireito*. 6. ed. Indaiatuba: Foco, 2023, p. 19.

tida. Inobstante terem como destinatários diretos apenas os médicos, tais normas deontológicas são fundamentais para a realização dos direitos reprodutivos.

3.4 A RESOLUÇÃO CFM 2.320/2022: NOTAS INTRODUTÓRIAS

Uma consulta normativa sobre a temática da reprodução humana assistida evidencia o fato de se tratar de assunto constantemente regulamentado pelo CFM. Depois de dezoito anos de vigência da Resolução CFM 1.358/1992, o conselho editou sete resoluções em períodos relativamente curtos.

A Resolução CFM 1.358/1992 foi revogada pela Resolução CFM 1.957/2010, substituída pela Resolução CFM 2.013/2013, que foi revogada pela Resolução CFM 2.121/2015, que foi substituída pela Resolução CFM 2.168/2017, por sua vez tornada sem efeito pela Resolução CFM 2.283/2020, revogada pela CFM 2.294/2021, finalmente revogada pela Resolução CFM 2.320/2022.

O objetivo dessa seção é trazer os principais aspectos da resolução de 2022, resguardando a análise dos pontos mais polêmicos aos capítulos desenvolvidos ao longo do livro. Aqui, então, apontaremos princípios e comandos gerais previstos no dispositivo deontológico, essenciais a uma compreensão prévia.

A Resolução CFM 2.320/2022 é dividida em 9 títulos, quais sejam: I. Princípios Gerais; II. Pacientes das técnicas de reprodução assistida; III. Referentes às clínicas, centros ou serviços que aplicam técnicas de reprodução assistida; IV. Doação de gametas ou embriões; V. Criopreservação de gametas ou embriões; VI. Diagnóstico genético pré-implantacional de embriões; VII. Sobre a gestação de substituição (cessão temporária do útero); VIII. Reprodução assistida *post mortem*; IX. Disposição Final.

Como princípios gerais, a norma afirma que as técnicas de reprodução assistida (RA) têm o papel de auxiliar no processo de procriação e podem ser utilizadas para doação e preservação de gametas, embriões e tecidos germinativos por razões médicas e não médicas. Veja-se que a norma deontológica manteve alargada a possibilidade de acesso às técnicas, contemplando situações de infertilidade funcional (ou biológica) e estrutural (ou social).[5]

Afirma também a norma, como princípio geral, a ideia de que as técnicas podem ser utilizadas, desde que exista possibilidade de sucesso e reduzida probabilidade de risco grave à saúde do(a) paciente ou do possível descendente, limitando a 50 anos a idade máxima das candidatas à gestação. No entanto,

---

5. SÁ, Maria de Fátima Freire de; NAVES, Bruno Torquato de Oliveira. *Bioética e Biodireito*. 6. ed. Indaiatuba: Foco, 2023, p. 116.

estabelece exceções a esse limite, a partir de análises de casos concretos, considerando critérios técnicos e científicos, fundamentados pelo médico responsável. A exceção ressalva a necessidade de avaliação da ausência de comorbidades não relacionadas à infertilidade da mulher, pugnando pelo necessário esclarecimento ao(s) candidato(s), quanto aos riscos envolvidos e eventualmente gerados a partir da intervenção, respeitando a autonomia da paciente e do médico.

Como princípio, a resolução ressalvou a obrigatoriedade do consentimento livre e esclarecido aos usuários da técnica, cujas circunstâncias e resultados devem ser detalhados no Termo de Consentimento Livre Esclarecido (TCLE), a ser elaborado em formulário específico.

O uso da técnica para seleção de sexo ou qualquer outra característica biológica da criança é proibida, exceto para evitar doenças no possível descendente. A resolução também proíbe a fecundação de oócitos humanos com qualquer outra finalidade que não a procriação humana, assim como o uso da técnica de redução embrionária em caso de gravidez múltipla.

Ainda como princípio, a norma deontológica determina o número de embriões a ser transferido tendo em vista a idade da gestante: Para mulheres com até 37 anos é possível transferir até 2 (dois) embriões; No caso de mulheres com mais de 37 anos, até 3 (três) embriões; Em se tratando de embriões euploides ao diagnóstico genético, pode-se transferir, independentemente da idade, até 2 (dois) embriões; e, nas situações de doação de oócitos, considera-se a idade da doadora no momento de sua coleta.

O título III da Resolução CFM 2.320/2022 é destinado às recomendações técnicas que devem ser observadas pelas clínicas, centros ou serviços de RHA. O comando deontológico afirma serem eles responsáveis pelo "controle de doenças infectocontagiosas, pela coleta, pelo manuseio, pela conservação, pela distribuição, pela transferência e pelo descarte de material biológico humano dos pacientes submetidos às técnicas de reprodução assistida".

Os centros de RHA devem manter um "Diretor técnico médico registrado no Conselho Regional de Medicina (CRM) de sua jurisdição com registro de especialista em áreas de interface com a reprodução assistida, que será responsável por todos os procedimentos médicos e laboratoriais executados";[6] Registro permanente de gestações e seus desfechos provenientes das diferentes técnicas; Registro permanente de exames laboratoriais dos envolvidos, para evitar a

---

6. CFM. *Resolução CFM 2.320/2022*. Adota normas éticas para a utilização de técnicas de reprodução assistida. Disponível em: https://sistemas.cfm.org.br/normas/arquivos/resolucoes/BR/2022/2320_2022. pdf. Acesso em: 23 fev. 2023.

transmissão de doenças; Manutenção do registros para fins de fiscalização dos Conselhos Regionais de Medicina.

A abordagem quanto aos destinatários das técnicas de RHA, quanto a criopreservação e diagnóstico genético de gametas e embriões, bem como quanto a gestação de substituição e reprodução *post mortem* será construída em capítulos próprios.

Capítulo 4
PREMISSAS CONSTITUCIONAIS E REPRODUÇÃO HUMANA

O capítulo que segue tem como finalidade essencial estabelecer os fundamentos principiológicos, assentados na Constituição da República, que alicerçam as discussões sobre a reprodução humana assistida.

Por opção metodológica, a abordagem das premissas constitucionais ocorre, aqui, em capítulo apartado, o que não significa dizer que esse conteúdo não será didaticamente retomado na medida em que outros pontos que com elas tenham relação sejam tratados.

4.1 AUTONOMIA PRIVADA EM PROCRIAÇÃO

Antes de qualquer incursão sobre a perspectiva da autonomia privada como fundamento que legitima a procriação, não se pode refutar a importância da entrelaçada relação existente ela e entre direitos humanos, direitos fundamentais e direitos da personalidade. As diferenças entre essas três últimas categorias podem ocorrer quanto às fontes, quanto ao âmbito e quanto à legitimação. No entanto, tais diferenciações têm importância apenas histórica porque, na contemporaneidade, diferenciá-las significa "erguer fronteiras a partir do convencionalismo, destacando pontos que difusamente estavam enraizados nas práticas jurídicas".[1]

Ao comparar a categoria dos direitos da personalidade com as categorias dos direitos fundamentais e direitos humanos, vê-se que sua abrangência é menor, posto que as duas últimas abarcam direitos que vão além da pessoa considerada em si mesma, como exemplo, os direitos sociais e políticos. "De outro turno, os direitos da personalidade protegem as manifestações da pessoa no mundo jurídico; os seus aspectos próprios e não aqueles externos a ela".[2]

---

1. NAVES, Bruno Torquato de Oliveira; SÁ, Maria de Fátima Freire de. *Direitos da Personalidade*. 2. ed. Belo Horizonte: Arraes, 2021, p. 17.
2. NAVES, Bruno Torquato de Oliveira; SÁ, Maria de Fátima Freire de. *Direitos da Personalidade*. 2. ed. Belo Horizonte: Arraes, 2021, p. 18.

A palavra "autonomia" tem origem na composição do termo grego *"autós"* (próprio, individual, pessoal) e do verbo *"nomía"* (conhecer, administrar). Autonomia tem como significado competência humana em "dar-se suas próprias leis" e, em sentido filosófico, "indica a condição de uma pessoa ou de uma coletividade, capaz de determinar por ela mesma a lei à qual se submeter. E seu antônimo é heteronomia".[3]

Conforme a pertinência história, a autonomia, no âmbito do direito civil, foi referida com nomenclaturas diferentes. A expressão "autonomia da vontade" tem relação direta com o liberalismo. Ela afigurava, ao lado da propriedade privada, como princípio regente da concepção de um sistema de direitos negativos frente ao Estado e a outros cidadãos, de forma a permitir que cada indivíduo realizasse seus interesses sem qualquer intervenção estatal. Vigorava, portanto, a noção de autonomia ilimitada, desprovida de condicionantes externos, própria do período liberal.

Com o decorrer do tempo, foi-se estabelecendo limites à livre atuação dos indivíduos e da sociedade como um todo através da ideia de função social. Assim, buscava-se equilíbrio entre individualidade e esfera pública. "A autonomia não poderia mais ser estudada e protegida senão diante do outro, numa perspectiva de relacionalidade, pressupondo um reconhecimento recíproco da condição de sujeito, pois não há que se conceber atuação individual isolada do meio social".[4]

É sob esse pano de fundo que a autonomia privada se consolida, porquanto a concepção de autonomia integradora dos espaços público e privado se faz necessária, na medida em que propicia a intersubjetividade, no reconhecimento do outro, e preserva o coletivo sem excluir as diferenças.

É sob esse último parâmetro (autonomia privada) que pretendemos abordar as possibilidades e limites da autonomia corporal, em especial, da autonomia reprodutiva.

O ponto de partida é o corpo humano. "O corpo é propriedade do eu, ou será que se confunde com ele? O que estará por trás da expressão: *meu corpo?*" Maria Rita Kehl pergunta e traz a seguinte reflexão:

---

3. SCHRAMM, Fermin Roland; SEGRE, Marco; LEOPOLDO e SILVA, Franklin. O Contexto Histórico, Semântico e Filosófico do Princípio de Autonomia. *Revista Bioética*, v. 6, n. 1. Disponível em: revistabioetica.cfm.org.br/index.php/revista_bioetica/article/viewArticle/321. Acesso em: 22 jun. 2023, p. 3.
4. SÁ, Maria de Fátima Freire de; PONTES, Maíla Mello Campolina. Autonomia privada e o direito de morrer. In: FIUZA, César; SÁ, Maria de Fátima Freire de; NAVES, Bruno Torquato de Oliveira (Coord.). *Direito Civil*: Princípios jurídicos no direito privado. Atualidades III. Belo Horizonte: Del Rey, 2009, p. 45.

CAPÍTULO 4 • PREMISSAS CONSTITUCIONAIS E REPRODUÇÃO HUMANA

> O dualismo corpo/alma que se estabeleceu no Ocidente cristão não impede que o sujeito identifique a imagem do corpo com o contorno narcísico do Eu. [...] Ao mesmo tempo, a ciência moderna nos ensina a pensar o corpo como coisa, propriedade e encargo do Eu, a quem cabem o zelo e os cuidados capazes de garantir o melhor rendimento, a máxima durabilidade e o maior desfrute possível dos recursos desta máquina que a um só tempo é a sede da mente e da vida.[5]

Certo é que, na contemporaneidade, o corpo humano deve ser tratado como base sensível para o reconhecimento da pessoa, que não se reduz a ele (corpo). Ser pessoa não é ser um corpo, mas ter um corpo. Portanto, estamos a falar que entender a existência do corpo "como algo pessoal implica, necessariamente, no reconhecimento e na legitimação da autonomia privada como forma de autodeterminação da pessoa humana, e evidentemente da sua identidade, numa rede de interlocução".[6]

Disso decorre a ideia de pessoalidade, que significa pessoa em movimento em um sentido dinâmico; a pessoalidade não é pressuposta e nem imposta, mas construída socialmente. Ela é edificada a partir das escolhas assumidas pela pessoa humana, enquanto ser livre e agente de projetos pessoais.

> O substantivo feminino pessoalidade advém do latim *personalitas* e significa a qualidade de ser pessoal. Não se trata da assunção de uma qualidade imanente à espécie humana, mas pressupõe a ação da pessoa na determinação daquilo que é individual e que expressa a efetivação de uma possibilidade pela liberdade na convivência com os outros. Pessoalidade decorre, pois, da autodeterminação e da autoafirmação das configurações individuais em um fluxo comunicativo.[7]

É importante registrar que a própria noção de pessoalidade muda com a evolução dos contextos social, político, filosófico, religioso, econômico e científico a que estiveram expostas.

Esse dinamismo temporal que incorpora mudanças e agrega novas possibilidades não se dá em contexto isolado, mas, sim, dentro de um cenário de diálogo democrático. Portanto, se há direitos, há também limites ao exercício dessa corporeidade.

---

5. KEHL, Maria Rita. As máquinas falantes. In: NOVAES, Adauto (Org.). *O homem-máquina*: a ciência manipula o corpo. São Paulo: Companhia das Letras, 2003, p. 243-259.
6. SÁ, Maria de Fátima Freire de. Corpo humano. In: ROMEO-CASABONA, Carlos María (Dir.). *Enciclopédia de bioderecho y bioética*. Granada: Comares, 2011, p. 501-502.
7. Nesse sentido, vide MOUREIRA, Diogo Luna. *Pessoas e autonomia privada*: dimensões reflexivas da racionalidade e dimensões operacionais da pessoa a partir da teoria do direito privado. Rio de Janeiro: Lumen Juris, 2011, p. 1; e SÁ, Maria de Fátima Freire de; MOUREIRA, Diogo Luna. *Autonomia e morte digna*. Belo Horizonte: Conhecimento, 2022.

O tema da reprodução humana assistida evidencia a conquista de direitos relacionados à liberdade corporal, tanto sob o ponto de vista constitucional quanto pela evolução da disciplina deontológica. Mas, quais são os limites a essa liberdade corporal, considerando-se os distintos meios procriativos possibilitados pela medicina reprodutiva? Cada projeto parental tem suas peculiaridades que serão enfrentadas no decorrer dos capítulos e, antes disso, há que se abordar premissas constitucionais, quais sejam a pluralidade das entidades familiares; o livre planejamento familiar; a paternidade/maternidade responsável; o melhor interesse da criança.

4.2 PLURALIDADE DAS ENTIDADES FAMILIARES E LIVRE PLANEJAMENTO FAMILIAR

Ao inaugurar o Estado Democrático de Direito, a Constituição de 1988 instituiu, como fundamento da república, a dignidade da pessoa humana (art. 1º, inc. III), fazendo com que o ordenamento jurídico deva proteger e fomentar o livre exercício da pessoalidade, o que inclui decisões quanto à formação de projetos parentais.

A pluralidade de entidades familiares encontra guarida no *caput* e incisos do artigo 226 da Constituição da República. Inobstante o artigo reconhecer apenas três formas de constituição familiar (casamento; união estável e família monoparental), deve-se entender que se trata de rol exemplificativo e não taxativo de formas de constituição de família.

Conforme posição de Paulo Lôbo, o artigo 226 trouxe importante transformação no que tange à tutela constitucional da família, tendo em vista inexistir qualquer referência a um exclusivo tipo familiar. A supressão do termo "constituída pelo casamento", expressamente prevista no artigo 175 da Constituição de 1967-69, abriu espaço para a admissibilidade da formação de qualquer família sob a tutela constitucional.[8]

No mesmo sentido, defendem Renata Barbosa de Almeida e Walsir Edson Rodrigues Júnior:

> Não se pode dizer que o ordenamento somente destina tutela à família fundada no casamento ou na união estável entre um homem e uma mulher, ou na entidade formada por qualquer um dos pais e seus descendentes, conforme o elenco enunciado no texto constitucional. O que o sistema jurídico – instaurado pela Carta Magna de 1988 – quer proteger, enquanto família, é a comunhão afetiva que promove a formação pessoal de seus componentes, seja

---

8. LÔBO, Paulo. Entidades familiares constitucionalizadas: para além do *numerus clausus*. *Jus Navigandi*, Teresina, ano 7, n. 53, 1º jan. 2002. Disponível em: http://jus.com.br/artigos/2552. Acesso em: 02 jul. 2023.

CAPÍTULO 4 • PREMISSAS CONSTITUCIONAIS E REPRODUÇÃO HUMANA

sob qual forma for que esta se apresente, tenha que origem for. Não é da expressão normativa que vem a razão para a tutela. O fundamento é o próprio conceito de família.[9]

Em não havendo um modelo predeterminado de família, abre-se espaço importante para a autonomia privada, alicerce do livre desenvolvimento da pessoalidade e fundamento legitimador dos processos assistidos de reprodução.

O livre planejamento familiar, assegurado no parágrafo 7º do artigo 226 da Constituição, corrobora a ideia de diversidade das formas familiares e é erigido a partir de projetos compartilhados de vida, que incluem dois ou mais indivíduos, com o objetivo de construir e fomentar escolhas destinadas ao exercício de direitos, como é o caso da filiação.[10]

A Constituição da República assegura que o planejamento familiar deve ser constituído como livre decisão do casal (art. 226, § 7º), e não apenas de um único membro da sociedade familiar, inobstante as hipóteses de constituição de famílias monoparentais. Isso quer dizer que, em se tratando de casais, a ideia de planejamento familiar está diretamente relacionada ao compartilhamento das decisões, sob pena de ofensa ao princípio da boa-fé. Sendo assim, tendo em vista a necessidade de diálogo para a concretização do planejamento familiar, não poderia um cônjuge ou companheiro optar pelo uso das técnicas de reprodução humana assistida sem a aquiescência do outro.[11]

4.3 MELHOR INTERESSE DA CRIANÇA E PATERNIDADE/MATERNIDADE RESPONSÁVEL

O princípio do melhor interesse da criança tem sua origem no instituto inglês do *parens patriae*, compreendido "como uma prerrogativa do Rei em proteger aqueles que não poderiam fazê-lo em causa própria". Toma-se também como referência, no direito norte-americano, para a doutrina do melhor interesse, o julgamento do caso *Commonwealth v. Addicks* (no ano de 1813) em que a mãe, mesmo acusada de adultério, teve garantida a guarda da criança.[12]

---

9. ALMEIDA, Renata Barbosa de; RODRIGUES JÚNIOR, Walsir Edson. *Direito Civil*: famílias. 3. ed. Belo Horizonte: Expert, 2023, p. 81.
10. Para consulta de uma análise aprofundada do tema: RODRIGUES, Renata de Lima. *Planejamento familiar*: Limites e liberdade parentais. Indaiatuba, SP: Foco Editora, 2021.
11. SÁ, Maria de Fátima Freire de; NAVES, Bruno Torquato; MOUREIRA, Diogo Luna; SOUZA, Iara Antunes de. Novas famílias e reprodução assistida. In: CAETANO, João Pedro Junqueira; MARINHO, Ricardo Mello; PETRACCO, Alvaro; LOPES, Joaquim Roberto Costa; FERRIANI, Rui Alberto (Org.). *Medicina reprodutiva SBRH*. São Paulo: Segmento Farma: SBRH, 2018.
12. PEREIRA, Tânia da Silva; MELO, Carolina de Campos. Infância e juventude: os direitos fundamentais e os princípios constitucionais consolidados na Constituição de 1988. *Revista da EMERJ*, v. 6, n. 23, p. 265-266, 2003.

Na trilha histórica da construção e da evolução do princípio do melhor interesse, o caso *Finlay v. Finlay* (no ano de 1925), na Inglaterra, estabeleceu que, diante de conflitos entre os interesses da criança e de seus pais, há que se prevalecer os interesses da criança.[13]

No campo normativo, as declarações internacionais de direitos humanos foram as grandes responsáveis pela propagação do instituto do melhor interesse e sua consequente incorporação em diversos ordenamentos jurídicos. A Convenção Internacional sobre os Direitos da Criança, aprovada pela Organização das Nações Unidas em 1989, é o principal marco e tem como objetivo efetivar a proteção especial à criança e ao adolescente.[14]

No Brasil, a Constituição da República de 1988, no artigo 227, dispõe que é dever da família, da sociedade e do Estado a efetivação dos direitos fundamentais da criança e do adolescente, com absoluta prioridade.[15] O Estatuto da Criança e do Adolescente (Lei 8.069/1990)[16] apresenta mecanismos específicos para a efetivação da proteção integral da criança e do adolescente.

O princípio do melhor interesse esbarra na impossibilidade de se estabelecer um substrato apriorístico acerca do conteúdo da norma, pois, sua natureza de princípio jurídico apenas indica uma orientação a ser seguida, mas não admite uma aplicação mediante a regra do tudo ou nada.[17] No direito civil, também é discutida a perspectiva de natureza de cláusula geral do melhor interesse da criança, principalmente a partir do Código Civil de 2002. A natureza generalista da cláusula geral exprime vagueza semântica, de modo a possibilitar a permanente ressignificação e reconstrução das normas, bem como a abertura do sistema jurídico a outros tipos de argumentação.[18]

---

13. SÁ, Maria de Fátima Freire de; OLIVEIRA, Lucas Costa de. A morte como o melhor interesse da criança: Uma proposta a partir dos casos Charlie Gard e Alfie Evans. *Revista de Bioética y Derecho*. Perspectivas Bioéticas, Barcelona, p. 177-191, 2020:48.

14. "Art. 3º "todas as ações relativas às crianças, levadas a efeito por instituições públicas ou privadas de bem-estar social, tribunais, autoridades administrativas ou órgãos legislativos, devem considerar, primordialmente, o interesse maior da criança" (ONU. *Convenção Internacional sobre os Direitos da Criança*. Disponível em: https://www.unicef.org/brazil/convencao-sobre-os-direitos-da-crianca. Acesso em: 09 jul. 2023).

15. BRASIL. *Constituição da República Federativa do Brasil*. 1988. Disponível em: https://www.planalto. gov.br/ccivil_03/constituicao/constituicao.htm. Acesso em: 02 jul. 2023.

16. BRASIL. *Lei 8.069*, de 3 de julho de 1990. Estatuto da criança e do adolescente. Disponível em: https:// www.planalto.gov.br/ccivil_03/leis/L8069.htm. Acesso em: 09 jul. 2023.

17. DWORKIN, Ronald. *Levando os direitos a sério*. São Paulo: Martins Fontes, 2002, p. 35-46.

18. MARTINS-COSTA, Judith. O Direito Privado como um "sistema em construção": as cláusulas gerais no Projeto do Código Civil brasileiro. *Revista de Informação Legislativa*, Brasília, v. 35, n. 139, p. 6-8, 1998; SÁ, Maria de Fátima Freire de; OLIVEIRA, Lucas Costa de. A morte como o melhor interesse da criança: Uma proposta a partir dos casos Charlie Gard e Alfie Evans. *Revista de Bioética y Derecho*. Perspectivas Bioéticas, Barcelona. 2020:48.

O princípio em comento não representa um conjunto hermético de condutas objetivamente direcionado, mas, sim, uma indicação que promova o livre desenvolvimento da criança. No entanto, "embora seja da sua própria essência a amplitude semântica, é necessário estabelecer ao menos um conteúdo mínimo para sua aplicação, sob pena de se esvair a importância e utilidade do princípio".[19]

Por outro lado, a autoridade parental é um múnus atribuído aos genitores, que tem por finalidade a criação e a orientação dos seus filhos. São poderes-deveres e não espaço para o exercício de autonomia – ao menos em seu sentido mais clássico e negocial.[20]

João Baptista Villela traça os contornos do ato jurídico não negocial em confronto com os negócios jurídicos:

> [...] dir-se-á que o negócio se distingue do ato em que aquele é uma ação livre, este uma ação necessária. [...] Certo que também nos negócios há submissão a vínculo. Neles, contudo, o compromisso surge, para usar a feliz observação de Rescigno, da liberdade e vontade dos sujeitos (cf. Manuale, cit., p. 261). O consentir em intervenção cirúrgica, por exemplo, só não tem natureza negocial para o agente que se encontre sob o dever de praticá-lo, como é o caso do representante do paciente incapaz. Mas é negócio próprio e verdadeiro quando o paciente é também autor da declaração, ressalvada a hipótese de um suposto dever jurídico para consigo próprio.[21]

O exercício legítimo da autoridade parental não colide com o princípio do melhor interesse da criança. Ao contrário, almejam o mesmo fim.

A maternidade e a paternidade responsável, no âmbito da reprodução humana assistida, em suas muitas técnicas que possibilitam projetos parentais, não é diferente do feixe de poderes e deveres que têm os pais na procriação natural. Os genitores devem exercer esse múnus sempre tendo em vista o melhor interesse da criança. A construção desse projeto parental, seja por meio de material genético próprio ou doado ou de útero de substituição, deve levar em consideração que a essência da paternidade/maternidade é o cuidado e o afeto. "Nesse sentido, mesmo os pais biológicos precisam adotar seus filhos para que não sejam meros reprodutores, mas verdadeiramente pais".[22]

---

19. SÁ, Maria de Fátima Freire de; OLIVEIRA, Lucas Costa de. A morte como o melhor interesse da criança: Uma proposta a partir dos casos Charlie Gard e Alfie Evans. *Revista de Bioética y Derecho*. Perspectivas Bioéticas, Barcelona. 2020:48.

20. LIMA, Taisa Maria Macena de; SÁ, Maria de Fátima Freire de. *Ensaios sobre a infância e a adolescência.* 2. ed. Belo Horizonte: Arraes, 2019, p. 19.

21. VILLELA, João Baptista. Do fato ao negócio: em busca da precisão conceitual. *Estudos em homenagem ao professor Washington de Barros Monteiro*. São Paulo: Saraiva, 1982, p. 265.

22. LIMA, Taisa Maria Macena de; SÁ, Maria de Fátima Freire de. *Ensaios sobre a infância e a adolescência.* 2. ed. Belo Horizonte: Arraes, 2019, p. 78.

A liberdade quanto ao planejamento familiar pressupõe a responsabilidade pelas escolhas e isso quer dizer que os genitores assumem os possíveis riscos inerentes ao uso das técnicas de reprodução.

4.4 A PROCRIAÇÃO COMO UM DIREITO

O histórico das doutrinas brasileira e estrangeira, quanto ao exercício de liberdades em relação à reprodução humana, fincam entendimentos contrários sobre o reconhecimento desse direito. Mesmo com o advento da Constituição da República de 1988, que inseriu a dignidade como fundamento do Estado, que assegurou os direitos fundamentais à liberdade, à igualdade, à vida privada e ao livre planejamento familiar, doutrinadores trazem reflexões, de um lado, que rechaçam a procriação como um direito e outros, de outro modo, a reconhecem.

Exemplo paradigmático de uma decisão conservadora é o conhecido caso Artavia Murillo e outros (*Fecundación In Vitro*) *versus* Costa Rica, na sentença de 28 de novembro de 2012, objeto de deliberação pela Corte Interamericana de Direitos Humanos, que afirmou não ser possível restrição absoluta às técnicas reprodutivas, haja vista o respeito à autonomia de construção de novos projetos biográficos.

A fecundação *in vitro* na Costa Rica foi regulada pelo Decreto Executivo 24029-S, de 3 de fevereiro de 1995:

> *La ordenación era restrictiva: se aplicaba sólo a parejas conyugales, prohibía la fertilización de más de seis óvulos por ciclo de tratamiento y exigía que todos los óvulos fertilizados en un ciclo fueran transferidos a la cavidad uterina de la paciente. Estaba vedado desechar o eliminar embriones; tampoco podían preservarse para su transferencia a ciclos subsecuentes de la misma u otras pacientes. La interdicción se extendió a cualquier comercio con células germinales destinadas al tratamiento de pacientes de técnicas de reproducción asistida.*[23]

Ainda que restritivo o decreto, recurso de inconstitucionalidade foi proposto contra ele, ao fundamento de violação do direito à vida e à dignidade do embrião. O recurso foi julgado procedente, proibindo-se, então, as técnicas de FIV na Costa Rica.

Essa decisão impulsionou alguns casais a proporem ação contra a República da Costa Rica perante a Comissão Interamericana de Direitos Humanos (CIDH), alegando que, a permanecer a proibição, o Estado estava a impedir o acesso ao

---

23. BRENA, I. La Sentencia de la Corte Interamericana de Derechos Humanos, Caso Artavia Murillo y otros. (Fecundación in vitro) Vs Costa Rica; nuevas esperanzas para la libertad reproductiva en Latinoamérica. *Revista de Derecho y Genoma Humano*, Bilbao, n. 38, p. 151, enero-junio 2013.

CAPÍTULO 4 • PREMISSAS CONSTITUCIONAIS E REPRODUÇÃO HUMANA

tratamento, em contrariedade a diversos direitos reconhecidos na Convenção Americana sobre Direitos Humanos.

A CIDH considerou que a proibição às técnicas de FIV determinada pelo país evidenciou ingerência arbitrária no direito à vida privada e familiar e, ainda, infringiu o direito de igualdade das pessoas com problemas de infertilidade, já que o Estado lhes impediu o acesso ao tratamento. Além disso, a CIDH assinalou que a proibição provocou impacto desproporcional na vida das mulheres, gerando sofrimento físico e psicológico.[24]

A Corte Interamericana de Direitos Humanos determinou que a Costa Rica adotasse medidas apropriadas para viabilizar as técnicas de reprodução, além de designar a inclusão da prática em programas e tratamentos de infertilidade, em atenção ao dever de garantia, em respeito ao princípio da não discriminação.

Sobre o assunto, no Brasil, Eduardo Oliveira Leite, em publicação do ano de 1995, afirma que "o que há é uma liberdade de ajudar o semelhante (estéril) a ter um [filho]. O direito a ter filhos quando se quer, como se quer, e em qualquer circunstância é reivindicado como um direito fundamental", mas é somente "a expressão de uma vontade exacerbada de liberdade e de plenitude individual em matérias tais como o sexo, a vida e a morte".[25]

Corroborando o mesmo entendimento, no cenário internacional, Veja e Martinez entendem que "no existe un derecho a tener un hijo, porque ninguna persona humana es debida a otra, como si fuera un bien instrumental. Los cónyuges tienen derecho a los actos naturales que conducen a la procreación, pero no derecho a la procreación efectiva".[26]

Mary Warnock atenta para o fato de que o uso de determinado tratamento não implica na obtenção de um resultado positivo. Um médico pode julgar que, em determinada situação, um tratamento seja inútil ou que seja desnecessário repeti-lo. Por isso, "en el contexto de la reproducción asistida, el único derecho que podría reclamarse de modo razonable sería el derecho a intentar un hijo".[27] Ao

---

24. SÁ, Maria de Fátima Freire de; NAVES, Bruno Torquato; MOUREIRA, Diogo Luna; SOUZA, Iara Antunes de. Novas famílias e reprodução assistida. In: CAETANO, João Pedro Junqueira; MARINHO, Ricardo Mello; PETRACCO, Alvaro; LOPES, Joaquim Roberto Costa; FERRIANI, Rui Alberto (Org.). *Medicina reprodutiva SBRH*. São Paulo: Segmento Farma: SBRH, 2018.

25. LEITE, Eduardo de Oliveira. *Procriações artificiais e o direito*: aspectos médicos, religiosos, psicológicos, éticos e jurídicos. São Paulo: Ed. RT, 1995, p. 356. Corroborando a inexistência de um direito à procriação, FERRAZ, Sérgio. *Manipulações biológicas e princípios constitucionais*: uma introdução. Porto Alegre: Sergio Antonio Fabris Editor, 1991, p. 45.

26. VEGA J.; VEGA M.; MARTINEZ Baza P. El hijo en la procreación artificial. Implicaciones éticas y medicolegales. *Cuadernos de Bioética*, 1995, p. 65.

27. WARNOCK, Mary. *Fabricando bebés*. Trad. José Luis López Verdú. Barcelona: Gedisa Editorial, 2004, p. 23.

dissertar sobre reprodução, a autora não a entende como uma necessidade básica, diferentemente de uma obrigação de nutrição, por exemplo. Aduz que não se poderia admitir a existência de um direito a qualquer coisa simplesmente porque foi profundamente desejada. O Estado não tem a obrigação de custeio imediato dos projetos parentais, pois o assistencialismo não alcança a concretização das tecnologias em RHA, eis que não se trata de um direito fundamental.[28]

Lado outro, a maior parte da doutrina atual sustenta existir um direito fundamental à procriação, considerando a norma constitucional, as legislações infraconstitucionais, as normas deontológicas e a posição do Supremo Tribunal Federal.

Assim, afirma Ana Thereza Meirelles:

> O direito à procriação tem fulcro na sistemática constitucional, posto estar relacionado à decisão livre dos indivíduos em constituir filiação de acordo com seus respectivos projetos pessoais. Em atendimento ao previsto na Constituição Federal, em seu artigo 194, e na Lei 8.080 de 1999, que regulamenta o Sistema Único de Saúde, a perspectiva de assistência à saúde é universal, não cabendo restrições quanto às possibilidades de cobertura dos procedimentos.[29]

É oportuno salientar que, aqui, não abordaremos questões que envolvam a efetividade do reconhecimento da procriação como um direito, ou seja, considerando as teorias da reserva do possível e a escassez de recursos que, muitas vezes, buscam justificar o não assistencialismo do Estado em matéria de saúde. Sabe-se que procedimentos, como o parto e a cirurgia para redesignação sexual, que não pressupõem doenças, são cobertos pelo Sistema Único de Saúde, criado em prol da tutela universal da saúde, contemplando a pessoa humana em seus planos físico e psíquico.

O reconhecimento do *status* de direito à procriação não significa a isenção de limites sobre o seu exercício, de modo que qualquer discurso que tente entendê-lo como absoluto esbarrará, por certo, em situações que poderão conformar a preservação de outros bens envolvidos, como o caso da preservação da diversidade do patrimônio genético.[30]

Portanto, a aceitação e a admissibilidade de métodos alternativos de procriação constituem conteúdo do direito fundamental à liberdade de procriação, que

---

28. WARNOCK, Mary. *Fabricando bebés*. Trad. José Luis López Verdú. Barcelona: Gedisa Editorial, 2004, p. 35-37 e 65.
29. MEIRELLES, Ana Thereza. *Neoeugenia e reprodução humana artificial*: Limites éticos e jurídicos. Salvador: Editora JusPodivm, 2014.
30. MEIRELLES, Ana Thereza. *Neoeugenia e reprodução humana artificial*: Limites éticos e jurídicos. Salvador: Editora Juspodivm, 2014.

inclui o direito de acesso às novas formas de tecnologia de reprodução. Direitos reprodutivos não são absolutos, estão sujeitos a certos limites, que também não podem ser absolutos.[31]

4.5 O INEXISTENTE MARCO CONSTITUCIONAL SOBRE O INÍCIO DA VIDA

Muitos dos questionamentos biojurídicos que surgiram, ao longo do tempo, sobre as técnicas de reprodução humana assistida estão diretamente relacionados à proteção quanto ao início da vida do ser humano. Assim, as considerações científicas sobre os processos assistidos de procriação (sejam médicas ou jurídicas) devem ter como pressuposto a avaliação da condição protetiva do embrião em situação extracorpórea.

No capítulo 1 desse livro, abordamos os fundamentos científicos das técnicas de reprodução assistida, apontando conhecimentos médicos inerentes a cada tipo de procedimento, conceitos da área especializada e aspectos da fisiologia reprodutiva. Agora, promoveremos abordagem enxuta dos argumentos biológicos relacionados à existência da vida humana, em prol da construção de entendimento que canalize a identificação da tutela jurídica sobre o início dessa vida, tentando aportar um pouco do complexo de conhecimentos que, juntos, concorrem para sua adequada conceituação.

Vale ainda o registro de que a ideia proposta, neste momento, é analisar os argumentos principais que incidem na averiguação da existência de vida, com foco especial naqueles que contingenciaram o entendimento brasileiro em vigência, a partir da legislação constitucional e da jurisprudência. Esse ponto de análise mantém relação com a discussão quanto às opções para a destinação de embriões excedentes aos processos extracorpóreos de reprodução, assunto a ser retomado em capítulo oportuno.

4.5.1 A dificuldade do conceito de vida

Uma análise preliminar do que pode ser considerado como vida tem melhor sentido se partirmos da dimensão corroborada pelas ciências naturais, ou seja, capaz de contemplar elementos mais objetivos, explicados pela ideia de causalidade e conduzidos pela noção de racionalidade científica.

---

31. SÁ, Maria de Fátima Freire de; NAVES, Bruno Torquato; MOUREIRA, Diogo Luna; SOUZA, Iara Antunes de. Novas famílias e reprodução assistida. In: CAETANO, João Pedro Junqueira; MARINHO, Ricardo Mello; PETRACCO, Alvaro; LOPES, Joaquim Roberto Costa; FERRIANI, Rui Alberto (Org.). *Medicina reprodutiva SBRH*. São Paulo: Segmento Farma: SBRH, 2018.

Antes da descoberta do DNA, Erwin Schrödinger, físico e filósofo austríaco, trouxe à evidência a pergunta atemporal "O que é vida?", por meio de seu livro clássico escrito em 1944, conhecido e referenciado por muitos cientistas, de antes e de hoje. Na época, Erwin Schrödinger já apontava a dificuldade de definir o conceito de vida, afirmando que a mesma somente poderia ser objetivamente explicada pelas perspectivas física e química.[32]

Apesar de sabermos que grande parte dos questionamentos levantados por Schrödinger já tenha sido respondido por teorias reformuladas e novas, a sua contribuição continua encontrando pertinência com os estudos do tema até os dias atuais. O autor explica, a partir das regras da química e da física, os elementos que caracterizam a existência de vida, ensinando a estrutura da matéria viva e ressalvando a necessidade de compreender que a mesma funciona de uma forma diferente das leis da física comum. Essa diferença não se justificaria pela existência de uma "nova força" ou por qualquer outro elemento que estivesse dirigindo o comportamento de um organismo vivo, mas pelo fato de que essa matéria é totalmente diferente das demais coisas testadas em um laboratório de física.[33]

Em prol de definir a situação biológica da vida, o autor afirma não existir comparação da vida com qualquer outra coisa que encontramos na matéria inanimada, comprovando-se a ideia a partir da admirável regularidade e ordem com que os desdobramentos dos eventos no ciclo de vida de um organismo se concretizam. Essa capacidade de ordem tem o poder de manter a si própria, conservando eventos regulares e ordenados no desenvolvimento do ciclo.[34]

Completando a proposta anterior de Schrödinger, Lynn Margulis e Dorion Sagan trazem outras explicações sobre os níveis de organização biológica da vida. A vida, como entidade autopoiética, tem como elemento essencial o metabolismo. A autopoiese é explicada pela ideia de produção contínua, de modo que, sem o comportamento autopoiético, os seres orgânicos não permaneceriam vivos. A vida efetua continuamente o metabolismo, perpetuando-se por meio da atividade química e da movimentação das moléculas, que propicia um gasto de energia e a produção de alimentos. Apenas as células, os organismos feitos de células e as biosferas feitas de organismos são autopoiéticos, ou seja, são capazes de efetuar o metabolismo (ou de produzir fluxo energético).[35]

---

32. SCHRÖDINGER, Erwin. *O que é vida?* O aspecto físico da célula viva. Trad. Jesus de Paula Assis e Vera Yukie Kuwajima de Paula Assis. São Paulo: Fundação Editora da UNESP, 1997.
33. SCHRÖDINGER, Erwin. *O que é vida?* O aspecto físico da célula viva. Trad. Jesus de Paula Assis e Vera Yukie Kuwajima de Paula Assis. São Paulo: Fundação Editora da UNESP, 1997, p. 88.
34. SCHRÖDINGER, Erwin. *O que é vida?* O aspecto físico da célula viva. Trad. Jesus de Paula Assis e Vera Yukie Kuwajima de Paula Assis. São Paulo: Fundação Editora da UNESP, 1997, p. 88.
35. MARGULIS, Lynn; SAGAN, Dorion. *O que é vida?* Trad. Vera Ribeiro. Rio de Janeiro: Jorge Zahar Ed., 2002, p. 81.

Para definir o que é vida, traçam linhas menos herméticas e que dialogam com outros conhecimentos surgidos por meio da evolução científica. A vida se consolida por duas caraterísticas essenciais: a capacidade de manutenção auto-poiética e de reprodução. No meio do processo há de se registrar as possibilidades de mudanças, como é o caso das mutações do DNA e dos cromossomos, além das seleções naturais, responsáveis pela transformação evolutiva das espécies. Por fim, definem a vida como um processo que desliza sobre a matéria; como um fenômeno intricado que revela um padrão de crescimento e morte, rapidez e recuo, transformação e destruição. É ela uma matéria desenfreada, capaz de escolher sua própria direção em prol de adiar o momento inevitável da morte.[36]

A caracterização do ser vivo parte da sua imanência, ou seja, da sua capacida-de de automovimento, não limitada apenas à capacidade de mover-se de um lugar para o outro sem ajuda, mas, fundamentalmente, à capacidade de "produzir-se a si mesmo", por meio de sua morfogênese e crescimento, que encontram nele seu princípio e sua causa. A característica autopoiética possibilita a compreensão da identidade própria do ser vivo, já que ela se refere à produção de sua própria organização e individualidade.[37]

Essa noção evolutiva do conceito de vida já comprova que a mesma jamais restaria exaurida sem a contemplação de elementos que não estão disciplinados pelos conhecimentos da física, da química e da biologia. Com base em argumentos exclusivamente determinados por elas, pode-se pensar numa tentativa objetiva da ciência em universalizar a definição do conceito. No entanto, a ideia de vida demanda outros elementos não objetivos e não universais a serem descortinados e adotados nesse escrito.

As esferas filosófica e metafísica do que se possa conceber como vida con-duzem à percepção abstrata, relativa e subjetiva do conceito. Considerando que a vida não pode ser estudada apenas sob o crivo das ciências naturais, Elio Sgreccia afirma que "o horizonte das causalidades biológicas dentro do qual se realizaram as diversas formas de vida requer uma explicação metafísica". Dessa maneira, o "reducionismo biológico, ainda que fosse comprovadamente útil aos fins dos programas da pesquisa científica não poderia, de forma nenhuma, ser aceito como explicação global da origem da vida e, em particular, como explicação da origem do homem".[38]

---

36. MARGULIS, Lynn; SAGAN, Dorion. *O que é vida?* Trad. Vera Ribeiro. Rio de Janeiro: Jorge Zahar Ed., 2002, p. 225.
37. BOURGUET, Vincent. *O ser em gestação.* Reflexões bioéticas sobre o embrião humano. Trad. Nicolás Nymi Campanário. São Paulo: Edições Loyola, 2002, p. 43-44.
38. SGRECCIA, Elio. *Manual de Bioética I Fundamentos e ética biomédica.* 2. ed. São Paulo: Edições Loyola, 2002, p. 104-105.

A constatação do autor corrobora a ideia de que não basta compreender a vida apenas sob o crivo puro dos argumentos das ciências naturais; é ela, por essência, um fenômeno múltiplo, complexo, que agrega elementos não objetivos. Há de se ressalvar o sempre cuidado em assumir fundamentos religiosos como verdades universais, mas não se pode deixar de reconhecer que argumentos desse cunho concorrem também para uma interpretação justa e social do que deve ser concebido como vida.

A proposta não é apontar uma reflexão em torno do conceito de vida extirpada dos fragmentos originados de distintas matrizes religiosas, mas reconhecer que os mesmos também concorrem para a formação adequada da noção, tendo em vista revelarem a face multicultural de um conceito tão complexo. Essa perspectiva não anula a importância dos fundamentos advindos das causalidades biológica, física e química, também contemplados por essa análise, mas corrobora a difícil tarefa de conceituação almejada e discutida ao longo dos anos em que se executaram as técnicas de reprodução humana assistida.

Sob essa ótica, Elio Sgreccia, afirma que "a característica do vivente, sob o ponto de vista filosófico, está no fato de ele ser capaz de uma atividade que parte do sujeito vivente e tende a aperfeiçoar o próprio sujeito: vida é capacidade de ação imanente". Se afastada a avaliação puramente das características físicas, químicas e bioquímicas do ser vivo, para considerar a questão sob o ponto de vista filosófico, "o salto qualitativo e irredutível do fenômeno "vida" está, portanto, na capacidade real de um ser de ser causa e fim da própria ação: isto significa precisamente "ação imanente". No primeiro degrau da vida, a vida vegetativa, ação imanente tem uma tríplice capacidade: nutrição, crescimento e reprodução".[39]

Assumir que a vida não deve ser interpretada apenas como um fenômeno físico, biológico e químico, é reconhecer que, sob sua ontologia, há algo para além do objetivamente testado e comprovado pelas experimentações da ciência. A percepção das dimensões metafísica e filosófica da vida é acompanhada, também, pelos seus insistentes fundamentos de origem religiosa, percebidos com a própria evolução da história humana, originados pela ideia, dentro do Cristianismo, por exemplo, do princípio da criação.

Nesse sentido, afirma, ainda, Sgreccia que o surgimento da vida na realidade cósmica, contemplada por uma complexa junção de elementos químicos, que

---

39. SGRECCIA, Elio. *Manual de Bioética I Fundamentos e ética biomédica*. 2. ed. São Paulo: Edições Loyola, 2002, p. 93.

CAPÍTULO 4 • PREMISSAS CONSTITUCIONAIS E REPRODUÇÃO HUMANA

desembocaram em diferentes formas de existência, não anula a "causalidade primeira, criadora e providente, inteligente e ordenadora".[40] Assim,

> Chamar de acaso as inumeráveis possíveis combinações de DNA e de necessidade a estabilização de fato do código genético de cada uma das espécies traduz a nossa incapacidade de previsão e da determinação das combinações eletivas, mas não suprime o fato de que essas possibilidades devem ter uma potencialidade concreta de se realizar numa realidade de substrato que exige uma explicação causal, a menos que se queira explicar a existência pelo nada, o que significaria não dar explicação alguma.[41]

Chegar ao conceito de vida considerando apenas as causalidades ditadas pela ciência, além de não contemplar a realidade social, também é limitadora e falha, já que a própria racionalidade científica não responde a todas as perguntas sobre a explicação exata da origem da vida no planeta. A consciência dessa limitação corrobora a dificuldade em reconhecer a legitimidade da adoção de critérios puramente científicos para se definir o que é vida, de onde ela surgiu, quem ou o que a criou.

Os pontos que seguem desdobrarão uma análise por meio da contemplação de fundamentos que devem (ou não) ser considerados na proteção à vida humana em sua primeira forma de manifestação – o embrião concebido de forma extracorpórea.

4.5.2 O início da vida na legislação e jurisprudência brasileiras

Diante do direito brasileiro, antes de incorrer em qualquer consideração sobre a temática do início da vida, é fundamental esclarecer que a Constituição não efetivou qualquer disciplina normativa referente ao marco inicial da tutela da vida do ser humano, restringindo-se a assegurar, no *caput* do seu artigo 5º,[42] a inviolabilidade deste direito. A questão no país ficou cingida à legislação infraconstitucional, materializada, principalmente, pelo Código Penal,[43] que proíbe

---

40. SGRECCIA, Elio. *Manual de Bioética I Fundamentos e ética biomédica*. 2. ed. São Paulo: Edições Loyola, 2002, p. 105.
41. SGRECCIA, Elio. *Manual de Bioética I Fundamentos e ética biomédica*. 2. ed. São Paulo: Edições Loyola, 2002, p. 105-106.
42. BRASIL. *Constituição da República Federativa do Brasil*. 1988. Disponível em: https://www.planalto. gov.br/ccivil_03/constituicao/constituicao.htm. Acesso em: 02 jul. 2023.
43. Aborto provocado pela gestante ou com seu consentimento.
    Art. 124. Provocar aborto em si mesma ou consentir que outrem lho provoque: (Vide ADPF 54)
    Pena: detenção, de um a três anos.
    Aborto provocado por terceiro
    Art. 125. Provocar aborto, sem o consentimento da gestante:
    Pena: reclusão, de três a dez anos.
    Art. 126. Provocar aborto com o consentimento da gestante: (Vide ADPF 54)

a prática da interrupção gestacional fora das exceções previstas, e pelo Código Civil,[44] que assegurou os direitos do nascituro. Relembramos, no entanto, a decisão do Supremo Tribunal Federal na ADPF 54 que trouxe o entendimento de que é possível a "antecipação terapêutica do parto" em caso de fetos diagnosticados com anencefalia.[45]

Nem a Constituição da República nem os Códigos Penal e Civil efetivaram, de pronto, quaisquer previsões normativas quanto à medida de proteção do embrião em condição extracorpórea, abrindo importante lacuna para a discussão que se sucedeu no país, contando com o estágio de desenvolvimento das técnicas de procriação medicamente assistida.

A discussão sobre o início da vida, no Brasil, foi marcada pelo julgamento da Ação Direta de Inconstitucionalidade (ADI) 3.510/2005, pelo Supremo Tribunal Federal.[46] A ação, proposta pelo então procurador-geral da república, questionava a constitucionalidade do artigo 5º da Lei 11.105/2005,[47] a lei de biossegurança, quanto a doação de embriões humanos, excedentes ao processo procriativo assistido, para fins de pesquisa científica com células-tronco.

A retomada dos argumentos trabalhados no cerne dos processos assistidos de fertilização extracorpórea (FIV convencional e ICSI), apontados no capítulo

---

Pena: reclusão, de um a quatro anos.

Parágrafo único. Aplica-se a pena do artigo anterior, se a gestante não é maior de quatorze anos, ou é alienada ou débil mental, ou se o consentimento é obtido mediante fraude, grave ameaça ou violência.

Forma qualificada

Art. 127. As penas cominadas nos dois artigos anteriores são aumentadas de um terço, se, em consequência do aborto ou dos meios empregados para provocá-lo, a gestante sofre lesão corporal de natureza grave; e são duplicadas, se, por qualquer dessas causas, lhe sobrevém a morte.

Art. 128. Não se pune o aborto praticado por médico: (Vide ADPF 54)

Aborto necessário

I – se não há outro meio de salvar a vida da gestante;

Aborto no caso de gravidez resultante de estupro

II – se a gravidez resulta de estupro e o aborto é precedido de consentimento da gestante ou, quando incapaz, de seu representante legal.

(BRASIL. *Decreto-Lei 2.848*, de 7 de dezembro de 1940. Institui o Código Penal. Disponível em: https://www.planalto.gov.br/ccivil_03/decreto-lei/del2848compilado.htm. Acesso em: 02 jul. 2023).

44. "Art. 2º A personalidade civil da pessoa começa do nascimento com vida; mas a lei põe a salvo, desde a concepção, os direitos do nascituro." (BRASIL. *Lei 10.406*, de 10 de janeiro de 2002. Institui o Código Civil. Disponível em: https://www.planalto.gov.br/ccivil_03/LEIS/2002/L10406compilada.htm Acesso em: 02 jul. 2023).

45. STF. *Acórdão ADPF 54*. Disponível em: https://redir.stf.jus.br/paginadorpub/paginador.jsp?docTP=-TP&docID=3707334. Acesso em: 25 jul. 2023.

46. STF. *Acórdão ADI 3510*. Disponível em: https://redir.stf.jus.br/paginadorpub/paginador.jsp?docTP=AC&docID=611723. Acesso em: 02 jul. 2023.

47. BRASIL. *Lei 11.105*, de 24 de março de 2005. Lei de biossegurança. Disponível em: https://www.planalto.gov.br/ccivil_03/_Ato2004-2006/2005/Lei/L11105.htm. Acesso em: 02 jul. 2023.

CAPÍTULO 4 • PREMISSAS CONSTITUCIONAIS E REPRODUÇÃO HUMANA

1, nos remete à motivação da existência do excedente embrionário. É ele fruto da impossibilidade de controle exato das etapas do processo de fecundação, comportando-se como resultado inerente diante da imprecisão quanto a quantidade de embriões necessária à evolução da gravidez almejada. No Brasil, foi justamente esse excedente embrionário o elemento descortinador da discussão sobre qual seria o momento exato de identificação da existência de vida humana.

Como já era sabido que não havia até então qualquer disciplina normativa ordinária proibindo ou autorizando manipulações de embriões humanos, a questão foi paulatinamente conduzida pelos regramentos deontológicos, que fizeram o papel de acompanhar paralelamente o fluxo de descobertas científicas que se tornaram possibilidades terapêuticas da área.

Em 2005, o legislador brasileiro decidiu conferir tutela ao excedente da reprodução, passando a disciplinar juridicamente não a causa, mas a consequência dos processos assistidos – que é a existência dos embriões remanescentes e as suas possibilidades de destinação. Oportuno lembrar que as opções quanto a destinação desses embriões, o que inclui também as não previstas na lei de biossegurança, serão tratadas no capítulo que versa exclusivamente sobre fertilização humana assistida.

O primeiro marco de discussão pragmática sobre o início da vida, à luz do direito, no país, se deu tendo em vista a previsão contida na Lei 11.105/2005, que permitiu, expressamente, que embriões remanescentes inviáveis ou viáveis (estes, desde que congelados há mais de 3 anos) pudessem ser doados para pesquisas com células-tronco, resguardando a necessidade de consentimento do casal que os originou.[48]

O procurador geral da república, à época, no exercício legítimo de suas atribuições constitucionais, propôs a Ação Direta de Inconstitucionalidade 3510, contra o artigo 5º da lei em comento, tendo como principal alegação a violação do direito constitucional à vida, imputando ao embrião a condição de titular deste direito. Na ação, defendeu que o marco inicial da vida é a concepção, não havendo qualquer distinção ontológica entre um embrião concebido *in vitro* e mantido extracorporeamente e um embrião concebido naturalmente, estando

---

48. "Art. 5º É permitida, para fins de pesquisa e terapia, a utilização de células-tronco embrionárias obtidas de embriões humanos produzidos por fertilização in vitro e não utilizados no respectivo procedimento, atendidas as seguintes condições: I – sejam embriões inviáveis; ou II – sejam embriões congelados há 3 (três) anos ou mais, na data da publicação desta Lei, ou que, já congelados na data da publicação desta Lei, depois de completarem 3 (três) anos, contados a partir da data de congelamento. § 1º Em qualquer caso, é necessário o consentimento dos genitores. [...]" (BRASIL. *Lei 11.105*, de 24 de março de 2005. Lei de biossegurança. Disponível em: https://www.planalto.gov.br/ccivil_03/_Ato2004-2006/2005/Lei/L11105.htm. Acesso em: 02 jul. 2023).

então implantado no útero. Não proteger o embrião não implantado feriria os seus direitos fundamentais à vida, à dignidade e à isonomia.

A ação foi julgada pelo Supremo Tribunal Federal, que determinou a constitucionalidade da norma questionada, reconhecendo a possibilidade de que os genitores pudessem, conforme a lei, destinar seus embriões excedentes a estudos científicos voltados a células-tronco embrionárias.

É certo que a lei trouxe em seu cerne questões controversas, como a dificuldade interpretativa sobre o que, de fato, deve ser considerado como condição de inviabilidade embrionária e o prazo mínimo de 3 anos para que um embrião possa ser destinado à pesquisa, discussões a serem retomadas adiante.

As células-tronco são estruturas que se caracterizam pela capacidade de se diferenciar nos vários tipos de células dos tecidos humanos, podendo ser adultas ou somáticas (encontradas nos tecidos celulares adultos e no cordão umbilical) ou embrionárias (encontradas na massa celular do embrião). Resumidamente, a função das células-tronco embrionárias é originar um futuro organismo e das células-tronco adultas é reconstituir e fazer reposição de células especializadas, além de regenerar tecidos do sangue e da pele. O principal escopo das pesquisas com células-tronco é descobrir mecanismos que são capazes de originar um determinado tipo de tecido necessário ao tratamento de determinada doença ou traumatismo, já que hoje o transplante continua sendo a única forma testada e eficaz de repor órgãos e tecidos comprometidos.[49]

O julgamento da ADI 3.510 representou um marco importante na história do direito brasileiro, tendo em vista ter sido a primeira vez em que foram realizadas audiências públicas com a oitiva de vários segmentos da sociedade civil para discutir um tema de expressivo interesse social. Escolhemos abordar os principais pontos aventados no voto do relator e reunidos no acórdão, considerando que o tema do início da vida permanece, até hoje, disciplinado por esta histórica decisão do Supremo. Muitos dos votos, que geraram o acórdão, trouxeram construções relevantes, que influenciam discussões relacionadas ao tema, como é o caso do aborto e das manipulações germinativas em geral.

A ação foi relatada pelo ministro Carlos Ayres Britto, cujo pedido foi julgado improcedente, tendo sido acompanhado, nos termos integrais do voto, pela maioria dos ministros. Em diferentes extensões, os votos parcialmente divergentes foram dos ministros Gilmar Mendes, Menezes Direito, Ricardo Lewandowski, Eros Grau e Cezar Peluso.

---

49. FRIAS, Lincoln. *A ética do uso e da seleção de embriões*. Florianópolis: Editora UFSC, 2012, p. 35-36.

CAPÍTULO 4 • PREMISSAS CONSTITUCIONAIS E REPRODUÇÃO HUMANA

Registre-se, ainda, que foram admitidos no processo, na condição de *Amici Curiae* as entidades da sociedade civil: Conectas Direitos Humanos; Centro de Direitos Humanos – CDH; Movimento em prol da vida – Movitae; Instituto de Bioética, Direitos Humanos e Gênero – ANIS; além da Confederação Nacional dos Bispos do Brasil – CNBB, em chancela ao reconhecimento constitucional do "pluralismo genericamente cultural (preâmbulo da Constituição) e especificamente político"[50] (inc. V do art. 1º da CR).

O relator ressaltou também que o julgamento tratava de tema veementemente multidisciplinar, abrangendo numerosos setores do saber humano científico e não científico, como o direito, a filosofia, a religião, a ética, a antropologia e as ciências médicas e biológicas, notadamente a genética e a embriologia.

Carlos Ayres Britto registrou, em seu voto, o resumo do panorama das divergências aventadas pelos 22 entes representativos que participaram da audiência pública por meio de duas nítidas correntes de opinião: A primeira atribui ao embrião uma progressiva função de autoconstitutividade que o torna protagonista diante do processo vital e coadjuvante o útero, na condição de fonte alimentar. Esta corrente defende que a retirada das células-tronco de um embrião *in vitro* corresponde à prática disfarçada de um aborto, já que o embrião concebido em laboratório é uma pessoa humana em sua individualidade genética e especificidade, que surge no instante da fusão entre óvulo e espermatozoide e prescinde do parto. Para esta corrente, concepção e personalidade (atributo de quem é pessoa) coincidem, não importando se a concepção foi natural ou foi *in vitro*. A segunda corrente reconhece a importância das pesquisas com células-tronco embrionárias sem antagonizá-las com a proteção da vida do embrião, justamente por vê-lo como algo vivo, mas não representativo da realidade da vida que se desenvolve no útero, onde, mesmo implantado, carecerá da passagem do tempo para desenvolver características físicas e neurais da pessoa humana. A corrente reconhece no útero a elementar participação para a formação real da pessoa humana, ainda que o embrião *in vitro* possa simbolizar uma realidade do mundo do ser.[51]

Como pressupostos essenciais à discussão, o ministro prossegue afirmando que pesquisas com células-tronco embrionárias devem se somar às pesquisas com células-tronco adultas, de modo que uma não invalida a outra, já que possuem o mesmo objetivo de "enfrentamento e cura de patologias e traumatismos que severamente limitam, atormentam, infelicitam, desesperam e não raras vezes degradam a vida de expressivo contingente populacional" (como é o caso das

---

50. STF. Voto do Min. Relator Carlos Ayres de Britto. *Acórdão ADI 3510*. Disponível em: https://redir.stf.jus.br/paginadorpub/paginador.jsp?docTP= AC&docID =611723. Acesso em: 02 jul. 2023.
51. STF. Voto do Min. Relator Carlos Ayres de Britto. *Acórdão ADI 3510*. Disponível em: https://redir.stf.jus.br/paginadorpub/paginador.jsp?docTP= AC&docID =611723. Acesso em: 02 jul. 2023, p. 149-150.

atrofias espinhais progressivas, distrofias musculares, esclerose múltipla e lateral amiotrófica, neuropatias e doenças do neurônio motor). As células-tronco embrionárias são dotadas de maior versatilidade para, em laboratório, se transformar em quaisquer dos 216 tipos de células do corpo humano, acenando com melhores possibilidades de recuperação da saúde das "pessoas físicas ou naturais" com anomalias ou graves incômodos genéticos, adquiridos, ou em consequência de acidentes.[52]

A menção à ideia de "pessoas físicas ou naturais" conduz a explicação, pelo relator, de que se referem apenas às que sobreviveram ao parto e, por isso, foram contempladas com o atributo da personalidade civil, conforme o artigo 2º do Código Civil brasileiro: "A personalidade civil da pessoa começa do nascimento com vida; mas a lei põe a salvo, desde a concepção, os direitos do nascituro". A interpretação que decorre do dispositivo é que "é preciso vida pós-parto para o ganho de uma personalidade perante o Direito (teoria natalista, portanto, em oposição às teorias da personalidade condicional e da concepcionista)". A noção de personalidade deve revelar o predicado "de quem é pessoa numa dimensão biográfica, mais que simplesmente biológica", estando-se, pois, a falar de um indivíduo empiricamente agregado à espécie, ou seja, visível como efetiva unidade ou exteriorizada parcela do gênero humano. Esse indivíduo, visível a olho nu, tem sua história de vida interativa, múltipla e notadamente relacional, o que o torna membro da sociedade e sujeito perante o direito, sendo, portanto, centro de imputação jurídica. É esse indivíduo o destinatário do registro em cartório e da nacionalidade, reconhecidos por lei. Desses pressupostos decorre o fato de que "vida humana já revestida do atributo da personalidade civil é o fenômeno que transcorre entre o nascimento com vida e a morte".[53]

No voto, claro ficou que a personalidade civil ou biográfica para o nativivo em nada se contrapõe aos comandos da Constituição. Ela não diz quando começa a vida humana e nada dispõe sobre nenhuma das formas de vida humana pré-natal. Quando menciona a dignidade da pessoa humana, no inciso III do artigo 1º, refere-se à pessoa humana naquele sentido notarial, biográfico, moral e espiritual. E, também, quando se reporta a direitos da pessoa humana (alínea b do inc. VII do art. 34; inc. III do art. 85 e inc. IV do § 4º do art. 60), está falando de direitos e garantias do indivíduo-pessoa.[54]

---

52. STF. Voto do Min. Relator Carlos Ayres de Britto. *Acórdão ADI 3510*. Disponível em: https://redir.stf. jus.br/paginadorpub/paginador.jsp?docTP= AC&docID =611723. Acesso em: 02 jul. 2023, p. 161.
53. STF. Voto do Min. Relator Carlos Ayres de Britto. *Acórdão ADI 3510*. Disponível em: https://redir.stf. jus.br/paginadorpub/paginador.jsp?docTP= AC&docID =611723. Acesso em: 02 jul. 2023, p. 162-163.
54. STF. Voto do Min. Relator Carlos Ayres de Britto. *Acórdão ADI 3510*. Disponível em: https://redir.stf. jus.br/paginadorpub/paginador.jsp?docTP= AC&docID =611723. Acesso em: 02 jul. 2023, p. 164.

Concluiu a primeira parte do voto afirmando que a "Constituição Federal não faz de todo e qualquer estágio da vida humana um autonomizado bem jurídico, mas da vida que já é própria de uma concreta pessoa, porque nativiva e, nessa condição, dotada de compostura física ou natural", de modo que a inviolabilidade de que trata o artigo 5º é exclusivamente destinada a um já personalizado indivíduo.[55]

Considerando que a Constituição é silente sobre o início da vida humana, propôs o ministro uma importante reflexão que tangencia toda e qualquer discussão acerca da problemática da origem. A tarefa do jurista não está em determinar com exatidão o início da vida do ser humano, mas em identificar quais aspectos ou momentos dessa vida devem ser validamente protegidos pelo direito infraconstitucional e qual a medida adequada dessa proteção. Aqui, em consonância ao já abordado anteriormente, se concebemos a vida como um fenômeno não exclusivamente científico (biológico, químico ou físico), porque caberia exclusivamente ao direito a tarefa de determinar o seu início?

Seguindo a construção de seu desenvolvimento argumentativo, afirmou o relator que o direito protege por modo diferente cada etapa do desenvolvimento biológico do ser humano, proteção que "vai aumentando à medida que a tais etapas do evolver da criatura humana vai-se adensando a carga de investimento nela: investimento natural ou da própria natureza, investimento pessoal dos genitores e familiares." O fundamento disso está no fato de que a dignidade da pessoa humana é princípio tão relevante que admite "transbordamento, transcendência ou irradiação para alcançar, já no plano das leis infraconstitucionais, a proteção de tudo que se revele como o próprio início e continuidade de um processo que deságue, justamente, no indivíduo-pessoa". Este é o caso do embrião e do feto, onde a eminência do apogeu do ciclo biológico justifica a tutela das respectivas etapas, razão pela qual o Código Civil põe a salvo os direitos do nascituro, que é uma categoria exclusivamente jurídica e não prescinde do estado de concepção e implantação no útero materno. O mesmo faz o Código Penal, protegendo o feto da prática do aborto, mas excepciona a possibilidade quando reconhece a predominância dos direitos da gestante (vida e dignidade), fazendo confirmar a ideia de que a vida humana pré-natal deve diferir da vida humana nascida.[56]

Assim,

[...] a potencialidade de algo para se tornar pessoa humana já é meritória o bastante para acobertá-lo, infraconstitucionalmente, contra tentativas esdrúxulas, levianas ou frívolas

---

55. STF. Voto do Min. Relator Carlos Ayres de Britto. *Acórdão ADI 3510*. Disponível em: https://redir.stf. jus.br/paginadorpub/paginador.jsp?docTP= AC&docID =611723. Acesso em: 02 jul. 2023, p. 165.
56. STF. Voto do Min. Relator Carlos Ayres de Britto. *Acórdão ADI 3510*. Disponível em: https://redir.stf. jus.br/paginadorpub/paginador.jsp?docTP= AC&docID =611723. Acesso em: 02 jul. 2023, p. 170-171.

de obstar sua natural continuidade fisiológica. Mas as três realidades não se confundem: o embrião é o embrião, o feto é o feto e a pessoa humana é a pessoa humana. Esta não se antecipa à metamorfose dos outros dois organismos. É o produto final dessa metamorfose. [...] O elemento anterior como que tendo de se imolar para o nascimento do posterior. Donde não existir pessoa humana embrionária, mas embrião de pessoa humana, passando necessariamente por essa entidade a que chamamos "feto". Este e o embrião a merecer tutela infraconstitucional, por derivação da tutela que a própria Constituição, dispensa à pessoa humana propriamente dita.[57]

Importante ressalva fez o voto do relator quando reconhece que o início da vida humana coincide com o preciso instante da fecundação de um óvulo por um espermatozoide, formando uma célula unitária (zigoto). No entanto, foi necessário contemplar aspectos outros para que a tutela jurídica se conforme adequada e reflita coesão ao texto constitucional.[58]

O relator ainda se reportou ao direito ao livre planejamento familiar, em conjunto com os conteúdos de dignidade da pessoa humana e paternidade/procriação responsável. Tais pressupostos legitimam a ideia de que nenhum indivíduo ou casal pode ser obrigado a implantar todos os embriões obtidos no processo *in vitro* de concepção, sob pena de violação da liberdade procriativa e fomento ao risco de gestação múltipla para a mulher. Não há dever jurídico de aproveitamento reprodutivo de todos embriões formados por procriação laboratorial, independentemente de se revelarem geneticamente viáveis.[59]

Ao embrião *in vitro*, prossegue, faltam todas as possibilidades de ganhar as primeiras terminações nervosas, que são o anúncio biológico de um cérebro humano em formação. Não há, neste embrião, nem mesmo pessoa humana como potencialidade, tendo em vista que se permanecer assim inescapavelmente confinado (ou *in vitro*) é algo que jamais será alguém. Não há como associá-lo, deste modo, à condição de implantado no útero ou de possuidor do substrato neural, que, no fundo, são razões de atribuição de uma personalidade jurídica ao nativivo.[60]

O embrião a que se refere o artigo 5º da Lei de Biossegurança é "uma vida vegetativa que se antecipa a do cérebro", que ainda não chegou, mas sem a pos-

---

57. STF. Voto do Min. Relator Carlos Ayres de Britto. *Acórdão ADI 3510*. Disponível em: https://redir.stf. jus.br/paginadorpub/paginador.jsp?docTP= AC&docID =611723. Acesso em: 02 jul. 2023, p. 172-173.

58. STF. Voto do Min. Relator Carlos Ayres de Britto. *Acórdão ADI 3510*. Disponível em: https://redir.stf. jus.br/paginadorpub/paginador.jsp?docTP= AC&docID =611723. Acesso em: 02 jul. 2023, p. 173 e 177.

59. STF. Voto do Min. Relator Carlos Ayres de Britto. *Acórdão ADI 3510*. Disponível em: https://redir.stf. jus.br/paginadorpub/paginador.jsp?docTP= AC&docID =611723. Acesso em: 02 jul. 2023, p. 183-187.

60. STF. Voto do Min. Relator Carlos Ayres de Britto. *Acórdão ADI 3510*. Disponível em: https://redir.stf. jus.br/paginadorpub/paginador.jsp?docTP= AC&docID =611723. Acesso em: 02 jul. 2023, p. 197.

CAPÍTULO 4 • PREMISSAS CONSTITUCIONAIS E REPRODUÇÃO HUMANA

sibilidade de caminhar na transformadora direção de uma pessoa natural, pelos motivos alinhados que partem do livre planejamento familiar. O seu destino não pode ser rechaçar o seu "acreditado poder de recuperar a saúde e até salvar a vida de pessoas, agora sim, tão celebradas quanto em carne e ossos, músculos, sangue, nervos e cartilagens, a repartir com familiares, médicos e amigos as limitações, dores e desesperanças de uma vida que muitas vezes tem tudo para ser venturosa e que não é". A conclusão de que a escolha feita pela Lei de Biossegurança é a de que não houve desprezo ou desapreço pelo embrião *in vitro*.[61]

Concluindo, afirmou o relator que, se a lei ordinária faz coincidir morte encefálica com a cessação da vida de uma dada pessoa humana, para justificar a remoção de órgãos, tecidos e partes do corpo para fins de transplante, o embrião humano, a que se reporta o artigo 5º da lei de biossegurança, desprovido de qualquer resquício de vida encefálica, também não evidencia existência de pessoa humana, fazendo com que se afaste então a afirmação de inconstitucionalidade da mesma. Por fim, reiterou o relator o compromisso constitucional com a ciência, "enquanto ordem de conhecimento que se eleva à dimensão de sistema; ou seja, conjunto ordenado de um saber tão metodicamente obtido quanto objetivamente demonstrável", reafirmando a importância de sua função social para com a saúde e sobrevivência humanas.[62]

O voto pela improcedência da ação direta de inconstitucionalidade foi acompanhado pelos ministros à época Ellen Gracie, Carmem Lúcia, Joaquim Barbosa, Marco Aurélio e Celso de Mello. Como dito, divergiram parcialmente os votos dos ministros Menezes Direito, Ricardo Lewandowski, Eros Grau, Cesar Peluzo e Gilmar Mendes.

Contingenciando os principais fundamentos apontados nos votos da maioria, o acórdão consubstanciou trechos importantes quanto ao resumo do entendimento da Corte sobre a natureza dos embriões extracorpóreos e as questões correlatas discutidas.

Assentou-se que a pesquisa científica com células-tronco embrionárias possui o objetivo de promover o enfrentamento e a cura de patologias e traumatismos graves, que atingem a vida de expressivo contingente populacional. A lei de biossegurança não vilipendiou, dessa norma, o embrião em condição extracorpórea, na medida em que significou "a mais firme disposição para encurtar caminhos que possam levar à superação do infortúnio alheio", significando "apreço e reve-

---

61. STF. Voto do Min. Relator Carlos Ayres de Britto. *Acórdão ADI 3510*. Disponível em: https://redir.stf.jus.br/paginadorpub/paginador.jsp?docTP= AC&docID =611723. Acesso em: 02 jul. 2023, p. 199-200.

62. STF. Voto do Min. Relator Carlos Ayres de Britto. *Acórdão ADI 3510*. Disponível em: https://redir.stf.jus.br/paginadorpub/paginador.jsp?docTP= AC&docID =611723. Acesso em: 02 jul. 2023, p. 201-202 e 204-205.

rência a criaturas humanas que sofrem e se desesperam". Inexistiu, dessa forma, ofensa ao direito à vida e à dignidade da pessoa humana, pois a pesquisa com células-tronco embrionárias (em embriões inviáveis biologicamente ou que não serão destinados à finalidade procriativa) representa "a celebração solidária da vida e alento aos que se acham à margem do exercício concreto e inalienável dos direitos à felicidade e do viver com dignidade".[63]

O acórdão reiterou o importante pressuposto de que a Constituição da República não dispõe sobre o início da vida humana ou o preciso instante em que ela começa. Isso faz com que:

> [...] quando se reporta a "direitos da pessoa humana" e até dos "direitos e garantias individuais" como cláusula pétrea está falando de direitos e garantias do indivíduo-pessoa, que se faz destinatário dos direitos fundamentais "à vida, à liberdade, à igualdade, à segurança e à propriedade", entre outros direitos e garantias igualmente distinguidos com o timbre da fundamentalidade (como direito à saúde e ao planejamento familiar).[64]

Firmando-se na argumentação do voto do relator, a consolidação do entendimento do STF ainda reconhece o valor ontológico do embrião e sua potencial capacidade de se tornar pessoa humana, de modo a encontrar guarida na legislação infraconstitucional, tutelando-o contra possíveis tentativas levianas de obstar sua natural continuidade fisiológica, mas reiterou que as três realidades não se confundem: "o embrião é o embrião, o feto é o feto e a pessoa humana é a pessoa humana". O embrião *in vitro* não deve, portanto, ser reconhecido como titular imediato do direito à vida, já que "lhe faltam possibilidades de ganhar as primeiras terminações nervosas, sem as quais o ser humano não tem factibilidade como projeto de vida autônoma e irrepetível". Assim, é na legislação infraconstitucional que se deve perceber a proteção variada de cada etapa do desenvolvimento biológico do ser humano. É no direito comum que os momentos da vida humana anteriores ao nascimento devem ser objeto de proteção. "O embrião pré-implanto é um bem a ser protegido, mas não uma pessoa no sentido biográfico a que se refere a Constituição".[65]

Por fim, o acórdão utiliza fundamentos constitucionais trabalhados anteriormente nesse capítulo para chancelar a constitucionalidade da lei. Optar por um processo de fecundação artificial de óvulos é direito de matriz constitucional, "sem acarretar para esse casal o dever jurídico do aproveitamento reprodutivo

---

63. STF. *Acórdão ADI 3510*. Disponível em: https://redir.stf.jus.br/paginadorpub/paginador.jsp?docTP= AC&docID =611723. Acesso em: 02 jul. 2023.
64. STF. *Acórdão ADI 3510*. Disponível em: https://redir.stf.jus.br/paginadorpub/paginador.jsp?docTP= AC&docID =611723. Acesso em: 02 jul. 2023.
65. STF. *Acórdão ADI 3510*. Disponível em: https://redir.stf.jus.br/paginadorpub/paginador.jsp?docTP= AC&docID =611723. Acesso em: 02 jul. 2023.

CAPÍTULO 4 • PREMISSAS CONSTITUCIONAIS E REPRODUÇÃO HUMANA

de todos os embriões eventualmente formados e que se revelem geneticamente viáveis". Recorrer a processos de fertilização assistida em nada tem a ver com a obrigação de nidação no corpo da mulher de todos os óvulos afinal fecundados. Este dever não existe, tendo em vista ser incompatível com os institutos do "planejamento familiar" e "paternidade responsável", já anteriormente aventados. Se ao embrião *in vitro* fosse reconhecido a titularidade do direito à vida, seria necessário reconhecer a ele o direito a um útero, proposição não autorizada pela Constituição.[66]

A posição do Supremo se desdobra em importantes questões quanto à natureza jurídica dos embriões *in vitro* e assenta conclusões que não podem ser refutadas. Se esse embrião fosse titular imediato do direito à vida, recaindo sobre ele proteção absoluta, não se poderia permitir procedimentos que atentassem ou vilipendiassem essa vida embrionária, como os próprios procedimentos assistidos de reprodução e seus riscos e o uso de métodos contraceptivos como DIU e pílula do dia seguinte.[67]

A compreensão sobre os fundamentos que afastaram a inconstitucionalidade das pesquisas com células-tronco embrionárias é fundamental para que possamos avaliar a natureza jurídica do embrião humano extracorpóreo a partir da consolidação dos argumentos discutidos na doutrina especializada ao longo dos últimos anos. Afinal, se o STF reconhece a tutela infraconstitucional sobre o embrião *in vitro*, há de se conceber esclarecimentos sobre essa dimensão protetiva.

4.5.3 A natureza jurídica do embrião *in vitro*

As discussões a respeito da admissibilidade jurídica das pesquisas com células-tronco em embriões levantaram a importante questão sobre qual seria o marco adequado para o momento exato em que a vida humana começaria a ser protegida pelo direito.

O julgamento pelo STF não reconheceu o embrião *in vitro* como titular do direito à vida, tendo em vista não ser ele considerado uma pessoa. A análise da natureza jurídica do embrião esteve e permanece atrelada à averiguação dos argumentos que se revelam por meio de teorias parcialmente aventadas no julgamento, mas que já eram trabalhadas pelos estudos da bioética anteriormente.

A controvérsia que se estabeleceu ao longo dos anos e se estendeu ao direito, em especial às legislações cível e penal, é a seguinte: Algumas teorias (e pessoas)

---

66. STF. *Acórdão ADI 3510*. Disponível em: https://redir.stf.jus.br/paginadorpub/paginador.jsp?docTP=AC&docID =611723. Acesso em: 02 jul. 2023.

67. MEIRELLES, Ana Thereza. *Neoeugenia e reprodução humana artificial*: Limites éticos e jurídicos. Salvador: Editora JusPodivm, 2014.

consideram que o embrião humano (*in vitro* ou não) tem o mesmo direito à vida que a pessoa nascida, o que faz com que não possam ser aceitas quaisquer práticas e condutas que destruam tais embriões. Outras teorias (e pessoas, além do Supremo Tribunal Federal) entendem que embriões *in vitro* não têm direito à vida, embora recebam alguma proteção por conta do seu valor ontológico, podendo ser manipulados e destruídos quando houver justificativa razoável.

De início, vale o esclarecimento de que as teorias aqui apontadas versam sobre os critérios que devem ser adotados para que reste evidente o início da vida. Na doutrina jurídica, algumas dessas teorias coincidem com uma discussão bastante conhecida pelos civilistas, que é o questionamento sobre qual teoria adotou o direito brasileiro para determinar o início da personalidade humana, ou seja, para definir o *status* jurídico do nascituro.[68] A incursão sobre os fundamentos que seguem leva em consideração o estado embrionário extracorpóreo e não contemplarão todos os desdobramentos que envolvem a discussão quanto ao nascituro.

O referencial especializado aponta para uma quantidade importante de teorias que buscam estabelecer um marco inicial de formação da vida humana, sendo as mais destacáveis e citadas a concepcionista, a da potencialidade e as teorias médicas ou desenvolvimentistas.

O concepcionismo[69] é a teoria que embasou, como visto, a propositura da ADI 3.510 contra a Lei de Biossegurança e tem como principal fundamento a ideia de que a origem da vida está no exato momento de junção entre óvulo e espermatozoide, independentemente de a concepção ser natural ou assistida. Para a corrente concepcionista, a fusão entre os gametas é o marco inicial bastante para que se possa reconhecer uma individualidade genética merecedora de tutela jurídica, não importando quais características ou condições o embrião apresente.[70]

O embrião teria a dignidade de qualquer ser humano completamente desenvolvido e a "*fecundación establece un nuevo individuo genético y un nuevo destino humano que a partir de ese momento comienza a expresarse a sí mismo en sucesivas y graduales etapas de un proceso continuo*".[71] A fecundação é o marco de transição

---

68. MEIRELLES, Ana Thereza. *A Proteção do ser humano no direito brasileiro*: Embrião, nascituro e pessoa e a condição de sujeito de direito. Rio de Janeiro: Lúmen Juris, 2016.
69. Seguindo a linha concepcionista, em publicações importantes: DINIZ, Maria Helena. *O estado atual do Biodireito*. 6. ed. rev. aum. e atual. São Paulo: Saraiva, 2009; CHINELATO E ALMEIDA, Silmara Juny. *Tutela civil do nascituro*. São Paulo: Saraiva, 2000; SEMIÃO, Sergio Abdalla. *Os direitos do nascituro. Aspectos Cíveis, Criminais e do Biodireito*. 2. ed. rev. atual. e ampl. Belo Horizonte: Del Rey, 2000.
70. MEIRELLES, Ana Thereza. *Neoeugenia e reprodução humana artificial*: Limites éticos e jurídicos. Salvador: Editora JusPodivm, 2014.
71. ORDÁS, Maria Cristina Hidalgo. *Análisis jurídico-científico Del concebido artificialmente. Em el marco de la experimentación gênica*. Barcelona: Editorial Bosch, 2002, p. 102.

CAPÍTULO 4 • PREMISSAS CONSTITUCIONAIS E REPRODUÇÃO HUMANA   **99**

entre os gametas e o novo organismo humano formado, de modo que essa união gera três efeitos: "*a) el restablecimiento del número diploide de cromosomas; b) la determinación del sexo y c) la iniciación de la segmentación*". A configuração de um código genético diferente dos genitores, a especificação do sexo e a produção metabólica que culmina na segmentação e no desenvolvimento embrionário são os efeitos necessários à identificação de um programa genético individualizado.[72]

Diferentes matrizes religiosas conferem entendimentos também distintos para a interpretar o início da vida humana. O concepcionismo, adotado pelas religiões católica e protestante, é sustentado pela ideia de que o embrião tem o mesmo *status* moral que a pessoa, levando, inclusive, a questionamentos que vão além da liberação das pesquisas e alcançam a própria legitimidade das técnicas assistidas de reprodução. Diferentemente, as religiões judaica e islâmica não entendem que a fecundação é marco suficiente para determinar o início da vida do ser humano. Para o islamismo, a vida só existe quando Deus infunde a alma no corpo, o que ocorre cento e vinte dias depois da fecundação, e, para a judaica, só há penetração da alma no corpo quarenta dias após o ato conceptivo.[73]

A tese concepcionista se funda na "racionalidade biológica, porque a fusão dos gametas representa o verdadeiro e único 'salto de qualidade', que não se repete. Essa fusão gera uma nova e autônoma individualidade humana [...]".[74] Assim, a formação do patrimônio genético é orientada pelo desenvolvimento, crescimento e diferenciação. O embrião, resultado da fusão dos gametas reprodutivos, reúne, desde o instante da concepção, toda a informação genética necessária para um novo ser.[75]

A admissibilidade desse entendimento concepcionista implicaria em importantes consequências. Se ao embrião *in vitro* fosse reconhecida a natureza jurídica de pessoa, quaisquer condutas violadoras da vida e integridade embrionárias não seriam permitidas, incluindo o uso de métodos contraceptivos com atuação sobre o ente concebido.

O DIU de progesterona impede a implantação do blastocisto no útero. Uma vez que a implantação ocorre a partir do sexto dia, o blastocisto seria quem estaria sendo destruído através

---

72. MORENO, Claudia Lucía Albujar. El Diagnóstico Genético Preimplantatorio y sus Implicancias Ético-Jurídicas como Mecanismo de Selección y Discriminación de la Vida del Concebido obtenido mediante Fecundación In Vitro. *Revista de Investigación Jurídica*, Chiclayo, n. 4, ano 2, p. 4.
73. ABELLÁN, Fernando. Aspectos bioéticos y legales del diagnóstico preimplantatório (DPG*). Revista de la Escuela de Medicina Legal,* Madrid. Universidade Complutense Madrid. Setembro, 2006, p. 19.
74. MANTOVANI, Ferrando. Uso de gametas, embriões e fetos na pesquisa genética sobre cosméticos e produtos industriais. In: ROMEO CASABONA, Carlos Maria (Org.). *Biotecnologia, Direito e Bioética*: Perspectiva em Direito Comparado. Belo Horizonte: Del Rey e PUC Minas, 2002, p. 187-188.
75. MALANDA, Sergio Romeo. *Intervenciones genéticas sobre el ser humano y Derecho Penal. Consideraciones político-criminales y consecuencias dogmáticas.* Bilbao-Granada: Comares, 2006, p. 36.

desse método contraceptivo. A pílula do dia seguinte destrói as células até 72 horas após a fecundação. Portanto, os dois métodos estariam destruindo as células-tronco embrionárias, tanto quanto como se essas células, já produzidas e congeladas, fossem utilizadas para a pesquisa clínica. Certamente, a sociedade está diante de um dilema. Se o conjunto de células é considerado como um ser humano desde a fecundação, antes ainda da implantação no útero, se deveria proibir o DIU, a pílula do dia seguinte e o congelamento dos embriões.[76]

O entendimento concepcionista também evoca o Pacto de San José da Costa Rica[77] (ou Convenção Americana de Direitos Humanos), ratificado pelo Brasil, por prever que "toda pessoa tem o direito de que se respeite sua vida. Esse direito deve ser protegido pela lei e, em geral, desde o momento da concepção. Ninguém pode ser privado da vida arbitrariamente", e o Código Civil, em seu artigo 2º, determina que "a personalidade civil da pessoa começa do nascimento com vida; mas a lei põe a salvo, desde a concepção, os direitos do nascituro".[78]

Por fim, o afastamento do concepcionismo confirmado pelo julgamento da ADI 3.510 se tornou um importante fato a reiterar a legalidade dos processos assistidos de reprodução e o avanço de manipulações biológicas outras, desde que em observância à legislação infraconstitucional.

A teoria da potencialidade, veementemente criticada por parcela significativa dos bioeticistas, tem como fundamento essencial compreender o embrião em situação extracorpórea como detentor de condições para se tornar uma pessoa e, portanto, com capacidade de se transformar em um indivíduo. Para a teoria, o embrião *in vitro* é uma pessoa em potencial e deve ser protegido considerando essa realidade de potencialidade, não significando haver nele a certeza da transformação.[79] Imputar ao embrião o estigma da potencialidade confirma, na proposta da teoria, a necessidade de diferenciação do argumento concepcionista, rechaçando a titularidade do direito à vida. O viés da teoria da potencial capacidade embrionária se afasta, também, dos argumentos desenvolvimentistas ou médicos, na medida em que não deixa de reconhecer o valor ontológico do embrião em estado de não implantação, conforme afirma Jussara Maria Leal de Meirelles.[80]

---

76. PRANKE, Patrícia. A importância de se discutir o uso das células-tronco embrionárias para fins terapêuticos. Set. 2004. *Rev. Ciência e Cultura*. Disponível em: www.cienciaecultura.bvs.br/pdf/cic/v56n3/a17v56n3.pdf. Acesso em: 02 jul. 2023, p. 36.
77. CONVENÇÃO AMERICANA DE DIREITOS HUMANOS. Disponível em: www.pge.sp.gov.br/centrodeestudos/bibliotecavirtual/instrumentos/sanjose.htm. Acesso em: 16 abr. 2014, p. 1.
78. BRASIL. *Lei 10.406* de 10 de janeiro de 2012. Código Civil. Disponível em: www.planalto.gov.br/ccivil_03/leis/2002/L10406.htm. Acesso em: 16 abr. 2014.
79. MALANDA, Sergio Romeo. *Intervenciones genéticas sobre el ser humano y Derecho Penal. Consideraciones político-criminales y consecuencias dogmáticas*. Bilbao-Granada: Comares, 2006, p. 382-83.
80. MEIRELLES, Jussara Maria Leal. *A vida humana embrionária e sua proteção jurídica*. Rio de Janeiro: Renovar, 2000, p. 139.

CAPÍTULO 4 • PREMISSAS CONSTITUCIONAIS E REPRODUÇÃO HUMANA | 101

Para essa visão, a constatação da unidade biológica embrionária com patrimônio genético individualizado ocorre no instante da concepção, revelando, de pronto, a reunião de condições favoráveis a seu posterior desenvolvimento, o que significa a potencialidade ou a aptidão para se tornar uma pessoa. Tal raciocínio afasta o reconhecimento do direito à vida do embrião extracorpóreo, sem negar-lhe valor ontológico e moral. O respeito à sua condição de potencialidade não afasta, por si só, o fato de que o mesmo não pode prescindir do estado de implantado no útero para passar, finalmente, à condição real de pessoa.[81]

A ideia de potencialidade pode parecer, para alguns autores, o caminho do meio para resolver o impasse quanto à natureza jurídica do embrião em estado não implantado. Heloiza Helena Barboza,[82] conforme relata em artigo específico, afirma que "se é certo que o concebido não é coisa, atribuir ao embrião pré-implantatório natureza de pessoa ou personalidade seria uma demasia, visto que poderá permanecer indefinidamente como uma potencialidade".

Muitas críticas recaem sobre a teoria da potencialidade, já que ela se assenta em fundamentos vagos e imprecisos quanto a natureza embrionária e pouco colabora com a solução prática da forma adequada de proteger o embrião humano em condição *in vitro*.

As teorias médicas ou desenvolvimentistas condicionam a identificação para determinar o início da vida à verificação de indicadores biológicos vindos da medicina ou de desenvolvimento, capazes de evidenciar a existência de uma individualidade humana em expansão, não se podendo falar em pessoa enquanto não existir diferenciação entre as células do embrião. Tais teorias utilizam distintos critérios para definir o exato momento em que se deve assegurar que há vida, mas estão irmanadas pela natureza desse critério: são fundamentos de cunho médico ou biológicos (relacionados ao desenvolvimento celular).

Dentro dessa corrente, os critérios são distintos. Há quem entenda, por exemplo, que, para existência de vida, o embrião deve ter atingido o estágio de desenvolvimento de oito células, já que "até que ocorra esse estágio, as divisões executadas nas células (clonagens) têm como resultado a geração de diversos indivíduos dotados de idênticas características [...]".[83] O alcance desse estágio

---

81. MEIRELLES, Ana Thereza. *Neoeugenia e reprodução humana artificial:* Limites éticos e jurídicos. Salvador: JusPodivm, 2014.
82. BARBOZA, Heloiza Helena. Proteção jurídica do embrião humano. In: ROMEO CASABONA, Carlos Maria; QUEIROZ, Juliane Fernandes (Coord.). *Biotecnologia e suas implicações ético-jurídicas.* Belo Horizonte: Del Rey, 2005, p. 266.
83. SCARPARO, Mônica Sartori. *Fertilização assistida Questão aberta.* Rio de Janeiro: Forense, 1991, p. 43.

celular seria então o marco biológico de desenvolvimento capaz de atestar a existência de patrimônio genético individualizado.

Pela vertente, tem-se também a nidação (que só ocorre se houver a implantação) como critério médico essencial para que se possa falar em existência de vida. A implantação do embrião no corpo ocorre entre o 4º e 7º dia após a fecundação, seguida, posteriormente, da nidação. "Adota-se esse critério para determinar o início da vida humana, na medida do entendimento de que o embrião fecundado em laboratório morre se não for implantado no útero de uma mulher".[84] A gestação somente se inicia com a nidação do zigoto. O óvulo, após aspirado do corpo para ser fecundado em laboratório, necessita de alguns dias para que possa ser transferido ao útero e nidado.[85] Seria, então, a nidação o marco capaz de possibilitar a viabilidade da vida do embrião, já que não há nascimento do ser humano sem implantação do zigoto nas paredes do útero.

No Reino Unido, em 1984, o Comitê de Investigação sobre Fertilização e Embriologia Humanas foi encarregado de construir um parecer sobre as questões que envolvem a reprodução assistida, em especial, com vistas a formular entendimento sobre a natureza do embrião humano em fase pré-implantacional. Com base em indicadores da medicina e da biologia do desenvolvimento, o documento produzido pelo comitê, conhecido como Relatório Warnock, fixou o prazo de quatorze dias posteriores à fecundação como lapso que autorizaria a realização de investigações científicas no embrião. Esse prazo foi usado como argumento para que se devesse utilizar a expressão "pré-embrião".[86]

Outro critério dentro dessa corrente é o aparecimento das primeiras indicações de formação do sistema nervoso, que é o surgimento do tubo neural. Adotar o início da atividade encefálica como indicador de existência de vida corroboraria, à luz dessa perspectiva, o critério que é usado, na medicina e no direito, para determinar o momento do óbito – a paralisação dessa atividade.[87] Dessa maneira, *"algunos piensan que de la misma manera que consideramos la muerte cerebral como el indicador que pone fin a la persona, debemos también suponer la formación del cerebro como el principio de ésta".*[88]

---

84. MEIRELLES, Jussara Maria Leal. *A vida humana embrionária e sua proteção jurídica.* Rio de Janeiro: Renovar, 2000, p. 118.
85. BARBAS, Stela Marcos de Almeida Neves. *Direito do Genoma Humano.* Tese de doutoramento em Ciências Jurídicas na Universidade Autônoma de Lisboa. Coimbra: Almedina, 2007, p. 192.
86. DINIZ, Debora; AVELINO, Daniel. Cenário internacional da pesquisa em células-tronco embrionárias. *Revista Saúde Pública,* 2009;43(3):541-7.
87. MEIRELLES, Ana Thereza. *Neoeugenia e reprodução humana artificial:* Limites éticos e jurídicos. Salvador: Editora JusPodivm, 2014.
88. MORENO, Claudia Lucía Albujar. El Diagnóstico Genético Preimplantatorio y sus Implicancias Ético-Jurídicas como Mecanismo de Selección y Discriminación de la Vida del Concebido obtenido

CAPÍTULO 4 • PREMISSAS CONSTITUCIONAIS E REPRODUÇÃO HUMANA **103**

Mesmo no âmbito médico, há divergências quanto ao que deve ser considerado como exato momento de surgimento das primeiras manifestações de desenvolvimento do cérebro. No embrião, as primeiras manifestações são rudimentares, existindo diferenças entre considerar a teoria do aparecimento da atividade cerebral (que só surge a partir da oitava semana de gravidez) e a teoria do aparecimento da crista neural (que só ocorre em momento bem posterior).[89]

Há ainda que se registrar, na trilha das teorias desenvolvimentistas, a concepção utilitarista sobre o embrião humano. Para ela, o embrião deve ser concebido como um conjunto de células que carece de proteção moral e jurídica, tendo em vista não possuir condições biológicas que indicam a existência de uma pessoa. Peter Singer afirma, inclusive, que a titularidade do direito à vida não deve ter por base o fato do embrião pertencer à espécie *homo sapiens*. Para ele, o embrião ainda não tem nenhuma característica de individuação, já que esta somente seria alcançada quando estabelecidas as relações com os outros indivíduos.[90]

Os fundamentos adotados pelas teorias médicas e desenvolvimentistas foram recepcionados pelo acórdão do Supremo Tribunal Federal, que afastou a natureza jurídica de pessoa ao embrião *in vitro,* mas reconheceu seu valor ontológico, disciplinado pela proteção conferida pelas normas infraconstitucionais.

Fixamos o entendimento de que o embrião não titulariza a natureza jurídica de pessoa, considerando os múltiplos fatores apontados até este momento no livro, com destaque especial ao conteúdo trabalhado no capítulo 1, que trouxe os fundamentos científicos das técnicas de reprodução, da fisiologia reprodutiva e das características embrionárias. Entendemos, portanto, que a vida deve ser essencialmente tutelada com fulcro nas contingências que se aglutinam em cada etapa de existência do ciclo, cabendo à legislação efetivar a medida de restrição quanto as possíveis intervenções que extrapolem a legalidade e violem o seu valor moral.

---

mediante Fecundación In Vitro. *Revista de Investigación Jurídica,* Chiclayo, n. 4, ano 2, p. 5.

89. ABELLÁN, Fernando. *Selección genética de embriones. Entre la libertad reproductiva y la eugenesia.* Granada: Comares, 2007, p. 86.

90. SINGER, Peter. *Ética prática.* Trad. Jefferson Luiz Camargo. São Paulo: Martins Fontes, 2006, p. 166.

Capítulo 5
DESTINATÁRIOS DAS TÉCNICAS E ELABORAÇÃO DO TERMO DE CONSENTIMENTO LIVRE E ESCLARECIDO

A evolução social do crescimento quanto ao uso das técnicas assistidas de reprodução é acompanhada, também, por constantes reflexões sobre quem podem ser os destinatários e as destinatárias dos procedimentos. Precipuamente, há de se considerar que, de maneira explícita, apenas os regramentos deontológicos do CFM apontaram com precisão os possíveis sujeitos demandantes.

Independentemente do reconhecimento quanto à importante função dos regramentos dessa natureza, compreender a evolução sobre o acesso às técnicas pressupõe elementos que se conformam a partir da dinâmica evolutiva dos anseios sociais e da legitimidade conferida pela ordem jurídica. O acesso aos procedimentos é uma análise que deve ter como ponto de partida os fundamentos de natureza constitucional, já que qualquer proibição é capaz de evidenciar medida restritiva não isonômica ou pautada em razões preconceituosas.

Assim, conformamos uma análise dos destinatários a partir de divisão pedagógica que aponte melhor compreensão sobre a evolução e os diferentes motivos que podem ensejar a busca pelas técnicas. O fundamento que legitima o direito de acesso parte da principiologia constitucional, que deve orientar as normas infraconstitucionais, incluindo a disciplina deontológica.

Registre-se que apontar com precisão tais destinatários tem como resultado retomar a importante discussão sobre a existência de um direito à procriação, cujos fundamentos foram esmiuçados no capítulo 4. Defendemos, como premissa, então, que a procriação deve ser concebida como um direito, estando ele submetido a regras e limites como os demais direitos previstos na ordem jurídica.

5.1 OS DESTINATÁRIOS

A noção de destinatários das técnicas assenta na ideia de quem, do ponto de vista da legitimidade, pode integrar projetos parentais que sejam executados mediante o uso de técnicas assistidas para efetivar a procriação. A ideia é construir entendimento que reúna, ao longo dos anos, os distintos panoramas sociais, que incluem motivações biológicas e não biológicas, de modo a justificar a busca pelos procedimentos.

Ainda há de se registrar que as resoluções do CFM acompanham tanto a evolução da medicina reprodutiva quanto o alargamento das hipóteses que possam consubstanciar projetos parentais.

TABELA 01: Destinatários das técnicas de RHA nas resoluções do CFM

Resolução	Destinatários das técnicas
1.358/1992	Toda mulher capaz (II, 1) infértil (I, 1). Se casada ou em união estável, depende de autorização do cônjuge.
1.957/2010	Todas as pessoas capazes (II, 1) com problemas de reprodução humana (I, 1).
2.013/2013	Todas as pessoas capazes (II, 1) com problemas de reprodução humana (I, 1) + relacionamentos homoafetivos e pessoas solteiras (II, 2) respeitada a objeção de consciência do médico.
2.121/2015	Todas as pessoas capazes (II, 1) com problemas de reprodução humana (I, 1) + relacionamentos homoafetivos e pessoas solteiras (II, 2) respeitada a objeção de consciência do médico.
2.168/2017	Todas as pessoas capazes (II, 1) com problemas de reprodução humana (I, 1) + relacionamentos homoafetivos e pessoas solteiras (II, 2) respeitada a objeção de consciência do médico.
2.283/2020	Todas as pessoas capazes (II, 1) com problemas de reprodução humana (I, 1) + heterossexuais, homoafetivos e transgêneros.
2.294/2021	Todas as pessoas capazes (II, 1) + heterossexuais, homoafetivos e transgêneros.
2.320/2022	Todas as pessoas capazes (II, 1).

A resolução vigente, acompanhando a principiologia constitucional, reconhece, em seu item II, que "todas as pessoas capazes que tenham solicitado o procedimento e cuja indicação não se afaste dos limites desta resolução podem ser receptoras das técnicas de reprodução assistida, desde que os participantes estejam de inteiro acordo e devidamente esclarecidos, conforme legislação vigente".[1] Passa-se a esmiuçar essa dimensão múltipla de destinatários para a compreensão das questões que justificam a acessibilidade e as consequências sociais desse alargamento.

---

1. CFM. *Resolução CFM 2.320/2022*. Adota normas éticas para a utilização de técnicas de reprodução assistida. Disponível em: https://sistemas.cfm.org.br/normas/arquivos/resolucoes/BR/2022/2320_2022. pdf. Acesso em: 23 fev. 2023.

5.1.1 Pessoas com demandas de fertilidade

O fundamento biológico, pautado na constatação diagnóstica da infertilidade, seja por motivações oriundas do homem, da mulher ou de ambos, como abordado no capítulo 1, é historicamente o motivo que ensejou o surgimento das técnicas. A dificuldade em se concretizar naturalmente o plano procriativo fez com que os estudos científicos possibilitassem a consolidação das técnicas, buscando, até hoje, o seu aperfeiçoamento, com a identificação de recursos que melhor ensejam os resultados almejados.

Ainda que a pluralidade de tipos de vida e de concepção de vida boa tenha alargado as possibilidades de constituição de entidades familiares, fazendo com que a família tradicional, formada pelo homem, pela mulher e pela sua descendência, não seja mais a protagonista, um diagnóstico de infertilidade causa impactos na vida das pessoas, seja na esfera pessoal ou na esfera social. Nesse último aspecto, vale lembrar que, não raro, sob o sujeito infértil, paira o estigma social.

Encarar a infertilidade nem sempre é tarefa simples para o sujeito ou para o casal diagnosticado, já que é condição capaz de afetar planos futuros, concernentes a projetos pessoais que podem ser protagonistas para uma concepção de vida feliz. Individualmente, é impossível mensurar o impacto do diagnóstico, ainda mais diante da pluralidade cultural, moral e valorativa em que estamos inseridos. Assim, a infertilidade é desencadeadora "de diferentes sentimentos, por transcender os limites do orgânico e por implicar a interrupção do projeto de vida das pessoas envolvidas. Trata-se, portanto, de uma experiência médica, psicológica e social que exige uma redefinição de identidade dos parceiros".[2]

A constatação da condição de infertilidade aponta para uma vivência que "corresponde à experiência de estigmatização, isolamento e alienação". Não poder gerar filhos de maneira espontânea acarreta importante pressão social, afetando acentuadamente os sujeitos envolvidos. Os padrões de resposta das vivências da pessoa infértil envolvem diversas condutas, que vão "desde a busca pela correção da infertilidade, pelos diversos recursos médicos-tecnológicos disponíveis, por terapias especializadas (psicoterapia breve, acupuntura, nutrição entre outras) e uma busca da superação das limitações pelo esforço pessoal e religioso".[3]

---

2. SEGER-JACOB, Liliana; MELAMED, Rosie Marie Massaro. A saúde e a doença na reprodução humana assistida – Psicologia. In: BORGES JÚNIOR, Edson; BRAGA, Daniela Paes de Almeida Ferreira; SETTI, Amanda Souza (Coord.). *Reprodução humana assistida*. 2. ed. Rio de Janeiro: Atheneu, 2020, p. 309.

3. SEGER-JACOB, Liliana; MELAMED, Rosie Marie Massaro. A saúde e a doença na reprodução humana assistida – Psicologia. In: BORGES JÚNIOR, Edson; BRAGA, Daniela Paes de Almeida Ferreira; SETTI, Amanda Souza (Coord.). *Reprodução humana assistida*. 2. ed. Rio de Janeiro: Atheneu, 2020, p. 309.

Aqui, nessa seção, é importante frisar que o diagnóstico de infertilidade parte da constatação de um problema fisiológico, responsável pela impossibilidade biológica da fecundação. Por ora, não estamos a falar sobre infertilidades estruturais, advindas de outras causas e motivações não médicas.

A infertilidade, nesse caso, nasce de um problema fisiológico, mas que gera repercussões psicológicas. "Há evidências de que a infertilidade não deva ser entendida como uma doença clássica com seus componentes dor, internação e risco de vida, pois ela pode coexistir sem eles, muito embora desencadeie diversas alterações psicológicas".[4] Sobre essa relação psicofísica, vale resgatar a definição de saúde elaborada pela Organização Mundial da Saúde (OMS), que não a restringe apenas ao bem-estar físico de uma pessoa, pois deve abranger, também, um estado de bem-estar mental e social completo, não calcado meramente na ausência de doenças.

Se a infertilidade deve ser entendida considerando o conceito de saúde proposto, a sua tutela jurídica tem base constitucional. O artigo 6º da CR/88 estabelece, dentre os direitos sociais, o direito à saúde. O artigo 196 reconhece que a saúde é direito de todos e dever do Estado, devendo ser garantida por meio de "políticas sociais e econômicas que visem à redução do risco de doença e de outros agravos e ao acesso universal e igualitário às ações e serviços para sua promoção, proteção e recuperação".[5]

Veja-se que não há um rol de situações para delimitar o objeto desse direito social, razão pela qual surgiram discussões sobre a extensão de coberturas quanto a todo e qualquer tipo de prestação que possa ter relação com a saúde humana. Essa ligação com o conteúdo constitucional, por vezes, é utilizada para justificar os pleitos judiciais de custeio dos procedimentos assistidos pela saúde pública e suplementar, questão que, embora tenha ascendido significativamente nos últimos anos, não integra a abordagem desse livro.

Corroborando a perceptiva constitucional, a Resolução CFM 2.320/2022 preliminarmente, dentre os seus "considerandos", ressalta "a infertilidade humana como um problema de saúde, com implicações médicas e psicológicas, e a legitimidade do anseio de superá-la" e, dentre os princípios gerais, assevera que

---

4. SEGER-JACOB, Liliana; MELAMED, Rosie Marie Massaro. A saúde e a doença na reprodução humana assistida – Psicologia. In: BORGES JÚNIOR, Edson; BRAGA, Daniela Paes de Almeida Ferreira; SETTI, Amanda Souza (Coord.). *Reprodução humana assistida*. 2. ed. Rio de Janeiro: Atheneu, 2020, p. 309.
5. BRASIL. *Constituição da República Federativa do Brasil*. 1988. Disponível em: https://www.planalto.gov.br/ccivil_03/constituicao/constituicao.htm. Acesso em: 02 jul. 2023.

CAPÍTULO 5 • DESTINATÁRIOS DAS TÉCNICAS E TERMO DE CONSENTIMENTO LIVRE E ESCLARECIDO   109

as técnicas de reprodução assistidas podem ser utilizadas por razões médicas e não médicas.[6]

5.1.2   Pessoas sozinhas e casais hetero e homoafetivos

A abertura constitucional para a liberdade quanto ao planejamento familiar reconheceu distintos modelos de família, fazendo cair por terra o imperativo cultural de que o casamento seria a única maneira de constituí-la. Então, contemporaneamente, além do casamento, nos moldes de outrora, ou seja, a união entre um homem e uma mulher, outros modelos são igualmente tutelados. Pessoas sozinhas – sejam solteiras, divorciadas ou viúvas – podem almejar constituir uma família monoparental. De igual forma, casais homoafetivos podem realizar o sonho de serem pais e mães.

Nesse caminho, a tutela da família adquire *status* de fundamentalidade, de modo que a escolha quanto a sua forma de constituição passa a ser uma importante prerrogativa fundamental – não há rol taxativo capaz de esgotar os modelos familiares.

Esse cenário, ainda que persistentemente influenciado por uma concepção patriarcal de família, nos remete a uma série de novas situações que partem de questionamentos quanto às prerrogativas dos sujeitos demandantes das técnicas assistidas e quanto ao papel delas na sociedade. Reconhecer o acesso plúrimo às técnicas é, também, contribuir para a adoção de uma concepção de família liberta de formatos advindos de convenções sociais.

Permitir que mulheres, sozinhas ou em conjugalidade, e homens, nas mesmas condições, independentemente da orientação sexual, possam executar o projeto parental que planejaram, por meio, por exemplo, do útero de substituição, é um passo importante para pragmatizar a ideia de pluralidade familiar.

Acrescente-se, também, que a monoparentalidade programada, ou seja, aquela que se origina da decisão de procriar sem a participação de um outro genitor, tornou-se segura por meio dos processos assistidos de procriação. A busca das técnicas, executadas por intermédio da clínica que se responsabiliza pelo procedimento, para viabilizar a chamada produção independente, é a forma jurídica mais adequada para realização desse modelo familiar, tendo em vista estar assentada em doação anônima de gametas ou em doação de gametas com

---

6.   CFM. *Resolução CFM 2.320/2022*. Adota normas éticas para a utilização de técnicas de reprodução assistida. Disponível em: https://sistemas.cfm.org.br/normas/arquivos/resolucoes/BR/2022/2320_2022.pdf. Acesso em: 23 fev. 2023.

parentalidade, nos termos na resolução deontológica em vigência, sem que isso culmine em estado de filiação.

Sabemos que a produção independente ou a monoparentalidade programada pode ser viabilizada pela concepção natural e pela inseminação caseira, considerando um acordo precário entre as partes envolvidas, assunto que será retomado no último capítulo. O registro por ora aqui intentado é sobre a importância do acesso às técnicas pelos solteiros, divorciados e viúvos que almejam constituir descendência a partir de uma relação contratual segura, calcada nos consentimentos assentados por termos que envolvem todas as partes.

Não necessariamente a decisão por constituir uma família está fundamentada pela motivação afetiva, tendo em vista, inclusive, que não compete ao Estado, por meio da legislação, impor essa condicionante como essencial para tal constituição. Por outro lado, é necessário registrar que foi o reconhecimento do afeto, como um valor relevante para a ordem jurídica, que possibilitou o alargamento dos modelos de família, tornando-o protagonista quando se investiga os fundamentos que justificam a acessibilidade por todos aos procedimentos assistidos procriativos.

Pessoas sozinhas (solteiras, divorciadas e viúvas), hetero ou homoafetivas, encontrarão respaldo na norma jurídica para executar seus projetos parentais sem a presença de outro genitor. O mesmo se pode dizer quanto aos casais, sejam eles heteroafetivos ou homoafetivos. Tanto a ordem jurídica quanto a norma deontológica do CFM contemplaram uma dimensão de acessibilidade múltipla, abarcando diversos sujeitos e suas respectivas motivações, com naturezas distintas.

Se partirmos da ideia de que a disciplina deontológica das técnicas de RHA decorre da prerrogativa concedida ao CFM pela CR/88, cabe a ele efetivar o exercício de direitos fundamentais, previstos nela. Assim, "quando o CFM assume o propósito de regular as técnicas de RHA, ele concretiza os direitos fundamentais sexuais e reprodutivos assegurados a todos pela CR/88". Como já visto, as técnicas foram normatizadas pelo CFM, desde 1992, o que não evidencia lei em sentido formal, mas resoluções administrativas. "De forma alguma, poderia o CFM limitar o exercício de direito fundamental, restringindo a efetivação de direitos sexuais e reprodutivos, quando a CR/88 não o teria feito".[7]

A disciplina deontológica da resolução em vigência tem legitimidade constitucional ao reconhecer uma dimensão múltipla de destinatários das técnicas,

---

7. SÁ, Maria de Fátima Freire de; NAVES, Bruno Torquato; MOUREIRA, Diogo Luna; SOUZA, Iara Antunes de. Novas famílias e reprodução assistida. In: CAETANO, João Pedro Junqueira; MARINHO, Ricardo Mello; PETRACCO, Álvaro; LOPES, Joaquim Roberto Costa; FERRIANI, Rui Alberto (Org.). *Medicina reprodutiva SBRH*. São Paulo: Segmento Farma: SBRH, 2018, p. 610.

CAPÍTULO 5 • DESTINATÁRIOS DAS TÉCNICAS E TERMO DE CONSENTIMENTO LIVRE E ESCLARECIDO | 111

fortalecendo a sua contribuição social enquanto único instrumento específico que orienta as práticas da especialidade.

5.1.3 Pessoas com diagnóstico oncológico ou de outras doenças

A preservação da fertilidade por motivação de doença pode ocorrer em caso de diagnóstico oncológico, mas, também, em situações que envolvam a constatação de patologias benignas. Naturalmente, são as técnicas assistidas que possibilitam a preservação dessa capacidade de procriação.

A possibilidade de diagnosticar precocemente o câncer e o aumento da eficácia das opções terapêuticas para tratá-lo contribuíram, nos últimos anos, expressivamente, para a remissão da doença em número considerável de pacientes, muitos deles em idade reprodutiva. Dados médicos estatísticos apontam para a inegável e promissora melhora da sobrevida em pacientes jovens diagnosticados com neoplasias. Essa realidade faz com que os oncologistas atuem em prol da cura da doença, mas também considerem a qualidade de vida da pessoa, o que deve incluir a possibilidade de preservação de sua fertilidade diante da necessidade de usar tratamentos antineoplásicos.[8]

Conhecimentos em oncologia apontam para o fato de que os tratamentos do câncer, como a quimioterapia e a radioterapia, afetam, em medidas distintas, a fertilidade. A submissão de pacientes à oncoterapia pode inviabilizar a procriação, seja em homens ou em mulheres. Os agentes quimioterápicos danificam as células ovarianas, bem como os oócitos, ocasionam a falência ovariana prematura e, por consequência, a infertilidade permanente. A radioterapia diminui de maneira significativa o número de folículos e aumenta seu padrão de degeneração, de modo que eventuais gestações nesse contexto estão associadas a riscos de complicações, como aborto, parto prematuro e baixo pessoa ao nascer.[9] No homem, o tratamento neoplásico também pode afetar a função gonadal e gerar infertilidade, de modo que os danos causados independem do tipo de quimioterapia ou radioterapia.[10]

Em caso de mulheres diagnosticadas com câncer, como dito, a literatura médica comprova que a submissão das mesmas à oncoterapia implica na destrui-

---

8. CAVAGNA, Mario; DZIK, Artur; CAVAGNA, Felipe. Preservação da fertilidade feminina. In: BORGES JÚNIOR, Edson; BRAGA, Daniela Paes de Almeida Ferreira; SETTI, Amanda Souza (Coord.). *Reprodução humana assistida*. 2. ed. Rio de Janeiro: Atheneu, 2020, p. 277.

9. CAVAGNA, Mario; DZIK, Artur; CAVAGNA, Felipe. Preservação da fertilidade feminina. In: BORGES JÚNIOR, Edson; BRAGA, Daniela Paes de Almeida Ferreira; SETTI, Amanda Souza (Coord.). *Reprodução humana assistida*. 2. ed. Rio de Janeiro: Atheneu, 2020, p. 278.

10. BORGES JÚNIOR, Edson; BRAGA, Daniela Paes de Almeida Ferreira. Preservação da fertilidade masculina. In: BORGES JÚNIOR, Edson; BRAGA, Daniela Paes de Almeida Ferreira; SETTI, Amanda Souza (Coord.). *Reprodução humana assistida*. 2. ed. Rio de Janeiro: Atheneu, 2020, p. 295.

ção das células germinativas. As principais técnicas disponíveis para preservar a fertilidade de pacientes oncológicas são: a criopreservação de oócitos (procedimento padronizado sem risco de implante de células malignas, mas que tem como principais desvantagens a exigência de tempo para a estimulação ovariana, a necessidade de punção com a anestesia, a impossibilidade de uso em pré-púberes, a limitação do número de oócitos obtidos e a restrição da gravidez apenas por fertilização *in vitro*); a criopreservação de embriões (técnica padronizada e também sem riscos de implantes de células malignas, tendo como desvantagens, além das três primeiras anteriores, a necessidade de parceiro ou sêmen doado e a vinculação com ele, além das questões éticas e legais envolvidas); a criopreservação do tecido ovariano (técnica de realização imediata, podendo ser usada em crianças, que permite a retomada da função ovariana, bem como preserva a chance de gestação espontânea e possibilita grande número de oócitos criopreservados. Tem como desvantagens possuir resultados ainda incertos, exigir duas cirurgias, manter a função ovariana por tempo limitado e agregar risco de reimplante de células malignas); por fim, o uso de antagonistas do GnRH, que é de realização imediata e não exige procedimento cirúrgico, no entanto, possui resultados incertos.[11]

O recurso terapêutico para preservar a fertilidade masculina é o congelamento de sêmen, técnica antiga que necessita organização e orientação, mas encontra dificuldade de ser concretizada em crianças e adolescentes pré-púberes, já que a preservação do tecido testicular ainda é uma possibilidade em desenvolvimento.[12] Nesse sentido, a literatura médica especializada traz a informação de que, para alguns adolescentes, a criopreservação de células-tronco germinativas e do tecido testicular é considerada uma estratégia nova e experimental e ainda demandam ser comprovadamente seguras para uso clínico. Há ainda de se considerar que o transplante de tecido germinativo masculino em pacientes oncológicos pode envolver células cancerosas, de modo que sua reintrodução no organismo significaria a introdução de células malignas em pacientes já curados. Por fim, acrescente-se que o uso de alguma opção farmacológica para proteger as células germinativas e a função testicular seria uma boa estratégia para beneficiar meninos pré-púberes. No entanto, não

---

11. ROSA E SILVA, Ana Carolina Japur de Sá; CHECHIN, Maurício Barbour; MARINHO, Ricardo Mello. Preservação da fertilidade em mulheres com câncer. In: CAETANO, João Pedro Junqueira; MARINHO, Ricardo Mello; PETRACCO, Alvaro; LOPES, Joaquim Roberto Costa; FERRIANI, Rui Alberto (Org.). *Medicina reprodutiva SBRH*. São Paulo: Segmento Farma: SBRH, 2018, p. 295.

12. ROSA E SILVA, Ana Carolina Japur de Sá; CHECHIN, Maurício Barbour; MARINHO, Ricardo Mello. Preservação da fertilidade em mulheres com câncer. In: CAETANO, João Pedro Junqueira; MARINHO, Ricardo Mello; PETRACCO, Alvaro; LOPES, Joaquim Roberto Costa; FERRIANI, Rui Alberto (Org.). *Medicina reprodutiva SBRH*. São Paulo: Segmento Farma: SBRH, 2018, p. 296.

CAPÍTULO 5 • DESTINATÁRIOS DAS TÉCNICAS E TERMO DE CONSENTIMENTO LIVRE E ESCLARECIDO **113**

há opção farmacológica aprovada para uso clínico, permanecendo os estudos em andamento.[13]

A literatura médica aponta, ainda, doenças benignas que podem interferir na fertilidade humana, tais como as doenças autoimunes, as doenças que demandam transplante de células-tronco hematopoiéticas, as doenças que causam insuficiência ovariana, as doenças genéticas masculinas e os traumas gonadais.[14]

Entendemos que a constatação de doença (benigna ou maligna) que interfira na preservação da fertilidade deve corroborar o reconhecimento ao direito fundamental de acesso às técnicas procriativas. O diálogo entre os destinatários das técnicas e os profissionais de saúde permitirá a escolha do melhor tratamento a ser utilizado. A depender do comprometimento fisiológico da doença, poder-se-á vislumbrar distintas necessidades, dentre elas, o uso de gametas doados e o útero de substituição.

5.1.4 Pessoas que optam por preservar a fertilidade diante da passagem do tempo

São inegáveis as transformações pelas quais vem passando a sociedade. Mencionamos acima os novos tipos de entidades familiares, formados em decorrência da pluralidade das concepções de vida. Nesse mesmo percalço, é comum homens e mulheres buscarem postergar a paternidade e a maternidade em prol de realizações pessoais outras, como a carreira profissional.

Acontece que adiar o projeto parental esbarra na limitação biológica quanto à viabilidade de ter um filho naturalmente. Como detalhado no 1º capítulo, é sabido que fisiologicamente as células germinativas envelhecem e isso pode impossibilitar a concretização da filiação.

A medicina reprodutiva é o caminho para viabilizar esse desejo procriativo futuro, tendo em vista possuir opções terapêuticas, sejam elas a criopreservação de óvulos, espermatozoides e embriões, o uso de gametas doados, além do recurso da gestação por substituição. A possibilidade de prorrogar essa filiação utilizando técnicas da medicina reprodutiva assistida é também conhecida como preservação da fertilidade social.

---

13. BORGES JÚNIOR, Edson; BRAGA, Daniela Paes de Almeida Ferreira. Preservação da fertilidade masculina. In: BORGES JÚNIOR, Edson; BRAGA, Daniela Paes de Almeida Ferreira; SETTI, Amanda Souza (Coord.). *Reprodução humana assistida*. 2. ed. Rio de Janeiro: Atheneu, 2020, p. 296-297.

14. CARVALHO, Bruno Ramalho de; SOBRINHO, David Barreira Gomes; VASQUES, Raquel Medeiros; SÁNCHEZ, Carlos Portocarrero; ROLINDO, Taciana Fontes. Preservação da infertilidade em doenças benignas. In: CAETANO, João Pedro Junqueira; MARINHO, Ricardo Mello; PETRACCO, Alvaro; LOPES, Joaquim Roberto Costa; FERRIANI, Rui Alberto (Org.). *Medicina reprodutiva SBRH*. São Paulo: Segmento Farma: SBRH, 2018, p. 310.

A Resolução CFM 2.320/2022, nos seus princípios gerais, estabelece que "a idade máxima das candidatas à gestação por técnicas de reprodução assistida é de 50 anos".[15] É imperioso esclarecer que a norma deontológica não tem a prerrogativa legal de restringir direitos, atingindo, por meio de texto restritivo, o acesso de pacientes às técnicas assistidas. Anteriormente, já sinalizamos a importância de se conceber os direitos reprodutivos a partir da conformação normativa do direito constitucional. "Mesmo que a intenção do CFM tenha sido no sentido de implantar medidas preventivas para se evitar gravidez de risco, tal norma acaba por impor limitações ao direito à procriação, extrapolando a competência do órgão da classe médica e violando a liberdade de planejamento familiar".[16]

O caminho seria considerar as particularidades de cada caso, a partir de análise individualizada e científica. Se os sujeitos, com pleno discernimento, consentirem no procedimento, e os exames indicarem possibilidade efetiva de sucesso da terapia, não há porque negar às partes o direito fundamental à procriação.[17] Para que a restrição ao acesso possa ser legítima, é necessário considerar questões de saúde da demandante e não pressupor que a sua idade é a evidência que torna o plano procriativo inviável.

Ainda que a idade limite tenha sido posta objetivamente na resolução, a mesma estabeleceu a relativização da regra, ao admitir exceções, embasadas em critérios técnicos e científicos, devidamente fundamentados pelo médico responsável, que deve considerar a ausência de comorbidades não relacionadas à infertilidade da mulher.[18]

Um exemplo sobre a relativização do limite etário posto na resolução foi o nascimento de uma criança, gerada a partir de óvulos de doadora com espermatozoides do companheiro de uma mulher de 64 anos. Norma Maria de Oliveira deu à luz sua primeira filha, Ana Letícia, no dia 10 de abril de 2018, em um hospital de Belo Horizonte. Segundo reportagens, amplamente noticiadas à época, a gestante chegou a cogitar o útero de substituição na Índia, mas não levou a ideia a cabo.[19]

---

15. CFM. *Resolução CFM 2.320/2022*. Adota normas éticas para a utilização de técnicas de reprodução assistida. Disponível em: https://sistemas.cfm.org.br/normas/arquivos/resolucoes/BR/2022/2320_2022.pdf. Acesso em: 23 fev. 2023.
16. SÁ, Maria de Fátima Freire de; NAVES, Bruno Torquato de Oliveira. *Bioética e Biodireito*. 6. ed. Indaiatuba: Foco, 2023, p. 118.
17. SÁ, Maria de Fátima Freire de; NAVES, Bruno Torquato de Oliveira. *Bioética e Biodireito*. 6. ed. Indaiatuba: Foco, 2023, p. 118.
18. CFM. *Resolução CFM 2.320/2022*. Adota normas éticas para a utilização de técnicas de reprodução assistida. Disponível em: https://sistemas.cfm.org.br/normas/arquivos/resolucoes/BR/2022/2320_2022.pdf. Acesso em: 23 fev. 2023.
19. UOL. *Aos 64 anos, mulher dá à luz primeira filha*. Disponível em: https://noticias.uol.com.br/saude/ultimas-noticias/redacao/2018/04/11/aos-64-anos-idosa-da-a-luz-primeira-filha-em-mg-uma-alegria-diz-medica.htm. Acesso em: 09 ago. 2023.

CAPÍTULO 5 • DESTINATÁRIOS DAS TÉCNICAS E TERMO DE CONSENTIMENTO LIVRE E ESCLARECIDO **115**

Conquanto alguns defendam a legitimidade do limite etário posto na resolução, por motivações médicas, entendemos que uma norma deontológica não pode restringir direitos como regra. Legítimo seria se a norma tratasse restrições como possíveis exceções à regra da acessibilidade.

5.1.5 Pessoas que optam pela procriação assistida por motivações terapêuticas e de outra natureza

Para além das motivações apontadas, há, ainda, que se considerar a ascensão da medicina diagnóstica preditiva e do aconselhamento reprodutivo como um fator que passou a incentivar a busca por procedimentos assistidos de procriação. Explica-se. A possibilidade de antever a probabilidade de doenças ou mesmo o simples receio de sua incidência passaram a ser fatores significativos quando se pensa em procriar, buscando, como objetivo primordial, a concepção de um filho saudável.

Há de se considerar três espectros distintos de motivação: a fundamentada em conduta de aconselhamento reprodutivo, que pode canalizar a realização de procedimento assistido procriativo, a partir da manifestação hereditária de doença; a busca motivada por um receio que não tem como pressuposto a revelação hereditária de uma patologia específica, mas o medo do(a)(s) demandante(s) de constituir prole que possua determinada doença; ou, também, a motivação por fins estéticos ou relacionadas ao mercado de trabalho. A partir dessas diferenças de motivação, alguns esclarecimentos se fazem de pronto necessários.

O entendimento firmado nesse livro, conforme previamente exposto, é de que, sob a reprodução assistida, há que se imperar a regra de acessibilidade universal, ou seja, todas as pessoas devem ser consideradas candidatas ao processo procriativo se assim desejarem.

Um dos cenários que se pode pensar é o caso da demandante que não gostaria de gestar por conta de motivações relacionadas à mudança da estética corporal ou, mesmo, tendo em vista dificuldades com as oportunidades ou a continuidade de contrato de trabalho. Entendemos que também deve ser reconhecido, em princípio, o direito de acesso a ela, consoante o fato de que as técnicas assistidas a serem usadas, como a gestação por substituição, possuem pré-requisitos originados da legislação em geral e objetivamente disciplinados por regulamentação deontológica, assunto a ser esmiuçado. Se a demandante da gestação por substituição, motivada por fins estéticos ou relacionados ao trabalho, puder ser inserida nos limites determinados para a realização do procedimento, não haveria porque negar a ela o acesso à técnica.

Reconhecer essa acessibilidade universal, sem restringir os fundamentos motivadores num primeiro momento, não impede o fato de que a execução das condutas que envolvem as técnicas continue sendo guiada por princípios de cunho constitucional que revelam compromissos com a ética científica, a dignidade e a vida humanas.

Se pensarmos que a motivação real de quem procura as técnicas assistidas atenta contra princípios constitucionais e bens jurídicos, a conduta almejada para concretizar o desejo não pode ser realizada. É o caso de projetos parentais possivelmente motivados para selecionar caraterísticas estéticas e habilidades, a partir de indicadores genéticos, do futuro filho. Os limites às condutas, dentro dos procedimentos assistidos, devem permanecer, sem prejuízo do reconhecimento da acessibilidade universal.

Os tipos de seleção que podem envolver projetos parentais assistidos serão tratados posteriormente, em consonância à técnica usada e à origem do material germinativo, que pode ser do(s) demandante(s) ou de doador(es).

5.2 RELAÇÃO MÉDICO-PACIENTE EM REPRODUÇÃO HUMANA ASSISTIDA E TERMO DE CONSENTIMENTO LIVRE E ESCLARECIDO

A relação médico-paciente em reprodução assistida deve ser consubstanciada a partir de pré-requisitos universais, inerentes a esse tipo de vínculo, e catalogados em muitas publicações destinadas ao assunto. Esse estudo da relação entre médicos e pacientes, em geral, envolve diversos e complexos pontos, que formam, em verdade, um conjunto de argumentos que pertencem a um tema autônomo, não totalmente relacionado ao foco dessa pesquisa. Aqui, destacamos os pontos que entendemos como fundamentais para a compreensão da relação que envolve uma área de especialidade com características singulares.

A medicina reprodutiva é uma área seletiva, já que o acesso ao uso das técnicas é restrito às pessoas que podem pagar pelo tratamento. Acrescente-se o expressivo valor dos custos dos procedimentos e a necessidade, na grande maioria das vezes, de repeti-los, para alcançar o propósito da gestação. Não custa lembrar que, mesmo diante da existência de clínicas especializadas em hospitais públicos, que prestam o serviço à população sem maior renda, os custos dos medicamentos utilizados devem ser suportados pelos(as) demandantes e, de mais a mais, as clínicas, ainda que de referência, não conseguem suprir a demanda social.

É fato que as resoluções do CFM, ao longo do tempo, previram alternativas para que o compartilhamento dos custos viabilizasse os tratamentos. Temos como exemplo a gestação compartilhada, que ocorre quando doadora e receptora compartilham tanto o material biológico quanto os custos financeiros. Esse tipo de procedimento revolve as discussões sobre o caráter oneroso do acordo.

CAPÍTULO 5 • DESTINATÁRIOS DAS TÉCNICAS E TERMO DE CONSENTIMENTO LIVRE E ESCLARECIDO | **117**

Frisamos o entendimento, no entanto, de que o compartilhamento de custos não implica em prestação de serviços ou configuração de compra e venda. Nesse mesmo sentido, na "compra e venda exige-se *preço*, seu elemento essencial, que implica na avaliação pecuniária de um bem e correspondente prestação do valor, mediante a entrega de um bem comercializável. É negócio comutativo, bem como a prestação de serviços".[20]

Esses elementos acima e outros saltam à necessidade de abordagem, tendo em vista que possuem relação direta com a construção do processo dialógico informativo que deve culminar na obtenção adequada do consentimento. A seguir, apontamos os fundamentos protagonistas na formação dessa relação, promovendo as respectivas interseções com questões e problemas que podem surgir na medicina reprodutiva.

5.2.1 Vulnerabilidade, informação e compreensão: considerações relevantes

A ideia de vulnerabilidade, trabalhada em âmbitos de áreas de pesquisa distintas, tem importante espaço quando se discute relação médico-paciente, premissa que se confirma também quando se trata de demanda em reprodução humana. A compreensão sobre o que é vulnerabilidade parte da aferição de problemas envolvendo pessoas, inseridas em certas situações ou condições que contingenciam, por vezes, sua liberdade decisória e/ou as colocam em risco. Na reprodução assistida, é também importante observar possíveis medidas de vulnerabilidade que possam acompanhar ou serem adquiridas pelos sujeitos envolvidos.

A concepção etimológica de vulnerabilidade corrobora a perpetuação das distintas acepções que o termo pode revelar. A palavra é derivada do radical latino *vulnus*, que significa ferida, e, em conformidade ao entendimento de Maria do Céu Patrão Neves, vulnerabilidade pode ser "irredutivelmente definida como susceptibilidade de ser ferido", no entanto, o termo pode assumir outros significados específicos, que dependem do contexto de sua enunciação, ou, ainda, da evolução do pensamento bioético.[21]

A ideia de vulnerabilidade possui pertinência quando se pensa na construção da relação médico-paciente, na grande maioria das vezes, somente encampada

---

20. SÁ, Maria de Fátima Freire de; NAVES, Bruno Torquato de Oliveira. *Bioética e Biodireito*. 6. ed. Indaiatuba: Foco, 2023, p. 123.
21. NEVES, Maria do Céu Patrão. Sentidos da vulnerabilidade: característica, condição, princípio. *Revista Brasileira de Bioética*, v. 2, n. 2, p. 157-172, 2006. Disponível em: https://periodicos.unb.br/index.php/rbb/ article/view/7966. Acesso em: 14 ago. 2023, p. 158.

pela existência de uma doença ou problema de origem fisiológica. É certo que, conforme as distintas motivações que apontamos, nem sempre é a existência de uma doença ou patologia física que vai motivar a busca pelo especialista em reprodução. O que deve ser pensado como fator unificador das distintas situações motivadoras pela busca da assistência assistida em procriação são os bens jurídicos envolvidos, quais sejam saúde, corpo e integridade psicofísica.

Dentro dessa relação, a vulnerabilidade é comumente usada para designar condições pessoais subjetivas distintas dos sujeitos e foi prevista pelo Relatório Belmont,[22] em 1978, elaborado por uma comissão nacional dos Estados Unidos, que identificou princípios a serem observados no âmbito das investigações e experiências com seres humanos, documento que se tornaria a base da bioética principialista.[23]

A bioética principialista, construída pelos autores Beauchamp e Childress, além dos princípios da não maleficência, beneficência e justiça, trabalhou significativamente a ideia principiológica do respeito à autonomia, fazendo com que a teoria fosse interpretada com foco especial nela. É certo que não temos a pretensão de abordar a totalidade das bases fundantes da construção principialista, mas focar em pontos essenciais que concorrem para a formação do consentimento livre e esclarecido.

Trazendo o entendimento de Maria de Céu Patrão Neves, a bioética principialista emprega a ideia de vulnerabilidade à condição que emana da realidade individual de pessoas e de grupos populacionais, devendo ser combatida por meio da forma adequada de obtenção do consentimento. Há, dessa maneira, a necessidade de proteger pessoas e grupos com determinadas características, revelando, então, a sua função adjetivante, ou seja, enquanto uma qualificação.[24]

Nas relações de assistência à saúde, o estudo da vulnerabilidade vem ganhando importante protagonismo, na medida em que se reconhece que condutas que envolvem a vida, a saúde e a autonomia humanas devem ser observadas a partir de critérios cuidadosos tendo como farol a potencialidade de dano que um equívoco nessa seara possa causar. Nesse caminho, a investigação sobre a

---

22. THE NATIONAL COMMISSION FOR THE PROTECTION OF HUMAN SUBJECTS OF BIOMEDICAL AND BEHAVIORAL RESEARCH. *Belmont Report*. 1978. Disponível em: https://www.hhs.gov/ohrp/ regulationsand-policy/belmont-report/index.html. Acesso em: 14 ago. 2023.
23. BEAUCHAMP, Tom; CHILDRESS, James. *Principles of biomedical ethics*. 7. ed. New York: Oxford University Press, 2013.
24. NEVES, Maria do Céu Patrão. Sentidos da vulnerabilidade: característica, condição, princípio. *Revista Brasileira de Bioética*, v. 2, n. 2, p. 157-172, 2006. Disponível em: https://periodicos.unb.br/index.php/rbb/ article/view/7966. Acesso em: 14 ago. 2023, p. 160.

existência de vulnerabilidades deve ser concebida, também, como uma premissa da ação ética.[25]

Há muitos tipos, formas ou categorias de vulnerabilidade, estudadas e catalogadas ao longo de numerosas publicações que se dissipam em diferentes áreas científicas. Buscamos, agora, apontar dimensões de vulnerabilidade que podem se concretizar dentro da relação médico-paciente reprodutiva e influenciar em seus pressupostos fundamentais, como o direito de informação, a capacidade de compreendê-la e o exercício legítimo da autonomia por meio do consentimento.

Pensando na vulnerabilidade enquanto função adjetiva,[26] é ela uma condição qualificadora de determinadas pessoas ou grupos que os diferencia. É adjetiva por se revelar a partir das características de determinados indivíduos ou grupos sociais (como mulheres, crianças, idosos etc.) podendo ser concretizada no âmbito da relação médico-paciente. A função subjetiva (para nós, substantiva) da vulnerabilidade expressa condição comum à espécie humana, marcada pela universalidade.[27] A esfera universal da vulnerabilidade, como expressão inerente à condição humana, é referida por Kemp e Rendtorff[28] por meio das noções de finitude e mortalidade, que contingenciam a fragilidade e a temporalidade da existência da vida.

É possível conectar as dimensões adjetiva e subjetiva (ou substantiva) da vulnerabilidade à relação médico-paciente em reprodução humana. Médicos, pacientes e demais profissionais da saúde são vulneráveis simplesmente pela condição de existirem (dimensão que deve se estender, inclusive, a outras espécies que vivem na biosfera). Essa vulnerabilidade inerente, intrínseca e universal é, na verdade, a face ontológica (ou valorativa) da pessoa, cuja vida pode ser submetida a múltiplas situações de riscos e fragilidades. Devemos, também no cerne de uma demanda de natureza médica, conceber essa ideia da dimensão universal de vulnerabilidade como um pressuposto que une os seres humanos envolvidos.

---

25. MEIRELLES, Ana Thereza. A informação na relação médico-paciente: o delineamento da obrigação mútua face ao argumento da vulnerabilidade. In: CONPEDI (Org.). *Biodireito e direitos dos animais*. XXVI Encontro Nacional do Conpedi. Florianópolis: Conpedi, 2018.

26. NEVES, Maria do Céu Patrão. Sentidos da vulnerabilidade: característica, condição, princípio. *Revista Brasileira de Bioética*, v. 2, n. 2, p. 157-172, 2006. Disponível em: https://periodicos.unb.br/index.php/rbb/ article/view/7966. Acesso em: 29 ago. 2023, p. 165.

27. MEIRELLES, Ana Thereza; LINS-KESTERER, Liliane; VERDIVAL, Rafael. Vulnerabilidade e compreensão como fundamentos do consentimento na relação médico-paciente. *Revista Brasileira de Direito Civil – RBDCivil*, Belo Horizonte, v. 31, n. 1, p. 275-295, jan.-mar. 2022.

28. KEMP, Peter; RENDTORFF, Jacob. Princípio da vulnerabilidade. In: HOTTOIS, Gilbert; MISSA, Jean-Noel. *Nova Enciclopédia da Bioética*: medicina, ambiente, tecnologia. Tradução de Maria Carvalho. Lisboa: Instituto Piaget, 2003, p. 687-692.

Os contornos desafiadores da vulnerabilidade se concretizam em sua dimensão adjetiva, pois é nesse cenário que devem ser percebidas as individualidades, ou seja, as características que podem contingenciar a legitimidade da compreensão de informações indispensáveis ao legítimo consentimento para que qualquer decisão e conduta seja executada em prol do projeto procriativo assistido.

Podemos pensar que, em sede de reprodução, tanto condições físicas quanto psíquicas (pensando aqui também como condições emocionais) podem contribuir para uma vulnerabilidade cognitiva. Nesse contexto, há que se atentar que, na relação médico-paciente, um paciente "pode estar vulnerável por conta de um eventual acometimento patológico, que pode ter caráter adjetivo e transitório. É uma condição temporária, cujo termo condicional é a doença".[29] Na reprodução humana assistida, sentimentos de medo, desespero e raiva são comuns, tanto diante das incertezas do resultado quanto durante o processo em si. Assim, dependendo do contexto em que tais sentimentos aflorem, é possível se pensar numa vulnerabilidade cognitiva, que poder amenizada com os cuidados dos profissionais envolvidos (médicos e psicólogos).[30]

A vulnerabilidade está presente na relação médico-paciente, porquanto expressão da condição humana e, por isso, ela deve funcionar como um *standard* ou estigma a ser lembrado quando da celebração do contrato.

É comum ser o paciente a pessoa com maior vulnerabilidade nessa relação, a uma porque não é o detentor do conhecimento técnico; a duas porque precisa se inserir nesse diálogo que não lhe é familiar. A maior vulnerabilidade do paciente reflete a assimetria da relação: O paciente, exposto a um conhecimento que não domina, pode passar a ser mero espectador. Essa condição põe o paciente como receptor de uma verdade que não domina, assumindo a característica de ser ente frágil no contexto de uma relação assimétrica.[31]

A informação é dever recíproco. O paciente tem a responsabilidade de informar corretamente os fatos que dizem respeito à sua condição de saúde, como hábitos, uso de medicamentos e tratamentos anteriormente executados. De outro lado, o ato de informar pelo médico esclarece riscos decorrentes do tratamento, seus benefícios e prejuízos. Em se tratando de reprodução, cabe ao profissional,

---

29. MEIRELLES, Ana Thereza; LINS-KESTERER, Liliane; VERDIVAL, Rafael. Vulnerabilidade e compreensão como fundamentos do consentimento na relação médico-paciente. *Revista Brasileira de Direito Civil – RBDCivil*, Belo Horizonte, v. 31, n. 1, p. 275-295, jan.-mar. 2022.

30. OLDT, Joachim. The concept of vulnerability in medical ethics and philosophy. *Philosophy, Ethics, and Humanities in Medicine*, v. 14, n. 6, 2019. Disponível em: https://pubmed.ncbi.nlm.nih.gov/30975177/#:~:text=While%20the%20ethical%20role%20of,that%20are%20regarded%20as%20valuable. Acesso em: 14 ago. 2023, p. 3.

31. VASCONCELOS, Camila. *Direito médico e bioética:* história e judicialização da relação médico-paciente. Rio de Janeiro: Lúmen Juris, 2020, p. 65.

CAPÍTULO 5 • DESTINATÁRIOS DAS TÉCNICAS E TERMO DE CONSENTIMENTO LIVRE E ESCLARECIDO | 121

sempre a partir das situações específicas, esclarecer, primeiramente, quais opções terapêuticas são indicadas à demanda, bem como suas particularidades. Assimilar as informações minimiza a vulnerabilidade técnica e, consequentemente, a assimetria da relação.

O mero ato de informar não pressupõe compreensão. A pessoa deve apreender o conteúdo informado, interpretá-lo, compreender suas implicações, para ter condição de decidir com discernimento e consciência. Além dessa aptidão para compreender e decidir, não se pode excluir a voluntariedade, ou seja, a tomada de decisão livre, isenta de qualquer coação ou constrangimento influenciadores.

Dentro dessa mesma perspectiva, observa-se que, na jurisprudência dos tribunais superiores brasileiros, tem se consolidado a negligência informacional como um dano autônomo (ou próprio) "não relacionado à técnica ou êxito do ato do profissional, mas ao aspecto antecedente: a falha do processo de consentimento".[32]

A tendência observada nos últimos anos no Superior Tribunal de Justiça (STJ) é conferir maior atenção ao dever de informação em contextos nos quais a relação médico-paciente exara acentuada complexidade, considerando a existência de conteúdos que são essenciais à ciência do paciente, titular do seu corpo e de sua saúde.[33] A reprodução humana assistida é uma dessas relações, já que agrega etapas, riscos e conteúdos técnicos não facilmente compreendidos por quem intenta procriar por meio de suas técnicas.

Note-se que, antes de conceber a relação como técnica, deve-se lembrar do seu caráter intersubjetivo, pautado no protagonismo da informação e da compreensão. Esse papel principal reverbera na legitimidade do consentimento, que não deve ser concebido apenas como um termo assinado. Também na área da reprodução assistida, a quantidade de informações demanda detalhamento em processo dialógico, pressuposto a ser discutido na seção a seguir.

5.2.2 A necessidade da formação dialógica do consentimento

A partir do que propomos anteriormente, passa-se a discutir a dinâmica da formação adequada do consentimento. Se o objeto da relação médico-paciente é a

---

32. MASCARENHAS, Igor Lucena. O exercício do planejamento familiar na esterilização voluntária e o erro médico por negligência informacional. In: MASCARENHAS, Igor Lucena; DADALTO, Luciana (Coord.). *Direitos reprodutivos e planejamento familiar*. Indaiatuba, SP: Editora Foco, 2024, p. 346.

33. Sobre precedentes jurisprudenciais e a importância do TCLE, em matéria de responsabilidade médica e hospitalar, vale conferir: SÁ, Maria de Fátima Freire; SOUZA, Iara Antunes de. Termo de consentimento livre e esclarecido e responsabilidade civil do médico e do hospital. In: ROSENVALD, Nelson; MENEZES, Joyceane Bezerra de; DADALTO, Luciana. (Org.). *Responsabilidade civil e medicina*. 2. ed. Indaiatuba, SP: Editora Foco, 2021, v. 1, p. 59-78.

saúde, necessário afirmar que a tomada de decisões deve ser coparticipativa, pois ressalta o vínculo intersubjetivo. Acontece que essa premissa nem sempre existiu. Ressalva-se, inclusive, que, até hoje, há dificuldades das partes em implementá-la.

Baseado em artigo de dois especialistas em ética médica (Ezekiel e Linda Emanuel), Atul Gawande, em sua obra *Mortais*, aponta três modelos de relação médico-paciente, caminho necessário para que se pudesse chegar a um modelo mais simétrico e, por consequência, mais justo. O paternalismo médico é o tipo mais antigo e tradicional, caracterizado por revelar a atuação protagonista do profissional na tomada de decisão sobre a saúde do paciente. Tem como fundamento o fato de que o médico é uma autoridade capaz de ditar o que é melhor para o seu paciente. O segundo modelo tratado no artigo citado por Gawande é o oposto do relacionamento paternalista e é denominado informativo. Cabe ao médico informar o prognóstico, o diagnóstico e as alternativas de tratamento, transferindo para o paciente a responsabilidade pela decisão a ser tomada. Pelo que vemos acima, são dois modelos antagônicos que não priorizam a formação construtiva do consentimento. No entanto, há um terceiro tipo de relação médico-paciente mencionado no artigo de Ezekiel e Linda Emanuel, denominado por eles de interpretativo. Nesse sentido, o médico nem se enxerga como autoridade única nem como mero técnico que reproduz os mais atuais conhecimentos científicos, mas, sim, como um cientista conselheiro que discute "com os pacientes a respeito de suas metas mais amplas e até de desafiá-los a repensar prioridades e crenças irrefletidas".[34]

De fato, o que se busca na contemporaneidade é uma mudança de atitude para enxergar a relação médico-paciente como uma dinâmica dialógica – e não monológica e puramente informativa – que revela "uma exigência do Estado Democrático de Direito. Isto porque o objeto da referida relação é a saúde, não compreendida como um bem ou interesse público, mas como a expressão de um direito cujo titular é o paciente e é por ele exercido".[35] Nesse sentido, entendemos também que a melhor denominação para este último modelo de relação médico-paciente é a dialógica ou discursiva, tal como citado no artigo de Sá e Moureira.

Na reprodução humana assistida, essa dialogicidade é pressuposto de uma intersubjetividade bem construída, considerando tantas possibilidades para o

---

34. GAWANDE, Atul. *Mortais*: nós, a medicina e o que realmente importa no final. Rio de Janeiro: Objetiva, 2015, p. 191.
35. SÁ, Maria de Fátima Freire de; MOUREIRA, Diogo Luna. Responsabilidade civil do médico: Análises de casos a partir dos princípios normativos que justificam a formação do consentimento discursivo. In: OMMATI, José Emílio Medauar; SILVEIRA, Renato Marcuci Barbosa da (Coord.). *Teoria crítica do direito na perspectiva do direito privado*. Coleção Teoria crítica do direito. Belo Horizonte: Conhecimento, 2019, v. 7, p. 60.

uso das distintas técnicas. As diferentes etapas que podem envolver o processo pressupõem diferentes tomadas de decisões, culminando em questionamentos como: Qual a probabilidade de êxito do uso de cada técnica? Há risco na efetivação de múltiplas tentativas de gravidez? Usar as técnicas assistidas implica em se ter um filho saudável? Qual o momento para se pensar em usar material genético doado? Quais são as implicações éticas, médicas e jurídicas do uso do útero de substituição? Qual o momento de desistir, considerando o estado de saúde psicofísico? Essas perguntas são alguns exemplos que fazem parte de diferentes momentos de quem busca a ajuda da medicina reprodutiva.

Imposições são inadmissíveis diante do direito de decidir sobre o próprio corpo e meras informações técnicas, ainda que pertinentes, não bastam para que a relação médico-paciente seja adequadamente desenvolvida. A relação deve ser dialógica, de modo a construir um consentimento livre e esclarecido, cabendo ao médico proporcionar a/ao paciente o exercício do seu direito à saúde, expressão esta de uma liberdade reveladora de traços da individualidade da pessoa humana.

Capítulo 6
A PROCRIAÇÃO QUANTO À ORIGEM DOS GAMETAS

A evolução das técnicas de reprodução assistida propiciou o uso de gametas não pertencentes ao(s) demandante(s) do projeto parental, considerando a multiplicidade de destinatários dos procedimentos e suas respectivas motivações. Devemos frisar que, para além da impossibilidade biológica de gestar com o(s) próprio(s) gameta(s), o uso de material biológico doado é uma forma, também, de ampliar o acesso à procriação medicamente assistida, rompendo com o paradigma impeditivo da infertilidade e ajudando a construir um novo modelo de parentalidade.

As diferenças entre técnicas que usam células germinativas próprias (da pessoa solteira ou viúva ou do casal demandante) e as que são praticadas com o uso de células doadas culminam na abordagem das consequências jurídicas que podem entrelaçar tal escolha. Sabemos, por conteúdos anteriores, que a decisão quanto à origem genética dessa célula (se própria ou doada) pressupõe motivações que podem ter relação com aspectos biológicos (como os problemas geradores de infertilidade) ou pessoais (a exemplo da monoparentalidade planejada e da união homoafetiva).

Reconhecendo essa multiplicidade de destinatários, justificada pelos argumentos constitucionais e já contemplada, há um tempo, pela disciplina deontológica, passemos a compreender as questões que individualizam tais projetos parentais, suscitando divergências doutrinárias e fundamentos que podem embasar demandas judiciais.

Há de se ressaltar que o uso de gametas doados, ou mesmo de embriões doados, também foi evoluindo em conformidade às novas possibilidades da medicina especializada, por meio do aperfeiçoamento de diagnósticos em reprodução, das técnicas de criopreservação e dos processos que aumentaram a eficácia dos resultados.

6.1 PROCRIAÇÃO HOMÓLOGA

Uma reprodução de natureza homóloga é aquela que utiliza o material genético (gameta(s)) do(s) demandantes(s) do projeto parental, constituindo-se o vínculo biológico. Assim, o fator determinante para que a filiação seja considerada homóloga é o pertencimento biológico entre quem demandou o procedimento assistido e o gameta que foi usado nesse procedimento (podendo ser o feminino, o masculino ou ambos).

Diversas são as situações para demonstrar a natureza da procriação quanto à origem dos gametas. Comecemos pela inseminação artificial, procedimento onde a fecundação ocorre de maneira intracorpórea. A inseminação artificial é homóloga quando se utiliza o sêmen e o óvulo dos demandantes do projeto parental. Será heteróloga quando a inseminação artificial for realizada com o uso de material genético doado e, portanto, estranho ao pai de intenção (ou demandante), permanecendo homóloga quanto à mulher, se o óvulo a ser usado pertencer à demandante (ou mãe de intenção).

Se o procedimento assistido for a fertilização *in vitro* ou a ICSI e o óvulo e sêmen utilizados pertencerem aos demandantes (ou mãe e pai de intenção), tem-se uma constituição totalmente homóloga da reprodução. Diferente é o cenário quando um dos gametas (masculino ou feminino) é proveniente de doação, o que faz com que a procriação seja mista, permanecendo homóloga, de um lado (conforme o material do demandante) e heteróloga do outro lado (conforme a origem do gameta doado, seja o feminino ou o masculino).

Observa-se também que múltiplas são as possibilidades se pensarmos em casais homoafetivos (dois homens ou duas mulheres) e pessoas solteiras ou viúvas (um homem ou uma mulher), mantendo-se a regra de que o ângulo da reprodução homóloga apenas se constitui quanto ao demandante que teve seu material usado no projeto assistido procriativo.

A síntese das possibilidades acima culmina na ideia de que um projeto parental pode ser totalmente homólogo (quando sêmen e óvulo são dos demandantes da procriação) ou parcialmente homólogo (quando um dos gametas é do demandante e o outro é doado por terceiro estranho à relação).

A constituição homóloga da reprodução consagra o vínculo de consanguinidade como prova tradicional da filiação, caso seja necessário. Como ainda vigora a presunção de maternidade a quem dá à luz, se as figuras de "demandante", "dona do óvulo" e "gestante" coincidirem, a filiação automaticamente restará evidente, incidindo a presunção tradicional usada pela lei. Trataremos das questões que envolvem a prova da filiação em casos de gestação por substituição no capítulo 8.

Sabemos que a decisão pelo uso do sêmen e/ou óvulo de quem demanda um projeto procriativo assistido obedece a uma análise de natureza médica, que pode, considerando a constatação diagnóstica, sugerir o uso de material genético doado. Dessa forma, em consonância ao aventado no capítulo 1, uma

CAPÍTULO 6 • A PROCRIAÇÃO QUANTO À ORIGEM DOS GAMETAS

consulta de aconselhamento reprodutivo, acompanhada de análises e exames pertinentes, pode ter como resultado a indicação de não efetivar procriação de natureza homóloga, tendo em vista indicadores importantes de infertilidade e ponderação sobre o risco elevado ou significativo de transmissão hereditária de patologia genética.

6.2 PROCRIAÇÃO HETERÓLOGA

O uso de gametas doados para constituir um projeto assistido de filiação passou a ser uma importante alternativa a partir da constatação científica de que nem sempre a utilização dos próprios gametas do casal viabilizaria a procriação, como relatado no capítulo 1. A procriação que utiliza um ou os dois gametas originados de doação tem natureza heteróloga, ou seja, sem vínculo genético com o(s) demandante(s) da gestação.

Assim como explicado na procriação homóloga, é possível que um projeto parental tenha natureza mista, sendo constituído por gameta de um dos demandantes e por gameta doado. Na literatura em geral, é relevante ressaltar que o uso de apenas um gameta doado tem rotulado o projeto procriativo como heterólogo. Optamos por explicar a diferença e apontar que, na verdade, esse projeto parental revela procriação de natureza mista, já que utiliza gametas com origem nas duas possibilidades.

Se o(s) destinatário(s) da técnica for(em) solteiro(s)(as) ou viúvo(s)(as) ou casais do mesmo sexo, ter-se-á, obrigatoriamente, um projeto parental assistido com uso de material genético doado, ou seja, a natureza heteróloga ou mista dos gametas restará presente.

Dentro dos estudos da genética hoje, é possível perceber a ascensão dos procedimentos heterólogos de reprodução, já que é viável identificar, no DNA celular germinativo, doenças hereditárias transmissíveis, que podem ter sua probabilidade de manifestação em prole futura afastada somente se usadas células reprodutivas de doadores. Essa realidade é propiciada pelos diagnósticos genéticos no curso dos procedimentos procriativos. É possível que, antes mesmo do início dos procedimentos de procriação, a consulta aconselhadora caminhe do sentido da indicação pelo uso de óvulo e/ou sêmen doados, pensando na ponderação de riscos que podem envolver transmissão hereditária de alguma doença à prole, onde não haja, ainda, do ponto de vista científico, alternativa terapêutica viável que evite, com segurança, a transmissão da patologia identificada.

A procriação de natureza heteróloga suscita uma série de questões biojurídicas que devem ser apontadas pelas seções que se seguem, seja por ausência de previsão normativa específica sobre reprodução, como já sinalizado, ou, ainda, por existência de disciplina inadequada ou insuficiente em vigor, considerada a regulamentação deontológica.

6.2.1 Por doação anônima

A alternativa da reprodução de natureza heteróloga esteve tradicionalmente associada ao anonimato do doador ou da doadora, consoante retrospecto das resoluções do CFM que já disciplinaram o assunto. Esse tipo de reprodução não encontra regramento pelo Código Civil no que concerne às condicionantes da doação, restringindo a disciplina ao estabelecimento das normas de filiação.

A multiplicidade dos projetos parentais atuais, a partir do reconhecimento das diversas formas de família, foi anteriormente abordada, quando identificados os sujeitos destinatários das técnicas. A procriação heteróloga anônima nasceu, justamente, como um instrumento capaz de viabilizar projetos parentais até então não convencionais, como a monoparentalidade programada (ou produção independente) e a reprodução entre pessoas do mesmo sexo.

O ponto de partida da doação anônima está na Resolução CFM 2.320/2022, em vigência, que determina que "deve ser mantido, obrigatoriamente, sigilo sobre a identidade dos doadores de gametas e embriões, bem como dos receptores", ressalvando-se a possibilidade da doação entre parentes. Prossegue afirmando que, "em situações especiais, informações sobre os doadores, por motivação médica, podem ser fornecidas exclusivamente aos médicos, resguardando a identidade civil do(a) doador(a)".[1]

A doação entre parentes e a possibilidade de quebra do anonimato, por motivo de doenças, previstas na Resolução serão tratadas em itens seguintes. Aqui, concerne o esclarecimento de que a doação anônima tem regras que se comunicam com as doações não anônimas, como o dever de se constar no prontuário relatório médico que ateste a saúde física dos sujeitos envolvidos; a impossibilidade de que a doadora de óvulos ou de embriões possa ser a gestante por substituição ou cedente temporária do útero (como trataremos no capítulo 8); o critério da maioridade civil para ser doador ou doadora e a idade limite de 37 (trinta e sete) anos para a mulher e de 45 (quarenta e cinco) anos para o homem, admitindo-se exceções ao limite da idade feminina, nos casos de doação de oócitos previamente congelados, embriões previamente congelados e doação

---

1. CFM. *Resolução CFM 2.320/2022*. Adota normas éticas para a utilização de técnicas de reprodução assistida. Disponível em: https://sistemas.cfm.org.br/normas/arquivos/resolucoes/BR/2022/2320_2022. pdf. Acesso em: 23 fev. 2023.

entre parentes, com a condição de que a receptora seja devidamente esclarecida sobre os riscos que podem envolver a futura prole.[2]

Cumpre antecipar nosso posicionamento contrário à posição da Resolução, que proíbe coincidência entre as figuras da doadora de óvulos e da gestante por substituição. Remetemos o leitor ao capítulo 8, para conhecer os fundamentos que adotamos para questionar a legalidade de tal restrição. Essa conformação proibitiva do regramento deontológico, posto ser uma forma de limitar o exercício dos direitos reprodutivos, é uma das causas para a judicialização, já que o médico especialista está submetido à obediência das normas do seu conselho profissional.

Acrescentamos, ainda, que o limite adotado pela Resolução para que a doação de gametas possa ocorrer deve revelar justificativas médicas e, como propõe o comando deontológico, está submetido a exceções, sob pena de também configurar previsão que cerceia o exercício dos direitos reprodutivos.

A Resolução em vigência destina parte expressiva do seu texto para estipular as condicionantes dos tipos de doação de gametas e embriões, atribuindo regras que parecem mais específicas aos casos de doações anônimas. As clínicas ou instituições onde são feitas as doações têm obrigação de manter permanentemente "um registro com dados clínicos de caráter geral, características fenotípicas, de acordo com a legislação vigente".[3] Não é demais reavivar que não há legislação ordinária vigente no Brasil sobre reprodução, ainda mais para regulamentar doação de gametas. No capítulo 2, trouxemos portarias e atos normativos, estipulados pela ANVISA, que conferem normas de biossegurança a serem seguidas pelas clínicas e bancos de gametas.

Para evitar o problema dos encontros consanguíneos, cuida o regramento de estabelecer que, na mesma região onde se localiza a unidade receptora da doação, "o registro dos nascimentos evitará que um(a) doador(a) tenha produzido mais de 2 (dois) nascimentos de crianças de sexos diferentes em uma área de 1 (um) milhão de habitantes". A exceção será permitida quando "uma mesma família receptora escolher um(a) mesmo(a) doador(a), que pode, então, contribuir com quantas gestações forem desejadas".[4]

---

2. CFM. *Resolução CFM 2.320/2022*. Adota normas éticas para a utilização de técnicas de reprodução assistida. Disponível em: https://sistemas.cfm.org.br/normas/arquivos/resolucoes/BR/2022/2320_2022.pdf. Acesso em: 23 fev. 2023.

3. CFM. *Resolução CFM 2.320/2022*. Adota normas éticas para a utilização de técnicas de reprodução assistida. Disponível em: https://sistemas.cfm.org.br/normas/arquivos/resolucoes/BR/2022/2320_2022.pdf. Acesso em: 23 fev. 2023.

4. CFM. *Resolução CFM 2.320/2022*. Adota normas éticas para a utilização de técnicas de reprodução assistida. Disponível em: https://sistemas.cfm.org.br/normas/arquivos/resolucoes/BR/2022/2320_2022.pdf. Acesso em: 23 fev. 2023.

Levantamos, aqui, uma discussão originada em conversas com profissionais especialistas e nos dispositivos previstos no atual regramento deontológico, como o que diz que "a responsabilidade pela seleção dos doadores é exclusiva dos usuários quando da utilização de banco de gametas ou embriões".[5] Ao que parece, a referida previsão preocupa-se com a possibilidade de que o(s) demandante(s) venha(m) a escolher, sem interferência da clínica, o banco a ser utilizado para fornecimento do material biológico. No mínimo, é uma situação curiosa, já que não são permitidas compra e venda desse material.

Na prática, o que se pode pensar é que o uso de gametas de doador anônimo não deve ser guiado por escolha aleatória do casal ou da pessoa demandante. O objeto contratual (gametas de doador anônimo) está, inclusive, submetido a normas restritas de biossegurança, o que corrobora o importante papel da clínica de procriação assistida na escolha (ou, no mínimo, na orientação) do banco a ser o fornecedor do material. É certo que essa medida de participação entre intermediar ou escolher a instituição precisaria ser disciplinada por lei e claramente estabelecida pelo regramento deontológico. Olhando para a dimensão da responsabilidade civil, sabemos que, certamente, todos, independentemente de intermediar ou ser responsável por ter escolhido determinado banco, respondem por eventual dano configurado às partes demandantes.

Por fim, a resolução não permite que médicos, funcionários e demais integrantes da equipe multidisciplinar das clínicas, unidades ou serviços sejam doadores, além de trazer como regra que, "na eventualidade de embriões formados por gametas de pacientes ou doadores distintos, a transferência embrionária deverá ser realizada com embriões de uma única origem para a segurança da prole e rastreabilidade".[6]

A doação de material germinativo anônima ainda parece ser a regra nas clínicas de procriação medicamente assistida, mas, apesar de não ser novidade, arrasta questões antigas, como a (im)possibilidade de se admitir o conhecimento da ascendência genética (ou biológica) como um direito da personalidade, pressuposto que será retomado a seguir.

6.2.2 Por doação entre parentes

A resolução em vigência, assim como a de 2021, admitiu a doação de gametas entre parentes, afastando o anonimato como única regra para o procedimento.

---

5. CFM. *Resolução CFM 2.320/2022*. Adota normas éticas para a utilização de técnicas de reprodução assistida. Disponível em: https://sistemas.cfm.org.br/normas/arquivos/resolucoes/BR/2022/2320_2022.pdf. Acesso em: 23 fev. 2023.
6. CFM. *Resolução CFM 2.320/2022*. Adota normas éticas para a utilização de técnicas de reprodução assistida. Disponível em: https://sistemas.cfm.org.br/normas/arquivos/resolucoes/BR/2022/2320_2022.pdf. Acesso em: 23 fev. 2023.

É certo que a contemplação dessa possibilidade no regramento deontológico se deu devido ao número expressivo de judicializações, já que, muitas vezes, na mesma família, havia vontade e disponibilidade de que um parente pudesse ser o doador ou a doadora.

Tendo como premissa (talvez) a ainda resistente recepção da prática da doação anônima no Brasil, pode-se pensar que a permissão da doação de gametas entre parentes contribui para que mais projetos parentais assistidos possam ser realizados.[7]

Como visto, a Resolução CFM 2.320/2022 afirma que, como regra, "os doadores não devem conhecer a identidade dos receptores e vice-versa". No entanto, traz exceção para os casos de "doação de gametas ou embriões para parentesco de até 4º (quarto) grau, de um dos receptores (primeiro grau: pais e filhos; segundo grau: avós e irmãos; terceiro grau: tios e sobrinhos; quarto grau: primos), desde que não incorra em consanguinidade".[8] A ressalva quanto a não incorrer em consanguinidade é para evitar situações em que irmão doe para irmã, mãe ou pai para filho ou filha entre outras situações.

A resolução estabeleceu os sujeitos, considerando a posição familiar que ocupam diante dos receptores, aptos a serem doadores dos gametas ou embriões. Nosso entendimento é que o normativo ocupou o espaço deixado pela ausência de legislação específica ou regramento no Código Civil, já que, dentre outros, trata-se de conteúdo atinente ao direito de família.

No âmbito do Grupo de Pesquisa em Rede CebidJusbiomed, discutimos um caso interessante que envolve embrião doado e possível consanguinidade. Michel Janse, de 26 anos, manifestou nas redes sociais seu interesse em ser mãe de um bebê, cujo embrião é formado por material genético de seus pais. Segundo Michel, ela e sua irmã nasceram de fertilização *in vitro* (FIV) e, daquele processo reprodutivo, três embriões ainda estavam congelados. Michel não pretendia gestar o embrião para sua mãe, por meio de gestação por substituição; mas, sim, ter o próprio filho a partir da implantação de um embrião vinculado geneticamente a seus pais.[9]

---

7. MEIRELLES, Ana Thereza. O estado regulatório da reprodução humana assistida no Brasil: da ausência de legislação ordinária ao regulamento deontológico atual. *Caderno Ibero-americano de Direito Sanitário*, Brasília, 12(1), 2023 10 https://doi.org/10.17566/ciads.v12i1.968.

8. CFM. *Resolução CFM 2.320/2022*. Adota normas éticas para a utilização de técnicas de reprodução assistida. Disponível em: https://sistemas.cfm.org.br/normas/arquivos/resolucoes/BR/2022/2320_2022.pdf. Acesso em: 23 fev. 2023.

9. CEBIDJUSBIOMED. *Tiktoker americana viraliza nas redes sociais ao se dizer interessada em ser mãe de um bebê, cujo embrião é formato por material genético de seus pais*. Publicação construída pelo Grupo de Pesquisa em Rede e divulgada na rede social Instagram no perfil @cebidjusbiomed. 31 agosto 2023.

No âmbito do nosso Grupo de Pesquisa, questionamos: Há proibição que impeça a doação de embrião dos pais para a filha? A restrição quanto a consanguinidade, pelo que determina a Resolução, seria destinada a evitar problemas genéticos? Geneticamente, Michel será mãe de um filho que é seu irmão. No entanto, sabemos que a parentalidade, considerando a multiplicidade dos modelos de família, se constrói também com o afeto e não somente levando em conta o elemento da consanguinidade. No caso em questão, nota-se inexistir real impedimento de consanguinidade, passível de gerar problemas genéticos, já que o embrião foi formado por gametas dos pais de Michel.

Diferente seria a situação se Michel recebesse doação de espermatozoide de seu pai, caso em que a junção do seu óvulo com esse gameta paterno configuraria a confusão consanguínea proibida pela Resolução vigente no Brasil.

O relato acima é apenas um dentre muitos que podem surgir quando pensamos no amplo espectro que é a reprodução humana assistida.

6.2.3 Doação compartilhada e doação entre amigos ou conhecidos

A abertura dessa seção é motivada por duas distintas situações: a regra deontológica (que prevê a chamada doação compartilhada) e a casuística (possibilidade de doação de gametas entre amigos ou conhecidos por meio de procedimento executado em clínica de reprodução). As duas situações aqui reunidas exaram, então, doações que possuem características que se distinguem das anteriores.

O regramento deontológico permite "a doação voluntária de gametas, bem como a situação identificada como doação compartilhada de oócitos em reprodução assistida, em que doadora e receptora compartilham tanto do material biológico quanto dos custos financeiros que envolvem o procedimento".[10]

A interpretação do dispositivo nos remete a pensar que, realizando o tratamento das demandantes paralelamente, seriam o profissional médico e a equipe multidisciplinar em saúde os responsáveis por identificar possível situação de compartilhamento de oócitos, já que é necessário ter acesso a dados médicos das partes envolvidas nos procedimentos.

Observa-se que a doação compartilhada demanda atuação positiva do médico assistente, que, na resolução, tem responsabilidade de escolher as doadoras de oócitos, nos casos de doação compartilhada, de modo que, "dentro do possível",

---

10. CFM. *Resolução CFM 2.320/2022*. Adota normas éticas para a utilização de técnicas de reprodução assistida. Disponível em: https://sistemas.cfm.org.br/normas/arquivos/resolucoes/BR/2022/2320_2022. pdf. Acesso em: 23 fev. 2023.

[...] "deve selecionar a doadora que tenha a maior semelhança fenotípica com a receptora, que deve dar sua anuência à escolha".[11]

Algumas questões merecem ser pontuadas a partir do regramento deontológico destinado à doação compartilhada. A primeira delas é o fato de que, se cabe ao médico assistente escolher a doadora com base no perfil fenotípico semelhante ao da receptora, é fundamental a clareza no processo informacional, ou seja, a semelhança não é um fator matemático, até porque a genética não pode ser concebida como uma certeza, mas, sim, como probabilidade. A tarefa da escolha nem sempre poderá ser feita dentro de um molde ideal que culmine num encaixe fenotípico perfeito. Isso precisa ficar evidente durante o diálogo que deve preceder à assinatura do termo de consentimento livre e esclarecido.

Outra questão a ser esclarecida está na troca. Na prática, a doação compartilhada ocorre quando determinada demandante doará óvulos para a outra demandante, que será responsável por custear, certamente, parte do tratamento da doadora. Há quem conceba a doação compartilhada como uma forma de admissibilidade da mercantilização do processo procriativo, não prevalecendo esse entendimento na atualidade.

A outra situação a ser considerada é a de que a doação aconteça entre amigos ou conhecidos. Não raras as vezes, ouvimos questionamentos quanto à possibilidade de que um amigo (que naturalmente aceitou a condição de doador de sêmen) pudesse ser a escolha da doadora, o que, portanto, não evidenciaria uma doação anônima e nem uma doação entre parentes. Como premissa, não há lei ordinária que proíba essa doação, mas, ao mesmo tempo, não é procedimento com previsão no regramento deontológico.

Neste caso, não se trata, também, da conjunção carnal programada pera gerar gravidez monoparental ou da chamada inseminação caseira, situações que trataremos no último capítulo. Aqui, trazemos a situação em que um amigo ou uma amiga é voluntária(o) para ser doador(a) por meio de clínica especializada e, portanto, atendendo ao regramento em que todas elas estão submetidas.

Entendemos que a inexistência de lei que proíba a doação de gametas entre amigos ou conhecidos corrobora a possibilidade de que a mesma seja feita, ainda que, para isso, seja necessário judicializar, para obtenção da autorização judicial, já que é uma situação não prevista pelas regras do CFM.

---

11. CFM. *Resolução CFM 2.320/2022*. Adota normas éticas para a utilização de técnicas de reprodução assistida. Disponível em: https://sistemas.cfm.org.br/normas/arquivos/resolucoes/BR/2022/2320_2022.pdf. Acesso em: 23 fev. 2023.

É relevante ressaltar que a doação entre amigos, num contexto assistido de reprodução, onde há um contrato que estipula regras entre as partes, tem como consequência, também, o estabelecimento do vínculo de filiação ao(s) demandantes(s) do projeto parental, não cabendo o direito de arrepender-se da doação. A interpretação quanto à filiação será a mesma pertinente aos projetos parentais com doação anônima de gametas e embriões ou por parentes, não se podendo pensar em arrependimento posterior.

Nesse contexto, abre-se a possibilidade de que o(a) doador(a) de gameta, em comum acordo com a(o) demandante do projeto parental, figure como progenitor(a), consolidando-se a multiparentalidade. Em caso de conflito de vontades, há que prevalecer o que foi disposto no contrato. Tome-se o exemplo de um casal homoafetivo feminino, que recebeu a doação de sêmen de um amigo, ficando estipulado que o mesmo não integraria o projeto parental como genitor. Passado algum tempo, o casal resolveu admitir uma terceira pessoa, qual seja o amigo doador, como pai da criança nascida, alterando-se o registro de nascimento da mesma.

6.3 O PROBLEMA DO CRITÉRIO SELETIVO DO DOADOR

Antes de adentrar às considerações sobre os parâmetros que orientam (e os que deveriam orientar) as escolhas de doadores e doadoras, em casos de procedimentos heterólogos, vale a informação de que as práticas capazes de exarar algum tipo de seleção reprodutiva não se esgotam nessa modalidade de procriação. O domínio dos recursos e das informações usadas, hoje, no âmbito dos processos de reprodução medicamente assistida descortinou a importante preocupação com as práticas seletivas que podem conduzir a demanda.

Optamos por abordar no capítulo 7 as escolhas seletivas decorrentes de diagnósticos genéticos para procriação, considerando as discussões que se situam no campo da eugenia e da neoeugenia. Aqui, como decorrência da abordagem da doação de gametas e embriões, vamos pontuar questões sobre os critérios que direcionam a escolha do genitor e/ou genitora.

Sem nenhuma previsão legal sobre práticas seletivas, a questão tem ponto de partida na Resolução CFM 2.230/2022, que afirma que "as técnicas de reprodução assistida não podem ser aplicadas com a intenção de selecionar o sexo (presença ou ausência de cromossomo Y) ou qualquer outra característica biológica da criança, exceto para evitar doenças no possível descendente".[12]

---

12. CFM. *Resolução CFM 2.320/2022*. Adota normas éticas para a utilização de técnicas de reprodução assistida. Disponível em: https://sistemas.cfm.org.br/normas/arquivos/resolucoes/BR/2022/2320_2022.pdf. Acesso em: 23 fev. 2023.

A previsão ora exposta não está exclusivamente relacionada aos projetos parentais de natureza heteróloga, funcionando como comando geral que deve ser seguido, com o objetivo de limitar condutas com vieses questionáveis, seja pela vontade de selecionar o sexo da criança ou de escolher alguma característica biológica para prevalência. Como dito, no capítulo seguinte, esclareceremos algumas questões que podem apontar o estado atual do conhecimento em genética, capaz de permitir a identificação de alguns caracteres que, por vezes, povoam o imaginário de algumas pessoas em busca de um filho ou uma filha ideal. De pronto, é importante já sinalizar que a informação de natureza genética é compreendida pelo olhar da probabilidade e não é a resposta definitiva para expectativas erroneamente alimentadas sobre a perfeição da prole.

A generalidade do comando anterior da resolução não resolve o problema dos critérios que devem conduzir escolhas de doadores e/ou doadoras para um projeto parental que demande sêmen, óvulos ou embriões, permanecendo a carência de direcionamento.

Avançando no comando deontológico, dentro do capítulo sobre doação de gametas ou embriões, a resolução dispõe que "a escolha das doadoras de oócitos, nos casos de doação compartilhada, é de responsabilidade do médico assistente. Dentro do possível, o médico assistente deve selecionar a doadora que tenha a maior semelhança fenotípica com a receptora, que deve dar sua anuência à escolha".[13]

Aqui, surge a necessidade de novos esclarecimentos. A resolução optou apenas por estabelecer direcionamento para a escolha da doadora de óvulos nos casos em que ocorrerá a doação compartilhada (compartilhamento de óvulos e custos entre as demandantes), preocupando-se apenas com a situação em que caberá ao especialista, por conhecer e lidar com as envolvidas, efetivar a escolha pautada na maior semelhança fenotípica entre elas.

Como ponto crítico inicial, não restou clara a opção do conselho ao restringir considerações sobre a seleção apenas aos casos de doação de óvulos em sua modalidade compartilhada. Doação de gametas ou embriões podem ocorrer em contextos muito distintos, o que inclui a doação de sêmen e doações de óvulos ou embriões em que não há a intenção de estabelecer a modalidade compartilhada, como antes já explicado.

Na tentativa de compreender a restrição, seguimos com a previsão deontológica que estabelece que a "responsabilidade pela seleção dos doadores é

---

13. CFM. *Resolução CFM 2.320/2022*. Adota normas éticas para a utilização de técnicas de reprodução assistida. Disponível em: https://sistemas.cfm.org.br/normas/arquivos/resolucoes/BR/2022/2320_2022.pdf. Acesso em: 23 fev. 2023.

exclusiva dos usuários quando da utilização de banco de gametas ou embriões".[14] Tratou a resolução aqui de apartar as situações que podem envolver doação de gametas e embriões: uma, a que tem natureza compartilhada e, portanto, será realizada pelo médico assistente da clínica; a outra quando envolver um banco de gametas e embriões, onde apenas o(s) demandante(s) (ou usuário(s)) é(são) o(s) responsável(is) pela escolha dos doadores.

Seriam, nesse último caso, os demandantes, então, destinados a fazer um contrato apartado com o banco de doação? Não seria um contrato coligado, já que estabelecido dentro do contexto assistido de reprodução? As clínicas não participam das tratativas e não fazem a intermediação do serviço com, no mínimo, a indicação do banco? A quem caberia estabelecer os parâmetros para escolher os doadores nesses casos? A que conselho de classe os profissionais que atuam nos bancos de gametas e embriões estão subordinados?

A separação das duas situações, evidenciando parâmetros distintos para escolhas que devem ser pautadas pelos mesmos critérios, parece, no mínimo, estranha. Esperado seria a existência de previsão normativa para direcionar o critério seletivo não restrito às situações de doação de óvulos sob o tipo compartilhado. Não há razão que justifique porque somente em circunstância como essa houve a preocupação com a escolha do padrão fenotípico da doadora e sua compatibilidade com a receptora. E quanto ao sêmen doado? Qual é o critério para escolher o doador? E os embriões? Quais são os critérios para direcionar a escolha das pessoas que geraram os embriões? E se for doação de óvulos sem interesse na modalidade compartilhada?

Como já visto, a reprodução de natureza heteróloga demandará o uso de material genético doado, o que necessita escolher doadores e/ou doadoras de gametas ou embriões. Na medida em que inexista orientação normativa sobre esse tipo de escolha, pode-se concluir que a lacuna corrobora a facilitação de muitas práticas seletivas.

Comecemos pela doação compartilhada, em que a resolução afirmou que a escolha da doadora, "dentro do possível", obedecerá à maior semelhança fenotípica da receptora ou casal que demandou o projeto reprodutivo. Ainda que pensado no âmbito da doação compartilhada, a ideia de "dentro do possível" nos leva "à possibilidade de que não seja, de fato, viável a manutenção do padrão fenotípico do casal ou da pessoa solteira que movimentou o aparato parental",[15] deixando

---

14. CFM. *Resolução CFM 2.320/2022*. Adota normas éticas para a utilização de técnicas de reprodução assistida. Disponível em: https://sistemas.cfm.org.br/normas/arquivos/resolucoes/BR/2022/2320_2022.pdf. Acesso em: 23 fev. 2023.

15. MEIRELLES, Ana Thereza. *Neoeugenia e reprodução humana artificial*: Limites éticos e jurídicos. Salvador: Editora JusPodivm, 2014.

CAPÍTULO 6 • A PROCRIAÇÃO QUANTO À ORIGEM DOS GAMETAS **137**

a escolha à conveniência do que for possível ou, também, à margem da vontade dos envolvidos, consoante a existência de diferentes potenciais doadoras. Nesse cenário, não custa relembrar que é o profissional médico o responsável pela condução da escolha do padrão fenotípico para proceder à doação, já que não há o uso de bancos de gametas em casos de doações compartilhadas.

Não podemos deixar de considerar que a prática da doação de material germinativo no Brasil é pouco existente, levando em conta o raso conhecimento da população em geral sobre o processo e o receio alimentado pelo medo da constituição de filiação, fatores que colimam na restrição da disponibilidade de material biológico doado por brasileiros e brasileiras.

Retomamos as questões que podem envolver a seleção de doadores e doadoras, para constituição de projetos heterólogos de procriação, lembrando de algumas alterações deontológicas promovidas pelo CFM ao longo dos últimos 15 anos. A Resolução CFM 2013/2013 estabeleceu comando mais inclusivo quando determinou que "a escolha dos doadores é de responsabilidade da unidade. Dentro do possível, deverá garantir que o doador tenha a maior semelhança fenotípica e imunológica e a máxima possibilidade de compatibilidade com a receptora".[16] O comando de 2013 não apontou parâmetros seletivos seguros para que a escolha pudesse se afastar, o mais profundamente possível, de fundamentos neoeugênicos, ligados, por exemplo, à cor da pele, tipo de cabelo, cor de olhos e outros atributos físicos, psíquicos e intelectuais, mas, contemplou a responsabilidade da unidade na escolha dos doadores, sem restringir a orientação do padrão aos casos em que ocorrem o procedimento compartilhado.

A vigente Resolução CFM 2.320/2022 buscou segmentar as situações que podem envolver a doação de gametas atribuindo a escolha ao médico nos casos de doação compartilhada (a doadora e a receptora compartilham tanto do material biológico quanto dos custos financeiros que envolvem o procedimento) e afastando a tarefa do mesmo quando houver uso de banco de gametas. Alguns esclarecimentos merecem lembrança e destaque. Sempre que a doação se der no contexto compartilhado, é o médico o responsável por avaliar doadores e receptores, consoante o fato de que ambos devem estar na concomitância do tratamento procriativo. Nos casos em que a procriação não seja por doação compartilhada, mas por uso de óvulo ou sêmen de doador desconhecido por meio de um banco de gametas, segundo a resolução, não haverá responsabilidade na seleção de doadores pelo médico assistente, mas dos usuários que optaram pelo procedimento.

---

16. CFM. *Resolução CFM 2.013/2013*. Adota as normas éticas para a utilização das técnicas de reprodução assistida, anexas à presente resolução, como dispositivo deontológico a ser seguido pelos médicos e revoga a Resolução CFM 1.957/10. Disponível em: portal.cfm.org.br/images/PDF/resoluocfm%20 2013.2013.pdf. Acesso em: 17 ago. 2023.

Na toada do comando deontológico, seriam, então, os usuários e os bancos os responsáveis pela escolha dos doadores, situação que não foi disciplinada nem pela resolução nem por disposição normativa ordinária em vigência.

A escolha de doadores está diretamente relacionada à proteção da diversidade biológica e genética, advinda da tutela constitucional do patrimônio genético humano. Para que essa realidade seja contemplada, a reprodução de natureza heteróloga deve assemelhar-se, o máximo possível, à procriação natural, que revela um encontro de gametas legado ao acaso, ou seja, um projeto parental não manipulado e traduzido pela causalidade genética, fruto de um encontro entre dois patrimônios genéticos distintos. Para que o acaso genético possa se manter revelado, se o procedimento heterólogo for escolhido, a busca do padrão fenotípico do doador ou doadora deve ser orientada pela manifestação do padrão fenotípico do receptor, receptora ou casal que demandou a reprodução. Isso se aplica a casais heteroafetivos, homoafetivos, viúvas(os) e solteiras(os).

As razões que justificam a busca pela manutenção da semelhança à procriação natural, quanto à revelação da causalidade genética, estão no fato de que a escolha das características do doador não pode se institucionalizar como um verdadeiro "processo seletivo" de seres humanos, embasado em critérios que exalam perspectivas discriminatórias e segregacionistas. Clínicas de reprodução humana e bancos de gametas, responsáveis pela captação de doadores e uso do material biológico doado, devem consolidar o compromisso com o respeito ao padrão natural de manifestação fenotípica da espécie humana. Não partilhamos da ideia de que a decisão pela escolha das características do doador deva ser guiada pela simples manifestação de vontade do casal ou da pessoa demandante.[17]

Os demandantes do projeto assistido com doação de gametas devem, sim, ser devidamente esclarecidos quanto à forma de escolha adotada, em consonância à ética, e, também, quanto às implicações e riscos decorrentes do procedimento, já que não se tem como garantir a consolidação exata de nenhum padrão fenotípico, ainda que a semelhança entre doadores e destinatários tenha sido o vetor para guiar a escolha.

Fixamos o entendimento de que a forma heteróloga da procriação deve aglutinar justificativas, quais sejam, as necessidades motivadas pela infertilidade e esterilidade; os indicadores de probabilidade de transmissões de doenças hereditárias predominantes na família; e, naturalmente, também, os impedimentos pessoais que envolvem projetos assistidos almejados por solteiros, viúvos, divorciados e homoafetivos.

---

17. MEIRELLES, Ana Thereza. *Neoeugenia e reprodução humana artificial*: Limites éticos e jurídicos. Salvador: Editora JusPodivm, 2014.

6.4 GRATUIDADE

A discussão quanto a gratuidade precisa ser compreendida a partir do prisma da Constituição da República de 1988, da Lei 9.434/1997, que regulamenta a doação de órgãos e tecidos humanos para fins de transplante, da Lei 11.105/2005, conhecida como Lei de Biossegurança, e a norma deontológica do CFM (Resolução CFM 2.320/2022), que dispõe sobre reprodução humana assistida.

O parágrafo 4º do artigo 199 da Constituição da República determina que "a lei disporá sobre as condições e os requisitos que facilitem a remoção de órgãos, tecidos e substâncias humanas para fins de transplante, pesquisa e tratamento, bem como a coleta, processamento e transfusão de sangue e seus derivados, sendo vedado todo tipo de comercialização".[18] Disso decorre que a Constituição não conferiu previsão específica sobre a comercialização de gametas (esperma e óvulo) e embriões, ficando a questão a ser disciplinada por legislações ordinárias.

Ainda interpretando o conteúdo do artigo da Constituição, Brunello Stancioli afirma que os óvulos "não são órgãos, nem tecidos, nem sangue ou derivados. Talvez sejam "substâncias humanas". O termo é absolutamente impreciso, quase pré-moderno".[19] Ou seja, a previsão é imprecisa, não sendo possível afirmar o que está contido dentro da ideia de substâncias humanas e o que está fora.

A discussão é também tratada pela Lei 11.105/2005, não sem controvérsias. O parágrafo 3º do artigo 5º proíbe a comercialização de material biológico referido no *caput*. O artigo disciplina a possibilidade de utilização de células-tronco obtidas de embriões humanos para fins de pesquisa e terapia, não fazendo qualquer alusão à utilização de gametas. Assim, claro está que a proibição da comercialização de gametas não foi regulamentada pela Lei de Biossegurança.[20]

Ao vedar a comercialização do material biológico (embriões), o parágrafo 3º do artigo 5º da Lei de Biossegurança faz remissão ao artigo 15 da Lei n. 9.434/1997.

A Lei 9.434/1997 faz uso do termo "doação", que é o modelo jurídico contratual adequado para praticar atos de liberalidade.[21] A lei exclui, expressamente,

---

18. BRASIL. *Constituição da República Federativa do Brasil*. 1988. Disponível em: https://www.planalto. gov.br/ccivil_03/constituicao/constituicao.htm. Acesso em: 02 jul. 2023.
19. STANCIOLI, Brunello. *Lei não prevê crime para venda de óvulos*. 2013. Disponível em: https://www. conjur.com.br/2013-abr-28/brunello-stancioli-lei-nao-preve-crime-venda-ovulos/#:~:text=Logo% 2C%20n%C3%A3o%20h%C3%A1%20crime%20previsto,ter%C3%A1%20fins%20lucrativos%20 ou%20comerciais. Acesso em: 10 jan. 2024.
20. Esse complexo tema é abordado no livro de OLIVEIRA, Lucas Costa de. *Gametas como mercadorias. A superação dos desafios ético-jurídicos da comodificação de gametas humanos*. Indaiatuba, SP: Editora Foco, 2023.
21. SÁ, Maria de Fátima Freire de; LIMA, Taisa Maria Macena de. Gestação de substituição: Entre autonomia e vulnerabilidade. *VirtuaJus*, Belo Horizonte, v. 3, n. 4, p. 29, 1º sem. 2018.

de sua incidência o sangue, o esperma e o óvulo, conforme parágrafo único do artigo 1º. A exclusão dos gametas pela previsão normativa se justifica dado que o objetivo da lei não é conferir disciplina jurídica à reprodução humana assistida, corroborando o entendimento de que o assunto deve ser regulamentado por legislação ordinária específica.

Esse cenário nos leva à conclusão de que proibição não há para a compra e venda de gametas, já que nenhuma lei ordinária incluiu tal possibilidade.

Lado outro, a Resolução CFM 2.320/2022 afirma que a doação não pode ter caráter lucrativo ou comercial. Algumas considerações se fazem necessárias a partir das circunstâncias que podem envolver o uso de gametas estranhos ao casal ou à pessoa que buscou a técnica.

Como sabido, para que o uso de gametas doados possa ser concretizado, existem custos para a coleta, a preservação e, em alguns casos, a importação. Tudo isso tem um preço que, naturalmente, é repassado ao(s) demandante(s).

Nesse sentido, vale as palavras de Brunello Stancioli:

> Curioso. Pode-se pagar (e paga-se bem!) pelos remédios associados ao processo. Pela fertilização in vitro. Pela qualidade do embrião (Diagnóstico Genético Pré-Implantatório). Pelo implante dos embriões. Pelo acompanhamento da gestação. Pelo parto. Quem não pode receber nada por esse processo? A doadora. Não há coerência.[22]

Já nos manifestamos em outras ocasiões sobre a impossibilidade de normas deontológicas limitarem o exercício de direitos fundamentais. Nesse sentido, o cenário acima descrito impõe o reconhecimento de que não há previsão legal para obstar a compra e a venda de gametas. O mesmo não se pode dizer quanto aos embriões, posto que a proibição é clara na Lei de Biossegurança.

Na oportunidade, vale destacar a decisão da 8ª Câmara de Direito Público do Tribunal de Justiça do Estado de São Paulo,[23] que deu provimento ao agravo de instrumento interposto pela empresa Feher Serviços LTDA que contestava a decisão da 10ª Vara da Fazenda Pública da Comarca de São Paulo que indeferiu tutela de urgência em mandado de segurança.

O tema versou sobre a incidência (ou não) do Imposto sobre Circulação de Mercadorias e Serviços (ICMS) referente à importação de sêmen humano.

---

22. STANCIOLI, Brunello. *Lei não prevê crime para venda de óvulos*. 2013. Disponível em: https://www.conjur.com.br/2013-abr-28/brunello-stancioli-lei-nao-preve-crime-venda-ovulos/#:~:text=Logo%2C%20n%C3%A3o%20h%C3%A1%20crime%20previsto,ter%C3%A1%20fins%20lucrativos%20ou%20comerciais. Acesso em: 10 jan. 2024.
23. SÃO PAULO. TRIBUNAL DE JUSTIÇA DO ESTADO DE SÃO PAULO. 8ª Câmara de Direito Público. Agravo de Instrumento 2194127-40.2019.8.26.0000. Relator: José Maria Câmara Junior. São Paulo, 19 de fevereiro de 2020.

Segundo a empresa, o sêmen humano não pode ser considerado mercadoria porquanto sua comercialização é vedada pela legislação brasileira. Além disso, destacou a proibição do caráter lucrativo ou comercial do material genético previsto nas resoluções do CFM.

Reconhecendo a plausibilidade das alegações da empresa, a 8ª Câmara concedeu a tutela de urgência para evitar a cobrança do ICMS sobre futuras importações de sêmen. O acórdão destacou, ainda, que a reversão da decisão não prejudicaria o Fisco, que poderia promover a cobrança de eventuais créditos tributários surgidos durante a eficácia da decisão provisória.

6.5 ASCENDÊNCIA GENÉTICA

A proteção aos direitos da personalidade encontra guarida na Constituição da República de 1988, por meio de previsões esparsas, e no Código Civil de 2002, que disciplinou o assunto de maneira específica entre os artigos 11 a 21. A complexidade que envolve as discussões sobre esses direitos tornou o tema um dos mais desafiadores do direito civil, na medida em que assenta na busca pela proteção de esferas da individualidade humana, nem sempre fáceis de identificar e de compreender. Explica-se. A margem subjetiva da construção das individualidades afere-se quando da revelação de atributos, características e prerrogativas que pertencem a cada pessoa, sempre difíceis de serem submetidas a uma única visão interpretativa ou universal. O que pode ser essencial ao desenvolvimento de uma personalidade pode ser naturalmente dispensável a outra, atestando-se quão árdua pode ser a universalização de uma ideia sobre o que deva ser concebido como um direito dessa natureza.

Esse cenário remete à adequada noção de que os direitos da personalidade não são *numerus clausus*, ou seja, se buscam a proteção plena da personalidade humana, estão em natural expansão e dispensam qualquer tentativa de taxatividade por lei. Nesse caminho, também contemplam o desenvolvimento social e as potenciais possibilidades de evolução da ciência. Esse reconhecimento da noção expansiva alinha-se à concepção da perspectiva aberta do Direito (ou do sistema jurídico),[24] consoante ao fato de que novos conhecimentos científicos desembocam consequências ligadas ao sentido de personalidade humana, como percebe-se nos atuais conceitos de identidade genética, intimidade genética e não discriminação genética.

---

24. *Cf.* proposta de HÄBERLE, Peter. *Hermenêutica Constitucional*: a sociedade aberta de intérpretes da constituição: contribuição para a interpretação pluralista e 'procedimental' da Constituição". Trad. Gilmar Mendes. Porto Alegre: Sergio Antônio Fabris Editor, 2002.

Aqui, a discussão está relacionada à noção de identidade genética,[25] que, para parte da doutrina, se revela por meio de três perspectivas distintas: o direito de não ser clonado, conservando-se a irrepetibilidade do patrimônio genético de cada pessoa nascida; o direito de conhecer (ou acessar) a respectiva origem genética, em casos de reprodução assistida com doação de material genético (circunstância que nos interessa); ou, ainda, para se referir ao direito de conhecimento do ascendente biológico, através da realização de um exame de DNA, que é prova para a constituição de filiação.

Focando o cerne da doação de gametas na reprodução assistida, passemos à discussão sobre a existência do direito de conhecer a ascendência genética, considerando, como já dito, que o contrato pressupõe cláusula de anonimato, com o objetivo de afastar a possibilidade de conhecimento do doador, seja pelos demandantes do projeto parental heterólogo ou pelo futuro filho. Parte da doutrina questiona a legalidade da cláusula com lastro no direito à identidade pessoal (e genética) do indivíduo,[26] possuidor da prerrogativa de conhecer a sua origem biológica, ainda que disso não decorram consequências jurídicas relacionadas à filiação e à sucessão.[27]

Passemos a compreender os argumentos que conformam a defesa do direito ao conhecimento da origem genética. Para Pietro Perlingieri,[28] toda pessoa tem o direito a conhecer suas próprias origens, que não se esgota na esfera genética, mas culturais e sociais, por serem fatores que podem influenciar na formação de cada ser. O autor afirma que o patrimônio genético não é elemento indiferente ao futuro e às condições de vida nas quais a pessoa desenvolva a sua existência.

No mesmo caminho, outros argumentos apontam para os efeitos práticos do direito de conhecer a origem genética, tais como evitar o incesto; viabilizar a aplicação dos impedimentos para o casamento; prever ou evitar doenças hereditárias; além de outras razões que possam ter vinculação à saúde. Também se defende o conhecimento motivado pela legítima curiosidade pessoal, tendo em vista o fato de que a descoberta da origem genética é fator fundante de todo ser humano, corroborando o livre desenvolvimento da personalidade.[29]

---

25. *Cf.* PETTERLE, Selma Rodrigues. *O Direito Fundamental à Identidade Genética na Constituição Brasileira.* Porto Alegre: Livraria do Advogado, 2007; AHMAD, Roseli Borin Ramadan. *Identidade genética e exame de DNA.* Curitiba: Juruá, 2009.
26. *Cf.* DONIZETTI, Leila. *Filiação Socioafetiva e Direito à Identidade Genética.* Rio de Janeiro: Lumen Juris, 2007.
27. Sobre o assunto, ver NETTO LOBO, Paulo Luiz. Direito ao estado de filiação e direito à origem genética: uma distinção necessária. *Revista CEJ,* Brasília, n. 27, out.-dez. 2004.
28. PERLINGIERI, Pietro. *Perfis do direito civil.* 2. ed. Rio de Janeiro: Renovar, 2002, p. 117.
29. SÁ, Maria de Fátima Freire de. La donación de gametos y el anonimato de los donantes. *Revista de Derecho y Genoma Humano,* Bilbao, v. 40, p. 195-216, 2014.

CAPÍTULO 6 • A PROCRIAÇÃO QUANTO À ORIGEM DOS GAMETAS

O outro lado da discussão parte do argumento de que as doações de gametas ocorrem muito em razão da garantia do sigilo da identidade do doador. A doação de gametas, consoante a regulamentação deontológica vigente, tem caráter altruísta e intuito de ajudar casais (ou pessoas sozinhas) que não conseguem procriar naturalmente. O ato de doar gametas tem origem em associação ao direito à intimidade e ao anonimato do doador, que não será considerado pai da criança que nascerá.[30] O estado de filiação é situação vinculada ao direito de família e o direito ao conhecimento da origem genética vincula-se ao direito da personalidade, o que, portanto, evidenciam sentidos distintos, já que "as normas de regência e os efeitos jurídicos não se confundem nem se interpenetram".[31]

Questionamentos relevantes surgem do panorama apontado. Em que consiste conhecer a origem genética? Significa saber a identidade do doador ou doadora do material genético usado? Significa ter acesso a informações clínicas e médicas do doador, mas com restrição a dados que possam identificá-lo? Sobre os dados médicos do doador, que são dados sensíveis, qual margem de proteção deve ser resguardada?

Algumas premissas se fazem importantes de pronto. Firmamos o entendimento de que não se pode ter como pretensão o uso abusivo e indiscriminado do direito ao conhecimento da origem genética, devendo-se considerar que nada pode obrigar uma pessoa a ser contactada por outra, ou seja, doadores não devem ser compelidos, nem mesmo judicialmente, a receberem uma visita de alguém que nasceu da doação do seu material genético, tão pouco devem ser obrigados a construírem com o nascido algum tipo de relação. A premissa que firmamos elege como ponto de partida o fato de que reconhecer o direito de acessar a ascendencia genética demanda a construção de parâmetros que exarem limites para a proteção de outros direitos envolvidos, como os que estão relacionados às esferas de intimidade e de privacidade dos doadores.

Aqui, aproveitamos para apontar entendimento que corrobora melhor a proposta que defendemos. A ideia de conhecer algo está mais próxima de uma noção de aparição, surgimento e materialidade pessoal, que se concretiza por meio das relações sociais, ou seja, conhecendo, de fato, a pessoa que fez a doação. Não coadunamos com o sentido de que "conhecer" possa ser o verbo mais adequado para exarar o direito em voga. Sugerimos o uso do termo "acessar", já que a proposta é que o nascido pela doação possa ter acesso às informações genéticas do seu ascendente, afastando a ideia da existência de um direito a conhecê-lo.

---

30. SÁ, Maria de Fátima Freire de. La donación de gametos y el anonimato de los donantes. *Revista de Derecho y Genoma Humano*, Bilbao, v. 40, p. 195-216, 2014.

31. NETTO LOBO, Paulo Luiz. Direito ao estado de filiação e direito à origem genética: uma distinção necessária. *Revista CEJ*, Brasília, n. 27, p. 53, out.-dez. 2004.

Para uma abordagem aprofundada da discussão, vejamos como o assunto foi disciplinado no Brasil e em alguns países. No Brasil, não custa lembrar que a Resolução CFM 2.320/2022 determina que as doações realizadas por não parentes possuem o pré-requisito do anonimato, afastando a possibilidade de acessar as informações. Estabelece, no entanto, que, "em situações especiais, informações sobre os doadores, por motivação médica, podem ser fornecidas exclusivamente aos médicos, resguardando a identidade civil do(a) doador(a)".[32]

Da interpretação do regramento deontológico podemos apontar algumas considerações. A primeira é a de que a resolução não reconhece o direito de acessar as informações genéticas do doador pelo indivíduo nascido, mantendo a regra de que será esse tipo de doação alicerçada no elemento do sigilo. A segunda é a de que a exceção ao anonimato somente é reconhecida por motivação de natureza terapêutica e está restrita ao conhecimento de informações genéticas apenas ao(s) médico(s) assistente(s) do indivíduo. É evidente, também, que a resolução rechaça qualquer possibilidade de conhecimento da identidade civil do doador, ainda que a motivação tenha fulcro em justificativa médica.

A ausência de qualquer previsão sobre o tema no Código Civil colabora para que a discussão desemboque em conteúdo do Estatuto da Criança e do Adolescente (ECA – Lei 8.069/1990), precisamente em seu artigo 48. O ECA afirma que "o adotado tem direito de conhecer sua origem biológica, bem como de obter acesso irrestrito ao processo no qual a medida foi aplicada e seus eventuais incidentes, após completar 18 (dezoito) anos".[33]

A previsão de que o adotado, aos 18 anos, possa conhecer sua identidade biológica (ou genética) tem o condão de estender o mesmo direito ao nascido por doação de material genético? A justificativa, que se baseia no direito à identidade pessoal em casos de adoção, não deveria ser a mesma para os casos de reprodução assistida heteróloga, ainda que os projetos parentais tenham formas diferentes? O silêncio do Código Civil e a ausência de legislação ordinária específica favorecem a aproximação da discussão com a previsão contida no ECA.

A expansão do uso da técnica da reprodução heteróloga culminou em disciplina normativa por alguns países, que passamos a explicar.

---

32. CFM. *Resolução CFM 2.320/2022*. Adota normas éticas para a utilização de técnicas de reprodução assistida. Disponível em: https://sistemas.cfm.org.br/normas/arquivos/resolucoes/BR/2022/2320_2022.pdf. Acesso em: 23 fev. 2023.
33. BRASIL. *Lei 8.069*, de 3 de julho de 1990. Estatuto da criança e do adolescente. Disponível em: https://www.planalto.gov.br/ccivil_03/leis/L8069.htm. Acesso em: 09 jul. 2023.

Na América do Sul, a Argentina regulamentou o assunto por meio da Lei 26.862/2013, Lei Nacional de Fertilização Humana Assistida,[34] que reconhece que toda pessoa capaz, maior de idade e com o consentimento informado pode submeter-se ao uso das técnicas de reprodução humana assistida. Em casos de doação de gametas, prevê a legislação que o acesso à informação clínica somente ocorrerá diante de risco de morte e de saúde da pessoa nascida, que pode, por si mesma ou por meio de seu representante legal, solicitar que a clínica entre em contato com o doador pedindo ao mesmo autorização para disponibilizar o acesso aos seus dados clínicos. Se o doador for falecido, o pedido deverá ser dirigido aos seus familiares (ascendentes, descendentes ou cônjuge). A lei ressalva a possibilidade de revelação da identidade do doador e dos familiares. O consentimento do doador ou da família dele autorizará apenas o fornecimento dos dados clínicos, excluindo aqueles que possam eventualmente revelar a identidade do seu titular, descendentes, ascendentes ou cônjuges. A recusa do doador quanto ao fornecimento dos dados não ocasionará consequências jurídicas, cabendo ao interessado propor ação judicial expondo as motivações que possam justificar o pedido. Caberá ao juiz avaliar a situação em concreto, convocando o doador para melhor decidir.[35]

O Código Civil e Comercial da Argentina, de 2015, trouxe um capítulo específico sobre a filiação decorrente do uso de técnicas de RHA, autorizando o acesso às informações sobre a identidade do doador, por razões devidamente fundadas, mediante autorização judicial, corroborando o que diz a lei de 2013.[36]

---

34. ARGENTINA. *Ley 26.862/2013*. Acceso integral a los procedimientos y técnicas médico-asistenciales de reproducción médicamente asistida. Disponível: https://www.argentina.gob.ar/normativa/nacional/ley-26862-216700/texto. Acesso em: 5 jan. 2024.

35. SÁ, Maria de Fátima Freire de. La donación de gametos y el anonimato de los donantes. *Revista de Derecho y Genoma Humano*, Bilbao, v. 40, p. 195-216, 2014.

36. *Capítulo 2. Reglas generales relativas a la filiación por técnicas de reproducción humana asistida.*
Artículo 560. Consentimiento en las técnicas de reproducción humana asistida. El centro de salud interviniente debe recabar el consentimiento previo, informado y libre de las personas que se someten al uso de las técnicas de reproducción humana asistida. Este consentimiento debe renovarse cada vez que se procede a la utilización de gametos o embriones.
Artículo 561. Forma y requisitos del consentimiento. La instrumentación de dicho consentimiento debe contener los requisitos previstos en las disposiciones especiales, para su posterior protocolización ante escribano público o certificación ante la autoridad sanitaria correspondiente a la jurisdicción. El consentimiento es libremente revocable mientras no se haya producido la concepción en la persona o la implantación del embrión.
Artículo 562. Voluntad procreacional. Los nacidos por las técnicas de reproducción humana asistida son hijos de quien dio a luz y del hombre o de la mujer que también ha prestado su consentimiento previo, informado y libre en los términos de los artículos 560 y 561, debidamente inscripto en el Registro del Estado Civil y Capacidad de las Personas, con independencia de quién haya aportado los gametos.
Artículo 563. Derecho a la información de las personas nacidas por técnicas de reproducción asistida. La información relativa a que la persona ha nacido por el uso de técnicas de reproducción humana asistida con gametos de un tercero debe constar en el correspondiente legajo base para la inscripción del nacimiento.

No Uruguai, a Lei de n. 19.167 de 2013[37] disciplina a reprodução humana assistida e preceitua que as técnicas podem ser usadas por todas as pessoas como principal metodologia terapêutica para tratar a infertilidade, incluindo casais e mulheres, independentemente do seu estado civil. Na lei, a doação deve ser anônima e altruísta, garantindo-se a confidencialidade dos dados de identidade dos doadores. O anonimato do doador é a regra, mas a lei prevê a possibilidade de ser revelada a sua identidade, mediante decisão judicial, quando o nascido ou seus descendentes solicitarem ao juiz. Importante pontuar que a lei não especifica as situações que podem viabilizar o pedido, mas afirma que a informação, em nenhuma hipótese, implicará na publicidade da identidade dos doadores e não produzirá nenhum efeito jurídico quanto à filiação. A legislação uruguaia tem o cuidado de prever os ritos do processo quanto ao pedido de acesso aos dados

---

Artículo 564. Contenido de la información. A petición de las personas nacidas a través de las técnicas de reproducción humana asistida, puede: a) obtenerse del centro de salud interviniente información relativa a datos médicos del donante, cuando es relevante para la salud; b) revelarse la identidad del donante, por razones debidamente fundadas, evaluadas por la autoridad judicial por el procedimiento más breve que prevea la ley local. (ARGENTINA. *Código Civil de la República Argentina*. Disponível em: https://www.oas.org/dil/esp/codigo_civil_de_la_republica_argentina.pdf. Acesso em: 11 jan. 2024).

37. *Artículo 12 (Donación de gametos). La donación de gametos se realizará en forma anónima y altruista, debiendo garantizarse la confidencialidad de los datos de identidad de los donantes sin perjuicio de lo establecido en el artículo 21 de la presente ley. La donación se autorizará por escrito con expreso consentimiento informado del o la donante y será revocable cuando estos necesitasen para sí los gametos donados. El número máximo de gametos provenientes de un mismo donante a ser utilizados será determinado por la reglamentación.*

Artículo 21 (Identidad del donante). La identidad del donante será revelada previa resolución judicial cuando el nacido o sus descendientes así lo soliciten al Juez competente, de conformidad con lo dispuesto en los artículos 22, 23 y 24 de la presente ley. La información proporcionada no implicará en ningún caso la publicidad de la identidad de los donantes ni producirá ningún efecto jurídico en relación a la filiación. Son jueces competentes los Jueces Letrados de Primera Instancia de Familia de Montevideo y los Jueces Letrados de Primera Instancia del interior del país con competencia de Familia.

Artículo 22 (Secreto Profesional). Toda la información relativa a la donación de gametos se encuentra alcanzada por el secreto profesional y en todos los casos sujeta a las responsabilidades que establecen las leyes y los códigos de ética vigentes. El deber de secreto alcanza también a todas las personas que, en virtud de las tareas que desempeñen relacionadas con la donación de gametos, tengan acceso a la información a que refieren los artículos 12 y 13 de la presente ley.

Artículo 23 (Legitimación). La acción referida en el artículo 21 de la presente ley, podrá ser ejercida por el nacido por aplicación de la técnica de reproducción humana asistida o sus representantes legales y, en caso de que hubiere fallecido, por sus descendientes en línea directa hasta el segundo grado, por sí o por medio de sus representantes.

Artículo 24 (Procedimiento). Formulada la demanda y salvo que la misma fuera manifiestamente improcedente, el magistrado actuante, previa vista al Ministerio Público y Fiscal, requerirá por oficio información a la institución donde se realizó la técnica de reproducción asistida, relevándola del secreto establecido en el artículo 22 de la presente ley y solicitando la identidad del donante, la que será notificada en forma personal al demandante. El procedimiento se regirá por las disposiciones del proceso voluntario del Código General del Proceso. (URUGUAY. *Ley 19.167/2013*. Regulacion de las técnicas de reproducción humana asistida. Disponível em: https://www.impo.com.uy/bases/leyes/19167-2013. Acesso em: 11 jan. 2024).

CAPÍTULO 6 • A PROCRIAÇÃO QUANTO À ORIGEM DOS GAMETAS **147**

do doador, que envolve a oitiva da do Ministério Público, indo além do que convencionalmente é estabelecido pelas legislações. No artigo 10, preleciona que os filhos nascidos pelas técnicas de reprodução possuem o direito de conhecer o procedimento efetuado para sua concepção. Isso não quer dizer que ter a ciência de que foram usados gametas doados implicará no estabelecimento de vínculo jurídico com quem os doou, já que o artigo 14 afasta qualquer possibilidade de direitos e obrigações.[38]

Na Europa, vale mencionar a Espanha como um dos primeiros países europeus a legislar sobre o tema da reprodução humana assistida. Atualmente, a legislação em vigência é a Lei 14/2006,[39] que afirma que toda mulher maior de 18 anos e com capacidade plena, mediante consentimento escrito, de maneira livre, consciente expressa, poderá usar as técnicas de reprodução humana assistida, independentemente do seu estado civil e sexual. A doação de gametas e embriões é gratuita e confidencial e as pessoas nascidas pelo uso da técnica não podem conhecer a identidade dos doadores, no entanto, possuem o direito de obter os dados ou informações clínicas sobre eles. Prevê a lei que, somente de forma excepcional e quando necessário para salvaguardar a saúde do nascido, poderá ser revelada a identidade do doador, que será restrita e não poderá ser publicizada, ressalvando, também, que essa possibilidade não implica na determinação de filiação.[40]

O movimento que se pode observar em geral é uma tendência legal de reconhecer o direito de acessar os dados médicos ou clínicos do doador do material genético, sem que isso implique no conhecimento de sua identidade civil e na conformação de qualquer consequência jurídica, como a filiação. A justificativa jurídica para tal escolha assenta no fato de que os dados que refletem a origem genética do indivíduo integram uma das dimensões da sua identidade pessoal e, portanto, são parte dos direitos da personalidade.

---

38. SÁ, Maria de Fátima Freire de. La donación de gametos y el anonimato de los donantes. *Revista de Derecho y Genoma Humano*, Bilbao, v. 40, p. 195-216, 2014.

39. *5. La donación será anónima y deberá garantizarse la confidencialidad de los datos de identidad de los donantes por los bancos de gametos, así como, en su caso, por los registros de donantes y de actividad de los centros que se constituyan. Los hijos nacidos tienen derecho por sí o por sus representantes legales a obtener información general de los donantes que no incluya su identidad. Igual derecho corresponde a las receptoras de los gametos y de los preembriones. Sólo excepcionalmente, en circunstancias extraordinarias que comporten un peligro cierto para la vida o la salud del hijo o cuando proceda con arreglo a las Leyes procesales penales, podrá revelarse la identidad de los donantes, siempre que dicha revelación sea indispensable para evitar el peligro o para conseguir el fin legal propuesto. Dicha revelación tendrá carácter restringido y no implicará en ningún caso publicidad de la identidad de los donantes.* (ESPAÑA. *Ley 14/2006, de 26 de mayo, sobre técnicas de reproducción humana asistida.* Disponível em: https://www.boe.es/eli/es/l/2006/05/26/14/con. Acesso em: 28 ago. 2023).

40. SÁ, Maria de Fátima Freire de. La donación de gametos y el anonimato de los donantes. *Revista de Derecho y Genoma Humano*, Bilbao, v. 40, p. 195-216, 2014.

Fixamos o entendimento de que o acesso aos dados genéticos do doador ou doadora é uma das formas de concretizar o direito à identidade pessoal. Ao acessar as informações clínicas ou médicas do doador, que se revelam por meio de dados genéticos ou biológicos, o nascido tem a oportunidade de compreender parte da sua história e dos passos que conformaram a sua existência. O conhecimento dos dados genéticos em nada deve se confundir com o conhecimento da identidade civil do doador, possibilidade que afastamos.

Sugerimos que todo contrato de doação de gametas continue a ser pautado na regra do anonimato da identidade civil do doador ou doadora. A exceção, que deve ser também prevista no instrumento contratual, é a de que, caso seja da vontade do nascido, os dados médicos e clínicos do doador podem ser informados restritamente a ele, proibindo-se qualquer forma de publicidade e divulgação. Entendemos que o destinatário dessa informação é a pessoa capaz, nascida do procedimento assistido, que deseja compreender parte da sua origem.

No contrato, contribuindo para a proteção do ato volitivo do doador, é importante esclarecer que o acesso aos seus dados clínicos não culminará no conhecimento da sua identidade pelo nascido, já que a clínica/ banco de gametas, que detém todas as informações, não fornecerá dados de outra natureza (como endereços; números de telefone). É certo que o contrato precisa esclarecer que tipo de dado poderá ser comunicado, que ao nosso entender, são dados biológicos como altura, peso, cor da pele, cor dos olhos, etnia e informações genéticas advindas de exames ou histórico familiar.

Diante da vontade do nascido e do doador ou doadora em conceber o conhecimento das identidades civis, entendemos, também, não haver qualquer problema. Explica-se. A exceção a ser prevista no contrato deve ser a de acessar os dados genéticos, sem que, para isso, seja necessária qualquer nova autorização do doador. O consentimento do doador já foi previamente coletado quando decidiu doar gametas e tinha ciência de que o(s) futuro(s) nascido(s) poderia(am) manifestar interesse no acesso aos seus dados. Caso doador e nascido queiram se conhecer, sugerimos, para fins de segurança jurídica, assinatura de termos de consentimento específicos perante a clínica que detém a informação de identificação.

Naturalmente, seria de se esperar que o Código Civil (ou uma legislação ordinária específica) conferisse disciplina ao tema, esclarecendo todos os pontos que já aventamos quando se trata de doação de gametas. Porém, sabemos também que a inexistência de legislação específica não dispensa a tutela sobre os direitos das partes, o que demanda reflexões quanto a forma com que esse contrato de doação de gametas deve ser elaborado.

CAPÍTULO 6 • A PROCRIAÇÃO QUANTO À ORIGEM DOS GAMETAS   **149**

Se quisermos garantir proteção à identidade pessoal do indivíduo que nasceu por doação de gametas, é necessário repensar a estrutura contratual desse tipo de acordo, bem como atualizar a norma deontológica do CFM que regulamenta a reprodução humana assistida, para contemplar a possibilidade de acesso aos dados médicos e clínicos do doador.

Relembra-se também que, no Brasil, a proteção à identidade pessoal é resguardada no caso de crianças adotadas que, aos 18 anos, desejam conhecer a sua origem biológica. Nesse contexto, acrescente-se, não há que se falar puramente em direito de acessar os dados biológicos ou genéticos, porque inexiste a figura da clínica que teve acesso aos mesmos. A relação que originou a pessoa adotada (pelo menos em regra) não foi constituída mediante o uso de gametas doados por meio de uma clínica de reprodução, cabendo, aqui, a ideia de direito ao conhecimento da identidade do pai biológico (ou mãe).

Nos casos de adoção, há um processo com destituição do poder familiar dos pais biológicos. A identidade dos pais fica vinculada ao processo, com exceção de crianças abandonadas, em que não se tem conhecimento da identidade dos genitores. Em casos de procriação medicamente assistida, a certidão de nascimento da criança vem orginalmente em nome dos pais que se utilizaram da técnica, de modo que a identidade do doador é de ciência da clínica e a identidade dos pais biológicos, em caso de adoção, constará no processo judicial.[41]

Por fim, reiteramos que o cenário adequado é a disciplina por legislação ordinária das questões que envolvem a doação de gametas, mediante doadores anônimos, mas, mesmo sem ela, deve-se reconfigurar os contratos e os termos de consentimento para melhor tutela dos direitos de todas as partes envolvidas.

6.6 DNA E EPIGENÉTICA: NOTAS RELEVANTES

Atualmente, no âmbito da doação de gametas, tem-se discutido, ainda, questões que se originam da chamada epigenética. Nos últimos anos, ela foi considerada o epicentro da biomedicina moderna, por consolidar o estudo da hereditariedade não relacionada à sequência de DNA, contribuindo para explicar a relação entre a origem genética de um indivíduo, o meio ambiente, o envelhecimento e a existência de uma doença.[42] A epigenética tem apontado caminhos para compreender várias questões de extrema importância para a vida e a saúde

---

41. SÁ, Maria de Fátima Freire de. La donación de gametos y el anonimato de los donantes. *Revista de Derecho y Genoma Humano*, Bilbao, v. 40, p. 195-216, 2014.
42. FEINBERG, Andrew. Epigenetics at the Epicenter of Modern Medicine. *JAMA*, 2008;299(11):1345-1350. doi:10.1001/jama.299.11.1345.

humanas, de modo que associar o seu estudo aos conhecimentos já sedimentados em torno do DNA é de grande valia para a ciência.

O biólogo inglês Conrad Hal Waddington, que trabalhava com biologia do desenvolvimento, cunhou o termo "epigenética" para se referir a "todos os eventos que conduzem ao desdobramento do programa genético para o desenvolvimento, ou o ramo da biologia que estuda as interações entre genes e seus produtos que fazem o fenótipo visível". Waddington construiu, então, a primeira proposta que apontava a relação entre os genes e o desenvolvimento, cunhando, ainda, o uso do termo "paisagem genética", para se referir a um modelo conceitual de como os genes podem interagir com o ambiente e produzir o fenótipo.[43]

Segundo Waddington, a paisagem genética é a demonstração de um conjunto de escolhas com as quais uma célula do embrião se depara durante o seu desenvolvimento. A epigenética, então, é um "conjunto de fatores e processos moleculares que ocorrem em torno do DNA, que são estáveis durante as divisões celulares (mitose e meiose) e que regulam a atividade do genoma independente da sequência do DNA". Assim, "os fenótipos diferentes produzidos a partir da mesma sequência de DNA, por meio de modificações epigenéticas, são possíveis de reversibilidade tendo em vista que não houve mudança nas bases (A, T, C, G) da molécula do DNA".[44]

O conceito científico de epigenética é invocado para situar o leitor quanto ao atual estado de desenvolvimento da ciência no que tange à capacidade de interação do DNA com fatores ambientais, mesmo no curso da evolução embrionária. As células possuem a especial capacidade de serem "atingidas" por fatores externos estranhos ao conteúdo do seu DNA. Ao longo dos anos, acreditava-se que os fenótipos (enquanto revelação materializada das características de cada ser) eram explicados exclusivamente pela informação contida do DNA celular. Estudos recentes, que envolvem a epigenética, passaram a contribuir para o despertar de outros caminhos que concorrem para a revelação dos fenótipos.

Durante o desenvolvimento embrionário, há um conjunto de mecanismos de multiplicação e diferenciação das células "que leva à formação de tecidos de um embrião e depende da captação de sinais pelas células que podem vir de dentro das próprias células, de células vizinhas (incluindo as células da mãe) e do meio externo (ambiente)". São esses sinais que vão determinar a morfologia, a fisiologia do embrião e do indivíduo e também o seu comportamento, sendo que

---

43. MAIA, Maria de Mascena Diniz; SILVA, Isaura Isabelle Fonseca Gomes da. *Conceitos básicos de epigenética para universitários*. Recife: EDUFRPE, 2020, p. 10.
44. MAIA, Maria de Mascena Diniz; SILVA, Isaura Isabelle Fonseca Gomes da. *Conceitos básicos de epigenética para universitários*. Recife: EDUFRPE, 2020, p. 11.

os externos podem ser nutrientes, hormônios, frio, calor, carinho, estresse, entre tantos outros. Assim, o fenótipo se consolida como resultado da interação entre o genoma e o epigenoma, influenciado pelos fatores ambientais. As modificações químicas que ocorrem no genoma são chamadas de marcas epigenéticas, estando associadas às variações fenotípicas dos indivíduos. Essas marcas epigenéticas podem desaparecer ou podem persistir no organismo, podendo ser herdadas juntamente com o DNA pelas futuras gerações (consolidando o que se chama de herança epigenética transgeracional).[45]

Os estudos em epigenética poderão ser utilizados, cada vez mais, para identificar novos biomarcadores de câncer, contribuindo para a previsão e o controle da progressão da doença, além de também ajudar a desenvolver novas alternativas terapêuticas aos métodos convencionais usados em oncologia. As mudanças epigenéticas são importantes para manter a estabilidade do chamado epigenoma nas células normais e os problemas que ocorrem nesses processos estão diretamente relacionados ao desenvolvimento e à progressão do câncer.[46]

A literatura especializada aponta como doenças epigenéticas possivelmente associadas à concepção *in vitro* as síndromes de Beckwith-Wiedemann (BWS), de Angelman (AS) e de Silver-Russell. No entanto, são síndromes extremamente raras, ainda não se podendo determinar sua verdadeira associação às técnicas de reprodução assistida. Também foram catalogadas suspeitas de que alterações epigenéticas possam contribuir para o nascimento de crianças concebidas *in vitro* com maior risco de desenvolver diabetes e obesidade, câncer e doenças cardiovasculares.[47]

Trazendo os conhecimentos até então apontados pelos estudos em epigenética, é importante reconfigurar a ideia de que o DNA possa ser um único fator biológico responsável pela configuração do fenótipo da pessoa nascida em caso de doação de gametas. Fatores gestacionais, advindos, portanto, de motivações externas ao DNA, também são relevantes para a configuração do fenótipo e condições futuras de saúde do indivíduo.

---

45. MAIA, Maria de Mascena Diniz; SILVA, Isaura Isabelle Fonseca Gomes da. *Conceitos básicos de epigenética para universitários*. Recife: EDUFRPE, 2020, p. 14-15.

46. LEITE, Michel Lopes; COSTA, Fabricio F. Epigenômica, epigenética e câncer. *Revista Pan-Amaz Saúde*, 2017; 8(4):1-3, p. 3.

47. CARVALHO, Bruno Ramalho de Carvalho; ROLINDO, Taciana Fontes; SILVA, Romina Soledad Heredia Garcia; SOBRINHO, David Barreira Gomes; VASQUES, Raquel Medeiros. Herança epigenética, anomalias cromossômicas, defeitos congênitos e resultados perinatais em pessoas concebidas por técnicas de reprodução assistida. *Ímpar Medical Journal*. 2019. Disponível em: https://www.researchgate.net/publication/331141874_Heranca_epigenetica_anomalias_cromossomicas_defeitos_congenitos_e_resultados_perinatais_em_pessoas_concebidas_por_tecnicas_de_reproducao_assistida. Acesso em: 10 jan. 2024.

É certo que as conclusões sobre os estudos epigenéticos carecem de consolidação robusta e maior esclarecimento científico, mas também é relevante ponderar, no processo de obtenção do consentimento para doação de gametas, os fatores que podem concorrer para os riscos à saúde da prole potencialmente advinda da técnica.

CAPÍTULO 7
FERTILIZAÇÃO EXTRACORPÓREA E QUESTÕES BIOJURÍDICAS

Como premissa para a leitura desse capítulo, esclarecemos que o seu objetivo é incorrer sobre três grandes questões biojurídicas, que, ao longo dos anos, se mostraram presentes nas discussões e inerentes à possibilidade de manipular embriões humanos por meio dos procedimentos de concepção extracorpórea. Reinvocamos a lembrança de que a fertilização fora do corpo pode ocorrer por meio de duas atuais técnicas, quais sejam a fertilização *in vitro* (FIV) clássica e a injeção intracitoplasmática de espermatozoides (ICSI), cujas especificações foram trabalhadas no capítulo de conteúdo médico, o primeiro do livro.

Nesse capítulo que segue, será necessário promover o diálogo com o conteúdo médico previamente aportado para que possamos conferir construção analítica às condutas à luz da Bioética e do Biodireito. Assim, as três grandes questões que orbitam essa análise são: os problemas decorrentes do uso dos diagnósticos genéticos em embriões humanos e a revelação do seu caráter seletivo (que dialoga com o que, hoje, se chama de neoeugenia); a seleção genética praticada para fins de geração de uma criança que será doadora do irmão doente (conhecida como bebê salvador ou bebê medicamento); e, por fim, a identificação das alternativas legais e éticas no que tange à destinação do excedente embrionário, consequência dos procedimentos extracorpóreos de procriação.

Para que possamos proceder a análise proposta, é também fundamental resgatar a conclusão sinalizada no capítulo 4, que é a fixação do entendimento de que o embrião humano em condição extracorpórea não é titular do mesmo *status* jurídico (ou natureza) que a pessoa, aqui, no sentido biográfico, como propôs o Supremo Tribunal Federal. A pessoa é o ente titular de personalidade jurídica e possuidor de todos os direitos e garantia constitucionais previstas. O embrião extracorpóreo tem natureza própria e não pode ser interpretado como se pessoa, em sentido jurídico, fosse.

Discutir as três grandes questões que envolvem as técnicas de concepção extracorpórea demanda a compreensão inequívoca de que a ordem jurídica brasileira (assim como a maioria das ordens jurídicas ocidentais) conferiu distintas proteções (e consequentemente distintas naturezas) aos estágios de desenvolvimento da vida humana: o embrião em estado extracorpóreo, o feto (juridicamente chamado de nascituro, posto considerar o seu estado de implantado no útero) e a pessoa (cujo sentido jurídico não pode prescindir do atributo do nascimento e da aquisição da personalidade).[1]

7.1 DA EUGENIA À NEOEUGENIA

A capacidade de participar dos processos de constituição e surgimento da vida da espécie humana, por meio das técnicas assistidas de reprodução, para além de representar importante benefício terapêutico social, também é descortinadora de questionamentos jurídicos e éticos que dialogam com seleção e eugenia.[2] Por meio da ciência, muitas possibilidades passaram a integrar as demandas procriativas, mas, conforme pensamento de Hans Jonas, empreender qualquer ação nesta seara deve contemplar a contabilização das consequências antes de praticá-la, pugnando-se pela razoabilidade, pela prudência e pelo bom senso. Disso resulta que se deve examinar as consequências do uso dos poderes, possibilitados pelo conhecimento científico, em momento precedente à constatação de que eles estão prontos para serem usados.[3]

A primeira ideia fixada, nesse cenário, é a de que poder concretizar ações de intervenção no padrão natural de manifestação da vida (humana e não humana), por meio dos conhecimentos hoje já consolidados pela ciência, não deve, por si só, ser considerado um argumento autossuficiente, ou seja, o poder não deve ser praticado simplesmente porque passou a ser possível.[4] Esse dilema histórico e complexo é traduzido pela desafiadora tarefa de conciliar de forma satisfatória as descobertas da ciência com os pressupostos fundamentais da ética, já anteriormente sinalizado por Van Potter.[5]

---

1. MEIRELLES, Ana Thereza. *A Proteção do ser humano no direito brasileiro*: Embrião, nascituro e pessoa e a condição de sujeito de direito. Rio de Janeiro: Lúmen Juris, 2016.
2. Importante atentar que as condutas que abarcam o manejo da vida humana em seu estágio inicial, envolvem condutas de diversas naturezas, desde a própria seleção por meio de diagnósticos, relacionada às técnicas de reprodução assistidas, a formas outras de manipulação, como a edição e a terapia genéticas. Sobre o assunto, consultar: CLEMENTE, Graziela Trindade; ROSENVALD, Nelson. Edição gênica e os limites da responsabilidade civil. In: MARTINS, Guilherme Magalhães; ROSENVALD, Nelson (Coord.); FALEIROS JÚNIOR, José Luiz de Moura (Org.). *Responsabilidade civil e novas tecnologias*. 2. ed. Indaiatuba, SP: Editora Foco, 2024. Sobre o uso da edição genética como protocolo terapêutico, consultar: VERDIVAL, Rafael. *As implicações bioético-jurídicas do uso da edição genética como protocolo terapêutico*. Salvador: Ed. Autor, 2022.
3. JONAS, Hans. *Ética, medicina e técnica*. Trad. Antônio Fernando Cascais. Lisboa: Paimgráfica, 1994, p. 63-64.
4. MEIRELLES, Ana Thereza. *Neoeugenia e reprodução humana artificial*: Limites éticos e jurídicos. Salvador: Editora Juspodivm, 2014.
5. *Cf.* POTTER, Van Rensselaer. *Bioethics*: Bridge to the future. New Jersey: Prentice-Hall, 1971; POTTER, Van Rensselaer. *Global Bioethics*. Michigan: Michigan State University, 1988.

7.1.1 Aportes históricos e conceituais

Para que seja possível compreender o significado e o sentido do que se chama, hoje, de neoeugenia e eugenia liberal, é necessária a interlocução com fatos históricos que compuseram o panorama social, político e científico da eugenia em sentido clássico. A proposta não é conferir análise aprofundada de um tema que, por si só, demandaria um livro com exclusiva finalidade, mas situar o leitor nos argumentos que fizeram parte da eclosão de uma nova forma de prática seletiva.

Como bem pontuado por Nancy Stepan, a eugenia tem a característica de ser, ao mesmo tempo, contemporânea e histórica. Contemporânea por se relacionar com as áreas médicas da genética e da reprodução, constantemente usadas na atualidade. O coeficiente histórico está na sua associação a um fato do passado da humanidade, sobre o qual tenta-se manter algum distanciamento, considerando seus impactos absurdos e seu caráter perverso. É justamente a possibilidade de assumir que os atuais conhecimentos sobre a genética e as tecnologias reprodutivas podem abarcar a prática de decisões eugênicas (ou seletivas) implícitas que liga o presente ao passado.[6]

Um relato sucinto da história remete a prática da eugenia ao início das civilizações antigas, que intuíam a transmissão de características entre descendentes e ascendentes. Podemos destacar, inclusive, crenças de ordem teológica que respaldavam a proibição de relação entre parentes próximos (como o incesto) com o receio do surgimento de proles inadequadas como castigos da natureza. Nascimentos de crianças com doenças congênitas eram castigos vindos de Deus, vinculados, por certo, a maldições ou a pecados cometidos. Seguindo a evolução de pensamento cultivado na sociedade à época e pensando que o convívio com uma criança nascida com uma doença precisaria ser combatido, em Esparta, a eugenia foi recepcionada como uma prática organizada. O exame no recém-nascido visava averiguação de "possível deformidade", que, se constatada, justificava o seu arremesso do topo de uma montanha, para que fosse possível conservar a "boa linhagem" dos súditos do Estado. Pesquisas históricas apontaram que as leis de Esparta recepcionavam o infanticídio por razões eugênicas e recém-nascidos não podiam sobreviver se não atendessem a certos pré-requisitos definidos por uma comissão avaliadora.[7]

As ideias de Platão firmavam a necessidade de fazer prevalecer habilidades e as características boas dos homens, quando pregavam estímulo à coabitação com

---

6. STEPAN, Nancy Leys. *A hora da eugenia*. Raça, gênero e nação na América Latina. Trad. Paulo M. Garchet. Rio de Janeiro: Fiocruz, 2005, p. 13 e 26. (nota 9)
7. MELO, Helena Pereira. O eugenismo e o direito. In: MELO, Helena Pereira. *Manual de Biodireito*. Coimbra: Almedina, 2008, p. 20-21.

mulheres fortes e com capacidades específicas. Segundo Platão, era necessário que os "homens superiores se encontrassem *(sic)* com mulheres superiores o maior número de vezes possível".[8] Ideias eugênicas também tangenciavam o pensamento de Aristóteles, que propugnava a regulamentação legal dos casamentos, com base na idade nupcial, capacidade reprodutiva e compleição física. Entendia cabível o descarte de crianças com mutilações e o combate ao excesso de natalidade por meio de infanticídios e abortos.[9]

Esse resumo sobre os pensamentos já delineados na Antiguidade desemboca no entendimento de que "o ato de escolher, visando simplesmente um benefício qualquer, em sentido subjetivo e pessoal, ou seja, conforme as próprias convicções valorativas e morais, é anterior a qualquer descoberta ou construção da Ciência pertinente aos tempos mais atuais". Tais escolhas ou práticas seletivas integram a história da humanidade, motivadas pela concretização de um ideal de melhoramento da espécie. A diferença histórica está, justamente, nos critérios ou nas motivações que buscam justificar tais práticas. Essa variabilidade dos critérios ocorre, também, porque as práticas seletivas se consubstanciam em conformidade a cada sociedade e em paralelo à mutabilidade dos valores. Assim, as necessidades e os valores, elementos propulsores das condutas seletivas, são fatores mutáveis e se apresentam conforme cada momento da história.[10]

Quando a ciência passa a ser importante motivação para executar condutas seletivas, rompe-se o paradigma teológico anterior, que dá lugar à ascensão protagonista da racionalidade científica. As descobertas da ciência se tornam relevantes no processo de "corrida seletiva" que tenta justificar a busca por padrões físicos, de saúde, de capacidades e de estética ideais. Naturalmente, para se chegar às técnicas reprodutivas, há um importante percalço que precisa ser descortinado.

Assumir que o conceito de eugenia vem sofrendo mudanças demanda o registro de que o mesmo ocorreu com o conceito de saúde, diretamente associado à conjuntura social, econômica, política e cultural. O conceito de saúde, hoje, tem relação com valores individuais (que envolvem acepções religiosas ou não religiosas) e com o estado atual da ciência. Essa relação de mutabilidade, dinamicidade e evolução social, inerente à ciência, aos conceitos de saúde e de práticas eugênicas, apresentou distintos resultados ao longo da história.

---

8. PLATÃO. *A República*. Introdução, Tradução e notas de Maria Helena da Rocha Pereira. 9. ed. Lisboa: Fundação Calouste Gulbekian, 2001, p. 227.
9. ARISTÓTELES. *A Política*. Trad. Roberto Leal Ferreira. 2. ed. 3. reimp. São Paulo: Martins Fontes, 2002, p. 70-73.
10. MEIRELLES, Ana Thereza. *Neoeugenia e reprodução humana artificial*: Limites éticos e jurídicos. Salvador: Editora JusPodivm, 2014.

CAPÍTULO 7 • FERTILIZAÇÃO EXTRACORPÓREA E QUESTÕES BIOJURÍDICAS **157**

A mutabilidade conceitual dos elementos que protagonizam a discussão foi também ilustrada pela perspectiva de Georges Canguilhem, que discorreu sobre a difícil fronteira entre o normal e o patológico, em obra especializada.[11]

A noção de que alguns traços físicos eram passados por descendência culminou em pesquisas com o intuito de conhecer e desvendar a razão que explicava essa transmissibilidade, onde se destacaram Charles Darwin e Francis Galton. Não devemos esquecer, no entanto, que, antecedente aos estudos sobre práticas da eugenia, as bases científicas da hereditariedade foram estabelecidas por Gregor Johann Mendel, em 1865.[12]

Cunhado pela primeira vez, o termo "eugenia" remonta à obra de Francis Galton, cientista britânico, em 1883, que afirmou ser ela a ciência que buscava tratar de todos os fatores que poderiam melhorar a qualidade da raça humana, tanto físicas quanto mentais,[13] mas o início dos estudos sobre a temática se deu antes, após a publicação, em 1859, do livro *A Origem das Espécies*, de Charles Darwin,[14] primo de Galton. Para Darwin, a luta dos seres vivos pela sobrevivência era guiada pela seleção natural, de forma que só os mais fortes e aptos sobreviveriam a esse combate vital.

Alguns anos depois, Galton lança o livro *Hereditary Genius*, que reúne o pensamento eugênico basilar por ele desenvolvido. Ele propõe que as habilidades naturais do ser humano são derivadas da hereditariedade, sob exatamente as mesmas limitações que são a forma e as características físicas de todo o mundo orgânico. Propagou, então, a ideia de que a seleção natural intervia nos seres humanos e que a espécie poderia ser melhorada, por meio do controle da reprodução.[15]

O pensamento de Galton, influenciado por Darwin, impulsionou movimentos eugênicos no primeiro terço do século XX que também penetraram o mundo jurídico, visível nas legislações de alguns países que continham disposições com caráter seletivo e discriminatório. Nos Estados Unidos, esse movimento encontrou respaldo na repulsa à imigração que crescia nas últimas décadas. Cresceram as medidas eugênicas, como o fomento ao casamento

---

11. CANGUILHEM, Georges. *O normal e o patológico*. Trad. Maria Thereza Redig. 7. ed. Rio de Janeiro: Forense, 2011.
12. BARBAS, Stela Marcos de Almeida Neves. *Direito do Genoma Humano*. Tese de doutoramento em Ciências Jurídicas na Universidade Autônoma de Lisboa. Coimbra: Almedina, 2007, p. 39-40.
13. GALTON, Francis. *Hereditary genius. An inquiry into its laws and consequences*. London: Macmillan and Co, 1892.
14. DARWIN, Charles. *A Origem das Espécies no meio da seleção natural ou a luta pela existência na natureza*. Trad. Joaquim Mesquita Paul, v. 1. E-book. Disponível: www.ecologia.ib.usp.br/ ffa/arquivos/ abril/ darwin1.pdf. Acesso em: 15 nov. 2023.
15. GALTON, Francis. *Hereditary genius. An inquiry into its laws and consequences*. London: Macmillan and Co, 1892, p. 1.

entre pessoas com "qualidade biológica e moral" e as leis sobre esterilização, internamentos, limitações matrimoniais e restrições imigratórias. As leis tinham em comum o "*efecto la imposición coactiva (aunque en ocasiones también voluntaria) de sus previsiones a los ciudadanos que resultaran incursos en ellas y la aceptación como presupuesto (sin base científica real) de que alguns rasgos mentales se heredan*".[16]

Galton acreditava que a procriação humana era de suma importância e que as principais características das pessoas, em especial as intelectuais e as morais, eram rigidamente hereditárias,[17] o que culminava na conclusão de que a evolução da sociedade só ocorreria se houvesse séria intervenção nos processos procriativos. A intervenção não deveria estar centrada no meio, ou no ambiente onde se vive, mas nos aspectos genéticos, único fator determinante para o alcance dos objetivos fixados.

O pretenso caráter científico das ideias de Galton, movido por um "discurso desinteressado e imparcial", que tentava se justificar na ciência, em especial na medicina, caracterizou essa fase social. Mais tarde, nos anos 30, a perda de prestígio e credibilidade do pensamento de Galton se deu por conta de avanços da genética.[18] Claro está que suas ideias não foram totalmente esquecidas porque resvalaram em acontecimentos catastróficos posteriores.

Nos Estados Unidos, a partir de 1907, a esterilização eugênica se generalizou com a aprovação da primeira lei pelo Estado da Indiana, de modo que, em 1928, vinte e um Estados já haviam aprovado leis sobre esterilização e, a partir de 1929, outros quinze já tinham aprovado leis similares. Em 1949, 50.193 esterilizações haviam sido concretizadas, segundo os dados oficiais.[19] As esterilizações abrangiam portadores de doenças variadas, como a doença mental, a sífilis, a surdez e a epilepsia. Abrangiam também os alcoólatras, os dependentes químicos, os condenados à prisão perpétua, "os fracos de espírito" e os "incapazes de criar e educar crianças".[20]

O cenário eugenista também se instaurou por meio de legislações em vários estados europeus. Em julho de 1933, após a ascensão de Adolf Hitler como

---

16. ROMEO CASABONA, Carlos Maria. Las prácticas eugenésicas: nuevas perspectivas. In: ROMEO CASABONA, Carlos Maria. *La eugenesia hoy*. Bilbao-Granada: Editorial Comares, 1999, p. 7.
17. SOTULLO, Daniel. El concepto de eugenesia y su evolución. In: ROMEO CASABONA, Carlos Maria. *La eugenesia hoy*. Bilbao-Granada: Editorial Comares, 1999, p. 30-31.
18. MEIRELLES, Ana Thereza. *Neoeugenia e reprodução humana artificial*: Limites éticos e jurídicos. Salvador: Editora JusPodivm, 2014.
19. SOTULLO, Daniel. El concepto de eugenesia y su evolución. In: ROMEO CASABONA, Carlos Maria. *La eugenesia hoy*. Bilbao-Granada: Editorial Comares, 1999, p. 50.
20. MELO, Helena Pereira. O eugenismo e o direito. In: MELO, Helena Pereira. *Manual de Biodireito*. Coimbra: Almedina, 2008, p. 31.

CAPÍTULO 7 • FERTILIZAÇÃO EXTRACORPÓREA E QUESTÕES BIOJURÍDICAS

Chanceler do Reich, foi sancionada a lei de esterilização compulsória para os indivíduos com "defeitos mentais congênitos, esquizofrenia, psicose maníaco--depressiva, epilepsia hereditária, coreia de Huntington, cegueira hereditária, surdez hereditária, malformações graves e alcoolismo grave".[21]

Sabe-se que as práticas eugênicas na Alemanha ganharam contornos específicos e de dimensões históricas diferenciadas. Em outros países da Europa, como Dinamarca, Suécia, Noruega, Finlândia e Estônia, foram promulgadas leis de esterilização, com medidas a fim de controlar a natalidade com o objetivo de esterilizar os "anormais" e os indigentes.[22] As ideias eugênicas encontraram resposta imediata na prática das esterilizações, que simbolizavam possibilidade de mudança significativa da composição genética da sociedade, tanto do ponto de vista da incidência de doenças congênitas quanto da reprodução de determinado padrão racial e étnico.[23]

O pensamento de Francis Galton e dos teóricos predecessores da eugenia foi recepcionado por alguns cientistas alemães e propiciou o combustível para que o conhecimento científico passasse a ser um meio (e também uma justificativa) de concretizar os ideais nazistas. Muito antes de Hitler, eugenistas e racistas já discutiam métodos que possibilitassem uma intervenção mais significativa na composição genética populacional.[24] A construção do pensamento nazista pautava-se na concepção de que a eugenia estava associada à higiene racial, alimentada pela existência de hierarquia entre as raças humanas e, dentre elas, a superioridade da raça ariana.

No pensamento alemão, eles eram os descendentes mais puros de uma raça (a ariana) que viveu no segundo milênio antes de Cristo. Tal crença, associada ao nacional-socialismo alemão e ao antissemitismo, culminou na grande tragédia nazista que a humanidade conheceu. A raça ariana, no ideal alemão, se revelava por indivíduos loiros e de olhos azuis, mostrando-se superior, em todas as características, às demais e, por isso, deveria prevalecer.[25]

---

21. BEIGUELMAN, Bernardo. Genética, Ética e Estado: (Genetics, Ethics and State). *Brazilian Journal of Genetics*. Ribeirão Preto, v. 20, n. 3, Sept. 1997. Disponível em: www.scielo.br/scielo.php?script=sci_arttext&pid=S0100-84551997000300027&lng=en&nrm=iso. Acesso em: 30 nov. 2023, p. 5.

22. SOTULLO, Daniel. El concepto de eugenesia y su evolución. In: ROMEO CASABONA, Carlos. *La eugenesia hoy*. Bilbao-Granada: Editorial Comares, 1999, p. 50.

23. MEIRELLES, Ana Thereza. *Neoeugenia e reprodução humana artificial*: Limites éticos e jurídicos. Salvador: Editora JusPodivm, 2014.

24. DEL CONT, Valdeir D. *Eugenia. A ciência do melhoramento das especificidades genéticas humanas*. Tese. Doutorado em Ciências Sociais da Universidade Estadual de Campinas – UNICAMP. Campinas, 2007, p. 265.

25. MELO, Helena Pereira. O eugenismo e o direito. In: MELO, Helena Pereira. *Manual de Biodireito*. Coimbra: Almedina, 2008, p. 34.

A ideologia nazista à época misturou-se ao discurso científico, em prol de almejar a adesão social. As práticas eugênicas nasceram com pretensão científica, posto que estavam associadas a discursos médicos e sanitários com a justificativa de que os objetivos almejados tinham boas razões sociais.[26]

Ideias eugênicas e racistas foram levadas aos textos legais. Em 1933, a Alemanha aprovou a lei para prevenir a procriação de filhos com enfermidades hereditárias (Lei para Prevenção de Nascimentos com Deformações Genéticas ou Lei de Esterilização Eugênica), impondo a esterilização obrigatória de qualquer pessoa que sofresse de doenças como oligofrenia congênita, esquizofrenia, transtornos psiquiátricos, cegueiras, surdez, malformações corporais, alcoolismo e outras. Para dar cumprimento a isso, foram criados os Tribunais de Sanidade Hereditária e o Supremo Tribunal de Sanidade Hereditária.[27]

Do eugenismo adotado por Hitler passou-se rapidamente ao genocídio. As ideias eugenistas, associadas a explicações biológicas e hereditárias, logo se transformaram em um projeto mais rápido para refazer a composição genética da sociedade alemã. Em 1938, agentes nazistas incendiaram sinagogas, destruíram lojas e assassinaram judeus por toda Áustria e Alemanha, concretizando o início do que chamavam de *Solução Final*, "estratégia para a edificação de uma raça purificada dos elementos degenerantes existentes na sociedade". Assim, a eugenia se consolidava com um grande empreendimento estratégico médico-militar "com o envio de milhares de judeus, ciganos, comunistas e qualquer um que portasse sinais de degenerescência racial para os campos de concentração e aos hospitais psiquiátricos (que não deviam nada aos campos de concentração)".[28]

Em 20 de janeiro de 1942, a *Solução Final* se concretizou em totalidade, com o intento de eliminar do território alemão a raça que era julgada inferior e maléfica aos propósitos do Estado. Para que isso ocorresse, os judeus foram submetidos à identificação e levados à concentração nos campos como Auschwitz, para, por fim, serem exterminados. Foram exterminados seis milhões de judeus, sem distinções de sexo, idade ou nacionalidade.[29]

A eugenia na Alemanha nazista foi manifestada de diferentes maneiras, já que, além da esterilização e da "eutanásia" em pacientes portadores de do-

---

26. MEIRELLES, Ana Thereza. *Neoeugenia e reprodução humana artificial*: Limites éticos e jurídicos. Salvador: Editora JusPodivm, 2014.
27. MELO, Helena Pereira. O eugenismo e o direito. In: MELO, Helena Pereira. *Manual de Biodireito*. Coimbra: Almedina, 2008, p. 34 e 37.
28. DEL CONT, Valdeir D. *Eugenia. A ciência do melhoramento das especificidades genéticas humanas*. Tese. Doutorado em Ciências Sociais da Universidade Estadual de Campinas – UNICAMP. Campinas, 2007, p. 270-271.
29. MELO, Helena Pereira. O eugenismo e o direito. In: MELO, Helena Pereira. *Manual de Biodireito*. Coimbra: Almedina, 2008, p. 39.

CAPÍTULO 7 • FERTILIZAÇÃO EXTRACORPÓREA E QUESTÕES BIOJURÍDICAS

enças, também se praticou o extermínio lastreado em questões culturais, que envolvem etnia e religião. Assim, a eugenia alemã não se baseou apenas em indicativos biológicos (pensando na falsa justificativa de que era boa, pois visava extirpar patologias), mas, majoritariamente, em alinhamento ao ideal de perfeição da espécie e a crença de que apenas essa "espécie perfeita" deveria continuar existindo.

A relação do pensamento eugênico desenvolvido por Galton, que influenciou os planos nazistas, com o controle do processo reprodutivo do ser humano deve passar pela compreensão sobre os tipos de seleção que podem ocorrer, nesse contexto, motivadas por critérios que, às vezes, se aproximam, mas são distintos.

7.1.2 Tipos de eugenia: positiva e negativa

O entendimento sobre a existência de dois tipos de eugenia, considerando seus objetivos e critérios, contou com a anuência do próprio Galton e é adotado, hoje, também, por parte expressiva da doutrina especializada. A conduta eugênica se diferencia pelas características da escolha almejada, culminando na existência de duas categorias: a eugenia positiva e a eugenia negativa. Em prol de uma melhor compreensão sobre esses dois tipos de eugenia, os exemplos, para fins de ilustração da conduta, não são restritos à seara procriativa.

A eugenia concebida como positiva se revela na conduta que busca a prevalência e a transmissão de características desejadas, ou seja, que devem permanecer quando efetivada a seleção. É o caso da escolha de determinadas características, por meio da seleção de gametas ou embriões de pessoas a partir de traços físicos e intelectuais específicos, bem como do estímulo a casamento e união entre pessoas também com características julgadas adequadas ou melhores.[30]

> La eugenesia positiva buscaba conservar las características de los mejores elementos que conformaban la parte hegemónica de la sociedad, así como prohibir el mestizaje para evitar la "degeneración" de una población que se consideraba homogénea. Estas medidas consistían en favorecer la unión entre jóvenes idóneos para la sociedad y patrocinar el matrimonio de la joven pareja con la esperanza de que procrearían hijos sanos, dotados de las cualidades adecuadas.[31]

Para Daniel Sotullo, é possível categorizar procedimentos e condutas que revelam eugenia positiva, tais como: estímulos à procriação (enviesada a partir de critérios econômicos, incluindo os privilégios sociais e outros); seleção germi-

---

30. MEIRELLES, Ana Thereza. *Neoeugenia e reprodução humana artificial:* Limites éticos e jurídicos. Salvador: Editora Juspodivm, 2014.
31. CORTÉS, Fabiola Villela; SALGADO, Jorge E. Linares. Eugenesia. Un análisis histórico y una posible propuesta. *Acta Bioethica*, v. 17, p. 190-191, 2011.

nal mediante bancos de sêmen; clonagem.[32] Segundo Juan-Ramon Lacadena, a eugenia positiva também pode se manifestar pela transferência de genes através da terapia somática e germinal e a construção de mosaicos genéticos com fins de transplantação.[33]

Trazendo a eugenia positiva para o cenário procriativo, pensemos na seleção germinal mediante o uso de bancos de sêmen, necessários em casos de procedimentos heterólogos de reprodução. Como antes já mencionado, os parâmetros para a escolha do doador não foram estabelecidos por legislação ordinária e restam ineficientemente disciplinados pelo regramento deontológico. Esse panorama propicia a prevalência da vontade de quem impulsionou o projeto parental ou do médico, conforme seus critérios de preferência e/ou conveniência.

Como conduta eugênica positiva, a clonagem com finalidade reprodutiva busca a repetição, mediante técnica assistida, de um patrimônio genético individual, ou seja, de um ser humano que tenha determinadas características, consideradas a partir de um padrão subjetivo, que pode envolver a preferência por determinado fenótipo, por exemplo. Nesse contexto, o simples desejo de repetir determinado indivíduo, por meio do processo de clonagem reprodutiva, pode ser uma decisão eugênica, já que a vontade pode ser conduzida por ideologias que aglutinem motivações estéticas, fenotípicas, que ensejem, inclusive, viés segregacionista.[34]

Helena Pereira de Melo, em livro atual destinado ao estudo da clonagem humana reprodutiva, traz os problemas que podem decorrer da reprodução realizada por meio dessa técnica, focando-se no risco para a biodiversidade, nos riscos para o próprio indivíduo (pelas questões que envolvem a identidade pessoal do clone e do clonado), além da ascensão de um debate complexo, que é o peso relativo da hereditariedade *versus* ambiente, balizados pelos conhecimentos em epigenética. Ela ainda aponta os problemas atinentes ao padrão de escolha dos indivíduos que serão clonados e a expectativa social alimentada sobre o clone que possa nascer.[35]

A conduta eugênica negativa tem como pretensão evitar a prevalência e a transmissão de características não desejadas ou não pretendidas por quem executa

---

32. SOTULLO, Daniel. El concepto de eugenesia y su evolución. In: ROMEO CASABONA, Carlos Maria. *La eugenesia hoy*. Bilbao-Granada: Editorial Comares, 1999, p. 42.
33. LACADENA, Juan-Ramon. *Genética y Sociedad*. Madrid, 2011. Disponível em: http://www.ranf.com/pdf/ 2011.pdf. Acesso em: 12 jan. 2023, p. 12.
34. MEIRELLES, Ana Thereza. *Neoeugenia e reprodução humana artificial*: Limites éticos e jurídicos. Salvador: Editora JusPodivm, 2014.
35. MELO, Helena Pereira de. *A clonagem humana reprodutiva no direito internacional dos direitos humanos*. Coimbra: Almedina, 2019, p. 48-50.

CAPÍTULO 7 • FERTILIZAÇÃO EXTRACORPÓREA E QUESTÕES BIOJURÍDICAS **163**

a escolha. É o caso dos diagnósticos em gametas e embriões que visam indicar doenças e patologias variadas e da contracepção para evitar a possibilidade de transmissão hereditária de doença e do abortamento por anomalia identificada.

> *La eugenesia negativa se caracterizó por limitar los derechos reproductivos individuales en aras de la salud genética de las generaciones futuras, y consistia en la eliminación de caracteres indeseables mediante segregación sexual y racial, restricciones de inmigración (principalmente en EE.UU., México, Brasil, Alemania), prohibición legal de matrimonios "interraciales" y esterilización involuntária.*[36]

No âmbito da procriação, como condutas que revelam eugenia negativa, tem-se: a proibição do matrimônio entre determinadas pessoas; os métodos anticonceptivos para a redução da natalidade; a esterilização voluntária ou forçada; o aconselhamento genético e o diagnóstico seguido de aborto terapêutico.[37]

Quando os motivos que fundamentam a proibição do matrimônio são de ordem biológica, a restrição se dá entre pessoas com perfis genéticos que agregam a incidência de patologias já observadas no histórico familiar ou pessoal. O objetivo de promover a esterilização e os métodos que almejam a redução da natalidade também podem ser guiados pelo afastamento de determinado perfil dos futuros indivíduos (fincados no critério socioeconômico).

Atenção especial conferimos ao aconselhamento e aos diferentes tipos de diagnósticos procedidos em termos de técnicas assistidas de reprodução. Ainda nesse capítulo, apontaremos os dilemas biojurídicos ínsitos às respectivas práticas. Os diagnósticos antes da concepção e pré-implantacionais (em embriões) podem ser usados com a finalidade de eliminar genes com determinadas patologias (eugenia negativa) ou também usados para promoção da eugenia positiva, buscando a prevalência de genes desejados, consubstanciando-se como conduta de natureza mista.

Como síntese que pode facilitar a compreensão, Schramm afirma que a eugenia negativa tem o intuito de prevenção e cura de malformações que são consideradas de origem genética, enquanto que a eugenia positiva está fulcrada no objetivo de "melhorar" as competências humanas, como a inteligência, a memória, os traços de caráter e outras características psicofísicas[38].

---

36. CORTÉS, Fabiola Villela; SALGADO, Jorge E. Linares. Eugenesia. Un análisis histórico y una posible propuesta. *Acta Bioethica*, v. 17, p. 190-191, 2011.
37. SOTULLO, Daniel. El concepto de eugenesia y su evolución. In: ROMEO CASABONA, Carlos Maria. *La eugenesia hoy*. Bilbao-Granada: Editorial Comares, 1999, p. 41.
38. SCHRAMM, Fermin Roland. Eugenia, Eugenética e o Espectro do Eugenismo: Considerações atuais sobre Biotecnociência e Bioética. *Revista Bioética*, CFM, Brasília, 2006. Disponível em: www.revista-bioetica.cfm. org.br/index.php/revista_bioetica/article/viewFile/384/484. Acesso em: 02 dez. 2023.

No âmbito das técnicas assistidas de reprodução, a eugenia negativa (ou a seleção terapêutica) se consolida por meio da medicina especializada, que justifica as práticas seletivas no afastamento de possíveis doenças e enfermidades que podem acometer a saúde da prole futura.

7.1.3 Neoeugenia e eugenia liberal

Apontar o percurso histórico, os tipos e os principais referenciais da eugenia é caminho necessário para chegar a uma nova forma de conduta também relacionada à esfera seletiva. Alguns fatores foram fundamentais ao surgimento do que chamamos de neoeugenia ou eugenia liberal, categorias que se ligam ao cenário procriativo medicamente assistido.

O primeiro fator foi a descoberta do DNA (em 1944) e, mais tarde, a execução do Projeto Genoma Humano, com início em 1986. Avanços nos estudos da biologia molecular possibilitaram vários benefícios, como a obtenção de novos medicamentos, a partir o uso da tecnologia do DNA recombinante, com o intuito de misturar e equiparar pedaços e peças de material hereditário. Na década de 80, várias descobertas foram importantes, tais como: A associação da esquizofrenia ao cromossomo 5, a psicose ao 11 e a psicose maníaco-depressiva ao 11 e ao X. Também foi evidenciada a ligação genética entre o alcoolismo e o gene mutante para o receptor dopamina 2, que também está associado ao autismo, à síndrome de Tourett, à dependência química e à hiperatividade.[39]

Em 1988, criou-se a HUGO (*Human Genome Organization*), com o objetivo de "promover a coordenação e cooperação internacional do Projeto Genoma Humano", com participação de quarenta e dois membros de nacionalidades diferentes, constituindo-se como um órgão de consulta, sem fins lucrativos, para promover a cooperação global e fornecer as informações descobertas. Em abril de 2003, o projeto anunciou a descodificação de 99.9% do genoma e a existência de 30 mil genes humanos, ressalvando que o trabalho ainda não está definitivamente concluído.[40]

Tais descobertas propiciaram o desenvolvimento e a ascensão da chamada medicina preditiva (também conhecida como medicina genômica),[41] que tem

---

39. BARBAS, Stela Marcos de Almeida Neves. *Direito do Genoma Humano*. Tese de doutoramento em Ciências Jurídicas na Universidade Autônoma de Lisboa. Coimbra: Almedina, 2007, p. 47.
40. BARBAS, Stela Marcos de Almeida Neves. *Direito do Genoma Humano*. Tese de doutoramento em Ciências Jurídicas na Universidade Autônoma de Lisboa. Coimbra: Almedina, 2007, p. 56.
41. A medicina preditiva também é chamada de medicina genômica. "*Con el desarrollo del PGH, la medicina há entrado en una nueva era, la llamada "medicina genómica", que se caracteriza por un rol más preventivo que curativo. En esta era, los tests genéticos preventivos tienen un rol preponderante, ya que permiten realizar un screening de las mutaciones que posee una determinada persona, para informarle*

CAPÍTULO 7 • FERTILIZAÇÃO EXTRACORPÓREA E QUESTÕES BIOJURÍDICAS 165

como finalidade a prevenção da manifestação de uma determinada doença com certa antecipação. A partir dos conhecimentos em genética, visa identificar as informações relacionadas à manifestação de doenças que estão contidas no genoma do indivíduo, através de testes genéticos.

Atualmente, a medicina preditiva vem se tornando ferramenta de contribuição para a efetiva garantia do direito à saúde, já que, por meio de ação prematura, tem a capacidade de antecipar-se à manifestação de uma condição patológica ou à forma com que tal condição pode se manifestar. Nesse contexto, predição e precisão passam a ser elementos centrais à efetiva noção de direito à saúde, comunicando-se, também, aos processos assistidos de reprodução. "A possibilidade de antecipar precocemente a manifestação de uma patologia, como as neoplasias, transforma a noção clássica de saúde, tradicionalmente vinculada à esfera interventiva de cura, ou seja, quando a doença já foi instaurada".[42] Na procriação, nos últimos anos, tais conhecimentos também passaram a ser utilizados com frequência. A medicina preditiva é essencial ao cenário da procriação medicamente assistida, ponto que será abordado ainda nesse capítulo.

O Projeto Genoma Humano possibilitou avanços de alta relevância na área da medicina preditiva, mas, também, descortinou uma série de preocupações de ordens éticas e jurídicas relacionadas ao acesso e ao manejo das informações contidas nos genes. Daniel Cohen, pesquisador atuante no desenvolvimento do projeto, afirma ser necessário distinguir o eugenismo positivo, que consiste em querer crianças "melhoradas", já que, no estágio atual de nossa compreensão do ser vivo e da evolução social, só desemboca, na maioria das vezes, em delírios de caráter racista e nazista; e o eugenismo negativo, que consiste em evitar o nascimento de crianças que, sabemos, serão gravemente doentes.[43]

Importante já ressaltar que as possibilidades consolidadas pelo Projeto Genoma Humano culminaram na construção de documentos internacionais para regular as ações científicas e as relações sociais que envolvem o uso da informação genética, como a Declaração Universal sobre o Genoma Humano e os Direitos

---

de los riesgos específicos de contraer patologías específicas en el futuro o, incluso, detectar enfermedades antes del nacimiento, desde el estado embrionario y fetal" (ALCÂNTARA, Manuel J. Santos. Aspectos bioéticos del consejo genético en la era del proyecto del genoma humano. *Acta Bioethica*, ano X, n. 2, p. 192, 2004).

42. MEIRELLES, Ana Thereza; GUINDALINI, Rodrigo. Oncogenética e dimensão preditiva do direito à saúde: a relevância da informação genética na prevenção e tratamento do câncer. In: SÁ, Maria de Fátima Freire de; MEIRELLES, Ana Thereza; SOUZA, Iara Antunes; NOGUEIRA, Roberto Pôrto; NAVES, Bruno de Oliveira Torquato (Coord.). *Direito e Medicina*: Interseções científicas. V.I. Biotecnologia e genética. Belo Horizonte: Conhecimento, 2021, p. 166.

43. SCHRAMM, Fermin Roland. Eugenia, Eugenética e o Espectro do Eugenismo: Considerações atuais sobre Biotecnociência e Bioética. *Revista Bioética,* CFM, Brasília, 2006. Disponível em: www.revista-bioetica.cfm. org.br/index.php/revista_bioetica/article/viewFile/384/484. Acesso em: 02 dez. 2023.

Humanos,[44] de 25 de julho de 1997, e a Declaração Internacional sobre Dados Genéticos Humanos[45] de 16 de outubro de 2004.

Voltando à compreensão sobre os novos paradigmas de seleção que ensejaram as noções de neoeugenia e eugenia liberal, é imperioso ressaltar que as ideias eugênicas, ao final da segunda guerra mundial, foram, paulatinamente, criticadas e cada vez mais rechaçadas. A eugenia que predominou na época nazista invocou reações sociais e alarme diante do conhecimento das atrocidades cometidas. Surgia, então, o que se chamou de eugenia reformista, que visava: expurgar preconceitos racistas e de classe; fazer da genética humana disciplina científica, desvinculando-a da concepção vigente de eugenia; investigar as características hereditárias humanas com o objetivo de obter a cura das enfermidades de natureza genética; melhorar o patrimônio genético por meio da recomendação de uma maior procriação dos mais dotados mediante a educação e considerando o elemento de voluntariedade.[46]

O final dos anos 60 e início dos anos 70 foi o momento em que as práticas de eugenia, com objetivo terapêutico, cresceram sob a influência do enorme potencial das técnicas de diagnóstico genético. Em paralelo, registrou-se, também, a ascensão de algumas áreas da medicina, como a embriologia, a genética molecular e a bioquímica, além do aperfeiçoamento das técnicas de reprodução humana assistida, como a fecundação *in vitro*. Juntamente com a eugenia terapêutica, é possível identificar as crescentes possibilidades de praticar a eugenia com fins de aperfeiçoamento ou melhora, que é a positiva. Um panorama novo sobre a eugenia passa a ser delineado: de um lado, as práticas de natureza terapêutica negativa, embasadas em indicativos médicos; de outro, a eugenia de aperfeiçoamento (ou positiva), cujo fundamento se aproxima do espírito galtoniano. Aqui, já podemos perceber um traço importante que diferencia a eugenia clássica da nova eugenia: as decisões em matéria de procriação assistida estão situadas no âmbito de natureza privada e não acontecem de forma coercitiva.[47]

Em decorrência das mudanças sociais, que inclusive reconheciam a eugenia do passado como atroz e perversa, e das novas demandas de mercado, que se concretizam, na verdade, por meio de vontades individuais movidas pelos anseios

---

44. ONU. UNESCO. *Declaração Universal sobre o Genoma Humano e os Direitos Humanos.* 25 de julho de 1997. Disponível em: www.unesdoc.unesco.org/images/0012/001229/122990por.pdf. Acesso em: 30 dez. 2023.

45. ONU. UNESCO. *Declaração Internacional sobre os Dados Genéticos Humanos.* Disponível em: www.unesdoc.unesco.org/images/0013/001361/136112porb.pdf. Acesso em: 30 dez. 2023.

46. SOTULLO, Daniel. El concepto de eugenesia y su evolución. In: ROMEO CASABONA, Carlos Maria. *La eugenesia hoy.* Bilbao-Granada: Editorial Comares, 1999, p. 52-54.

47. MEIRELLES, Ana Thereza. *Neoeugenia e reprodução humana artificial:* Limites éticos e jurídicos. Salvador: Editora JusPodivm, 2014.

CAPÍTULO 7 • FERTILIZAÇÃO EXTRACORPÓREA E QUESTÕES BIOJURÍDICAS **167**

e desejos de cada um pode-se falar no surgimento da chamada eugenia liberal[48] ou da neoeugenia.[49] Pensamos que os termos, embora tenham sido cunhados por diferentes autores e não tenham correspondência em totalidade, essencialmente, se referem a um mesmo contexto e ideia, podendo ser empregados com o mesmo sentido.

Os sentidos dos termos se irmanam na medida em que unem os mesmos elementos, já que se referem a uma forma seletiva que possibilita a concretização de desejos que podem ser realizados por meio da ciência, usando a genética, a biologia, as técnicas de reprodução e outras técnicas de manipulações biológicas, a biotecnologia e os segmentos necessários à demanda almejada. Ambos interligados, também, pelo respeito à autonomia das partes envolvidas.

O uso adequado das análises genéticas dentro do processo de reprodução assistida, hoje, consolida uma nova forma eugênica, mas que ganha contornos específicos e justificáveis, se pensarmos na sua finalidade. Aconselhamentos genéticos, diagnósticos em gametas, embriões e fetos, por exemplo, são condutas que culminam na concretização do viés seletivo, mas estão amparadas pelo elemento terapêutico, questões que veremos a seguir.

Sem prejuízo de reconhecer pensamentos diversos, fixamos previamente o entendimento de que a seleção em contexto de reprodução humana assistida, ainda que rotulada como eugênica liberal ou neoeugência, é necessária e justificada se feita em atendimento ao pressuposto terapêutico e se concretizada a partir da coleta do consentimento. O contexto da neoeugenia demanda a aferição do consentimento (e do respeito à autonomia), descaracterizada pelas práticas da eugenia predecessora. Essa nova eugenia surge no cerne da relação médico-paciente e, portanto, num plano de natureza individual, mas possui relação com interesses coletivos, já que engloba as gerações futuras, pela necessidade de preservar a integridade e a diversidade do patrimônio genético da humanidade.

Importantes considerações de Carlos María Romeo Casabona merecem destaque. Nas democracias, sistemas que respeitam os direitos humanos, a eugenia pode ser confundida com as prerrogativas que envolvem os direitos individuais, tornando difícil separar, com clareza, tais realidades. Considerando tal confusão, toma-se o questionamento sobre se essa nova forma de seleção deve ser qualificada como eugenia já que está alicerçada em direitos de reprodução. Prossegue ele

---

48. Termo usado por Jürgen Habermas, conforme obra que segue: HABERMAS, Jürgen. *O futuro da natureza humana. A caminho de uma eugenia liberal?* Trad. Karina Janini. São Paulo: Martins Fontes, 2010.

49. Conforme referência de Carlos Romeo Casabona: ROMEO CASABONA, Carlos María. Las prácticas eugenésicas: nuevas perspectivas. In: ROMEO CASABONA, Carlos Maria. *La eugenesia hoy.* Bilbao--Granada: Editorial Comares, 1999.

afirmando que o traço que aproxima as duas formas de conduta seletiva (a de antes e a nova) está no fato de que pode envolver interesses do Estado, pensando que alguns países impõem análises genéticas antes do matrimônio, motivados pelos argumentos da saúde pública e de natureza econômica. Tome-se como exemplo o caso da China, que impõe política de planejamento familiar com o objetivo de frear o crescimento demográfico, implicando práticas eugênicas indiretas, sem mencionar, inclusive, a preferência declarada sobre o sexo do futuro filho.[50]

No caminho do entendimento de Romeo Casabona, defendemos que a justificativa para as escolhas seletivas em reprodução está exclusivamente assentada no argumento de natureza terapêutica e no consentimento dos sujeitos envolvidos, não cabendo, em nenhuma hipótese, ainda que por motivação sanitária, intervenções do Estado para controlar os direitos reprodutivos em nome de seus interesses políticos. Isso seria uma evidência incontestável de violação de direitos e garantias individuais, por traduzir-se em interferência direta no direito de executar um planejamento familiar livre.

Seguindo a diferença entre as práticas eugênicas anteriores e a nova eugenia voltada para fins terapêuticos, Jürgen Habermas afirma que algumas condutas seletivas, como o diagnóstico pré-implantacional, devem ser consideradas, por si só, como moralmente admissíveis ou juridicamente aceitáveis "se sua aplicação for limitada a poucos e bem definidos casos de doenças hereditárias graves que não poderiam ser suportadas pela própria pessoa potencialmente em questão". Habermas prossegue consolidando a necessidade de apartar a eugenia negativa, que parece justificada, já que é conduzida pela função terapêutica, da eugenia positiva, que parece injustificada, já que é uma eugenia com fins de aperfeiçoamento, pautada em critérios de perfeição. Ele reconhece que os limites conceituais entre as práticas positivas e negativas da nova eugenia não são fáceis de aferir. Para ele, "o limite conceitual entre a prevenção do nascimento de uma criança gravemente doente e aperfeiçoamento do patrimônio hereditário, ou seja, de uma decisão eugênica, não é mais demarcado".[51]

Umas das reflexões mais inquietantes de Habermas é sobre o surgimento de um novo paradigma de compreensão humana diante das consequências dessa manipulação seletiva. Afirma ele que "não podemos excluir o fato de que o conhecimento de uma programação eugênica do próprio patrimônio hereditário limita a configuração autônoma da vida do indivíduo e mina as relações

---

50. ROMEO CASABONA, Carlos Maria. Las prácticas eugenésicas: nuevas perspectivas. In: ROMEO CASABONA, Carlos Maria. *La eugenesia hoy*. Bilbao-Granada: Editorial Comares, 1999, p. 11-13.

51. HABERMAS, Jürgen. *O futuro da natureza humana. A caminho de uma eugenia liberal?* Trad. Karina Janini. São Paulo: Martins Fontes, 2010, p. 26-30.

CAPÍTULO 7 • FERTILIZAÇÃO EXTRACORPÓREA E QUESTÕES BIOJURÍDICAS **169**

fundamentalmente simétricas entre pessoas livres e iguais".[52] Assim é que, se o indivíduo passar a ter ciência do uso do conhecimento científico para motivar e programar a escolha sobre a sua existência, pode-se falar em um novo paradigma.

Habermas reconhece, de outro lado, que a "proteção da integridade de patrimônios hereditários não manipulados pode ser justificada com a indisponibilidade dos fundamentos biológicos da identidade pessoal", podendo-se afirmar que a proteção jurídica "poderia encontrar expressão num direito a uma herança genética, em que não houve intervenção artificial". Sobre a eugenia positiva, ele descortina o cenário em que uma pessoa passa a ser a concretização das intenções de outra, estabelecendo uma relação de assimetria entre o programado (ou o eugenizado) e o programador (o eugenista).[53]

É diante disso que os pilares do liberalismo são corrompidos, tendo em vista que a liberdade de escolha de alguém subjugará a liberdade do outro, que terá a existência pré-determinada pela programação advinda de uma vontade alheia, afastando a igualdade, naturalmente exarada pela manifestação do acaso da constituição do patrimônio genético.[54]

O cenário ora apontado demonstra que a eugenia de natureza negativa ou com finalidade terapêutica ganha protagonismo ao se fundamentar na necessidade de combater as enfermidades hereditárias, propiciando a redução do sofrimento futuro e o aumento das chances de vida e de sua qualidade. Assim, o objeto da eugenia (agora nova) sofre uma reorientação, passando a se referir a um bem de natureza privada (das famílias portadoras de genes com enfermidades), e de natureza coletiva, relacionado com o patrimônio genético humano em geral.[55]

Diante das técnicas assistidas de reprodução, ainda que a relação seja originada sob o manto dos direitos procriativos e, portanto, individuais, há que se entender que as práticas seletivas possuem relação direta com a integridade e a naturalidade do patrimônio genético, também de interesse das gerações futuras. Isso não retira a possibilidade de construção de parâmetros para realizá-las de maneira justificada. O que queremos dizer é que, ainda que a questão tenha origem numa relação contratual individualizada, as consequências das escolhas

---

52. HABERMAS, Jürgen. *O futuro da natureza humana. A caminho de uma eugenia liberal?* Trad. Karina Janini. São Paulo: Martins Fontes, 2010, p. 33.
53. HABERMAS, Jürgen. *O futuro da natureza humana. A caminho de uma eugenia liberal?* Trad. Karina Janini. São Paulo: Martins Fontes, 2010, p. 37-38.
54. MEIRELLES, Ana Thereza. *Neoeugenia e reprodução humana artificial:* Limites éticos e jurídicos. Salvador: Editora JusPodivm, 2014.
55. SOTULLO, Daniel. El concepto de eugenesia y su evolución. In: ROMEO CASABONA, Carlos Maria. *La eugenesia hoy.* Bilbao-Granada: Editorial Comares, 1999, p. 59.

seletivas resvalam no coletivo, ou seja, na diminuição da naturalidade do patrimônio genético,[56] por isso, carecem de considerações biojurídicas.

Segundo Daniel Sotullo, as intervenções terapêuticas, com fins exclusivos de diminuir o sofrimento das pessoas e assegurar-lhes uma existência digna, socialmente recepcionadas porque não possuem consequências graves, podem ser formas eugênicas aceitáveis.[57] Nesse sentido, os aportes científicos mais recentes, que incluem as manipulações genéticas em gametas e embriões, representam meios menos traumáticos que os anteriores, como esterilização, aborto e infanticídio, políticas no passado adotadas por nações que incorporaram os ideais eugênicos sem restrições.[58]

Fixamos, então, o entendimento de que a neoeugenia ou eugenia liberal, quando realizada em alinhamento criterioso à justificativa terapêutica, encontra respaldo biojurídico, diferentemente da sua forma positiva, quando o objetivo seletivo é conduzido por ideais de aperfeiçoamento ou melhoramento, geralmente afastados de preocupações terapêuticas reais e guiados por padrões estéticos, étnicos, raciais, sociais e religiosos.

Passemos a relatar como essas escolhas novas de cunho negativo estão presentes no âmbito das técnicas assistidas de procriação e quais são os dilemas éticos e jurídicos que delas decorrem.

7.2 DIAGNÓSTICOS E POSSIBILIDADES DE SELEÇÃO EM REPRODUÇÃO

Abordar os dilemas éticos e jurídicos que envolvem o uso dos diagnósticos para fins de seleção embrionária, nas técnicas de reprodução assistida extracorpórea, demanda relembrar que o leitor deve contar com a ajuda do capítulo 1, responsável por aportar, com maior profundidade, explicações médicas que se relacionam com as etapas que passaremos a discorrer.

De início, tem-se que fixar que a medicina preventiva é uma consequência direta da medicina preditiva, posto que primeiro se anuncia o que pode se suceder no futuro de um indivíduo, para que, depois, se possa promover a prevenção, antecipando a preparação de uma resposta ou um tratamento àquilo que se anun-

---

56. Sobre o tema, consultar, também, o livro DANTAS, Carlos Henrique Félix. *Aprimoramento genético em embriões humanos*. Limites ético-jurídicos ao planeamento familiar na tutela da deficiência como diversidade biológica. Belo Horizonte: Fórum, 2022.

57. SOTULLO, Daniel. El concepto de eugenesia y su evolución. In: ROMEO CASABONA, Carlos Maria. *La eugenesia hoy*. Bilbao-Granada: Editorial Comares, 1999, p. 59.

58. VELÁZQUEZ, José Luis. *Del homo al embrión. Ética y biología para el siglo XXI*. Barcelona: Gedisa Editorial, 2003, p. 152.

CAPÍTULO 7 • FERTILIZAÇÃO EXTRACORPÓREA E QUESTÕES BIOJURÍDICAS   171

ciou.[59] A análise de natureza preditiva é feita por meio de aconselhamento e de diagnósticos e pode ser feita em diferentes grupos (ou fases de desenvolvimento do ser): em pessoas, embriões, mulheres grávidas, nascituros, em determinado grupo étnico e também em grupos de parentes, considerando o histórico genético ou de doenças já manifestadas na família.

Com o objetivo de concretizar a procriação, atenta-se que é possível realizar exames ou diagnósticos em diferentes momentos: antes da fecundação dos gametas (aconselhamento ou diagnóstico pré-conceptivo); após a fecundação, estando o embrião em estado de pré-implantação, se concebido em laboratório (diagnóstico pré-implantatório); ou, ainda, antes do nascimento, para verificar as condições do feto (diagnóstico pré-natal). Mesmo que o capítulo se destine a analisar os diagnósticos realizados após a fecundação, algumas considerações sobre as condutas seletivas que possam ocorrer antes desse momento merecem apontamentos, tendo em vista estarem situadas dentro do espectro das práticas de seleção.[60]

Abordamos, no capítulo 1, o conteúdo médico que envolve a consulta para fins de aconselhamento reprodutivo, que, diante da indicação técnica e da decisão das partes, abarca, também, a investigação de natureza genética. Na medicina, o aconselhamento genético surge com a primeira tarefa de afastar as desconfianças deixadas pelo movimento eugênico e assegurar o respeito e promoção aos direitos das pessoas que seriam submetidas a ele. A concretização desse aconselhamento deve contar com o princípio da neutralidade moral, fundamento ético que guia a atuação profissional de um aconselhador genético. As informações passadas no processo não podem ser motivadas por valores pessoais ou julgamentos de quem aconselha. É nesse contexto que "o aconselhamento genético não é mais um instrumento de higiene social servindo a ideais eugênicos, mas uma peça educativa fundamental à promoção da saúde pública e dos direitos humanos".[61]

A importância do aconselhamento genético nas técnicas procriativas ascendeu de forma que, antes do início de qualquer tratamento, a Sociedade Americana de Medicina Reprodutiva sugere uma avaliação completa, que inclui exames físicos, laboratoriais e testes. Essa avaliação objetiva revelar a história pessoal e familiar de doença genética, revisando os resultados apontados nos

---

59. EMALDI CIRIÓN, Aitziber. *El consejo genético y sus implicaciones jurídicas*. Bilbao-Granada: Comares, 2001, p. 10.
60. Livro importante que aborda as dimensões da responsabilidade civil decorrentes do uso do aconselhamento gene tico é SOUZA, Iara Antunes de. *Aconselhamento genético e responsabilidade civil*. As ações por concepção indevida (*Wrongful Conception*), nascimento indevido (*Wrongful Birth*) e vida indevida (*Wrongful life*). Belo Horizonte: Arraes Editores, 2014.
61. DINIZ, Debora; GUEDES, Cristiano. A Ética na História do Aconselhamento Genético: um Desafio à Educação Médica. *Revista Brasileira de Educação Médica*, n. 33, 2, p. 249, 2009.

testes que podem afetar o curso do tratamento. Há que se aconselhar, também, os pacientes sobre o uso de testes genéticos adicionais antes de iniciar o tratamento sugerido.[62]

O aconselhamento genético (às vezes também chamado de diagnóstico pré-conceptivo), se feito para fins de planejamento reprodutivo, pretende saber sobre a probabilidade de manifestação de doenças no filho futuro. O ato de aconselhar-se geneticamente demanda decisão reprodutiva do casal que buscou a técnica, constituindo-se em um processo de informação sobre as consequências e riscos de uma doença que pode ser transmitida hereditariamente com o intuito de evitá-la.[63]

Em síntese, é um processo de comunicação sobre os riscos de ocorrência de anomalias genéticas à luz da história familiar, que envolve um ou mais profissionais habilitados para auxiliar indivíduos ou famílias a compreender amplamente as implicações relacionadas às doenças genéticas aferidas; ajudar a conhecer as opções que a medicina oferece para a terapêutica ou para a diminuição dos riscos de ocorrência (ou recorrência); fornecer eventual apoio psicoterápico.[64]

Ressaltamos que na doutrina ou legislação de alguns países é possível perceber o uso indiscriminado dos termos "aconselhamento genético reprodutivo" e "diagnóstico pré-conceptivo", assim como o uso da expressão "teste genético" para se referir à avaliação dessa natureza. É possível perceber, na literatura médica especializada, que testes genéticos são recursos a serem indicados em diferentes contextos investigativos que não se esgotam no âmbito da intenção de procriação. Há justificativa médica para a indicação de um teste dessa natureza, mas a decisão é somente da parte a ser aconselhada, preservando-se a autonomia dos envolvidos.

Registra-se, então, a diferença entre os termos "aconselhamento genético para fins reprodutivos" e "testes genéticos". O primeiro se refere a um processo contido em uma consulta com um profissional especializado para orientação de decisões diante do intento de procriação e o outro é instrumento posto a serviço desse aconselhamento que pode evidenciar informações relevantes, advindas do DNA investigado, para a tomada de decisões.

---

62. LILIENTHAL, Debra; CAHR, Michelle Cahr. Genetic Counseling and Assisted Reproductive Technologies. *Cold Spring Harb Perspect Medicine*, 2020;10:a036566. Editors: Laura Hercher, Barbara Biesecker, and Jehannine C. Austin Additional Perspectives on Genetic Counseling: Clinical Practice and Ethical Considerations available at www.perspectivesinmedicine.org.

63. ROMEO CASABONA, Carlos Maria. *Do gene ao direito*. São Paulo: IBCCrim, 1999.

64. BERTOLLO, Eny Maria Goloni; CASTRO, Rodrigo; CINTRA, Mariangela Torreglosa Ruiz; PAVARINO, Érika Cristina. O processo de Aconselhamento Genético. *Arq Ciênc Saúde*, 2013, jan.-mar. 20(1) 30-6, p. 30.

Na Espanha, conforme Fernando Abellán,[65] o aconselhamento genético é uma prerrogativa do paciente, justificado pelos direitos de informação sanitária (que inclui a perspectiva da reprodução humana assistida) e de exercício do direito de saber sobre sua condição genética. A lei de reprodução humana assistida de 2006[66] recepcionou, inclusive, o aconselhamento genético como parte das técnicas, incluindo, também, os doadores de material germinativo.

A ética precisa ser orientação protagonista na condução de qualquer aconselhamento genético, considerando, em especial, o fato de que parte das doenças genéticas não possui terapias e cura, como é o caso da doença de Huntington, uma patologia genética autossômica dominante "que atinge o sistema nervoso central e cujas manifestações neurológicas características são movimentos anormais, deterioração intelectual e distúrbios psiquiátricos variados". Filhos de pessoas com a doença possuem 50% de chances de herdar a enfermidade.[67]

Análises genéticas antes da concepção não encontram impedimentos morais no que se refere à possibilidade de manipulação embrionária, já que a avaliação ocorre em fase pré-conceptiva. O uso do aconselhamento genético, seja para fins de investigação de patologias individuais ou para fins de planejamento procriativo, encontra respaldo, tendo em vista a inexistência de qualquer vedação legal sobre a prática.

Entendemos que a sua legitimidade está conformada pela finalidade terapêutica que ele sempre deve almejar, ou seja, pela possibilidade de usar as informações genéticas de pessoas em prol da identificação da probabilidade de manifestação de suas doenças futuras ou de seus familiares. É resguardada à autonomia individual recorrer à técnica, com fulcro no direito de ter filhos em condições de saúde mais favoráveis. Afastamos a legalidade do uso de aconselhamentos genéticos pré-conceptivos se a busca for motivada para fins não terapêuticos, ou seja, com vistas às escolhas de padrões fenotípicos específicos, como cor de cabelo, pele e olhos, intelecto e características físicas.

Ainda que os impactos do uso do aconselhamento genético em reprodução culminem em resultados neoeugênicos, para alguns entendimentos, reiteramos a sua legitimidade, que se explica, repita-se, pelo intento terapêutico, a partir da constatação de incidência expressiva de patologia na família e investigação diagnóstica genética feita nos pretendentes a procriar.

---

65. ABELLÁN, Fernando. *Selección genética de embriones. Entre la libertad reproductiva y la eugenesia.* Granada: Comares, 2007, p. 19-20.
66. ESPAÑA. *Ley 14/2006*, de 26 de mayo, sobre técnicas de reproducción humana asistida. Disponível em: https://www.boe.es/eli/es/l/2006/05/26/14/con. Acesso em: 28 ago. 2023.
67. DINIZ, Debora; GUEDES, Cristiano. A Ética na História do Aconselhamento Genético: um Desafio à Educação Médica. *Revista Brasileira de Educação Médica*, n. 33, 2, p. 248, 2009.

7.2.1 Diagnóstico pré-implantacional e Diagnóstico genético embrionário

Os embriões concebidos por FIV e ICSI, técnicas de concepção extracorpórea pormenorizadas no capítulo 1, são submetidos, como parte do processo, a alguns diagnósticos aptos a avaliar sua condição antes de ser implantado. Não custa lembrar que a seleção embrionária, a partir dos indicativos terapêuticos fornecidos pelos diagnósticos a serem realizados, é parte fundamental do conjunto de recursos técnicos capazes de contribuir para o êxito do tratamento.

Aqui, deve-se atentar para duas importantes análises diagnósticas que podem ser feitas no embrião, a partir da coleta do consentimento do(s) demandante(s) do projeto parental: o diagnóstico pré-implantacional (ou biópsia embrionária), que contempla a seleção morfológica (forma, estrutura e ritmo de crescimento embrionário em cultivo) e a seleção morfocinética (aspectos ópticos e fotográficos). Essa análise diagnóstica pré-implantatória integra o processo técnico da concepção assistida. O outro tipo de análise é o chamado diagnóstico genético embrionário (ou genético pré-implantacional), em regra, feito por indicação médica e que demanda a decisão expressa dos genitores.

Remetemos o leitor à leitura da seção 1.4.3 para a compreensão melhor aprofundada dos tipos diagnósticos mencionados, considerando, inclusive, a natureza e a origem do problema a ser detectado nos embriões. Optamos por compreender os termos "diagnóstico pré-implantacional" e "diagnóstico genético embrionário" a partir dos sentidos apontados no parágrafo anterior, mas há quem compreenda que o genético é parte integrante do pré-implantacional (concebido, nesse sentido, como um diagnóstico que envolve a avaliação embrionária em totalidade). Para a investigação que propomos, não fará diferença essa distinta visão de posicionamento quanto à tipologia, ressalvando que, em algumas referências pesquisadas, o termo "diagnóstico pré-implantacional" é usado de maneira generalista para se referir a toda e qualquer análise que possa ser feita no embrião antes da transferência uterina, incluindo a genética.

Se os diagnósticos são feitos para avaliar a viabilidade e as condições de saúde do embrião fecundado extracorporeamente, continuemos a entendê-los como legítimos e legais pelos mesmos motivos que o aconselhamento ou diagnóstico pré-conceptivo.

Conforme já aportado no capítulo 4, o embrião em situação extracorpórea está longe de qualquer equiparação à titularidade de direitos da pessoa.

É importante frisar que, em momentos passados, o diagnóstico antes da implantação do embrião permitia apenas a verificação da sua aptidão para a gestação, ou seja, consistia em avaliação mais simples sobre o desenvolvimento

CAPÍTULO 7 • FERTILIZAÇÃO EXTRACORPÓREA E QUESTÕES BIOJURÍDICAS **175**

embrionário. Atualmente, é técnica mais elaborada que permite a verificação de algumas informações genéticas do organismo vivo, em prol de identificar doenças que futuramente possam se desenvolver.[68] Assim, o uso dos diagnósticos propicia a conclusão de que determinados embriões não possuem condições favoráveis para fins de reprodução (seja pela ausência de desenvolvimento normal ou por ter apresentado alteração genética ou cromossômica).[69]

Destaca-se a expansão do uso dos diagnósticos embrionários para uma gama expressiva de doenças distintas, ressaltando a sua contribuição para uma visão mais ampla do embrião humano, incluindo o rastreamento das aneuploidias, principal causa de insucesso reprodutivo.[70]

Na Espanha, os diagnósticos são regulados pela lei de reprodução humana de 2006, que determina duas situações que autorizam a prática: a identificação de enfermidades hereditárias graves, de aparição precoce e não susceptíveis de tratamento curativo após o nascimento, com o objetivo de selecionar os embriões não afetados pela patologia; a identificação de outras alterações que podem comprometer a viabilidade do embrião.[71]

Reiteramos o entendimento de que os diagnósticos realizados em embriões extracorpóreos, conduzidos por motivações de natureza terapêutica, são legais e devem assim permanecer. Propomos, então, caminhos que possam fundamentar tais motivações, a partir do que se deva considerar como argumento de natureza terapêutica.[72] É relevante apontar conhecimentos já consolidados em segmentos científicos da medicina para, a partir disso, construir o conjunto de fundamentos que legitimam os diagnósticos.

---

68. FRIAS, Lincoln. *A ética do uso e da seleção de embriões*. Florianópolis: Editora UFSC, 2012, p. 13.
69. GEBER, Selmo. Implicações éticas do diagnóstico pré-implantacional. In: ROMEO CASABONA, Carlos Maria; QUEIROZ, Juliane Fernandes (Coord.). *Biotecnologia e suas implicações ético-jurídicas*. Belo Horizonte: Del Rey, 2004.
70. MOTTA, Eduardo Leme Alves da; SERAFINI, Paulo Cesar; LORENZON, Aline Rodrigues. Técnicas de diagnóstico genético: PGT-A e PGT-M. In: CAETANO, João Pedro Junqueira; MARINHO, Ricardo Mello; PETRACCO, Alvaro; LOPES, Joaquim Roberto Costa; FERRIANI, Rui Alberto (Org.). *Medicina reprodutiva SBRH*. São Paulo: Segmento Farma: SBRH, 2018, p. 235.
71. "*Artículo 12. Diagnóstico preimplantacional. 1. Los centros debidamente autorizados podrán practicar técnicas de diagnóstico preimplantacional para: a) La detección de enfermedades hereditarias graves, de aparición precoz y no susceptibles de tratamiento curativo posnatal con arreglo a los conocimientos científicos actuales, con objeto de llevar a cabo la selección embrionaria de los preembriones no afectos para su transferencia. b) La detección de otras alteraciones que puedan comprometer la viabilidad del preembrión. La aplicación de las técnicas de diagnóstico preimplantacional en estos casos deberá comunicarse a la autoridad sanitaria correspondiente, que informará de ella a la Comisión Nacional de Reproducción Humana Asistida*". (ESPAÑA. *Ley 14/2006*, de 26 de mayo, sobre técnicas de reproducción humana asistida. Disponível em: https://www.boe.es/eli/es/l/2006/05/26/14/con. Acesso em: 28 ago. 2023).
72. Interessante construção sobre os aspectos éticos da seleção pré-implantacional de embriões é feita por ALVARENGA, Bruno Henrique Andrade. *Reprodução humana assistida*: Aspectos jurídicos na seleção pré-implantacional de embriões. Curitiba: Appris, 2020.

O diagnóstico genético em embriões é dividido em PGT-M e PGT-A. O critério para indicação do PGT-M é o histórico familiar ou o conhecimento anterior de alguma desordem genética dos progenitores.[73] Ele é atualmente realizado para mais de 400 desordens gênicas e é indicado para casos em que se conhece a mutação a ser identificada no embrião, a exemplo de doenças genéticas, como fibrose cística, e doenças que possuem início na vida adulta, como a doença de Huntington e a ataxia espinocerebelar. É indicado, ainda, para identificar mutações nos genes BRCA1 e BRCA2, relacionadas à maior predisposição a câncer.[74]

O PGT-A é indicado mais comumente em casos de idade materna avançada, falhas repetidas na implantação, abortos espontâneos e fator masculino grave de infertilidade. Ele tem por finalidade a detecção de aneuploidias e intenta promover a seleção de embriões que não possuam anomalias cromossômicas numéricas.[75]

Nesse caminho, entende-se que avaliações diagnósticas em embriões permitem a identificação das enfermidades genéticas herdadas que, em função da forma de transmissão, são classificadas como cromossômicas, monogênicas e multifatoriais. Anomalias cromossômicas podem ser herdadas ou serem o resultado da maturação do óvulo ou do espermatozoide, geralmente por problemas durante a gametogênese,[76] sendo as mais conhecidas e frequentes as trissomias, que refletem a alteração de um único par de cromossomo. É caso da trissomia 21 ou síndrome de Down, da trissomia 18 ou síndrome de Edwards, da trissomia 13 ou síndrome de Patau, entre outras.[77]

Enfermidades monogênicas são causadas pela mutação de apenas um gene, como as autossômicas dominantes (distrofia miotônica de Steinert; a enfermidade de Huntington e síndrome de Marfan e outras); as autossômicas recessivas

---

73. MOTTA, Eduardo Leme Alves da; SERAFINI, Paulo Cesar; LORENZON, Aline Rodrigues. Técnicas de diagnóstico genético: PGT-A e PGT-M. In: CAETANO, João Pedro Junqueira; MARINHO, Ricardo Mello; PETRACCO, Alvaro; LOPES, Joaquim Roberto Costa; FERRIANI, Rui Alberto (Org.). *Medicina reprodutiva SBRH*. São Paulo: Segmento Farma: SBRH, 2018, p. 236.
74. VIANA, Melissa Machado; AGUIAR, Marcos José Burle de. Genética e reprodução humana. In: CAETANO, João Pedro Junqueira; MARINHO, Ricardo Mello; PETRACCO, Alvaro; LOPES, Joaquim Roberto Costa; FERRIANI, Rui Alberto (Org.). *Medicina reprodutiva SBRH*. São Paulo: Segmento Farma: SBRH, 2018.
75. MOTTA, Eduardo Leme Alves da; SERAFINI, Paulo Cesar; LORENZON, Aline Rodrigues. Técnicas de diagnóstico genético: PGT-A e PGT-M. In: CAETANO, João Pedro Junqueira; MARINHO, Ricardo Mello; PETRACCO, Alvaro; LOPES, Joaquim Roberto Costa; FERRIANI, Rui Alberto (Org.). *Medicina reprodutiva SBRH*. São Paulo: Segmento Farma: SBRH, 2018, p. 237.
76. ABELLÁN, Fernando. *Selección genética de embriones. Entre la libertad reproductiva y la eugenesia*. Granada: Comares, 2007, p. 25-26.
77. QUINTANA M. *et al.* Embarazo espontaneo generado por un varón con síndrome de Klinefelter sin-mosaico. *Revista Iberoamericana de Fertilidad*, v. 19, n. 4, p. 286, jul.-ago. 2002.

CAPÍTULO 7 • FERTILIZAÇÃO EXTRACORPÓREA E QUESTÕES BIOJURÍDICAS **177**

(fibrose cística;[78] beta talasemia; (anemia falciforme; enfermidade de Tay-Sachs e outras) e as enfermidades ligadas ao sexo, (hemofilia; distrofias musculares de Duchenne e de Becker; síndrome do X frágil e outras).[79]

As anomalias diagnosticadas resultantes de defeitos nos genes associados a fatores ambientais são responsáveis por aproximadamente 50% das malformações congênitas, como é caso do defeito no fechamento do tubo neural que pode ocasionar a anencefalia e a fissura palatina.[80] Enfermidades genéticas multifatoriais pressupõem fatores predisponentes de origem genética, mas, fatores ambientais também participam da manifestam da doença. Esse cenário dificulta a determinação de herança ou de manifestação. Na herança multifatorial, múltiplos genes interagem uns com os outros e com os fatores ambientais.[81]

Posicionando-se sobre o assunto, a Sociedade Europeia de Reprodução Humana e Embriologia entendeu que o uso de diagnósticos para seleção genética em prol de evitar manifestações de enfermidades de aparição tardia e multifatoriais é eticamente aceitável, já que deve-se considerar a severidade de manifestação da enfermidade, a partir dos efeitos da mesma na qualidade de vida do futuro filho.[82]

A Resolução CFM 2.320/2022 determinou que as técnicas de procriação assistida, "podem ser aplicadas à seleção de embriões submetidos a diagnóstico de alterações genéticas causadoras de doenças, podendo nesses casos ser doados para pesquisa ou descartados, conforme a decisão do(s) paciente(s), devidamente documentada com consentimento informado livre e esclarecido".[83] A previsão é importante, mas não ainda suficiente para esclarecer os parâmetros que vão orientar a seleção, ou seja, as motivações que a justificam.

Em síntese e considerando as leituras médicas especializadas antes já referenciadas, a seleção de embriões, por meio do uso dos diagnósticos referidos, pode ser praticada em casos de enfermidades hereditárias graves, de aparição precoce e não suscéptíveis de tratamento curativo pós-natal, ou em casos de alterações cromossômicas que comprometem a viabilidade do embrião.

---

78. MUÑOZ-NUÑEZ M.; *et al.* Enfermedades hereditarias y técnicas de detección preimplantacionales. *Revista Iberoamericana de Fertlidad*, v. 22, n. 5, p. 344, set.-out., 2005.
79. ABELLÁN, Fernando. *Selección genética de embriones. Entre la libertad reproductiva y la eugenesia.* Granada: Comares, 2007, p. 28-29.
80. ABELLÁN, Fernando. *Selección genética de embriones. Entre la libertad reproductiva y la eugenesia.* Granada: Comares, 2007, p. 29.
81. AUSIELLO, Dennis Arthur; GOLDMAN, Lee. Cecil. *Tratado de Medicina Interna.* 23. ed. São Paulo: Elsevier, 2010, p. 202.
82. ABELLÁN, Fernando. *Selección genética de embriones. Entre la libertad reproductiva y la eugenesia.* Granada: Comares, 2007, p. 120.
83. CFM. *Resolução CFM 2.320/2022.* Adota normas éticas para a utilização de técnicas de reprodução assistida. Disponível em: https://sistemas.cfm.org.br/normas/arquivos/resolucoes/BR/2022/2320_2022.pdf. Acesso em: 23 fev. 2023.

É certo que a evolução da ciência e dos conhecimentos, nas áreas relacionadas ao tema, em específico, justifica a construção de documento ou de orientação, emanada das sociedades de especialidades médicas, que vise consolidar os parâmetros da seleção embrionária a partir do uso dos diagnósticos apontados. Entendemos que esse tipo de orientação contribui para afastar o uso da seleção embrionária não terapêutica, que flerta, portanto, com objetivos outros.

Caminho interessante é adotado por alguns países europeus. Situações controversas ou de difícil determinação em termos de seleção embrionária devem ser submetidas a comitês de bioética, como ocorre no Reino Unido, na França e na Espanha.[84] Assim, em casos de dúvidas sobre a gravidade do comprometimento a ser causado pela enfermidade diagnosticada, a demanda deve ser submetida aos comitês de bioética, que possui composição multidisciplinar, para que o mesmo avalie a pertinência do diagnóstico e a possibilidade de não implantação do embrião.[85]

Romeo Casabona sinaliza a dificuldade do direito em abranger uma infinidade de circunstâncias que podem surgir em decorrência do uso dos conhecimentos em genética, restando necessário o espaço para a atuação dos comitês, capazes de, diante de cada caso concreto, executarem melhor diálogo, construindo premissas e vetores para orientar a seleção.[86]

A expansão da ciência, em especial da genética, certamente, descortinará, cada vez mais, um complexo de doenças detectáveis pelos diagnósticos embrionários. Essa tendência é o caminhar da evolução social que busca, na medicina, a longevidade da vida e a manutenção da saúde. A preocupação que salta a essa expansão, a nosso ver, é a possibilidade de desalinhar a prática dos diagnósticos para finalidades não terapêuticas. Mantido o fulcro da antecipação de doenças e do afastamento delas, legítimos permanecem todos os diagnósticos pré-implantacionais.

7.2.2 A condição de inviabilidade embrionária prevista na Lei 11.105/2005

Apartamos do conteúdo da seção anterior a discussão sobre o conceito de inviabilidade embrionária por motivação apenas metodológica, considerando que a Lei 11.105/2005 traz previsão específica. Como premissa, tem-se a ideia

---

84. ABELLÁN, Fernando. Diagnóstico genético embrionario y eugenesia: un reto para el derecho sanitário. *Revista DS*, v. 15, n. 1, p. 93-94, jan.-jun. 2007.
85. MEIRELLES, Ana Thereza. *Neoeugenia e reprodução humana artificial:* Limites éticos e jurídicos. Salvador: Editora Juspodivm, 2014.
86. ROMEO CASABONA, Carlos Maria. *Do gene ao direito.* São Paulo: IBCCrim, 1999.

de que qualquer noção sobre inviabilidade embrionária demanda uma constatação diagnóstica, estando, pois, a discussão situada, também, na abordagem construída anteriormente.

O artigo 5º da Lei 11.105/2005[87] assim determina:

> Art. 5º É permitida, para fins de pesquisa e terapia, a utilização de células-tronco embrionárias obtidas de embriões humanos produzidos por fertilização *in vitro* e não utilizados no respectivo procedimento, atendidas as seguintes condições:
>
> I – *sejam embriões inviáveis*; ou
>
> II – sejam embriões congelados há 3 (três) anos ou mais, na data da publicação desta Lei, ou que, já congelados na data da publicação desta Lei, depois de completarem 3 (três) anos, contados a partir da data de congelamento.
>
> [...]

Como posto no capítulo 4, a lei publicada em 2005 trouxe longos embates quanto a disciplina normativa do início da vida humana. No seu artigo 5º, invocou a ideia de inviabilidade embrionária para permitir que embriões excedentes aos processos extracorpóreos de fecundação pudessem ser destinados a pesquisas com células-tronco, se os seus genitores assim quisessem.

A lei, à época, sofreu duras críticas, o que incluiu a ausência de esclarecimento sobre o conceito de inviabilidade embrionária,[88] além da adoção do prazo de três anos, previsto no inciso II, para que embriões pudessem ser destinados à pesquisa científica. As críticas, inclusive das áreas médicas correlatas, persistem, já que há divergências expressivas quanto ao tempo em que um embrião congelado pode conservar a sua potencialidade reprodutiva.

Ao que pareceu, a lei quis sugerir que, após o decurso do prazo de 3 anos, os embriões congelados perderiam a sua capacidade reprodutiva, tornando-se também inviáveis para fins de procriação.

Há duas questões a serem apartadas na análise. Uma, decorrente da previsão contida no inciso I, que é a condição imediata de inviabilidade, possivelmente constatada no embrião em virtude, certamente, de uma análise diagnóstica. A outra a condição de inviabilidade pelo decurso do tempo de congelamento de 3 anos, prevista no inciso II.

A ideia de inviabilidade do inciso I dialoga, de forma direta, com a pertinência dos diagnósticos pré-implantacionais tratados na seção anterior. Fixamos

---

87. BRASIL. *Lei 11.105*, de 24 de março de 2005. Lei de biossegurança. Disponível em: https://www.planalto.gov.br/ccivil_03/_Ato2004-2006/2005/Lei/L11105.htm. Acesso em: 02 jul. 2023.
88. Trabalho interessante sobre o tema é o de MACÊDO, Manoel Antônio Silva. *Reprodução humana assistida*: Congelamento de embriões e direitos fundamentais. Belo Horizonte: Del Rey, 2023.

o entendimento de que, para se compreender a ideia de inviabilidade prevista na lei, é necessário incorrer nos parâmetros de pertinência dos diagnósticos embrionários que culminarão em condutas seletivas. Assim, embriões inviáveis, à luz do inciso I, é uma categoria normativa que somente pode ser preenchida pelos conhecimentos adquiridos pela medicina.

Inerente também ao uso dos diagnósticos, a questão principal que surge desse contexto é: toda e qualquer enfermidade diagnosticada implicaria na condição de inviabilidade embrionária? A resposta perpassa pela proeminente construção de orientações advindas das sociedades médicas especializadas e dos Comitês de Bioética, como antes sinalizamos, em prol de esclarecer os fundamentos terapêuticos que justificam a seleção embrionária. Essa é uma construção que envolve ciência e, em certa medida, também, a participação social, a exemplo da atuação dos comitês que se dedicam a tal tarefa no cenário europeu e já antes mencionados.

Quanto a condição de inviabilidade embrionária pelo decurso do congelamento de 3 anos ou mais, prevista no inciso II, há algumas questões a serem pontuadas.

A determinação precisa do tempo de congelamento embrionário, considerando a preservação da sua capacidade reprodutiva, sempre foi algo difícil de ser alcançado, a começar por um breve levantamento de casos em que embriões foram implantados após congelamento durante um tempo muito maior do que 3 anos. Um dos casos mais interessantes, noticiado pela BBC Brasil, ocorreu nos Estados Unidos, no Estado da Virgínia, onde cientistas americanos conseguiram que uma mulher de 42 anos engravidasse e tivesse um filho saudável usando um embrião que permaneceu congelado por quase 20 anos.[89]

Alguns autores brasileiros, à época da publicação da lei, manifestaram importantes críticas a ausência de critério científico para a adoção do marco temporal de 3 anos de congelamento, já que a própria ciência não corrobora tal tempo como o adequado para a perda da potencialidade reprodutiva.[90]

A Lei de Biossegurança vige, até hoje, com poucas alterações, e mantendo as previsões do artigo 5º, mesmo diante da evidência da falta de embasamento científico do prazo previsto no inciso II. Pensamos que a escolha pelo marco

---

89. BBC Brasil. *Bebê nasce de embrião congelado há quase 20 anos*. Disponível em: www.bbc.co.uk/portuguese/ciencia/2010/10/101011_embriao_congelado_pu.shtml. Acesso em: 17 abr. 2023.
90. Neste sentido: MARTINS COSTA, Judith; FERNANDES, Márcia; GOLDIM, José Roberto. *Medusa legislativa*. Disponível em: www.bioetica.ufrgs.br/ibiosseg.htm. Acesso em: 17 abr. 2023; HERINGER, Astrid; BURIN, Lucas. As células-tronco embrionárias e as repercussões do histórico julgamento do Supremo Tribunal Federal. In: IACOMINI, Vanessa (Coord.). *Biodireito e Genoma Humano*. Curitiba: Juruá Editora, 2013, p. 69.

CAPÍTULO 7 • FERTILIZAÇÃO EXTRACORPÓREA E QUESTÕES BIOJURÍDICAS

temporal de 3 anos representou muito mais mera opção político-legislativa do que a conformação de um entendimento científico baseado em estudos robustos.

Se esclarecidas as motivações, que devem ser exclusivamente terapêuticas, para avaliação das condições de inviabilidade embrionária, a seleção pode ser feita. Reiteramos nossa posição, que é defender a seleção de embriões (ou a conduta neoeugênica, como pensaria alguns) em estado extracorpóreo, desde que os fundamentos estejam alicerçados na perspectiva estritamente terapêutica.

7.2.3 A seleção de sexo

Um breve olhar pelo tempo nos leva a concluir que a prática seletiva motivada por fundamentos sexistas se mostrou recorrente. Na história, é possível identificar condutas, práticas e políticas que tinham como finalidade interferir na predominância de gênero dentro da sociedade, como ocorreu com a crianças do sexo feminino.[91]

Os diagnósticos embrionários podem, também, possibilitar a seleção de sexo do filho, conduta que, na maioria dos países, incluindo o Brasil, é permitida se for para evitar a incidência de doenças determinadas. A escolha será, nesse caso, guiada pela análise dos cromossomos que definem o sexo embrionário. A justificativa para a seleção advém da medicina, começando pela identificação da manifestação de doenças em parentes ou no casal, que, pelas regras de hereditariedade, têm probabilidade de ser transmitidas à prole futura. É esse o sentido manifestado pela Resolução CFM 2.320/2022, que disciplina as técnicas assistidas de reprodução.

Fora da perspectiva terapêutica, a seleção embrionária dessa natureza pode ser realizada, ainda, para fins de correção demográfica, pelo impulso ideológico de que há um sexo superior ao outro ou por preferência dos pais.[92] Passaria a não ter objetivos terapêuticos ou preditivos, firmando-se como instrumento para consolidar vontades individuais.

Em determinados países do leste e do sul da Ásia, os filhos homens são considerados, do ponto de vista cultural e econômico, prêmios ou dádivas. Assim, é cultivada a preferência pelo sexo masculino, inclusive fomentada por políticas do Estado, como a menor disponibilidade de recursos concedidos, menos cuidados médicos e negligência em relação a meninas. Na cultura da Índia, a mulher é

---

91. BADALOTTI, Mariangela. Seleção de sexo: aspectos médicos e biológicos. In: CLOTET, Joaquim; GOLDIM, José Roberto (Org.). *Seleção de sexo e Bioética*. Porto Alegre: Edipucs, 2004, p. 13.
92. MORENO, Claudia Lucía Albujar. El Diagnóstico Genético Preimplantatorio y sus Implicancias Ético-Jurídicas como Mecanismo de Selección y Discriminación de la Vida del Concebido obtenido mediante Fecundación In Vitro. *Revista de Investigación Jurídica*, Chiclayo, n. 4, ano 2, p. 15.

considerada sexo inferior e, para parte da sociedade, simboliza punição por erros cometidos no passado. Na China, a preferência por nascimentos de meninos é estimulada pela política de controle de natalidade do Estado.[93]

Se seleção de sexo embrionário for guiada pela busca de padrões fenotítipos perfeitos, esbarrará na violação da naturalidade e da diversidade do patrimônio genético. O artigo 225 da CR/88 determina que "o Poder Público deve "preservar a diversidade e a integridade do patrimônio genético do País e fiscalizar as entidades dedicadas à pesquisa e manipulação de material genético".[94]

Em princípio, a seleção embrionária vinculada à escolha do sexo deve ser estritamente motivada pelo viés terapêutico. No entanto, não se pode afastar da análise situações em que os envolvidos no projeto parental, com concepções extracorpóreas que culminaram em embriões de ambos sexos, possam buscar a escolha do sexo embrionário a ser implantado. Diante da existência de embriões de ambos os sexos, a quem competiria a escolha de qual ou de quais seriam implantados?

Firmamos o entendimento de que não caberia nem ao embriologista nem ao médico o poder de escolha ou de veto. Caberia à clínica ou laboratório franquear a possibilidade de escolha do sexo aos demandantes, se, da análise de viabilidade dos embriões, existam sexos diferentes.

7.2.4 A seleção para fins de aperfeiçoamento

Os diagnósticos embrionários sugiram sedimentados pela justificativa terapêutica, com o fito de evitar a implantação de embriões detentores de problemas de desenvolvimento ou de patologias hereditárias. Nos últimos anos, ascenderam as preocupações quanto ao uso das técnicas para promover seleções que se afastem da finalidade terapêutica e se tornem instrumentos que possibilitem a obtenção do filho perfeito, buscando o aperfeiçoamento ou o melhoramento da espécie, guiados por critérios estéticos, prevalência de determinadas características, dentre outras motivações não médicas.[95]

Nem sempre será fácil, repita-se, estabelecer um limite fronteiriço claro entre a seleção terapêutica (relacionada a neoeugenia negativa) e a seleção motivada por aperfeiçoamento ou melhoramento (relacionada à neoeugenia positiva). O limite

---

93. BADALOTTI, Mariangela. Seleção de sexo: aspectos médicos e biológicos. In: CLOTET, Joaquim; GOLDIM, José Roberto (Org.). *Seleção de sexo e Bioética*. Porto Alegre: Edipucs, 2004, p. 17.
94. BRASIL. *Constituição da República Federativa do Brasil*. 1988. Disponível em: https://www.planalto. gov.br/ccivil_03/constituicao/constituicao.htm. Acesso em: 02 jul. 2023.
95. *Cf.* ABELLÁN, Fernando. Aspectos bioéticos y legales del diagnóstico preimplantatório (DPG). *Revista de la Escuela de Medicina Legal*, Madrid. Universidade Complutense Madrid. Setembro, p. 15, 2006.

entre essas duas perspectivas é flutuante. Nas palavras de Habermas, "a intenção de conter as intervenções genéticas que beiram esse limite de aperfeiçoamento genético de características nos confronta com um desafio paradoxal: justamente nas dimensões em que os limites são pouco definidos, precisamos traçar e impor fronteiras precisas". Nesse cenário, surgem argumentos que favorecem a eugenia liberal, já que não se "reconhece um limite entre intervenções terapêuticas e de aperfeiçoamento, mas deixa às preferências individuais dos integrantes do mercado a escolha dos objetivos relativos a intervenções que alteram características".[96]

Apontando os problemas que podem decorrer do uso dos diagnósticos embrionários para fins seletivos, há quem entenda que o mesmo caminho que pode levar ao afastamento das enfermidades, justificado pela motivação terapêutica, pode levar à expectativa sobre a geração de uma criança perfeita, possuidora de determinadas características e que seja a revelação de um projeto parental idealizado. Assim, além da seleção para evitar a transmissão de enfermidades, *"existen las llamadas "escogencias frívolas": color de ojos o de pelo, grado de inteligencia, vigor físico y, en general, cualidades que conducen exclusivamente a la búsqueda de características eugenésicas por intereses económicos, de poder o estéticos".*[97]

Por outro lado, trazemos o entendimento de Arthur Caplan, Glenn McGee e David Magnus, em artigo especializado sobre o assunto, que afirmam existir argumentos suficientes que justifiquem a prática da eugenia com fins de aperfeiçoamento:

> *No moral principle seems to provide sufficient reason to condemn individual eugenic goals. While force and coercion, compulsion and threat have no place in procreative choice, and while individual decisions can have negative collective consequences, it is not clear that it is any less ethical to allow parents to pick the eye colour of their child or to try and create a fetus with a propensity for mathematics than it is to permit them to teach their children the values of a particular religion, try to inculcate a love of sports by taking them to football games, or to require them to play the piano. In so far as coercion and force are absent and individual choice is allowed to hold sway, then presuming fairness in the access to the means of enhancing our offsprings' lives it is hard to see what exactly is wrong with parents choosing to use genetic knowledge to improve the health and wellbeing of their offspring.*[98]

---

96. HABERMAS, Jürgen. *O futuro da natureza humana. A caminho de uma eugenia liberal?* Trad. Karina Janini. São Paulo: Martins Fontes, 2010, p. 27.

97. RAPOSO, Vera Lúcia. *Se busca embrión en buenas condiciones para la aplicación del diagnostico preimplantacional y el bebe-medicamento.* Disponível em: www.saber.ula.ve/bitstream/.../1/ articulo5. pdf. Acesso em: 15 mar. 2023, p. 4.

98. Nenhum princípio moral parece dar razão suficiente para condenar metas eugênicas individuais. Enquanto força e coerção, compulsão e ameaça não têm lugar na escolha de procriação, e, enquanto as decisões individuais podem ter consequências negativas coletivas, não é claro que é menos ético permitir que pais escolham a cor dos olhos de seu filho ou queiram criar um feto com uma propensão para a matemática, do que permitir-lhes ensinar os valores de uma religião em particular as crianças,

Para os autores, as intervenções de melhoramento, reveladas por meio da seleção embrionária, em contextos individuais, não encontram motivação para rechaço moral, porque devem ser interpretadas como formas de promover a melhoria de vida dos filhos, podendo, inclusive, ser comparadas às práticas de condutas pelos pais, no decorrer da criação de sua prole, com o objetivo de garantir o bem-estar, a felicidade e a educação das crianças. Para eles, se a seleção for fruto da livre decisão dos pais, inexistindo coação ou obrigatoriedade, deveria ser naturalmente aceita.

Não custa reiterar não existir no Brasil legislação sobre reprodução humana assistida, tampouco qualquer previsão normativa sobre o uso de diagnósticos em prol da seleção de embriões. A única previsão ficou a cargo da norma deontológica, a Resolução CFM 2.320/2002, ao afirmar que "as técnicas de reprodução assistida não podem ser aplicadas com a intenção de selecionar sexo (presença ou ausência de cromossomo Y) ou qualquer outra característica biológica da criança, exceto para evitar doenças no possível descendente".[99]

Ainda é desafiador construir entendimento coeso a respeito do alcance da conduta diagnóstica que possa ser compreendida como possuidora da finalidade de aperfeiçoamento, mas o sentido que aqui fixamos é todo aquele que se afaste de uma motivação originada por um diagnóstico que aponte a ausência de desenvolvimento adequado do embrião ou a probabilidade de transmissão hereditária de uma doença.

A inexistência de limite de demarcação entre a seleção por finalidade terapêutica e a seleção para fins de aperfeiçoamento não deve, em conformidade à ideia defendida por Habermas,[100] consubstanciar-se como justificativa para a permissibilidade de todas as práticas seletivas em embriões.

Sinalizamos, novamente, a ausência de disciplina normativa no país, ressalvando que a consequente lacuna da lei, muitas vezes, é condição fomentadora da prática de condutas dessa natureza. Ainda que, no plano deontológico, o Conselho

---

tente inculcar um amor por esportes, levando-os para jogos de futebol, ou para obrigá-los a tocar piano. Na medida em que a coerção e a força estão ausentes, a escolha individual é permitida a prevalecer, então, presumindo equidade no acesso aos meios de melhorar a vida dos filhos, é difícil ver o que exatamente está errado com os pais que optem por usar o conhecimento genético para melhorar a saúde e o bem-estar de sua prole (Tradução livre). (CAPLAN, Arthur; McGEE, Glenn; MAGNUS, David. What is immoral about eugenics? *Center of Bioethics Papers*. University of Pensilvania. v. 319. November, 1999. Disponível em: ibrary.upenn.edu/1017/1008. Acesso em: 18 abr. 2023, p. 2).

99. CFM. *Resolução CFM 2.320/2022*. Adota normas éticas para a utilização de técnicas de reprodução assistida. Disponível em: https://sistemas.cfm.org.br/normas/arquivos/resolucoes/BR/2022/2320_2022. pdf. Acesso em: 23 fev. 2023.

100. HABERMAS, Jürgen. *O futuro da natureza humana. A caminho de uma eugenia liberal?* Trad. Karina Janini. São Paulo: Martins Fontes, 2010.

CAPÍTULO 7 • FERTILIZAÇÃO EXTRACORPÓREA E QUESTÕES BIOJURÍDICAS

Federal de Medicina tenha proibido o uso das técnicas quando a intenção não estiver alinhada à perspectiva terapêutica, considerando a difícil fronteira para limites entre as práticas, carece o melhor esclarecimento, nas normas em geral, sobre esses parâmetros de uso.

7.3 SELEÇÃO GENÉTICA E BEBÊ SALVADOR

Em sede de reprodução assistida, a seleção genética também pode envolver a escolha de embriões capazes de gerar pessoas geneticamente compatíveis com outros seres humanos (os irmãos) que sofrem de doença grave, originada em patologias celulares sanguíneas e apontadas em diagnósticos como leucemias, anemias de diversas ordens, talassemia, entre outras. As questões que envolvem a seleção genética dentro de um contexto como esse orbitam sobre a possível instrumentalização do ser humano,[101] demandando reflexões sobre as motivações capazes de legitimar esse projeto parental.[102]

O transplante de células-tronco hematopoiéticas não é o tratamento de primeira linha para a maioria dos pacientes, mas, em alguns contextos clínicos, representa a única possibilidade de cura. A medicina aponta um conjunto de doenças nas quais o transplante de células-tronco primordiais do sangue configura-se como possibilidade terapêutica,[103] seja na modalidade alogênica ou heteróloga (com sangue de doador), seja na modalidade autóloga (com sangue do próprio indivíduo a ser transplantado). Há, ainda, a modalidade singênica, no qual o transplante é feito entre irmãos gêmeos e, portanto, com padrão de compatibilidade ideal.[104]

Na forma alogênica ou heteróloga, o transplante de células-tronco hematopoiéticas demanda o processo de aferição de compatibilidade entre doador e receptor; de modo que, se inexistente a compatibilidade, haverá rejeição ao enxerto.

---

101. Sobre a discussão: SCHAEFER, Fernanda. Bebê medicamento: Entre a salvação e a objetificação do ser humano. In: MASCARENHAS, Igor Lucena; DADALTO, Luciana (Coord.). *Direitos reprodutivos e planejamento familiar.* Indaiatuba, SP: Editora Foco, 2024.

102. MEIRELLES, Ana Thereza; ARAÚJO FILHO, José Edson. Transplantes hematológicos e seleção genética em projetos parentais. *Revista de Direito Sanitário da USP,* São Paulo v. 20, n. 2, p. 47-68, jul.-out. 2019.

103. COPELAN, Edward A. Hematopoietic stem-cell transplantation. *New England Journal of Medicine,* n. 354, p. 1813-1826, 2006; HOFFBRAND, A Victor; MOSS, Paul A. H. *Fundamentos em hematologia.* 6. ed. Porto Alegre: Artmed, 2013; INSTITUTO NACIONAL DE CÂNCER – INCA. *Informações sobre transplante de células hematopoiéticas.* Disponível em: http://www2.inca.gov.br/wps/wcm/connect/orientacoes/site/home/ informacoes_sobre_doacao_de_medula_ossea. Acesso em: 21 maio 2023.

104. INSTITUTO NACIONAL DE CÂNCER – INCA. *Tópicos em transplante de células-tronco hematopoiéticas.* Rio de Janeiro: Ministério da Saúde, INCA, 2012, p. 19. Disponível em: http://bvsms.saude.gov.br/bvs/publicacoes/topicos_transplante_celtronco_hematopoeticas.pdf. Acesso em: 21 maio 2023.

A compatibilidade é aferida mediante coleta de amostras de sangue dos sujeitos, a fim de promover o mapeamento, que inclui estudos genéticos e biomarcadores moleculares específicos para identificar o grau de compatibilidade.[105]

Nesse contexto, a doação de células sanguíneas pressupõe doador compatível, que é um grande desafio para o demandante e a família. A compatibilidade nem sempre é um pré-requisito possível entre pessoas vivas, sejam familiares ou doadores registrados nos bancos de doação.[106] Dados científicos evidenciam que "a maioria dos transplantes alogênicos realizados tem como doador os membros da família geneticamente idênticos para o HLA", que é o antígeno leucocitário humano. "A probabilidade de um indivíduo obter um irmão compatível é de 25%, sendo influenciada pelo número de irmãos existentes em cada família. Para outros membros da família, a probabilidade é inferior a 5%".[107]

É justamente dentro desse cenário que está a possibilidade de executar um projeto parental assistido que promova a compatibilidade sanguínea entre o doador a nascer e o receptor doente.

No Reino Unido, foi reconhecida a competência da *Human Fertilization and Embriology Authory* (HFEA) para autorizar o procedimento em prol de selecionar embriões compatíveis com irmãos gravemente doentes. Assim, as autorizações da HFEA seriam concedidas a partir da análise de cada caso, considerando as características da situação individual; da comprovação de que não há outra forma de tratamento; das condições de saúde do filho receptor, que devem ser graves; e da condição de que não pode ocorrer modificações genéticas nos embriões para conseguir a compatibilidade.[108]

A Comissão Nacional de Reprodução Humana Assistida da Espanha, sem deixar de sinalizar algumas objeções ao procedimento, considerou que não há razões suficientes para impedir a realização da seleção. Entendeu que aos pais caberá total compromisso e cuidado com a criança que nascerá do contexto seletivo.[109]

---

105. HOFFBRAND, A Victor; MOSS, Paul A. H. *Fundamentos em hematologia*. 6. ed. Porto Alegre: Artmed, 2013.
106. MEIRELLES, Ana Thereza; ARAÚJO FILHO, José Edson. Transplantes hematológicos e seleção genética em projetos parentais. *Revista de Direito Sanitário da USP*, São Paulo v. 20, n. 2, p. 47-68, jul.-out. 2019.
107. INSTITUTO NACIONAL DE CÂNCER – INCA. *Informações sobre transplante de células hematopoiéticas*. Disponível em: http://www2.inca.gov.br/wps/wcm/connect/orientacoes/site/home/informacoes_sobre_doacao_de_medula_ossea. Acesso em: 21 maio 2023.
108. ABELLÁN, Fernando. Aspectos bioéticos y legales do diagnóstico preimplantatório (DPG). *Revista de la Escuela de Medicina Legal,* Madrid. Universidade Complutense Madrid. Setembro, p. 17-23, 2006.
109. ABELLÁN, Fernando. Aspectos bioéticos y legales do diagnóstico preimplantatório (DPG). *Revista de la Escuela de Medicina Legal,* Madrid. Universidade Complutense Madrid. Setembro, p. 17-23, 2006.

Diversos casos no mundo passaram a ser noticiados e a prática foi ganhando cada vez mais aceitabilidade científica e social. Dois casos no Reino Unido se destacaram no contexto europeu:

> *En Europa el caso más conocido es el de la familia Hashimi: su hijo Zain era portador de beta talasemia, una enfermedad sanguínea de origen genético. Su sobrevivencia dependía de un transplante, pero no había familiares compatibles. La madre había quedado embarazada en forma natural, con la expectativa de que el hermano pudiera funcionar como donante para Zain; desafortunadamente, el diagnóstico pre-natal reveló que el embrión también era portador del gene, ante lo cual los padres decidieron el aborto. Ante tal situación, deciden generar otro hijo con el auxilio del diagnóstico pre-implantacional; pero, en el Reino Unido al contrario de Estados Unidos, los procedimientos considerados extra rutina deben contar primero con la aprobación de una autoridad especializada. Sucede que la ley inglesa (Schedule 2 do Human Fertilization and Embriology Act) solamente autoriza los procedimientos necesarios o deseables para que puedan proporcionarse servicios de tratamiento ("treatment services", según la expresión legal). La solución fue encontrada en una interpretación judicial lata de la expresión "treatment services", entendiendo que incluye no solamente los tratamientos que permitan biológicamente el embarazo (la interpretación tradicional y más obvia), sino también aquellos que permiten el embarazo de mujeres que, de otro modo no podrían tener hijos dado el riesgo de graves consecuencias patológicas y que, ante tal situación, decidan tener un niño solamente cuando el diagnóstico prenatal les garantice la detección de esas anomalias.*
>
> *El segundo caso discutido en el Reino Unido fue el de la familia Whitaker, en el año 2003, cuando deseaba un bebé "salvador" para su hijo Jame, que padecía de anemia de Diamond-Blackfan, con una esperanza de vida de tan sólo treinta años en caso de que no se sometiese a un transplante. El pedido de esta familia fue rechazado por la autoridad inglesa, por considerar que en este caso no se había demostrado que la enfermedad tenía origen genético. En estas condiciones los esposos Whitaker no se arriesgaban a que sus futuros hijos pudieran nacer con la enfermedad. En este caso, la pareja no pretendía recurrir al diagnóstico prenatal para tener un hijo saludable sino, exclusivamente, para obtener un hijo donante. Por tal razón se negó su solicitud al considerar que la utilización del diagnostico pre-implantacional no traería beneficio alguno para el embrión, sino únicamente para una tercera persona. Ante esta decisión legal en el Reino Unido, recurrieron a una clínica norte-americana, aprovechando que en Estados Unidos la ley al respecto es más liberal.[110]*

Os casos ocorreram há cerca de 20 anos e apontam algumas resistências na autorização do uso de diagnósticos seletivos que sejam destinados ao benefício de uma terceira pessoa, que, no caso, é um irmão já nascido e doente. Assim como para todas as técnicas abordadas no livro, é possível perceber a evolução do conhecimento científico, que possibilita o uso aperfeiçoado do instrumento, mas, também, a evolução social e normativa, que vai revelando a aceitação de condutas motivadas por solidariedade e voltadas a promover o benefício de quem necessita.

---

110. RAPOSO, Vera Lúcia. *Se busca embrión en buenas condiciones para la aplicación del diagnostico preimplantacional y el bebe-medicamento*. Disponível em: www.saber.ula.ve/bitstream/.../1/ articulo5.pdf. Acesso em: 15 mar. 2023, p. 7-8.

No Brasil, o diagnóstico para fins de seleção em benefício terapêutico de terceiro não é disciplinado por lei ordinária, mas encontra previsão na Resolução CFM 2.320/2022, que afirma que as técnicas de RHA também podem ser usadas "para tipagem do Antígeno Leucocitário Humano (HLA) do embrião, no intuito de selecionar embriões HLA-compatíveis com algum irmão já afetado pela doença e cujo tratamento efetivo seja o transplante de células-tronco, de acordo com a legislação vigente".[111]

A Lei 9.434/1997[112] (de transplantes de órgãos e tecidos) conferiu a possibilidade de que o indivíduo juridicamente incapaz, com compatibilidade imunológica comprovada, possa fazer doação nos casos de transplante de medula óssea, desde que com o consentimento de ambos os pais ou de seus responsáveis legais, além da exigência de que o ato não represente risco à sua saúde. A previsão legal ainda estabeleceu limites claros às doações de órgãos e tecidos que podem ser realizadas por incapazes, firmando-se como fronteira intransponível.

O primeiro caso ocorrido no Brasil, em 2012, foi noticiado pela Folha de São Paulo. Um casal, com uma filha diagnosticada com talassemia maior, doença hereditária que compromete a produção de glóbulos vermelhos, decidiu gerar outra criança, usando a técnica de fertilização *in vitro,* realizando a seleção para obter embriões que não tivessem a talassemia maior e fossem compatíveis para doar células-tronco por meio de um transplante. À época, o geneticista explicou que a escolha para a implantação de embriões livres de doenças genéticas já era feita, mas a novidade era a compatibilidade para fins de transplante. Após o nascimento do bebê, células-tronco de seu cordão umbilical seriam selecionadas e, depois, congeladas, para que fosse realizado o transplante dessas células, responsáveis por repovoar a medula óssea da criança doente, permitindo a produção de glóbulos vermelhos normais.[113]

O principal questionamento que circula a seleção genética para salvar um irmão doente nasce da preocupação com a coisificação e a instrumentalização do ser humano. Defendemos a possibilidade de que o projeto parental possa ser realizado, reiterando que compete aos pais as mesmas obrigações, deveres de cuidado e diligência decorrentes de quaisquer relações de maternidade e paternidade.

---

111. CFM. *Resolução CFM 2.320/2022.* Adota normas éticas para a utilização de técnicas de reprodução assistida. Disponível em: https://sistemas.cfm.org.br/normas/arquivos/resolucoes/BR/2022/2320_2022.pdf. Acesso em: 23 fev. 2023.
112. BRASIL. *Lei 9.434/1997,* de 04 de fevereiro de 1997. Dispõe sobre a remoção de órgãos, tecidos e partes do corpo humano para fins de transplante e tratamento e dá outras providências. Disponível em: https://www.planalto.gov.br/ccivil_03/leis/l9434.htm. Acesso em: 02 fev. 2023.
113. FOLHA DE SÃO PAULO. *Bebê gerado após seleção genética vai ajudar tratamento da irmã.* 16 fev. 2012. Disponível em: www1.folha.uol.com.br/equilibrioesaude/1049568-bebe-gerado-apos-selecao-genetica-vai-ajudar-tratamento-da-irma.shtml. Acesso em: 22 fev. 2023.

CAPÍTULO 7 • FERTILIZAÇÃO EXTRACORPÓREA E QUESTÕES BIOJURÍDICAS

Interessante caminho adotou a França ao estabelecer que projetos parentais como esse devem ser levados a comitês especializados, aptos a analisarem os fundamentos do desejo dos genitores na concepção de um novo filho, por meio do aconselhamento genético, incluindo informações como a possibilidade de que nenhum embrião fecundado seja compatível com o irmão doente e a perspectiva de uma vinculação futura entre os irmãos (o chamado encadeamento terapêutico), já que a realização de transplantes de medula óssea vincularia os irmãos de forma física e psicológica.[114]

Firmamos o entendimento de que o projeto parental assistido com a finalidade de seleção embrionária para fins de compatibilidade com o irmão doente deve ser moralmente aceito e é juridicamente admissível no Brasil, sem prejuízo de que poder realizá-lo não é como receber uma carta branca para todas as possibilidades que surjam diante do quadro de saúde do irmão doente. Há sempre que lembrar dos limites às doações e da proteção aos direitos fundamentais da criança que nasceu da seleção.

7.4 A DESTINAÇÃO DO EXCEDENTE EMBRIONÁRIO

A última questão a ser trazida, aqui, no âmbito dos processos de fertilização extracorpórea, é a destinação do excedente embrionário, discussão que, no Brasil, já ganhou protagonismo em anos anteriores. Remetemos o leitor aos capítulos 1 e 4 para melhor compreensão de conteúdos que se relacionam com as alternativas possíveis e legais para conferir destino aos embriões remanescentes ao processo de procriação com concepção extrauterina.

No capítulo 1, estão as razões médicas que fazem surgir o excedente embrionário em grande parte das tentativas de fertilização extracorpórea e, no capítulo 4, está o percurso que culminou na constitucionalidade da Lei 11.105/2005, responsável por conferir algumas opções para a destinação do excedente.

Para que possamos identificar as alternativas de destinação, lembramos que, na legislação brasileira, o embrião, resultado da fusão entre os gametas óvulo e espermatozoide, não possui a mesma natureza jurídica que a pessoa e que o nascituro, sujeitos que titularizam, posições também distintas. Concordamos com o entendimento do Supremo Tribunal Federal, que reconheceu a existência de uma gradação protetiva da vida, à medida em que ela se desenvolve, por meio da disciplina conferida pela CR/88 e pelas leis infraconstitucionais.

---

114. *Cf.* FRANCE. Comité Consultatif National d'Ethique pour les Sciencesde la vie et de la Santé. *Réflexions sur l'extension du diagnostic pré-implantatoire.* Disponível em: www.ccneethique.fr/sites/default/files /publications/avis072.pdf. Acesso em: 22 fev. 2023.

As alternativas para o destino dos embriões que sobram da FIV ou da ICSI partem de uma interpretação hermenêutica do sistema jurídico, que envolve a Constituição da República, o Código Civil, a Lei de Biossegurança, a Lei de Planejamento familiar e a Resolução CFM 2.320/2022, que disciplina os processos de procriação medicamente assistidos.

Da Constituição da República, emergem direitos fundamentais e princípios que conformam regras intimamente relacionadas à construção de um entendimento sobre as alternativas legais para a destinação embrionária. Não há na Constituição brasileira qualquer previsão normativa que se refira ao início da vida (ou ao embrião propriamente dito), mas há direitos assegurados às pessoas envolvidas no processo procriativo, tais como: liberdade (o que inclui suas múltiplas dimensões), dignidade, autonomia, saúde e planejamento familiar.

De início, trazemos uma reflexão sobre a coesão que deve guiar o entendimento sobre as alternativas de destino. Identificar as possibilidades de destinação do excedente não pode ser tarefa apartada da percepção da realidade dos embriões concebidos extracorporeamente. Explica-se. Por vezes, é possível perceber posicionamentos efusivos no que se refere à destinação, mas complacentes quanto à aceitação das etapas e do risco normal "à integridade embrionária", inerente a todo processo de concepção, seja ele assistido ou, ainda, natural. Com isso, deve-se atentar para o fato de que, seja por concepções naturais ou por meio de concepções assistidas, as perdas embrionárias fazem parte de toda tentativa de procriação, acentuando-se que, no cenário da prática da conjunção carnal com intento de gravidez, há sucessivos e naturais abortos espontâneos, que se conformam no início do ciclo pós-nidação.

À luz da ética e do direito, há quatro alternativas à destinação: a criopreservação ou congelamento; a doação para fins de procriação; a doação para fins de pesquisas com células-tronco; o descarte.

Conferir destinação ao excedente embrionário é uma decisão que deve estar contida no termo de consentimento livre e esclarecido, instrumento de inegável relevância diante do uso das técnicas assistidas de procriação. Reitera-se o fato de que a complexidade das etapas, os tipos de informação que se relacionam com os medicamentos e procedimentos, bem como os riscos inerentes às práticas sugeridas devem, antes de integrarem o conteúdo escrito do documento, ser objeto de diálogo claro.

Se cabe a um dos pacientes tomar decisões sobre a sua saúde e bem-estar, ele precisa estar provido de informações adequadas e suficientes, capazes de legitimar a sua escolha. A base fundante do dever de informar está na boa-fé objetiva e o seu desdobramento na confiança, dois pressupostos que devem ser observados na

CAPÍTULO 7 • FERTILIZAÇÃO EXTRACORPÓREA E QUESTÕES BIOJURÍDICAS

191

construção dessa relação.[115] A abordagem dos problemas decorrentes da ausência ou das falhas no dever de informar implicaria na necessidade de construir estudo autônomo, afastando-se do foco pretendido, no entanto, assim como em outras etapas do processo procriativo, a informação é parte protagonista da tomada de decisão para conferir destino ao excedente.

A primeira alternativa é decidir pela manutenção do congelamento (ou criopreservação) dos embriões que não foram usados na implantação. Não raras as vezes, o(s) demandante(s) obteve/obtiveram a primeira ou segunda gravidez e ainda não decidiu/ram se gostaria/am de implantar outros embriões em momento posterior. Também é possível que a decisão pelo congelamento se dê por conta de dúvidas persistentes quanto a destinação. Se há qualquer receio ou divergência sobre o destino, muitas vezes, a opção mais razoável no momento deve mesmo ser a criopreservação.

A decisão que mantém os embriões congelados precisa ser respaldada por esclarecimentos importantes. Sabe-se que manter a criopreservação embrionária exige custos que devem ser arcados em conformidade ao contrato proposto, mas a grande questão que se estabelece é o esclarecimento dos danos que o congelamento pode causar no embrião, bem como a aferição do limite de tempo que ele pode ficar congelado para que conserve sua potencialidade reprodutiva. Como sinalizamos anteriormente, não parece haver consenso científico que estabeleça o tempo máximo que embriões permaneçam congelados, caso o casal ou demandante tenha intenção de implantação posterior. Essa informação quanto à ausência de parâmetro objetivo precisa integrar o diálogo que antecede a decisão do(s) demandante(s).

Sobre o assunto, diferentes estudos, dedicados à criolesão (lesão pelo frio), apontaram como principal causa de morte celular o processo de criopreservação. Isso ocorre por múltiplas ocorrências, tais como: os efeitos da solução usada, a formação de cristais de gelo intracelular, o volume celular mínimo e a transição de fases da membrana. Dados recentes ainda se mostram inconclusivos quanto aos danos que o congelamento pode gerar à integridade do DNA humano. Há importante evolução nesse cenário, como a criação dos chamados crioprotetores (substâncias que atuam no espaço intracelular e extracelular) com a intenção de preservar as células diante da exposição a temperaturas não fisiológicas.[116]

---

115. RAMPAZZO, Flaviana. *Consentimento do paciente no direito médico*. Validade, interpretação e responsabilidade. Idaiatuba, SP: Editora Foco, 2021, p. 163.
116. GALLO DE SÁ, Paulo; MARTINS, Maria Cecília Erthal de Campos; SARTORIO, Cássio Alessandro Pagonon; DEMÔRO, Alessandra Viviane Evangelista; WERNECK, Caio Luis Vieira. Congelamento de embriões: aspectos clínicos e laboratoriais. In: CAETANO, João Pedro Junqueira; MARINHO, Ricardo Mello; PETRACCO, Alvaro; LOPES, Joaquim Roberto Costa; FERRIANI, Rui Alberto (Org.). *Medicina reprodutiva SBRH*. São Paulo: Segmento Farma: SBRH, 2018, p. 521-526.

Diante dos riscos apontados e das condições de inviabilidade embrionária que venham a surgir, ainda que as taxas de êxito quanto à sobrevivência dos embriões sejam significativas, entendemos que cabe ao profissional responsável deixar claro que não é possível comprometer-se com qualquer garantia quanto às condições de implantação embrionária após o descongelamento.

Como alternativa ao excedente de embriões, há, também, a possibilidade de doação para fins de procriação por outra pessoa ou casal. A legislação brasileira não determina expressamente essa possibilidade, omitindo-se o Código Civil sobre a decisão dos genitores de querer destinar seus embriões não implantados à finalidade procriativa. Para sermos justas, é certo que o Código recepcionou, como uma das formas de filiação, a reprodução de natureza heteróloga, situação que também contempla o projeto parental concretizado por meio de embrião originado de duas pessoas que não possuam a intenção procriativa.

A inexistência de proibição na legislação ordinária brasileira e a recepção dos projetos parentais assistidos heterólogos pelo Código Civil corroboram a conclusão de que a doação de embriões remanescentes é perfeitamente possível. Não há nenhuma previsão normativa que impeça a possibilidade, exigindo-se, é claro, a manifestação expressa dos pais biológicos e o esclarecido conhecimento de que não haverá qualquer relação ou direitos deles com o indivíduo que venha a nascer do embrião doado.

Nesse sentido, também caminhou a Resolução CFM 2.320/2002, que, no capítulo destinado à doação, inclui gametas e embriões, trazendo importante ressalva, ao definir que, "na eventualidade de embriões formados por gametas de pacientes ou doadores distintos, a transferência embrionária deverá ser realizada com embriões de uma única origem para a segurança da prole e rastreabilidade".[117] Pensamos que a ressalva consubstancia maior segurança aos destinatários da doação em casos de necessidade de rastreamento de doenças de cunho genético, por exemplo.

No capítulo 6, tratamos das questões que envolvem a doação de gametas, pertinentes, em sua maioria, também, à doação de embriões para finalidade procriativa.

A doação do excedente embrionário para pesquisas científicas é outra alternativa, mas, expressamente prevista em lei. A Lei de Biossegurança afirma, em seu artigo 5º,[118] que:

---

117. CFM. *Resolução CFM 2.320/2022*. Adota normas éticas para a utilização de técnicas de reprodução assistida. Disponível em: https://sistemas.cfm.org.br/normas/arquivos/resolucoes/BR/2022/2320_2022.pdf. Acesso em: 23 fev. 2023.

118. BRASIL. *Lei 11.105,* de 24 de março de 2005. Lei de biossegurança. Disponível em: https://www.planalto.gov.br/ccivil_03/_Ato2004-2006/2005/Lei/L11105.htm. Acesso em: 02 jul. 2023.

CAPÍTULO 7 • FERTILIZAÇÃO EXTRACORPÓREA E QUESTÕES BIOJURÍDICAS **193**

> É permitida, para fins de pesquisa e terapia, a utilização de células-tronco embrionárias obtidas de embriões humanos produzidos por fertilização *in vitro* e não utilizados no respectivo procedimento, atendidas as seguintes condições:
>
> I – sejam embriões inviáveis; ou
>
> II – sejam embriões congelados há 3 (três) anos ou mais, na data da publicação desta Lei, ou que, já congelados na data da publicação desta Lei, depois de completarem 3 (três) anos, contados a partir da data de congelamento.
>
> § 1º Em qualquer caso, é necessário o consentimento dos genitores.
>
> [...].

Antes de incorrer nas questões que contingenciam a alternativa da doação para pesquisa, lembramos que, no capítulo 4, abordamos a discussão sobre a constitucionalidade desse artigo, levada ao STF, por meio da ADI 3510.[119] Consoante as explicações que lá apontamos, a decisão do Supremo foi no sentido de não reconhecer o embrião extracorpóreo como titular do direito à vida, fundamentos que são relevantes para legitimar a vontade de destinar embriões remanescentes para essa finalidade.

Células-tronco embrionárias compõem o interior do embrião humano e possuem a "capacidade de construir, formar e organizar os vários tecidos e órgãos que ainda não existem, pois estão em processo de formação e que irão constituir o ser humano em suas fases subsequentes de desenvolvimento".[120] As células-tronco possuem como principal característica a capacidade de diferenciação nos vários tipos celulares dos tecidos humanos, que podem ser células-tronco adultas ou somáticas[121] (presentes nos tecidos celulares adultos e no cordão umbilical) e

---

119. STF. *Acórdão ADI 3510*. Disponível em: https://redir.stf.jus.br/paginadorpub/paginador.jsp?docTP=AC&docID =611723. Acesso em: 02 jul. 2023.

120. LEÃO JÚNIOR, Paulo Silveira Martins. O direito fundamental à vida dos embriões e dos anencéfalos. In: MARTINS, Ives Gandra da Silva (Coord.). *Direito fundamental à vida*. São Paulo: Quartier Latin/Centro de Extensão universitária, 2005, p. 229.

121. "As células-tronco adultas também podem tornar possível contornar o problema da rejeição, pois permitem realizar transplantes autogênicos (ou autólogos), isto é, usando células do próprio paciente. Isso é feito realizando a "transferência de núcleo de célula somática" (ou SCNT, *somatic cell nuclear transfer*). Esse procedimento, conhecido como clonagem terapêutica, consiste em retirar o núcleo de um óvulo, inserir nele apenas o núcleo de uma das células desejadas do paciente e depois induzir a divisão celular desse óvulo até que se atinja o número necessário de células, as quais serão posteriormente transferidas para o paciente. O transplante de medula óssea vem sendo feito há mais de 40 anos. Ele consiste no transplante de CTAHs da medula óssea, como as responsáveis pela formação do sangue (chamadas de células-tronco hemotopoiéticas), e é o único tratamento com células-tronco já firmemente estabelecido. Entretanto, os resultados de várias pesquisas preliminares apresentados na última década confirmam que as possibilidades terapêuticas abertas pelo uso de células-tronco são imensuráveis. Os pesquisadores imaginam que os tratamentos com células-tronco serão capazes de tratar cânceres, diabetes, mal de Parkinson e de Alzheimer, esclerose amiotrófica lateral, doença de Huntington, doença celíaca, cardiopatias, doenças musculares degenerativas etc. (FRIAS, Lincoln. *A ética do uso e da seleção de embriões*. Florianópolis: Editora UFSC, 2012, p. 36-37).

células-tronco embrionárias[122] (presentes na massa interna celular do embrião). A função das células-tronco embrionárias é originar o futuro organismo e das células-tronco adultas é repor células que já se especializaram e propiciar a regeneração de tecidos do sangue e pele.[123]

A plasticidade das células-tronco embrionárias (CTE) faz com elas possam ser a melhor fonte de células capazes de reconstituir qualquer tecido do corpo humano. As CTE podem ser usadas na reconstituição de tecido cardíaco em pacientes que sofreram infarto, por exemplo. Segundo a cientista brasileira Patrícia Pranke, a terapêutica com as células vem se mostrando promissora, tornando-se esperança no tratamento da diabetes, na reconstituição óssea e dentária e na regeneração de tecidos do rim e do fígado, além de serem vistas por muitos pesquisadores como importante ferramenta em prol da recuperação de pacientes que sofreram lesão na medula espinhal e hoje dependem do uso da cadeiras de rodas.[124]

O grande e principal objetivo das pesquisas que envolvem células-tronco está na descoberta dos estímulos e mecanismos específicos capazes de fazer com que a célula consiga originar um determinado tipo de tecido afetado por uma doença ou um trauma. O transplante, como única forma testada e eficaz de repor órgãos e tecidos comprometidos, envolve problemas decorrentes da escassez de doadores, compatibilidade e possibilidade de rejeição do organismo ao órgão transplantado.[125]

Em defesa da doação de embriões excedentes à pesquisa científica, Carlos Pamplona Corte-Real afirma que "a inutilidade de tantos embriões excedentários não pode deixar de legitimar a interrogação sobre o seu possível aproveitamento, para fins de pesquisa médico-científica – desde que não se manipulem células germinais". Prossegue, ainda, afirmando que "não há, pois, outra forma de resolver o problema, a menos que se vedasse o recurso à própria FIV [...], e a tanto não se chega".[126]

---

122. PRANKE, Patrícia. A importância de se discutir o uso das células-tronco embrionárias para fins terapêuticos. Set. 2004. *Rev. Ciência e Cultura*. Disponível em: www.cienciaecultura.bvs.br/pdf/cic/v56n3/a17v56n3.pdf. Acesso em: 02 jul. 2023, p. 2. No mesmo sentido, também: PEREIRA, Lygia da Veiga. *Células-tronco*: Promessas e realidades. São Paulo: Moderna, 2013.
123. FRIAS, Lincoln. *A ética do uso e da seleção de embriões*. Florianópolis: Editora UFSC, 2012, p. 35.
124. PRANKE, Patrícia. A importância de se discutir o uso das células-tronco embrionárias para fins terapêuticos. Set. 2004. *Rev. Ciência e Cultura*. Disponível em: www.cienciaecultura.bvs.br/pdf/cic/v56n3/a17v56n3.pdf. Acesso em: 02 jul. 2023, p. 2.
125. FRIAS, Lincoln. *A ética do uso e da seleção de embriões*. Florianópolis: Editora UFSC, 2012., p. 36.
126. CORTE-REAL, Carlos Pamplona. Os efeitos familiares e sucessórios da procriação medicamente assistida. In: ASCENSÃO, José de Oliveira (Coord.). *Estudos de Direito da Bioética*. Coimbra: Almedina, 2005, p. 106.

CAPÍTULO 7 • FERTILIZAÇÃO EXTRACORPÓREA E QUESTÕES BIOJURÍDICAS **195**

Conforme a lei brasileira, podem ser doados para pesquisa embriões congelados há 3 anos ou mais e os que forem avaliados como inviáveis. Anteriormente, nesse mesmo capítulo, discorremos sobre a ausência de consenso científico quanto ao prazo adotado pela lei para que o embrião congelado seja considerado inviável e explicitamos os parâmetros médicos (desenvolvimento, morfologia e genética) que apontam para o que deve ser considerado como inviabilidade embrionária.

No nosso entendimento, a opção de doação para pesquisas científicas não deveria estar condicionada a nenhum dos elementos apontados pela lei, quais sejam a inviabilidade e o congelamento por 3 anos ou mais. Consideramos que a atual disciplina normativa do embrião humano concebido de forma extracorpórea permite que a decisão da pessoa ou do casal possa ser a destinação imediata do seu excedente para pesquisas com células-tronco. As razões para isso possuem relação com argumentos que desenvolvemos ao longo do livro, mas, também, com a última opção para destinação – o descarte embrionário.

O descarte de embriões excedentes aos processos de concepção extracorpórea é uma alternativa carregada de muitos questionamentos morais, mas isso não reprime a constatação de que, no direito brasileiro vigente, assim como em outros países, a opção não está proibida, se solicitada pelo(s) titular(es). Não há, na Lei de Biossegurança, nenhuma menção proibitiva ao descarte, assim como nenhuma outra lei ordinária conferiu proibição à conduta.

O comando deontológico do CFM afirma que os excedentes viáveis devem ser criopreservados. Como regramentos que disciplinam condutas dos seus respectivos profissionais carecem de força normativa, não se pode concluir inexistir o direito ao descarte. Nesse liame, para se extrair a licitude da destruição ou descarte do embrião, considera-se o princípio da legalidade, de modo que, não havendo proibição expressa, a decisão é lícita.[127]

A vontade de descartar embriões excedentes pode advir da certeza de que eles não serão posteriormente implantados no útero, ou seja, seus titulares não possuem nova intenção de procriação. Diante da existência de outras opções para conferir o destino, é evidente que o descarte de embriões vai de encontro à ideia de valor ontológico da vida embrionária, questão que tem ligação forte com regramento de ordem moral.[128]

Concluir que a opção pelo descarte não é alternativa proibida remete à ideia que anteriormente lançamos – é necessário manter coesão ao identificar as alter-

---

127. BORGES JÚNIOR, Edson; OLIVEIRA, Deborah Ciocci Alvarez de. *Reprodução assistida*: Até onde podemos chegar? São Paulo: Editora Gaia, 2000, p. 71.
128. MEIRELLES, Ana Thereza. *A Proteção do ser humano no direito brasileiro*: Embrião, nascituro e pessoa e a condição de sujeito de direito. Rio de Janeiro: Lúmen Juris, 2016.

nativas para destinação embrionária. Se a lei permitiu explicitamente a doação para pesquisas com células-tronco, o que fará com que os embriões doados não sejam mais usados para procriação, posto que restariam inutilizados, não há que se falar em ilicitude do descarte.

Algumas posições que refutam o direito de descartar o excedente embrionário cogitam, inclusive, a obrigatoriedade de que houvesse a implantação de todos os embriões obtidos do processo extracorpóreo de concepção. Contrariando entendimentos como esse, Carlos María Romeo Casabona afirma que "essa opção deveria ser excluída, visto estar-se colocando à disposição técnicas para favorecer a procriação e, sendo possível, há de se garantir também que ela seja saudável". A implantação obrigatória por quem gerou os embriões de todo o excedente (viáveis ou não), defendida por alguns concepcionistas, não tem respaldo na ordem jurídica, sob pena de deslegitimar o procedimento assistido de reprodução, como técnica em prol do combate à infertilidade, gerando risco de gestações múltiplas e comprometendo a saúde e a vida da gestante.[129]

A alegação da inviolabilidade embrionária, usada para afastar a possibilidade de descarte, não é fundamento coeso com algumas práticas e condutas relacionadas à manipulação dos embriões humanos. No capítulo 1, percebe-se que, inerente à complexidade das técnicas de concepção extracorpórea, é a possibilidade de destruição dos embriões, se pensarmos na sua exposição aos riscos, necessários às etapas dos próprios processos conceptivos.

No mesmo sentido, estão os métodos contraceptivos DIU (dispositivo intrauterino) e pílula do dia seguinte, com uso permitido e cuja ação pode impedir a gravidez no estágio em o embrião já se formou. "Em diversos países, incluindo o Brasil, o uso do dispositivo intrauterino (DIU) e da pílula do dia seguinte são facilmente aceitos, mas a utilização dos pré-embriões, como fonte de células-tronco para a pesquisa e a clínica, não. Essas situações parecem contraditórias uma vez que se referem às mesmas células".[130]

Para alguns, a garantia da inviolabilidade do embrião, partindo do seu direito à vida, tal qual uma pessoa, implica na adoção da solução de doar o excedente, para reprodução, mesmo sem o consentimento dos genitores. Nesse contexto, "[...] a utilização do ovo fecundado (vida humana já, portanto) na pesquisa ou nas finalidades comerciais, é inadmissível; como também inaceitável sua destruição.

---

129. ROMEO CASABONA, Carlos Maria. Aspectos jurídicos do aconselhamento genético. In: ROMEO CASABONA, Carlos Maria Romeo (Org.). *Biotecnologia, Direito e Bioética*: Perspectiva em Direito Comparado. Belo Horizonte: Del Rey e PUC Minas, 2002, p. 55.

130. PRANKE, Patrícia. A importância de se discutir o uso das células-tronco embrionárias para fins terapêuticos. Set. 2004. *Rev. Ciência e Cultura*. Disponível em: www.cienciaecultura.bvs.br/pdf/cic/v56n3/ a17v56n3.pdf. Acesso em: 11 fev. 2023, p. 36.

A única utilização em princípio defensável é, em verdade, aquela que prevê seu oferecimento não-remunerado a casais estéreis".[131]

Defendemos que o embrião não detém o mesmo *status* jurídico que a pessoa e não titulariza, como ela, o direito à vida. É ele a junção do patrimônio genético de seus genitores, o que demanda a necessidade de consentimento para seu destino. Permitir a prática das técnicas assistidas procriativas e imputar a quem a ela se submeta o ônus da doação obrigatória de seu excedente embrionário é alternativa que não encontra fundamento legal.

Tal entendimento tem elemento basal na posição do ministro Carlos Ayres de Britto, no julgamento da ADI 3510, que afirmou ser necessário não confundir três realidades: "o embrião é o embrião, o feto é o feto e a pessoa humana é a pessoa humana. Esta não se antecipa à metamorfose dos outros dois organismos. É o produto final dessa metamorfose. O elemento anterior como que tendo de se imolar para o nascimento do posterior". O resultado disso é "não existir pessoa humana embrionária, mas embrião de pessoa humana, passando necessariamente por essa entidade a que chamamos *feto*".[132]

Se a opção normativa e moral fosse a de conceder ao embrião extrauterino a mesma condição jurídica que a pessoa, passaria a ser necessário rever uma série de condutas e práticas consolidadas socialmente, começando pelo uso do DIU e da pílula do dia seguinte, passando pelas próprias técnicas assistidas de procriação extracorpórea e, por fim, pela liberação de pesquisas científicas com embriões humanos. Esse não é o nosso entendimento.

---

131. FERRAZ, Sérgio. *Manipulações biológicas e princípios constitucionais*: uma introdução. Porto Alegre: Sergio Antônio Fabris Editor, 1991, p. 46-47.
132. STF. Voto do Min. Relator Carlos Ayres de Britto. In: *Acórdão ADI 3510*. Disponível em: https://redir. stf.jus.br/paginadorpub/paginador.jsp?docTP= AC&docID =611723. Acesso em: 02 jul. 2023.

Capítulo 8
GESTAÇÃO POR SUBSTITUIÇÃO OU CESSÃO TEMPORÁRIA DO ÚTERO[1]

A gestação por substituição ou cessão temporária do útero vem sendo prevista desde a primeira resolução deontológica do CFM editada no ano de 1992. As resoluções que sucederam, afora alguns acréscimos sobre o tema (vide tabela abaixo), mantiveram a premissa de que a técnica pode ser utilizada desde que exista um problema médico de modo a impedir ou contraindicar a gestação pela mãe de intenção.

Tal premissa foi parcialmente modificada em 2022, pela Resolução CFM 2.320/2022, que alargou as possibilidades que, na prática, já vinham sendo admitidas, em especial, o útero por substituição para gestar filhos de um ou dois homens. Veja-se que a norma deontológica vigente permite a prática em razão de uma condição que impeça ou contraindique a gestação e, não somente, em virtude de um problema de natureza médica. Podemos perceber que o CFM buscou alargar o uso da técnica, adaptando-se à pluralidade dos modelos de família, reconhecida pelas normas jurídicas.

O assunto foi aventado no capítulo 5, quando tratamos do direito fundamental à reprodução, alicerçado pela garantia constitucional ao livre planejamento familiar.

Cumpre, de início, lembrar que o tema da gestação por substituição é, certamente, um dos mais controversos da bioética e do biodireito, e, por consequência, objeto de numerosas contribuições científicas, reveladas em textos de segmentos médico e jurídico. Esse cenário, nas lições de Manuel Atienza, conduz todo pesquisador a uma advertência importante, que é construir de forma coesa um entendimento que aspire a racionalidade, e, portanto, exceda o nível do discurso predominantemente emocional que pode envolver a análise desse tipo de contrato.[2]

---

1. As expressões "gestação por substituição", "cessão temporária de útero" e "útero de substituição" são utilizadas alternativamente pelas resoluções do CFM e pela doutrina. Não adotaremos uma única expressão porquanto se voltam para o mesmo sentido.
2. ATIENZA, Manuel. Sobre la gestación por sustitución. Otra vuelta de tuerca. *Revista Bioetica y Derecho*, Barcelona. 2022; 56: 107-124 DOI 10.1344/rbd2022.56.40721, p. 109.

A advertência de Atienza nos remete a pensar que é necessário proferir uma análise dessa relação contratual, que envolve o corpo e, portanto, trata de situação existencial, considerando como fundamentos a dignidade da pessoa humana, os pressupostos da bioética e os elementos do negócio jurídico. Busca-se, dessa maneira, a conformação harmonizada de tais fundamentos com o objetivo de imputar consolidação interpretativa sobre um contrato que, historicamente, sempre gerou discussões e embates.

Quando tratamos de assuntos que revelam situações humanas existenciais, o parâmetro de racionalidade para encontrar interpretação que solucione adequadamente o impasse não deve reproduzir os vetores tradicionalmente postos no direito civil que buscam solucionar os conflitos patrimoniais. A gestação por substituição é um ato que nasce motivado por uma situação pertencente à individualidade, que versa sobre projetos de vida e se alicerça em decisões tomadas considerando o nicho amplo dos direitos da personalidade.

A tabela abaixo demonstra o desenvolvimento do tema ao longo dos anos em que o CFM editou as respectivas normas deontológicas e aponta diferentes pré-requisitos (ou condicionantes) para que a técnica possa ser realizada. A construção esquematizada permite ao leitor estabelecer a compreensão cronológica e evolutiva das decisões do conselho de classe, que muito contribuíram para o cenário de discussão quanto a admissibilidade e a adequação da prática.

Tabela 02: Gestação por substituição nas resoluções do CFM

Resolução	
1.358/1992	Autoriza a gestação de substituição desde que exista um problema médico que impeça ou contraindique a gestação na doadora genética. A cedente deve ser familiar da doadora genética em parentesco até segundo grau (VII, 1).
1.957/2010	Autoriza a gestação de substituição desde que exista um problema médico que impeça ou contraindique a gestação na doadora genética. A cedente deve ser familiar da doadora genética em parentesco até segundo grau (VII, 1).
2.013/2013	Autoriza a gestação de substituição desde que exista um problema médico que impeça ou contraindique a gestação na doadora genética ou em caso de união homoafetiva. A doadora temporária do útero deve pertencer à família de um dos parceiros em parentesco consanguíneo até o quarto grau (VII, 1).
2.121/2015	Autoriza a gestação de substituição desde que exista um problema médico que impeça ou contraindique a gestação na doadora genética ou em caso de união homoafetiva. A doadora temporária do útero deve pertencer à família de um dos parceiros em parentesco consanguíneo até o quarto grau (VII, 1).
2.168/2017	Autoriza a gestação de substituição desde que exista um problema médico que impeça ou contraindique a gestação na doadora genética, em caso de união homoafetiva ou pessoa solteira. A doadora temporária de útero deve pertencer à família de um dos parceiros em parentesco consanguíneo até o quarto grau (VII, 1).

2.283/2020	Não houve menção a esse inciso.
2.294/2021	Autoriza a gestação de substituição desde que exista um problema médico que impeça ou contraindique a gestação na doadora genética, em caso de união homoafetiva ou pessoa solteira. A cedente deve ter ao menos um filho vivo e pertencer à família de um dos parceiros em parentesco consanguíneo até o quarto grau (VII, 1).
2.320/2022	Autoriza a gestação de substituição desde que exista uma condição que impeça ou contraindique a gestação. A cedente deve ter ao menos um filho vivo e pertencer à família de um dos parceiros em parentesco consanguíneo até o quarto grau (VII, 1).

Fonte: Elaborado por pesquisadores do CebidJusbiomed

Passemos, agora, à avaliação dos vários pontos catalogados pela tabela, além de outros pertinentes aos pré-requisitos e às implicações do uso da técnica.

O primeiro ponto a ser criticado não é propriamente algo que limite o exercício de direitos fundamentais, mas uma impropriedade terminológica, qual seja a expressão "doadora genética". Ora, a mãe não é doadora de material genético. Ela é a própria demandante do projeto parental cujo material genético (em regra), fecundado com o de seu parceiro ou doador, será gestado pela cedente do útero. Sendo dela a intenção de ser mãe e titular do material genético, não há que se nomeá-la, na resolução, como doadora, mas, sim, mãe genética, se for dela o óvulo utilizado, ou, simplesmente, demandante ou mãe de intenção (pensando em uso de gameta doado).

Portanto, firmamos o entendimento de que a mulher que demanda o uso da técnica de reprodução humana pela gestação por substituição, usando seu próprio óvulo, deve ser chamada de mãe genética ou, caso o óvulo seja de doadora, mãe de intenção. Pensando na uniformização do uso do termo, entendemos ser "mãe de intenção" a expressão mais adequada para se referir àquela que buscou o projeto parental e será, conforme o direito, de fato, a mãe da criança.

Por opção metodológica, fracionamos os demais pontos esquematizados na tabela, além de outros, por meio das seções que seguem, de modo a propiciar melhor compreensão dos argumentos que acompanham, conforme legislação, doutrina e jurisprudência, cada discussão.

8.1 A AUSENTE DISCIPLINA NORMATIVA E A NATUREZA CONTRATUAL

A gestação por substituição, prevista ao longo de anos pelas resoluções do CFM, aparenta ser um acordo simples, no entanto, agrega questões complexas por serem muitos os sujeitos envolvidos e por ser assunto ainda tão questionado e julgado pela sociedade como um todo. Devemos considerar a inexistência de previsão normativa específica que atribua os limites para sua estipulação, sendo certo que a sua disciplina jurídica emana do direito contratual.

De início, é essencial ressalvar que a lei de transplante de órgãos e tecidos não é destinada à regulamentação da prática da gestação por substituição, tendo em vista que, nesta, não há qualquer procedimento que vise remover e implantar órgão, parcial ou integralmente, ou tecidos em outra pessoa. Na gestação por substituição, o útero será apenas cedido temporariamente para que possa gerar um ser humano, não consubstanciando qualquer tipo de retirada com finalidade transplantatória. Sabemos, ainda, que a referida lei conferiu comando de proibição à comercialização de órgãos e tecidos do corpo humano. Sem prejuízo da discussão que envolve a possibilidade, devemos atentar que, consequentemente, a restrição legal também não é destinada à prática substitutiva da gestação.

A falta de legislação específica é ponto de partida para alguns importantes questionamentos que surgiram no cerne da prática. Ao mesmo tempo em que a norma deontológica assegura parâmetros que ocupam os espaços deixados pela inexistente disciplina jurídica, consolida como questão central o problema sobre quais são os limites que devem circunscrever a atuação normativa do órgão que a emitiu. Ao longo do livro, apontamos, em diversos momentos, as prescrições pela norma deontológica que não coadunam direitos fundamentais dos sujeitos destinatários, ou até mesmo, dos profissionais cerceados por restrições não justificadas. Aqui, continuaremos essa análise que, de início, deve partir do estudo do enquadramento da prática, considerando o arcabouço jurídico em vigência. A gestação por substituição é um negócio jurídico que se revela sob a forma contratual.

A noção tradicional de contrato sempre foi vinculada à realização de negócio jurídico bilateral e, por ele, regulavam-se os efeitos patrimoniais que as partes pretendiam atingir. Alguns autores ressaltam a natureza patrimonial do contrato, que deve ser concebido como "um negócio jurídico por meio do qual as partes declarantes, limitadas pelos princípios da função social e boa-fé objetiva, autodisciplinam os efeitos patrimoniais que pretendem atingir, segundo a autonomia de suas próprias vontades".[3]

Para César Fiúza, o contrato é "ato jurídico lícito, de repercussão pessoal e socioeconômica, que cria, modifica ou extingue relações convencionais dinâmicas, de caráter patrimonial, entre duas ou mais pessoas de Direito Privado [...], em busca da satisfação pessoal, assim promovendo a dignidade humana".[4]

Há quem amplie o conceito de contrato, como Caio Mário da Silva Pereira, que o define como "um acordo de vontades, na conformidade da lei, e com a

---

3. GAGLIANO, Pablo Stolze; PAMPLONA FILHO, Rodolfo. *Curso de direito civil*. São Paulo: Saraiva, 2016, v. 4, t. I. p. 53.
4. FIUZA, César. *Direito Civil*: Curso completo. 18. ed. São Paulo: Ed. RT, 2015, p. 524.

CAPÍTULO 8 • GESTAÇÃO POR SUBSTITUIÇÃO OU CESSÃO TEMPORÁRIA DO ÚTERO | **203**

finalidade de adquirir, resguardar, transferir, conservar, modificar ou extinguir direitos".[5] A amplitude dessa última proposta possibilita agregar questões de natureza patrimonial e não patrimonial.

Em artigo intitulado "Gestação de substituição: Entre autonomia e vulnerabilidade", Taisa Maria Macena de Lima e Maria de Fátima Freire de Sá prelecionam:

> A extensão do conceito de contrato à autorregulamentação de interesses de natureza não patrimonial se, de um lado, encontra resistência pelos mais apegados à tradição, por outro lado, propõe a quebra de um paradigma e a evolução do conceito, que se justifica quando se constata quão intimamente ligados podem estar os interesses patrimoniais com os interesses não patrimoniais, também chamados existenciais[6].

No mesmo artigo, as autoras prosseguem afirmando que contratos de direitos da personalidade, em especial o contrato de útero por substituição, podem ser analisados sob o viés da nova principiologia contratual, a saber: autonomia privada, boa-fé objetiva, função social e justiça contratual, que são fundamentais na missão de configurar os direitos e deveres dos sujeitos participantes.[7]

A autonomia privada já foi objeto de análise anterior, tendo em vista ter relação com os pontos pertinentes trabalhados.

Sobre a boa-fé, pode-se dizer que, contemporaneamente, sua conceituação centra-se mais no comportamento do que na intencionalidade do sujeito. "Desse modo, mesmo não havendo intenção de prejudicar é possível ferir o princípio da boa-fé objetiva, quando legítimas expectativas, criadas pelo comportamento do outro contratante, são frustradas." Sobre a função social, devemos pensar que, via de regra, o contrato extrapola a produção de efeitos apenas entre as partes, para reconhecer, "de um lado, o impacto eficacial sobre a sociedade e, de outro lado, a influência da sociedade sobre o conteúdo do contrato".[8] O princípio da justiça contratual se revela na busca pelo equilíbrio entre cada um dos sujeitos contratantes. O contrato de útero por substituição deve ser estudado à luz dessa principiologia, acrescido de uma avaliação sobre os planos de existência, validade e eficácia concernentes a todo negócio jurídico.[9]

---

5. PEREIRA, Caio Mário da Silva. *Instituições de direito civil. Contratos.* Rio de Janeiro: Forense, 2004, v. 3, p. 7.
6. SÁ, Maria de Fátima Freire de; LIMA, Taisa Maria Macena de. Gestação de substituição: Entre autonomia e vulnerabilidade. *VirtuaJus*, Belo Horizonte, v. 3, n. 4, p. 23, 1º sem. 2018.
7. SÁ, Maria de Fátima Freire de; LIMA, Taisa Maria Macena de. Gestação de substituição: Entre autonomia e vulnerabilidade. *VirtuaJus*, Belo Horizonte, v. 3, n. 4, p. 23, 1º sem. 2018.
8. SÁ, Maria de Fátima Freire de; LIMA, Taisa Maria Macena de. Gestação de substituição: Entre autonomia e vulnerabilidade. *VirtuaJus*, Belo Horizonte, v. 3, n. 4, p. 23-24, 1º sem. 2018.
9. Sobre os planos de existência, validade e eficácia do negócio jurídico, vide doutrina de Marcos Bernardes de Melo.

Firmamos o entendimento de que a gestação por substituição é um contrato de direitos da personalidade que tem por objeto o exercício do direito ao próprio corpo, pela gestante, manifestado na cessão temporária do útero, para gestar filho de outra pessoa. Para corroborar isso, apontamos entendimento de Stefano Rodotà,[10] que reconhece o livre desenvolvimento da personalidade, mas não como uma área reservada a decisões individuais que não dialogam com as regras jurídicas. O livre desenvolvimento da personalidade deve ser um caminho para a construção da identidade pessoal, porquanto submetida a um diálogo constante com os limites biojurídicos que emanam das normas. Assim:

> El libre desarollo de la personalidad es una fórmula que no implica la definición de un área reservada a las decisiones individuales sin relación alguna con la regla jurídica. Indica, más bien, un instrumento que hace posible la búsqueda autónoma de una política de la identidad personal. En efecto, si adoptáramos una versión diferente, el resultado sería una interpretación al mismo tiempo limitada y excesiva. Limitada, porque la determinación de un área atribuida en exclusiva a la autonomía individual, pese a favorecer el poder que se ejerce libremente en ese ámbito específico, puede acabar cerceando sus posibilidades de expansión en otros ámbitos distintos, igualmente relevantes para el desarollo de la personalidad. Excesiva, porque la renuncia a todo vínculo con la dimensión del derecho puede debilitar el própio poder individual frente a obstáculos que impidan o dificulten su ejercício.[11]

Nesse sentido, a inexistência de lei sobre o tema não impede o autorregramento da matéria pelos interessados, cabendo ao direito dar proteção quando tal exercício for impedido ou dificultado.[12]

Nesse livro, manteremos a posição esboçada por Taisa Maria Macena de Lima e Maria de Fátima Freire de Sá, que sugerem a existência do que denominam *contratos coligados* para viabilizar a reprodução assistida por meio de gestação por substituição, sendo certo que a ausência de qualquer um deles impedirá a realização da técnica, quais sejam: o negócio jurídico contratual entre a gestante substituta e os pais jurídicos da criança; o contrato entre os pais jurídicos e a clínica/médico responsável pelo procedimento; a relação contratual entre a gestante substituta e a clínica/médico responsável pela técnica.[13]

No primeiro contrato, direitos e deveres são estabelecidos entre os pais jurídicos e a gestante, sendo que o médico não afigura como parte, no entanto, é necessário seu assentimento para que o negócio jurídico produza efeitos. Em prol

---

10. RODOTÀ, Stefano. *La vida y las reglas*: entre el derecho e el no derecho. Madrid: Trotta, 2010, p. 38.
11. RODOTÀ, Stefano. *La vida y las reglas*: entre el derecho e el no derecho. Madrid: Trotta, 2010, p. 38-39.
12. RETTORE, Anna Cristina de Carvalho; SÁ, Maria de Fátima Freire de. Patrimonialidade na gestação de substituição. *In*: MASCARENHAS, Igor; DADALTO, Luciana. *Direitos reprodutivos e planejamento familiar*. Indaiatuba: Foco, 2024. p. 283-305.
13. SÁ, Maria de Fátima Freire de; LIMA, Taisa Maria Macena de. Gestação de substituição: Entre autonomia e vulnerabilidade. *VirtuaJus*, Belo Horizonte, v. 3, n. 4, p. 25, 1º sem. 2018.

da segurança contratual, cabe reconhecer a necessidade da forma escrita com as assinaturas das partes e do profissional que executará a técnica.

Sendo a gestante substituta casada ou vivendo em união estável, é fundamental o diálogo entre as partes, em atendimento ao princípio da confiança nas relações afetivas, de modo que o cônjuge ou companheiro possa dar sua anuência à decisão de que sua esposa ou companheira venha a gestar o filho de outrem.

Gestante e pais jurídicos devem ser pessoas maiores e capazes; no entanto, a existência de capacidade jurídica dos contratantes não é suficiente para comprovar a compreensão sobre as complexas questões médicas e jurídicas que envolvem esse tipo de acordo. Há que se ter competência para a tomada de decisões referentes ao próprio corpo no sentido de entender e avaliar as dimensões e as consequências do ato.

A ideia de competência aqui mencionada refere-se ao discernimento necessário à tomada de decisão concernente a situações relacionadas a conflitos que possam envolver alguns direitos da personalidade. Desvinculamos a ideia de competência ao conceito de capacidade, para conjugá-la à noção de autonomia, pressuposto que não é objetivamente aferível.

Em princípio, falar sobre competência implica entender, avaliar e racionalizar a situação para que a decisão possa ser tomada em uma dimensão dialógica. O desafio a ser superado será sempre o de respeitar a decisão de um paciente que manifeste vontade contrária ao entendimento médico, a exemplo de recusas terapêuticas que possam levar à morte.[14]

Desde que se possibilitou o uso da técnica da gestação por substituição, muito se discutiu sobre a licitude do contrato quanto ao seu objeto, porquanto dizia-se ser a criança a razão de ser do vínculo. Ora, não é a criança o objeto do contrato, mas, sim, a geração de um novo ser pelo uso da reprodução humana assistida. No Brasil, diante da inexistência de proibição legal, a técnica é aceita em razão de disciplina deontológica, construções doutrinárias e precedentes jurisprudenciais.

Como visto, defendemos a ideia de que o contrato de gestação por substituição é lícito e deveria ser adequadamente regulado, não somente por disciplina deontológica, mas, também, por legislação. No entanto, a ausência de regulamentação não impede realizá-lo, considerando as normas vigentes e a construção da doutrina e da jurisprudência.

Há países que optaram por proibi-lo ou, simplesmente, o declararam como um contrato nulo, extirpando-lhe a produção de efeitos jurídicos, como fez a lei

---

14. Sobre competência, ver: SÁ, Maria de Fátima Freire de; NAVES, Bruno Torquato de Oliveira. *Direitos da Personalidade*. 2. ed. Belo Horizonte: Arraes, 2021, p. 141-144.

espanhola sobre reprodução humana assistida.[15] Carlos María Romeo Casabona, ao abordar o assunto, sintetiza o estado regulatório em seu país:

> Este régimen legal establecido en 1988 es el que pervive en la actualidad, sin alteraciones en la regulación vigente de las técnicas de reproducción humana asistida, que se modificó en 2006 sin afectar al referido precepto. En 2023 se ha insistido en esta regulación, reproduciendo el precepto de 2006 de forma innecesaria e inútil. Así está actuando el legislador español en estos tiempos de prescripciones aparentemente progresistas, pero con considerables derivas autoritarias, con indudables concepciones restrictivas de las libertades reproductivas que proclama defender.[16]

Acrescente-se que a decisão por não regulamentar esse tipo de contrato não é capaz, por si só, de impedir a sua celebração e seus efeitos. Se a intenção do legislador é coibir a prática, pode-se pensar que não regulamentar as consequências dela colabora para injustiças, que se concretizam por meio da violação dos direitos fundamentais das partes celebrantes e da criança nascida.

Ainda, à luz do ordenamento jurídico espanhol, vale mencionar sentença recente da Suprema Corte (277/2022, de 31 de março), que decidiu negar o registro de criança nascida no México, por procedimento de gestação por substituição, sendo a demandante do projeto parental de nacionalidade espanhola. A Suprema Corte, nesse recente julgamento de 2022, reafirmou fundamentos levantados em precedente anterior (em sentença de 2014), alegando ser esse contrato contrário à ordem pública, afirmando que a objetificação da mãe resulta de várias cláusulas assinadas nesse tipo de relação contratual e determinando que o interesse da criança deve ser interpretado à luz dos demais valores e princípios constitucionais, que, segundo a Corte, não permitem o registro civil, mas a consolidação do procedimento de adoção.[17]

Em artigo que profere considerações sobre essa sentença, Manuel Atienza aponta a relação do princípio da dignidade da pessoa humana com o contrato de gestação por substituição.

Para ele, é importante sublinhar três aspectos. O primeiro é que a dignidade em sentido kantiano não proíbe tratar um ser humano como instrumento, mas, sim, tratá-lo somente como instrumento. O autor explica que essa conclusão parece óbvia, mas nem sempre se tem consciência da mesma. Como exemplo, traz a discussão sobre a admissibilidade da seleção de embriões para se obter um bebê, cujo DNA seja compatível com o de seu familiar doente, de modo a possibilitar

---

15. ESPAÑA. *Ley 14/2006*, de 26 de mayo, sobre técnicas de reproducción humana asistida. Disponível em: https://www.boe.es/eli/es/l/2006/05/26/14/con. Acesso em: 28 ago. 2023.
16. ROMEO CASABONA, Carlos Maria. *El debate en España sobre la legalización de la gestación por sustitución*. No prelo, 2023.
17. ATIENZA, Manuel. Sobre la gestación por sustitución. Otra vuelta de tuerca. *Revista Bioetica y Derecho*, Barcelona. 2022; 56: 107-124 DOI 10.1344/rbd2022.56.40721, p. 13.

um futuro transplante que salve a vida do enfermo. Essa decisão não quer dizer que a criança nascida será considerada uma coisa, servindo como instrumento de exploração. O mesmo entendimento pode ser estendido à gestação por substituição, não havendo porque supor que a mulher gestante será vista como um objeto ou mero instrumento de exploração. Para Atienza, como segundo aspecto, não há coincidência entre o princípio da dignidade humana com a autonomia em sentido liberal clássico. A possibilidade do agir deve pressupor a proteção contra a indignidade e, nesse sentido, a importância de regular a prática na Espanha. Por fim, como terceiro ponto, o autor entende que as exigências para a concretização da dignidade humana não podem ser totalmente resolvidas pelo direito, ou seja, o direito não pode dar cabimento ao perfeccionismo moral. Para ele, o direito não é o mesmo que a moral. Sua função, por assim dizer, é tornar possível a vida moral dos indivíduos, o que, por sua vez, requer satisfazer (porém somente em parte) as exigências da dignidade humana.[18]

Com essas e outras considerações, Manuel Atienza defende a possibilidade de gestação por substituição na Espanha, contrariando a posição da Suprema Corte que se amparou, em grande medida, no Relatório do Comitê Espanhol de Bioética sobre os aspectos éticos e legais da maternidade sub-rogada.

Sobre o assunto, Carlos María Romeo Casabona manifesta-se favoravelmente a uma legislação que abarque requisitos para que as gestações por substituição sejam realizadas na Espanha, de modo a reduzir condutas ilegais, mormente aquelas que conduzem à exploração da gestante:

> *Al mismo tiempo, deben establecerse legalmente los requisitos y la supervisión necesarios para poder reducir de manera efectiva las conductas ilegales, especialmente aquellas que puedan conducir a la explotación de la mujer portadora. Así, las personas que deseen satisfacer sus expectativas de maternidad/paternidad a través de esta técnica de procreación asistida lo harían en nuestro país en un marco más transparente y pacífico, y coeguridad juridica, en particular para el hijo nacido por este procedimiento.[19]*

Várias são as críticas possíveis às sentenças da corte espanhola, considerando a linha de pensamento que adotamos. A abordagem das condicionantes do contrato na legislação brasileira consolidará os fundamentos que justificam tal crítica.

Em direção oposta à legislação e jurisprudência espanholas, Portugal, onde o processo de legalização da gestação por substituição é recente, adotou como condições o caráter altruísta; a proibição do vínculo biológico entre a substituta e

---

18. ATIENZA, Manuel. Sobre la gestación por sustitución. Otra vuelta de tuerca. *Revista Bioetica y Derecho*, Barcelona. 2022; 56: 107-124 DOI 10.1344/rbd2022.56.40721, p. 13-14.

19. ROMEO CASABONA, Carlos María. *El debate en España sobre la legalización de la gestación por sustitución*. No prelo, 2023.

a criança; a existência de relação biológica entre um dos pais legais e a criança; e a celebração de um contrato entre a gestante por substituição e os pais da criança.[20]

Retomando a análise da natureza contratual no Brasil, por meio da linha de raciocínio quanto aos contratos coligados, sobre o segundo, que ocorre entre os pais jurídicos e a clínica/médico responsável pelo procedimento, trata-se de prestação de serviços médicos onerosa e comutativa, que pressupõe o pagamento dos honorários ao profissional médico/clínica.

O último contrato é a relação entre a gestante substituta e a clínica/médico responsável pela técnica. A transferência do embrião para o útero substitutivo faz surgir uma relação jurídica contratual entre o profissional e a gestante, que não assume qualquer dever de natureza econômica em relação ao médico.

Os três contratos são interdependentes e envolvem condicionantes que serão tratadas em seções apartadas, ocasião em que abordaremos o grau de parentesco; a condição do filho nascido vivo e a onerosidade.

Por fim, como premissa, registra-se que o contrato de gestação por substituição pode não ocorrer em sua forma comumente tradicional, que é quando a demandante do projeto parental é a titular do material genético. Considerando a multiplicidade de possibilidades, construímos uma tabela que esquematiza as diferentes situações, apontando, nesse primeiro momento, a posição da norma deontológica:

Tabela 03: Possibilidades em gestação por substituição

Sujeitos demandantes	Procedimento almejado	Posição da Resolução CFM 2.320/2022
Duas mulheres	Uso de óvulo de uma delas, sêmen doado e gestação por substituição	A gestação por substituição é permitida, conforme as condicionantes de gratuidade, grau de parentesco e existência de filho vivo da gestante.
Duas mulheres	Uso de óvulo doado, sêmen doado e gestação por substituição	A gestação por substituição é permitida, conforme as condicionantes de gratuidade, grau de parentesco e existência de filho vivo da gestante. No entanto, o óvulo não pode ser doado pela gestante.
Dois homens	Uso de sêmen de um deles, óvulo doado e gestação por substituição	A gestação por substituição é permitida, conforme as condicionantes de gratuidade, grau de parentesco e existência de filho vivo da gestante. No entanto, o óvulo não pode ser doado pela gestante.
Dois homens	Uso de sêmen e óvulo doados e gestação por substituição	A gestação por substituição é permitida, conforme as condicionantes de gratuidade, grau de parentesco e existência de filho vivo da gestante. No entanto, o óvulo não pode ser doado pela gestante.

---

20. NEVES, Maria do Céu Patrão. Legal initiative for Gestational Surrogacy in Portugal: an overview of the legal, regulatory, and ethical issues. *Revista Bioetica y Derecho*, Barcelona, 2022; 56: 55-74 DOI 10.1344/rbd2022.56.39614.

Solteiro ou viúvo	Uso de sêmen próprio, óvulo doado e gestação por substituição	A gestação por substituição é permitida, conforme as condicionantes de gratuidade, grau de parentesco e existência de filho vivo da gestante. No entanto, o óvulo não pode ser doado pela gestante.
Solteiro ou viúvo	Uso de sêmen e óvulo doados e gestação por substituição	A gestação por substituição é permitida, conforme as condicionantes de gratuidade, grau de parentesco e existência de filho vivo da gestante. No entanto, o óvulo não pode ser doado pela gestante.
Solteira ou viúva	Uso de óvulo próprio, sêmen doado e gestação por substituição	A gestação por substituição é permitida, conforme as condicionantes de gratuidade, grau de parentesco e existência de filho vivo da gestante.
Solteira ou viúva	Uso de óvulo e sêmen doados e gestação por substituição	A gestação por substituição é permitida, conforme as condicionantes de gratuidade, grau de parentesco e existência de filho vivo da gestante. No entanto, o óvulo não pode ser doado pela gestante.

Fonte: Elaborada pelas autoras.

Considerando a previsão deontológica sobre os diferentes destinatários das técnicas, podemos interpretar que vários modelos construídos acima podem ser efetivados. A restrição imposta pelo CFM é a não coincidência entre gestante substituta e doadora de óvulo. Tal situação será questionada por nós em item próprio.

8.2 CONDICIONANTES DA TÉCNICA PELA RESOLUÇÃO E CRÍTICAS

Na Resolução CFM 2.320/2022, para que o contrato de gestação por substituição possa ser realizado, foram elencados pré-requisitos ou condicionantes. Cumpre ressaltar que tais condicionantes não estão abarcadas em legislações *stricto sensu*, o que legitima a possibilidade de judicialização pelas partes interessadas, de modo a invocar a restrição, pelo CFM, do exercício de direitos e liberdades fundamentais.

8.2.1 Grau de parentesco

A resolução vigente determina, no item b, que a cedente temporária do útero deve "pertencer à família de um dos parceiros em parentesco consanguíneo até o quarto grau (primeiro grau: pais e filhos; segundo grau: avós e irmãos; terceiro grau: tios e sobrinhos; quarto grau: primos)" e acrescenta que "na impossibilidade de atender o item b, deverá ser solicitada autorização do Conselho Regional de Medicina (CRM)".[21]

---

21. CFM. *Resolução CFM 2.320/2022*. Adota normas éticas para a utilização de técnicas de reprodução assistida. Disponível em: https://sistemas.cfm.org.br/normas/arquivos/resolucoes/BR/2022/2320_2022.pdf. Acesso em: 23 fev. 2023.

O grau de parentesco, no nosso entendimento, não deve ser uma condição aprioristicamente considerada para que o médico responsável possa realizar a técnica. A análise da possibilidade de alguém ser gestante substituta deve ser pautada por critérios clínicos e guiada pela participação efetiva dos demandantes, desde que, também, sejam aferidas as condições psíquicas da substituta indicada.

O grau de parentesco pode ser um facilitador para a realização do projeto parental, no entanto, não deve ser encarado como condição limitadora para tal. Veja-se a inexistência de parentes por parte significativa de pessoas que buscam o uso da técnica. Também o fato de a resolução prever a possibilidade de consulta aos CRM's não inibe a restrição imposta, aprioristicamente, no regramento deontológico.

Talvez devêssemos entender que os requisitos adotados pela norma deontológica têm como pretensão diminuir os riscos que a prática possa gerar, em especial, quando se restringe a possibilidade a parentes ou, se não parentes, em situações em que o próprio conselho autorize. Assim, as condicionantes impostas à realização da gestação "funcionam como esforços prévios de minimização de riscos: com a exigência de que entre os envolvidos já exista um vínculo moral (seja pelo parentesco, seja pela amizade a ser verificada pelo Conselho), pretende-se assegurar o quanto possível a existência de um círculo no qual vigore plena confiança". Interpretando a proposta deontológica, "a documentação exigida se presta mais a um propósito de formalização desse acordo moral do que para efetivamente vincular as partes e assegurar-lhes segurança no caso de desentendimentos futuros".[22]

Reiteramos o entendimento que firmamos no sentido de que não deve ser o grau de parentesco condicionante legitimadora desse tipo de contrato e nem motivação para que o conflito positivo de maternidade não deixe de existir. O parentesco restringe, de maneira significativa, a possibilidade de execução dessa espécie de projeto parental, fazendo com se estabeleça, por vezes, a procura pela prática em países onde esse pré-requisito não seja necessário. Aprofundaremos essa perspectiva quando tratarmos da condicionante da gratuidade.

De mais a mais, levar os casos específicos à análise de conselheiros dos CRM's não necessariamente resultará em autorização administrativa para realizar a prática, o que, por vezes, pode justificar a judicialização da demanda. A ideia de que o grau de parentesco não é pré-requisito determinado por lei ordinária, mas,

---

22. RETTORE, Anna Cristina de Carvalho. *Gestação de substituição no Brasil*: a estrutura de um negócio jurídico dúplice, existente, válido e eficaz. Programa de Pós-graduação em Direito. Mestrado em Direito. Dissertação. Orientação: Professora Maria de Fátima Freire de Sá. PUC Minas, Belo Horizonte, 2018, p. 54.

CAPÍTULO 8 • GESTAÇÃO POR SUBSTITUIÇÃO OU CESSÃO TEMPORÁRIA DO ÚTERO

sim, por norma deontológica, por si só, pode justificar posição jurisdicional que entenda pela ilegalidade do pré-requisito, autorizando, de pronto, a realização do procedimento sem que o grau de parentesco exista.

8.2.2 Filho vivo

A condição de ter pelo menos um filho vivo nascido foi inserida na Resolução CFM 2.294/2021 e mantida na Resolução CFM 2.320/2022.

Não parece ser da competência do CFM estabelecer condição, diretamente relacionada à esfera íntima de uma pessoa, que, muitas vezes, não quer ter filhos, mas quer ajudar outra pessoa a tê-lo, assim, "a condição trazida pela resolução não encontra justificativa terapêutica ou científica, expressando, pois, violação à liberdade sobre o próprio corpo, já que envolve decisão assentada em projeto pessoal".[23]

Ademais, não é a presença de um filho vivo que inibiria um conflito positivo de maternidade. Se essa for a preocupação do CFM, tanto o TCLE quanto o contrato de cessão temporária do útero devem esclarecer que a relação de parentalidade se dará com os genitores contratuais e não com a gestante. Resguarda-se, também, a jurisdição estatal como responsável por dirimir eventual lide relacionada à configuração da parentalidade.

Ao que parece, a ideia do filho vivo se origina de uma equivocada premissa cultural de que o fato de se ter um ou mais filho(s) próprios impediria qualquer construção afetiva com o ser que está sendo gerado para outrem. Assim, a barreira afetiva restaria configurada e garantida pela existência de prole anterior.

Reitera-se, aqui, a necessidade de que a resolução, como comando deontológico, não deve restringir o exercício de direitos, mas servir de vetor normativo que oriente a prática profissional, garantindo o acesso universal às técnicas.

8.2.3 Gratuidade

A Resolução CFM 2.320/2022 determina que a gratuidade é elemento necessário à prática da gestação por substituição, proibindo a conduta remunerada, seja por meio de acordo privado entre demandantes e gestante ou por meio da clínica que executará o procedimento. A ausente previsão por lei específica ordinária e pelo Código Civil, sobre o contrato, faz também com que tal condicionante não exista para a legislação ordinária.

---

23. MEIRELLES, Ana Thereza. O estado regulatório da reprodução humana assistida no Brasil: da ausência de legislação ordinária ao regulamento deontológico atual. *Caderno Ibero-americano de Direito Sanitário*, Brasília, 12(1), 2023 10 https://doi.org/10.17566/ciads.v12i1.968.

Analisando a questão, tendo como ponto de partida a ausência de impedimento previsto em legislação ordinária, seria ilícito o contrato que aventasse contraprestação pecuniária em favor da gestante substituta? Retomando questionamentos antes levantados, nesse caminho, cabe revisitar o problema dos limites da competência normativa do CFM quando da previsão de conteúdos que possam restringir a autonomia contratual das partes. Entendemos, de pronto, que a proibição de contraprestação pecuniária, se vista como condicionante do contrato, somente poderia ser determinada por legislação estatal, em prol de conferir força vinculante a todos os destinatários envolvidos.

Compreender se o elemento da gratuidade deve ser condição para a celebração legítima do contrato perpassa pelo problema da sacralidade do corpo e a consequente disciplina jurídica que deve ser construída sobre ele. Dentro desse cenário, é comum encontrar argumentos morais para afastar a possibilidade de um contrato de gestação por substituição oneroso. Reconhecemos que a ideia da sacralidade do corpo teve impacto positivo no processo de ascensão da dignidade, com o objetivo de coibir práticas degradantes e violadoras executadas ao longo do curso da história humana.[24] No entanto, não se pode usar a ideia como vetor direcionado à diminuição da autonomia do sujeito de direito, proibindo decisões que integrem a construção de seus projetos de vida, que podem se concretizar por meio de um contrato que viabilize a filiação, por exemplo.

A inadmissibilidade da onerosidade do contrato de útero por substituição demanda, "na prática, que a gestante substituta seja pessoa altamente generosa, uma verdadeira heroína que modifica sua vida e põe em risco a sua saúde para a felicidade do próximo".[25] Como anteriormente tratamos, o CFM ainda limitou a técnica a pessoas com grau de parentesco, talvez, no intuito de garantir a gratuidade. Todavia, em consonância ao que defendemos, a limitação ao grau de parentesco não é legítima e não é elemento suficiente para que o contrato seja celebrado gratuitamente. As duas limitações caminham para questionamentos que, em determinados contextos, se interligam.

Explicamos. Presumir que condicionar a gestação por substituição ao grau de parentesco garantiria que a prática estivesse apenas motivada pelo afeto ou vínculo familiar é um equívoco normativo que aponta para algumas perspectivas. A primeira delas nasce de uma ótica cultural – a de pensar que seria natural que uma mulher envidasse sacrifícios (físicos e emocionais) por outros, em nome da alteridade, que facilmente a colocaria no lugar dos pais de intenção acometidos

---

24. SÁ, Maria de Fátima Freire de; LIMA, Taisa Maria Macena de. Gestação de substituição: Entre autonomia e vulnerabilidade. *VirtuaJus*, Belo Horizonte, v. 3, n. 4, p. 19-36, 1º sem. 2018.
25. SÁ, Maria de Fátima Freire de; LIMA, Taisa Maria Macena de. Gestação de substituição: Entre autonomia e vulnerabilidade. *VirtuaJus*, Belo Horizonte, v. 3, n. 4, p. 19-36, 1º sem. 2018.

pelo problema da infertilidade. Uma outra perspectiva é não contemplar que, mesmo dentro do seio familiar, a prática pode representar um acordo financeiro, tendo em vista a situação/necessidades das partes.

Afirmar que ter vínculo de parentesco é um fator capaz de fazer com que a decisão da gestante substituta seja livre e motivada pela sua real vontade é generalizar as relações familiares e entendê-las sempre como harmônicas. Há de se pensar que há contextos familiares que representam ambientes de convivência hostis e não saudáveis, em especial, quando se trata de decisões como essa.

Aqui, é relevante também apontar o que, de fato, se deve compreender da palavra *altruísta*. Será que o altruísmo estaria no fato de decidir praticar a gestação sem envolvimento financeiro ou o ato de gestar por outrem, com os sacrifícios e consequências de uma gestação, já é, por si só, a conduta suficientemente altruísta que tanto se busca dentro desse cenário? Em muitos textos e livros sobre o assunto, é possível perceber o número incessante de pessoas que se referem à gratuidade da gestação por substituição como uma evidência altruísta. Defendemos, aqui, a ideia de que, ainda que o contrato fosse oneroso, o ato de decidir submeter-se a uma gravidez para outrem já é essencialmente altruísta. Não há equivalência entre a ideia de gratuidade e o significado do termo *altruísta*, se focarmos na perspectiva das consequências físicas e emocionais que uma gestação naturalmente traz.

A gratuidade é uma das questões mais intricadas para se abordar em uma legislação sobre o tema. Romeo Casabona, lado outro, embora afirme que ela é expressão do altruísmo e, portanto, deveria ser um limite intransponível, reconhece a dificuldade de impedir pagamentos ou compensações financeiras. Exatamente por isso que, para ele, uma norma proibitiva deve vir acompanhada de medidas preventivas e eficazes, como a intervenção de agências de controle e de gestão participativa.[26]

Explicando seu posicionamento, Romeo Casabona alerta para a necessidade de se avaliar a motivação da gestante, embora admita a dificuldade para tal já que as razões são subjetivas:

> *Sin poder extenderme más sobre este asunto, que es, asimismo, de la mayor relevancia por su evidente conexión con la exclusión de la retribución o pago, la cuestión de la admisión de una compensación económica que pudiera cubrir los gastos y otras cargas materiales derivadas o vinculadas con el proceso de fertilización y del embarazo (asistencia médica, baja laboral o reducción de la jornada laboral, contrato de seguro de vida, salud o enfermedad, entre otros). No pareciendo muy realista rechazar y prohibir cualquier forma de compensación traducible económicamente, es cierto también que no es fácil establecer una línea divisoria: cuándo estamos*

---

26. ROMEO CASABONA, Carlos María. *El debate en España sobre la legalización de la gestación por sustitución*. No prelo, 2023.

ante un pago o retribución y cuándo ante una compensación de gastos y pérdidas económicas (daño emergente y lucro cesante). No puedo extenderme aquí en este asunto, sobre el que insisto en que me parece de una relevancia primordial, para lo que será decisiva la motivación por la que actúe la mujer gestante. Pero estamos ante un elemento subjetivo, interno e íntimo de todos los seres humanos que en este contexto será siempre de difícil acreditación y en ocasiones hasta imposible. No se olvide que un mal planteamiento de este asunto y una peor solución del mismo podría ser la puerta abierta – cuasi legalmente – al fraude o, tal vez incluso peor, al fracaso para encontrar una amplia aceptación de la gestación por sustitución y un clima adecuado para su regulación, permitiéndola en ciertos casos.[27]

Voltando ao contexto brasileiro, como defendemos, as três restrições ou condicionantes (grau de parentesco, filho vivo e gratuidade) impostas pelo CFM exigem dos pais de intenção tarefa que, na boa parte das vezes, não é viável. Encontrar alguém que atenda as três condicionantes e ainda se disponha a passar pelo processo é uma missão difícil. A decisão por ser uma gestante para outrem envolve desde sacrifícos físicos a questões pessoais, que podem se revelar por meio de problemas em relações afetivas (como a não aceitação do parceiro ou parceira) e profissionais (como a necessidade de afastamento da relação empregatícia).

Para ilustrar a questão, tem-se noticiado algumas situações em que casais ou pessoas solteiras optaram por realizar o procedimento fora do Brasil porque não preenchiam as condicionantes exigidas pelo CFM (embora também tivessem a opção de judicializar a demanda). Claro que a judicialização do pedido, para que a gestação fosse realizada sem preenchimento de todos os pré-requisitos da norma deontológica, não garantiria que a decisão fosse favorável aos demandantes.

Aqui, já podemos notar os efeitos das restrições impostas pela norma deontológica. É justamente a impossibilidade de atingir as condicionantes da legislação (ou normas em sentido amplo) de cada país que faz com que se estabeleça o que podemos chamar de *mercado reprodutivo*, mencionado por alguns também como *turismo reprodutivo*.[28] Não estaria o próprio pré-requisito da gratuidade sendo subvertido, quando não se tem a opção de cumpri-lo e se busca alternativa fora do país? Não seria uma maneira de deslocar geograficamente o problema?

Romeo Casabona faz uma análise sobre propostas que apontam a necessidade de uma regulamentação internacional (e, portanto, universal) sobre a gestação por substituição, discutida no cenário europeu. Para ele, estabelecer um marco legal universal não parece ser uma via adequada, tendo em vista ser o assunto social e politicamente muito polêmico para a maioria dos Estados e qualquer

---

27. ROMEO CASABONA, Carlos María. *El debate en España sobre la legalización de la gestación por sustitución*. No prelo, 2023.

28. Interessante abordagem sobre a gestação por substituição na índia pode ser conferida em: SCHETTINI, Beatriz. *Reprodução humana e direito*: o contrato de gestação de substituição onerosa. Belo Horizonte: Conhecimento, 2019.

CAPÍTULO 8 • GESTAÇÃO POR SUBSTITUIÇÃO OU CESSÃO TEMPORÁRIA DO ÚTERO

tentativa de resolver o problema por esse caminho seria demasiadamente lenta, devendo a questão permanecer sob a prerrogativa da legislatura de cada país.[29] Propõe, nesse sentido, que

si queremos terminar con el régimen de incertidumbre, y de inseguridad jurídica actual y si, además, aceptamos que desde el punto de vista ético y jurídico no ofrece reproche, siempre que se realice bajo ciertas condiciones, limitaciones y garantías, el legislador debería tomar cuanto antes la iniciativa para aprobar una ley sobre esta materia. Al mismo tiempo, deben establecerse legalmente los requisitos y la supervisión necesarios para poder reducir de manera efectiva las conductas ilegales, especialmente aquellas que puedan conducir a la explotación de la mujer portadora. Así, las personas que deseen satisfacer sus expectativas de maternidad/paternidad a través de esta técnica de procreación asistida lo harían en nuestro país en un marco más transparente y pacífico, y con mayor seguridad jurídica, en particular para el hijo nacido por este procedimiento.[30]

No Brasil, já há filial de agência internacional (a *Tammuz Family*), especializada em "barriga de aluguel, fertilidade, reprodução humana e doação de óvulos". Fundada em 2008, a sua sede é em Tel Aviv, Israel, e, segundo a mesma, é uma das principais agências do mundo, com escritórios na Austrália, África do Sul, Brasil, China, Estados Unidos, Finlândia, Índia, Islândia, Israel, México, Noruega, Portugal, Suécia. O suporte ofertado no serviço inclui a execução de projetos parentais que podem envolver a gestação por substituição, considerando a realidade financeira do demandante.[31]

Sabe-se que o custo dessa alternativa já é um vetor que limita a opção pela prática, mas não é o critério adequado para que se deixe de avaliar as consequências do deslocamento desse tipo de demanda. Se pensarmos que a possibilidade de executar esse projeto parental fora do Brasil é restrita à parcela mínima de pessoas, não seria a capacidade financeira um critério de exclusão? O fato de que poucas pessoas podem fazer isso é consolador? Justifica não pensar nas implicações das restrições previstas em normas internas?

Em relatório que contém recomendações éticas e jurídicas sobre a gestação por substituição, elaborado a pedido da Assembleia Parlamentar do Conselho Europeu, em 2016, algumas conclusões não convergem com fundamentos já sinalizados por autores biojuristas e bioeticistas da área e que integram o nosso entendimento. O referido relatório caminhou no sentido de sugerir aos Estados-membros do Conselho a adoção de alternativa melhor à gestação por

---

29. ROMEO CASABONA, Carlos María. *El debate en España sobre la legalización de la gestación por sustitución*. No prelo, 2023.
30. ROMEO CASABONA, Carlos María. *El debate en España sobre la legalización de la gestación por sustitución*. No prelo, 2023.
31. TAMMUZ. *Sobre a clínica*. Disponível em: https://www.tammuz.com/pt-br/. Acesso em: 1º set. 2023.

substituição, pois isso protegeria os envolvidos e geraria resultado mais benéfico para todos.[32]

Entendemos que a decisão pela gestação por substituição advém justamente de um contexto onde outras alternativas já foram tentadas ou, se não foram, não integram a forma com que os pais de intenção desejam executar o projeto parental. Bom seria se pudéssemos contar com a consciência de que a adoção de crianças é uma boa solução para um projeto de filiação, mas não há legitimidade em imputar esse caminho a quem não tem o desejo de realizá-lo. A própria ideia de adotar alguém pressupõe, indiscutivelmente, o elemento volitivo, o desejo convencido e consciente do ato.

O relatório propôs, como recomendações finais, alguns outros pontos que merecem ser destacados: os Estados-membros devem ser cautelosos para não violar os direitos das crianças, ao tomarem medidas para manter a ordem pública e desencorajar o recurso a acordos de gestação por substituição; os Estados-membros devem proibir todas as formas de gestação por substituição com fins lucrativos, com fulcro no melhor interesse da criança; o Comitê de Ministros deve verificar a viabilidade de elaborar orientações europeias com vista a incluir, como requisito mínimo, restrição de acesso a acordos de gestações dessa natureza a nacionais residentes do seu próprio Estado e país em qualquer instrumento multilateral que possa resultar em filiação.[33]

Das recomendações do parlamento europeu é possível perceber que a visão desse documento caminhou para a tentativa de restringir a prática ou até mesmo proibi-la. Não se pode perder de vista que a consequência disso, como já antes mencionado, é deslocar o problema geograficamente. É impossível ignorar os efeitos da prática da gestação por substituição, transferindo a outros países (alguns, inclusive, pobres) os problemas éticos que se originam da vontade de seus próprios nacionais. Nesse cenário é importante esclarecer que nem todos os países membros do conselho proíbem a prática, mas estabelecem, em sua maioria, restrições que fomentam a busca por ela em países onde tais limitações não existem.

---

32. CONCIL OF EUROPE. PARLIAMENTARY ASSEMBLY. Report. Committee on Social Affairs, Health and Sustainable Development Rapporteur: Ms Petra De SUTTER, Belgium, Socialist Group. Doc. 14140 23 September 2016. *Children's rights related to surrogacy*. Disponível em: https://pace.coe.int/pdf/a78e4d8b4e90762e7126957315e97dd7d2c62b19306e6092dfeecc78570f00bf/doc.%2014140.pdf. Acesso em: 08 set. 2023.
33. CONCIL OF EUROPE. PARLIAMENTARY ASSEMBLY. Report. Committee on Social Affairs, Health and Sustainable Development Rapporteur: Ms Petra De SUTTER, Belgium, Socialist Group. Doc. 14140 23 September 2016. *Children's rights related to surrogacy*. Disponível em: https://pace.coe.int/pdf/a78e4d8b4e90762e7126957315e97dd7d2c62b19306e6092dfeecc78570f00bf/doc.%2014140.pdf. Acesso em: 08 set. 2023.

Nesse caminho, no Brasil, as restrições emanam de disciplina deontológica e não de legislação ordinária, sendo, por vezes, a motivação que culmina na judicialização da demanda para executar o projeto parental assistido, já que o profissional médico não poderia desobedecer ao comando deontológico que orienta a sua conduta.

A necessidade de realização de um contrato de gestação por substituição emana de diferentes contextos. A possibilidade de que uma mulher tenha um diagnóstico impeditivo para gestar pode esbarrar na inexistência de algum parente apto a contribuir com seu projeto parental nos termos limitadores da resolução. Ainda devemos lembrar de projetos parentais almejados por casais do mesmo sexo ou por solteiros e viúvos, que também podem esbarrar em dificuldades de atendimento às condicionantes deontológicas.

8.3 A IMPOSSIBILIDADE DA GESTANTE SER A DOADORA DE GAMETAS

Segundo a Resolução CFM 2.320/2022, "a doadora de óvulos ou embriões não pode ser a cedente temporária do útero",[34] limitação que, como já sabido, não está prevista em legislação ordinária.

A restrição deontológica não caminha bem, tendo em vista parecer, mais uma vez, preocupar-se com um possível conflito positivo de maternidade. No sentido de tentar evitar o conflito de interesses, o CFM adota o critério da exclusão do vínculo genético como uma espécie de garantia preventiva, elevando-o a protagonista desse tipo de projeto parental. Essa limitação não corrobora o reconhecimento da socioafetividade, como tipo de filiação com mesma relevância que a biologicidade, já que proíbe a coincidência da gestante com a doadora de óvulos.

Para exemplificar a situação, pensemos o caso de duas irmãs, sendo uma desejosa de ser mãe, mas sem óvulo viável e sem a possibilidade de gestar. Sua irmã se oferece para doar o gameta e ser a gestante substituta. Sendo assim, o material genético da doadora irmã é fecundado com o espermatozoide de um doador anônimo e a maternidade de intenção se configura em prol da demandante por meio da gestação substituta. Agora, imaginemos a mesma situação com a diferença de que o espermatozoide não seria proveniente de doador anônimo, mas, sim, do marido ou companheiro da demandante.

Firmamos o entendimento de que a restrição imposta pela resolução não coaduna a livre manifestação de direitos reprodutivos, firmada em contrato

---

34. CFM. *Resolução CFM 2.320/2022*. Adota normas éticas para a utilização de técnicas de reprodução assistida. Disponível em: https://sistemas.cfm.org.br/normas/arquivos/resolucoes/BR/2022/2320_2022.pdf. Acesso em: 23 fev. 2023.

8.4 CLÁUSULA ESPECIAL DO DIREITO DE ARREPENDIMENTO

pela vontade das partes. Os limites devem ser previstos por meio das cláusulas contratuais.

No direito civil, o direito de arrependimento na contratação está previsto no artigo 420 do Código Civil por meio do pagamento de arras penitenciais. O exercício do direito de arrependimento implica na extinção do contrato e libera os sujeitos contratantes dos deveres aventados. A grande questão que se estabelece, então, é quanto ao cabimento desse tipo de cláusula no contrato de cessão temporária do útero. O aceite da gestação por substituição poderia ser reavaliado? Se possível, até que momento poderia ocorrer essa desistência?

Fixamos o entendimento prévio de que a desistência pode ocorrer até o momento que antecede a implantação do embrião. A possibilidade de arrependimento até o limite da transferência embrionária deve ser interpretada como risco inerente do acordo, tendo em vista estar relacionada à liberdade de disposição sobre o corpo, assentada no exercício dos direitos da personalidade. A elaboração desse tipo de contrato não pode fugir à observância de regras atinentes aos direitos da personalidade, o que faz com que os sujeitos contraentes tenham que dar-se conta dos riscos envolvidos no acordo. Um deles é, justamente, o direito de arrependimento pela gestante substituta, que pode rever a sua decisão, revogando o consentimento que anteriormente concedeu.

Aqui, temos que registrar que, caso o processo assistido de fecundação já tenha ocorrido, não caberá à desistente o ressarcimento e a reparação pelas despesas e danos sofridos pelos demandantes. Assim, a compreensão sobre a natureza contratual se torna um importante e decisivo pressuposto para que as partes desejem celebrá-lo. Até o momento que antecede a implantação embrionária, à gestante deve ser concedida a prerrogativa de desistência, não cabendo o pagamento das arras penitenciais, cláusula que, se prevista no contrato, deve ser considerada nula.

O momento que antecede a implantação como marco final para o direito de arrependimento da gestante corrobora a lei penal, que proíbe a prática de interrupções gestacionais não abarcadas pelas exceções legais e a jurisprudência atual (como no caso da decisão do STF que autoriza a interrupção da gravidez em fetos com diagnóstico de anencefalia). A desistência em momento posterior à transferência do embrião ao útero não autoriza a possibilidade de interromper a gestação e também não implica, posteriormente, no reconhecimento da gestante como mãe de intenção (ou jurídica) da criança. Cabe a ela a entrega do ser nascido, já que não é mais possível admitir a revogabilidade do seu consentimento.

CAPÍTULO 8 • GESTAÇÃO POR SUBSTITUIÇÃO OU CESSÃO TEMPORÁRIA DO ÚTERO **219**

Entendemos, considerando os argumentos acima, que todo contrato de gestação por substituição deve ser interpretado, ainda que não exista previsão escrita, como possuidor de cláusula de arrependimento da gestante, desde que antecedente à implantação embrionária. A desistência, dentro do limite temporal apontado, não deve ser causa para a reparação por meio de contraprestação pecuniária. Como antes salientado, no Brasil, esse tipo contratual só é admitido em sua forma gratuita, o que só corrobora a desproporcionalidade e não razoabilidade em imputar à gestante obrigação pecuniária dessa natureza.

Taisa Maria Macena de Lima e Maria de Fátima Freire de Sá apontam solução diversa para o caso de contratação onerosa do útero de substituição, defendendo a aplicação do enunciado normativo contido no artigo 420 do CC:[35]

> Se no contrato for estipulado o direito de arrependimento para qualquer uma das partes, as arras ou sinal terão função unicamente indenizatória, neste caso, quem as deu perdê-las-á em benefício da outra parte; e quem as recebeu devolvê-las-á, mais o equivalente. Em ambos os casos não haverá direito a indenização suplementar.[36]

Assim, se o contrato for celebrado de maneira onerosa, deve prever as arras penitenciais, que cumprirão a função indenizatória cujo dano foi proveniente da conduta dissidente.

Algumas considerações, por fim, também devem ser feitas quanto a possibilidade de desistência do projeto parental pelos pais jurídicos. Eles também possuem o direito de arrependimento até o momento que antecede a implantação, mas não podem desistir quando o embrião já está implantado no útero, tendo em vista os mesmos argumentos legais concernentes à impossibilidade de desistência pela gestante.

Taisa Maria Macena de Lima e Maria de Fátima Freire de Sá ainda apontam importantes proibições quanto à postura dos demandantes do projeto parental, tais como a impossibilidade de rejeitar o filho por ser de sexo diferente do desejado, por apresentar doença grave ou pelo nascimento de múltiplos bebês, quando se desejava apenas um. A recusa deles em receber a criança configuraria conflito negativo de paternidade/maternidade, revelando um grave equívoco na interpretação do objeto contratual, que seria a entrega da criança e não a cessão temporária do útero.[37]

---

35. SÁ, Maria de Fátima Freire de; LIMA, Taisa Maria Macena de. Gestação de substituição: Entre autonomia e vulnerabilidade. *VirtuaJus*, Belo Horizonte, v. 3, n. 4, p. 19-36, 1º sem. 2018.
36. BRASIL. *Lei 10.406*, de 10 de janeiro de 2002. Institui o Código Civil. Disponível em: https://www.planalto.gov.br/ccivil_03/LEIS/2002/L10406compilada.htm Acesso em: 02 jul. 2023.
37. SÁ, Maria de Fátima Freire de; LIMA, Taisa Maria Macena de. Gestação de substituição: Entre autonomia e vulnerabilidade. *VirtuaJus*, Belo Horizonte, v. 3, n. 4, p. 19-36, 1º sem. 2018.

Firmamos o entendimento de que a elaboração correta do contrato de gestação por substituição deve contemplar por escrito todas as variáveis apontadas acima, com o objetivo de contribuir para a clareza e legitimidade do consentimento e para a prevenção da judicialização que pode decorrer dos equívocos de interpretação quanto aos direitos e deveres dos sujeitos contraentes.

8.5 CLÁUSULA ESPECIAL DA LIBERDADE SOBRE O PRÓPRIO CORPO

A liberdade sobre o próprio corpo, situada na discussão desse tipo contratual, deve ser pensada sob duas diferentes óticas. Primeiro a que busca amparar a ideia de que a mulher pode não ser livre para a tomada de decisão que envolva ceder temporariamente seu útero. A segunda consiste na reflexão sobre quais são os limites das suas condutas, uma vez realizada a cessão, considerando sua integridade corporal, física e psíquica e os reflexos na saúde da gravidez e da criança. Começamos pela primeira ótica, já que é uma questão que, muitas vezes, tem alicerçado entendimentos contrários à gestação substituta.

Chancelar o poder de escolha da mulher sobre a destinação do seu corpo, com a justificativa de propiciar o projeto procriativo de outrem, tem como pressuposto a discussão sobre vulnerabilidade. Pois bem. A questão que se discute está no fato de que, por vezes, a mulher que deve decidir esteja em situação de vulnerabilidade, condição a ser compreendida sob diferentes olhares. As discussões sobre a admissibilidade da cessão uterina, como no caso da sentença de 2022 da Suprema Corte Espanhola, apontam fundamentos que flertam com preocupações fincadas na mercantilização e, por consequência, no aumento de vulnerabilidade da mulher.

Nesse cenário, algumas questões se fazem importantes para esclarecimento. A primeira delas é a real afirmação de que não regulamentar o contrato, fechando os olhos para sua prática, proibindo-o ou atribuindo a ele a condição de nulidade, corrobora, de maneira expressiva, para a mercantilização do corpo feminino e para a desigualdade de direitos. Realizar o projeto parental em países que permitam, por exemplo, a prática onerosa e sem tantas condicionantes faz com que as mulheres desses lugares sejam constantemente demandadas e somente quem tenha condição financeira possa concretizar o objetivo parental. Entendemos que a preocupação que se aventa com a mercantilização e vulnerabilidade jamais se resolveria com a proibição da conduta, ao contrário, serviria como mecanismo para fomentar a busca pela realização desses contratos fora da legislação nacional dos demandantes, aumentando a chance de conflitos e a diferença entre as mulheres.

Outro ângulo do argumento da vulnerabilidade é percebido quando se questiona a liberdade (sob a expressão de autonomia real) da gestante na tomada

CAPÍTULO 8 • GESTAÇÃO POR SUBSTITUIÇÃO OU CESSÃO TEMPORÁRIA DO ÚTERO

de decisão quanto a cessão. Consolidando entendimento que já sinalizamos, a vulnerabilidade pode expressar formas distintas de manifestação, como a não compreensão de informações médicas, por falta de escolaridade ou preparo emocional; a pressão familiar para que a gestação aconteça; a necessidade de dinheiro (caso a gestante tenha recebido algum valor pela cessão a despeito da proibição deontológica) e outras.

Para se admitir que uma mulher assuma a condição de gestante substituta, por ter manifestado legitimamente sua decisão, não podemos descartar dois importantes requisitos. A admissibilidade da cessão deve advir de uma análise médica (física e psíquica) e multidisciplinar (psicólogo e assistente social) com vistas à aferição da situação individualizada da pessoa. Para que isso funcione, é essencial o processo dialógico e construtivo do binômio informação e compreensão, a fim de que tanto questões médicas quanto questões jurídicas sejam previamente esclarecidas. A cessão temporária de útero é uma relação contratual que deve ter como elemento central o cumprimento atencioso do dever de informar e a escuta cuidadosa da tarefa de verificação da compreensão de quem está sendo informado, sejam os pais de intenção ou a gestante substituta.

A cessão temporária do útero, como objeto contratual, está, também, diretamente relacionada à análise dos possíveis limites que devem contingenciar a liberdade exercida pela gestante em relação ao próprio corpo. É certo que é tarefa difícil definir, com objetividade, a linha que reconhece a licitude das cláusulas restritivas e a que as considera abusivas.[38]

Tendo em vista a impossibilidade de estabelecer uma lista de cláusulas restritivas no contrato, o caminho deve partir da avaliação clínica da gestante e da orientação do médico acompanhante, no sentido de esclarecimento sobre hábitos e condutas que possam vilipendiar ou ferir a integridade física do nascituro. A razoabilidade é uma direção importante na pertinência das restrições contratuais, de modo que permaneça garantida a liberdade corporal da gestante sem que a mesma extrapole os limites da integridade física e saúde do feto e da viabilidade da sua vida intrauterina.

8.6 OUTRAS QUESTÕES CÍVEIS: FILIAÇÃO E REGISTRO DA CRIANÇA

Uma das consequências da ausente disciplina jurídica dos procedimentos assistidos de reprodução no Brasil é a falta de orientação quanto aos registros das crianças nascidas, em especial, em casos de gestação por substituição. Pensando

---

38. SÁ, Maria de Fátima Freire de; LIMA, Taisa Maria Macena de. Gestação de substituição: Entre autonomia e vulnerabilidade. *VirtuaJus*, Belo Horizonte, v. 3, n. 4, p. 19-36, 1º sem. 2018.

no cenário atual, é a norma *lato sensu* que disciplina as questões registrais, por meio de provimentos normativos do Conselho Nacional de Justiça (CNJ).

Se pensarmos na gestação por substituição, a dificuldade registral adveio do necessário afastamento da presunção de que a maternidade é sempre certa, já que, historicamente, era o parto a condicionante fática que sempre atribuiu à mulher parturiente a condição de mãe jurídica.

O assunto é tratado pelo Provimento CNJ 149, que revogou o Provimento CNJ 63, que, por sua vez, tornou sem efeito o Provimento CNJ 52. Segundo o artigo 512 do Provimento CNJ 149, o assento de nascimento de criança nascida por meio de técnicas de reprodução assistida ocorrerá, independentemente de prévia autorização judicial, mediante o comparecimento de ambos os pais, ou, se casados ou conviverem em união estável, de apenas um deles, munidos de documentação necessária elencada no artigo 513, qual seja:

I – declaração de nascido vivo (DNV);

II – declaração, com firma reconhecida, do diretor técnico da clínica, centro ou serviço de reprodução humana em que foi realizada a reprodução assistida, indicando que a criança foi gerada por reprodução assistida heteróloga, assim como o nome dos beneficiários;

III – certidão de casamento, certidão de conversão de união estável em casamento, escritura pública de união estável ou sentença em que foi reconhecida a união estável do casal.[39]

O provimento assinala que, no caso de filhos de casais homoafetivos, o assento de nascimento deverá comportar adequadamente os nomes dos ascendentes, sem referência à distinção quanto a ascendência paterna ou materna (§ 2º do art. 512).

O parágrafo 1º do artigo 513 preceitua que, em se tratando de gestação por substituição, não constará do registro da criança o nome da parturiente, "informado na declaração de nascido vivo, devendo ser apresentado termo de compromisso firmado pela doadora temporária do útero, esclarecendo a questão da filiação".[40]

Por fim, aos oficiais registradores, não lhes é facultada a recusa ao registro de nascimento e a emissão da certidão de crianças havidas por técnica de reprodução assistida.

O tema dessa seção foi objeto de discussão, na Espanha, em duas decisões paradigmáticas. A primeira, de 2014, trata de um casal homoafetivo masculino espanhol que recorreu à gestação por substituição onerosa na Califórnia, Estados

---

39. CNJ. *Provimento 149*. 30 de agosto de 2023. Disponível em: https://atos.cnj.jus.br/atos/detalhar/5243. Acesso em: 18 set. 2023.

40. CNJ. *Provimento 149*. 30 de agosto de 2023. Disponível em: https://atos.cnj.jus.br/atos/detalhar/5243. Acesso em: 18 set. 2023.

Unidos, e, após nascidas duas crianças gêmeas, solicitou, junto ao Consulado Espanhol, em 7 de novembro de 2008, os respectivos registros como seus filhos. Após verem negada a solicitação ao argumento de que a parturiente deveria ser considerada mãe biológica dos bebês e o contrato de gestação por substituição seria nulo de pleno direito, à luz da legislação espanhola, o casal recorreu, em 2009, à Direção Geral de Registros e Notariado da Espanha, que registrou as crianças. No entanto, houve impugnação do Ministério Fiscal espanhol.

Interposto o recurso de apelação, em 2011 foi mantida a decisão de primeira instância, tornando sem efeito o registro de filiação. Em julgamento do recurso de cassação, perante o Tribunal Supremo, que ocorreu em 2014, a questão foi analisada para, ao final, por maioria, considerar o registro, tal como pleiteado pelo casal, violação à ordem pública, porquanto afrontaria a determinação legal da maternidade pelo parto. O Tribunal também entendeu não existir desrespeito ao melhor interesse das crianças, uma vez que os gêmeos teriam proteção jurídica a partir do reconhecimento da paternidade biológica pelo cônjuge que utilizou do próprio material genético e pela alternativa da adoção pelo outro genitor. O casal promoveu novo recurso para ensejar a nulidade do acórdão do Tribunal Supremo, que foi julgado em 2015, mas a decisão foi mantida.

Carlos María Romeo Casabona resume o caminho da contenda, esclarecendo o atual entendimento do Judiciário espanhol:

> *La Dirección General de los Registros y del Notariado ha admitido la posibilidad de inscribir en el Registro Civil español una filiación declarada por un tribunal judicial extranjero, posibilitando así la continuidad transfronteriza de una relación de filiación que implique responsabilidades parentales. En la práctica, esto hace que la aplicación de la previsión legal resulte inoperante. (art. 10 Ley 14/2006). Las respuestas de la Dirección General se han orientado en cualquier caso hacia el loable objetivo de garantizar el interés superior del menor. Por su parte, la jurisprudencia del Tribunal Supremo ha rechazado la inscripción en el Registro Civil de estos niños como hijos de las parejas o personas comitentes y, por tanto, la nacionalidad española, oponiéndose al criterio contrario sostenido por la Dirección General de los Registros y del Notariado. Utilizando también como base argumental el mejor interés de los niños, considera el Tribunal Supremo, sin embargo, correcta la cancelación de la inscripción registral, lo que les priva a ellos de la nacionalidad española y de sus demás efectos; no obstante, deja abierta la puerta a la adopción o al acogimiento familiar. Si uno de los miembros masculinos de la pareja hubiera aportado sus propios gametos, estaría abierta la previsión legal de que ejercite la acción de reclamación de la paternidad, en cuanto padre biológico, como así lo establece explícitamente la ley (art. 10.3 Ley 14/2006).[41]*

Anna Cristina de Carvalho Rettore e Maria de Fátima Freire de Sá sintetizam as críticas dos catedráticos espanhóis Alfonso-Luis Calvo Caravaca e Javier Car-

---

41. ROMEO CASABONA, Carlos María. *El debate en España sobre la legalización de la gestación por sustitución.* No prelo, 2023.

rascosa González, quanto às decisões espanholas em sede de recurso, no sentido de que as soluções ali apontadas trazem, sim, prejuízo aos nascidos, quais sejam:

a) à sua vida privada e identidade, vez que teriam nomes e pais distintos nos Estados Unidos (onde figurariam os pais intencionais) e na Espanha (onde estaria a parturiente e talvez um dos pais, caso tenha havido doação de material genético por um deles), inclusive "perdendo" um pai (ou dois) para se sobrepor uma mãe que já havia expressamente renunciado à autoridade parental;

b) à sua nacionalidade espanhola, vez que seu reconhecimento depende do vínculo de filiação com cidadão espanhol, o que ficaria pendente até que outro vínculo, dentre os sugeridos pelo próprio Tribunal, fosse estabelecido;

c) a seus direitos sucessórios, vez que não estarão na condição de filhos dos pais intencionais, de modo que apenas herdarão se postos como seus legatários;

d) acima dos demais, há graves prejuízos à proteção dos infantes e de seu superior interesse, uma vez que, ainda que seja o Ministério Fiscal espanhol o responsável por mover a ação, ninguém pode ser obrigado a adotar uma criança, como deveria ocorrer com um dos pais intencionais caso o outro fosse o genitor biológico, ou com ambos, caso não houvesse vínculo biológico com nenhum deles. Sendo assim, se um dos pais, ou ambos, "mudarem de ideia" – como, infelizmente, é plausível acontecer no caso de o menor gestado nascer com alguma espécie de deficiência –, eles não poderão ser compelidos a fazê-lo, dificultando sobremaneira a proteção do infante. Por outro lado, no caso de o registro espanhol automaticamente assumir o que consta do registro no país onde nasceu, a criança estará legalmente protegida desde o nascimento.[42]

No atual estado do uso das técnicas de reprodução humana assistida, vê-se que muitos são os países que têm *expertise* para consolidar projetos parentais assistidos diversos. No entanto, os maiores problemas vertem, não raro, para o retorno desses pais/mães ao país de origem com os novos filhos. O intento de registrá-los depende de legislações internas e, nem sempre, é algo simples, como se viu pela abordagem dos casos espanhóis. A dificuldade de registro é levada ao judiciário, que precisa considerar o melhor interesse da criança.

Nesse sentido, no Brasil, o artigo 514 do Provimento CNJ 149 preceitua que aos oficiais registradores é vedada a recusa do registro de nascimento e da emissão da respectiva certidão de crianças nascidas por técnica de reprodução assistida, norma que colabora para a diminuição de possíveis conflitos relacionados ao tema.

---

42. RETTORE, Anna Cristina de Carvalho; SÁ, Maria de Fátima Freire de. Registro civil de crianças nascidas de gestação de substituição no Brasil: uma análise a partir de julgamentos pelo tribunal supremo espanhol. *Biodireito e direito dos animais* (CONPEDI/UnB/UCB/IDP/UDF). Florianópolis: CONPEDI, 2016, p. 39.

CAPÍTULO 9
PROCRIAÇÃO HUMANA
POST MORTEM

Contrariando a regra da não disciplina do tema pelo Código Civil, a reprodução assistida *post mortem* é mencionada no artigo 1.597, que se ocupa da presunção de paternidade, afirmando que são filhos: os havidos por fecundação artificial homóloga, mesmo que falecido o marido (inc. III); os havidos, a qualquer tempo, quando se tratar de embriões excedentários, decorrentes de concepção artificial homóloga (inc. IV); e os havidos por inseminação artificial heteróloga, desde que se tenha prévia autorização do marido (inc. V).[1]

As críticas ao artigo apontam imprecisões terminológicas, posto que este utiliza três expressões, quais sejam "fecundação", "concepção" e "inseminação", para fazer referência a uma mesma ideia, melhor expressada pelo termo "procriação" ou "reprodução". Sabemos, como dito no capítulo 1, que as três expressões têm significados distintos.

Outra relevante crítica se refere à decisão legislativa de prever a presunção de filiação apenas à paternidade. Não podemos mais conceber a ideia de que a mãe é sempre certa (*mater semper certa est*), já que a gestação por substituição rompe com o paradigma de que o parto estabelece a maternidade.

No entanto, afora tais críticas, interpretando os incisos, o artigo permite a fecundação artificial homóloga, mesmo que falecido o marido, caso exista material genético depositado em banco, seja o gameta ou o embrião (inc. III). É possível também que sejam admitidos como filhos aqueles que são frutos de fertilização *in vitro,* cujos embriões ficaram congelados até o momento da transferência para o útero (inc. IV). A presunção também se refere à filiação decorrente de material genético de terceiro, por meio da doação de gametas ou embriões, desde que exista a autorização do marido (inc. V).

Passaremos a esmiuçar o conteúdo dos incisos, nos itens abaixo, inclusive para justificar a razão pela qual inserimos, no parágrafo acima, a possibilidade de que o projeto parental *post mortem* utilize gametas ou embriões.

---

1. BRASIL. *Lei 10.406,* de 10 de janeiro de 2002. Institui o Código Civil. Disponível em: https://www.planalto.gov.br/ccivil_03/LEIS/2002/L10406compilada.htm. Acesso em: 02 jul. 2023.

O tema, sob o viés da norma deontológica (Resolução CFM 2.320/2022), está inserido no item VIII, que permite a reprodução assistida *post mortem,* "desde que haja autorização específica para o uso do material biológico criopreservado em vida, de acordo com a legislação vigente",[2] não prevendo a quem compete conceder a referida autorização.

9.1 MATERIAL CONGELADO E TITULARIDADE: GAMETAS E EMBRIÕES

Considerando a necessidade de diferenciar o projeto *post mortem* executado com gametas ou com embriões congelados, para fins didáticos, optamos por trazer abaixo a íntegra do artigo 1.597 do Código Civil, que determina:

> Art. 1.597. Presumem-se concebidos na constância do casamento os filhos:
>
> [...]
>
> III – havidos por fecundação artificial homóloga, mesmo que falecido o marido;
>
> IV – havidos, a qualquer tempo, quando se tratar de embriões excedentários, decorrentes de concepção artificial homóloga;
>
> V – havidos por inseminação artificial heteróloga, desde que tenha prévia autorização do marido.[3]

A primeira questão a ser mencionada acerca do inciso III diz respeito ao uso da expressão "fecundação artificial homóloga". Tecnicamente, o termo "fecundação" se refere à junção do óvulo com o espermatozoide, de modo que, para evitar interpretações que excluam o procedimento de inseminação (que ocorre quando o sêmen é inserido no corpo da mulher), mais adequado seria a menção ao termo "procriação", capaz de englobar todos os procedimentos admitidos na medicina reprodutiva.

Sobre o inciso IV, a interpretação cabível é a existência de embriões congelados, provenientes de material genético de dois genitores (fusão de gametas), gerados pelos procedimentos de FIV ou ICSI (ver capítulo 1). O termo "concepção" também deveria ser substituído por "procriação".

Mantendo as críticas anteriores, também entendemos, quanto ao inciso V, que o uso do termo "inseminação" não é adequado, pois exclui os procedimentos de FIV e ICSI. Na medicina reprodutiva, o termo "inseminação" é usado para designar procedimento onde a fecundação é intracorpórea.

---

2. CFM. *Resolução CFM 2.320/2022.* Adota normas éticas para a utilização de técnicas de reprodução assistida. Disponível em: https://sistemas.cfm.org.br/normas/arquivos/resolucoes/BR/2022/2320_2022. pdf. Acesso em: 23 fev. 2023.

3. BRASIL. *Lei 10.406,* de 10 de janeiro de 2002. Institui o Código Civil. Disponível em: https://www. planalto.gov.br/ccivil_03/LEIS/2002/L10406compilada.htm. Acesso em: 02 jul. 2023.

CAPÍTULO 9 • PROCRIAÇÃO HUMANA *POST MORTEM* 227

As críticas apontadas são corroboradas pela ideia de que a construção do artigo 1.597 foi pautada pela necessidade de estabelecer critérios para presumir a paternidade, ignorando as situações que pudessem envolver a maternidade, como o uso de gametas femininos próprios ou doados e a realização da gestação por substituição. Como já tivemos oportunidade de apontar em capítulos precedentes, os procedimentos assistidos de reprodução alteraram a noção de que a maternidade seria sempre certa, carecendo o Código Civil de importante atualização legislativa.

Há ainda de se considerar que a evolução social do uso das técnicas para projetos assistidos procriativos demandaria maior sensibilidade do legislador para substituir o termo "artificial" pelo termo "assistida", contribuindo para a construção coletiva da ideia de naturalidade desses nascimentos.

A partir dos pressupostos que já fincamos sobre as características dos gametas e dos embriões extracorpóreos, bem como das etapas e implicações dos procedimentos assistidos de procriação, propomos uma análise sobre a sua titularidade. Primeiro, para reafirmar que nem gametas nem embriões em condição extrauterina devem ser titulares do *status jurídico* de pessoa. Se gametas e embriões não são titulares do direito à vida, o que deve ser feito com eles? Quem deve decidir sobre a destinação desse material biológico congelado quando a pretensão for para estabelecer filiação?

Aqui, focamos a discussão no problema dos projetos assistidos *post mortem,* mas vale registrar que a questão também é levada ao cenário da dissolução conjugal, em especial, quando o casal mantém, após a ruptura afetiva, embriões criopreservados e vontades dissonantes quanto a sua destinação.

9.2 CONSENTIMENTO EM PROJETOS PARENTAIS *POST MORTEM*

O consentimento é pressuposto a todo procedimento assistido procriativo e é concretizado pelo termo de consentimento livre e esclarecido (TCLE), garantidor da manifestação da autonomia do paciente e instrumento que proporciona o gerenciamento dos possíveis riscos da relação. Esclarecemos, a título metodológico, nossa escolha em trabalhar o tema nesse capítulo, abordando tanto fundamentos gerais do TCLE quanto, mais especificamente, sua importância em projetos parentais *post mortem,* uma vez estarmos diante de manifestações prospectivas.

O TCLE é disciplinado deontologicamente pela Recomendação 1/2016[4] do Conselho Federal de Medicina (CFM), sendo destinado à relação médico-paciente.

---

4. CFM. *Recomendação CFM 1/2016*. Dispõe sobre o processo de obtenção de consentimento livre e esclarecido na assistência médica. Disponível em: https://sistemas.cfm.org.br/normas/visualizar/recomendacoes/BR/2016/1. Acesso em: 28 out. 2023.

Conforme anunciado por Miguel Kfouri Neto, a referência inicial ao consentimento e à informação na relação médico-paciente ocorreu em precedente de 1767 na Inglaterra.[5] Segundo Flaviana Rampazzo Soares, nesse precedente, denominado Slater *vs.* Backer & Stapleton, "imputou-se a responsabilidade médica pela realização de procedimento sem autorização do paciente, consistente na quebra do osso de sua perna, que apresentava fratura prévia mal consolidada, e a colocação de aparelho ortopédico".[6] A autora faz alusão, ainda, aos precedentes estadunidenses Luka *vs.* Lowrie de 1912 (Michigan), em que a Corte entendeu que o consentimento deveria ser dispensado por ausência dos pais, em situação onde era necessária amputação de emergência numa criança, e Schloendorff *vs.* Society of New York Hospitals de 1914 (Nova Iorque), onde passou-se a reconhecer o direito de autodeterminação sobre o próprio corpo pelo paciente maior e capaz e o médico que não adota essa premissa poderia ser obrigado a indenizar.[7]

Seguindo o percurso histórico, alguns instrumentos normativos se tornaram importantes marcos sobre o consentimento na relação médico-paciente, como o Código de Nuremberg, de 1947; a Declaração de Genebra da Associação Médica Mundial, de 1948; a Declaração Universal dos Direitos do Humanos de 1948; a Declaração de Helsinki, de 1964; o Pacto Internacional sobre Direitos Civis e Políticos, de 1966 e outras declarações internacionais.

Frisamos que não devem ser tratados como sinônimos os termos "consentimento livre e esclarecido", "consentimento informado" e "consentimento livre e informado". O exercício da autonomia bioética ou da autonomia privada biojurídica demanda não apenas a manifestação de vontade, mas, também, a existência de uma vontade discernida e consciente, originada da competência da pessoa em receber e compreender informações completas e adequadas e, somente a partir disso, se autodeterminar, livre de condicionantes externos. Assim, justifica-se que a nomenclatura "consentimento livre e esclarecido", usada atualmente, é a mais adequada.[8]

Conforme as lições do conhecido bioeticista Diego Gracia, na medicina clássica, era o profissional, conduzido pela técnica, que definia o que era ne-

---

5. KFOURI NETO, Miguel. *Responsabilidade civil do médico.* 7. ed. São Paulo: Ed. RT, 2010. p. 41-42.
6. SOARES, Flaviana Rampazzo. *Consentimento do paciente no Direito Médico:* Validade, interpretação e responsabilidade. Indaiatuba: Foco, 2021, p. 11.
7. SOARES, Flaviana Rampazzo. *Consentimento do paciente no Direito Médico:* Validade, interpretação e responsabilidade. Indaiatuba: Foco, 2021, p. 11.
8. Nesse sentido, pensam: SÁ, Maria de Fátima Freire de.; SOUZA, Iara Antunes de. Termo de Consentimento Livre e Esclarecido e Responsabilidade civil do médico e do hospital. In: ROSENVALD, Nelson; MENEZES, Joyceane Bezerra de; DADALTO, Luciana (Coord.). *Responsabilidade Civil e Medicina.* 2. ed. Indaiatuba: Foco, 2021, p. 59-78.

CAPÍTULO 9 • PROCRIAÇÃO HUMANA *POST MORTEM*

cessidade sanitária, ou seja, o que era saúde e o que era doença, lado outro, ao paciente cabia "aceitar o critério de normalidade ou anormalidade estabelecido pela medicina".[9]

Diego Gracia prossegue afirmando que, contemporaneamente, "as necessidades sanitárias deixaram de ser definidas pela medicina e passaram a ser definidas pelos usuários. São estes que dizem o que é ou o que não é uma necessidade de saúde." Segundo ele, o consentimento informado é uma consequência do princípio da autonomia e esta é responsável por um novo modelo de tomar decisões, "um novo modo, portanto, de definir o que é saúde e o que é doença, um novo critério para definir o que é uma necessidade de saúde".[10] É justamente em razão desse direito que o usuário pode reclamar do profissional a informação de que necessita e decidir se aceita ou não o plano proposto. O problema se estabelece quando percebemos a difícil e complexa tarefa em definir se o paciente é mesmo autônomo para tomar uma decisão de natureza sanitária.[11]

Nesse sentido, deslocar a tarefa de definir o que é saúde e o que é doença ao paciente pode trazer alguns problemas, conforme afirma Diego Gracia:

> Isso, como já se disse, pode levar a todo tipo de arbitrariedades; mas: muito provavelmente já está levando a elas. Os usuários pedem coisas pouco racionais, quando não impossíveis, o que produz neles grande frustração e aprofunda o desânimo nos profissionais. Isso se deve para muitos à perda do paradigma clássico. Para mim, pelo contrário, deve-se a algo que cada vez cobrará mais importância no futuro, a saber, a necessidade de educar a sociedade para as dimensões valorativas ou axiológicas do corpo e da saúde. A irracionalidade foi produzida porque a emancipação dos usuários precedeu o processo de reflexão política sobre essas questões.[12]

Não há como ignorar os problemas apontados por Diego Gracia diante desse novo cenário da relação médico-paciente já que a autonomia não deve ser posta como a única alternativa para solucionar impasses de ordens bioética e biojurídica. Estabelecer definições acerca de valores mais adequados ao modo de conceituar saúde e doença, tal como Diego Gracia propõe, se, de um lado, é virtuoso, de outro, é improvável diante das pluralidades moral e cultural que resultam do dinamismo dos valores e anseios sociais.

---

9. GRACIA, Diego. *Pensar a bioética*: metas e desafios. São Paulo: Centro Universitário São Camilo; Loyola, 2010, p. 94

10. GRACIA, Diego. *Pensar a bioética*: metas e desafios. São Paulo: Centro Universitário São Camilo; Loyola, 2010, p. 94.

11. GRACIA, Diego. *Pensar a bioética*: metas e desafios. São Paulo: Centro Universitário São Camilo; Loyola, 2010, p. 94.

12. GRACIA, Diego. *Pensar a bioética*: metas e desafios. São Paulo: Centro Universitário São Camilo; Loyola, 2010, p. 95.

Voltando os olhos para a deontologia médica, a Recomendação CFM 1/2016 afirma que o consentimento livre e esclarecido "consiste no ato de decisão, concordância e aprovação do paciente ou de seu representante legal, após a necessária informação e explicações, sob a responsabilidade do médico, a respeito dos procedimentos diagnósticos ou terapêuticos que lhe são indicados"[13] e estabelece, em seu item 9.1.3, que o TCLE deve, obrigatoriamente, conter:

a) Justificativa, objetivos e descrição sucinta, clara e objetiva, em linguagem acessível, do procedimento recomendado ao paciente;

b) Duração e descrição dos possíveis desconfortos no curso do procedimento;

c) Benefícios esperados, riscos, métodos alternativos e eventuais consequências da não realização do procedimento;

d) Cuidados que o paciente deve adotar após o procedimento;

e) Declaração do paciente de que está devidamente informado e esclarecido acerca do procedimento, com sua assinatura;

f) Declaração de que o paciente é livre para não consentir com o procedimento, sem qualquer penalização ou sem prejuízo a seu cuidado;

g) Declaração do médico de que explicou, de forma clara, todo o procedimento;

h) Nome completo do paciente e do médico, assim como, quando couber, de membros de sua equipe, seu endereço e contato telefônico, para que possa ser facilmente localizado pelo paciente;

i) Assinatura ou identificação por impressão datiloscópica do paciente ou de seu representante legal e assinatura do médico;

j) Duas vias, ficando uma com o paciente e outra arquivada no prontuário médico.[14]

Embora não haja obrigatoriedade de que o TCLE seja feito por escrito, elaborá-lo de outra forma pode contribuir para implicações que levem à responsabilidade civil do médico. Para além das múltiplas situações biojurídicas, essa assertiva é adequada à análise de problemas que decorrem do uso das técnicas de procriação medicamente assistida.

De pronto, sabemos que o consentimento é uma das questões biojurídicas mais discutidas dentro do projeto assistido *post mortem*. A autonomia na construção da procriação medicamente assistida tem papel relevantíssimo e, em se tratando de vontade prospectiva, como é o caso da procriação *post mortem*, é

---

13. CFM. *Recomendação CFM 1/2016*. Dispõe sobre o processo de obtenção de consentimento livre e esclarecido na assistência médica. Disponível em: https://sistemas.cfm.org.br/normas/visualizar/recomendacoes/BR/2016/1. Acesso em: 28 out. 2023.

14. CFM. *Recomendação CFM 1/2016*. Dispõe sobre o processo de obtenção de consentimento livre e esclarecido na assistência médica. Disponível em: https://sistemas.cfm.org.br/normas/visualizar/recomendacoes/BR/2016/1. Acesso em: 28 out. 2023.

ainda mais relevante a clareza da decisão manifestada pelo consentimento ou dissentimento acerca do uso do gameta congelado ou do embrião criopreservado.

Firmamos o entendimento de que cabe ao titular do gameta (genitor) e aos titulares do embrião (genitores) a decisão quanto ao uso destes. Em se tratando de gametas, certamente a decisão é menos conflituosa, porquanto não há maiores impasses em se entender que as células reprodutivas são biologicamente vinculadas àquele ou àquela que lhe deu origem (o patrimônio genético é individual). No caso de embriões, a situação é mais complexa, já que este é formado por material genético duplo, deixando de ser vinculado biologicamente a apenas uma pessoa.

Sendo assim, a vontade daqueles que demandaram o uso da técnica para a satisfação de um projeto parental deve ser expressamente manifestada no termo de consentimento livre e esclarecido (TCLE), consoante a recomendação de elaboração contida em resolução citada do CFM.

No TCLE, os proponentes devem se manifestar sobre o destino dado aos gametas congelados e embriões criopreservados em caso de morte de um deles ou de ambos. Aqui, podemos vislumbrar várias situações que, de forma alguma, são taxativas. É possível que o demandante determine a utilização do gameta para a confirmação do projeto parental; a doação para terceiros; ou mesmo o seu descarte.

Em se tratando de embriões criopreservados, a procriação *post mortem* deve ser garantida se houver manifestação expressa dos demandantes para que o/a sobrevivente execute o projeto parental por meio da transferência embrionária ou através da gestação por substituição. O termo também pode prever manifestações individuais distintas, ou seja, um/uma demandante determina que, em caso de sua morte, o embrião deve ser descartado e o/a outro/outra entenda pela transferência (no próprio útero ou em útero de substituição). De toda maneira, o uso de embriões para fins de filiação somente deve ocorrer se as vontades não forem discordantes, não cabendo a decisão a apenas um dos genitores.

As aberturas semânticas para as distintas possibilidades que se descortinam da procriação assistida não podem ser rechaçadas e, tampouco, enumeradas de plano. Os anseios sociais emergem a partir das individualidades e não seria de todo absurdo se pensar, por exemplo, na vontade do(s) demandante(s) que fez/fizeram constar do TCLE a transferência de seus embriões para pessoa específica, com vistas à execução de projeto parental próprio.

Entendemos, também, que, na ausência de manifestação sobre o destino de embriões congelados, em princípio, não haverá a possibilidade de implantação, ressalvando-se situações em que a reconstrução da vontade possa ser procedida por meios robustos de prova, como trataremos ainda nesse capítulo.

9.2.1 O problema da atualidade da manifestação decisória

A construção adequada do TCLE no âmbito dos processos assistidos procriativos perpassa pela análise da sua validade jurídica, na medida em que revela a celebração de um negócio jurídico (ou contrato) que envolve a vontade dos sujeitos da relação. Submete-se o TCLE aos requisitos de validade do negócio jurídico, quais sejam os previstos no artigo 104 do Código Civil: "agente capaz", "objeto lícito, possível, determinado ou determinável" e "forma prescrita ou não defesa em lei".

A análise da validade desse termo deve observar também a manifestação de vontade, que precisa ser fruto, como já apontado, de um processo de esclarecimento e informação, para que encontre legitimidade real, além de não se revelar submissa a qualquer vício do negócio jurídico (como a coação, o erro, a lesão, o dolo ou o estado de perigo). Há consenso em se pensar que a análise da validade dessa manifestação de vontade tenha que passar pela aferição da presença de vícios que possam a contaminar. O problema da vontade se concentra na temporalidade dela, ou seja, em avaliar se essa manifestação de vontade para ter filhos careceria de expressão atualizada ou poderia ser feita em contexto diferente e muito anterior à realização do projeto procriativo.

Poderia o genitor ou genitora biológica manifestar essa vontade procriativa futura muito antes à execução da procriação? A vontade, para ser considerada legítima e/ou legal, precisaria ser atual? Deve ser considerada por manifestação expressa ou caberia aferi-la por outros vetores de demonstração?

Como premissa da discussão, há que se ressaltar que toda pessoa que decide congelar gametas ou embriões precisa expressar sua vontade, com clareza, quanto a destinação deles, de modo a evitar conjecturas acerca do propósito da criopreservação. Uma vez esclarecido o fim a ser dado ao material biológico congelado, o momento em que a decisão foi tomada só tem relevância quanto a possibilidade de incidência de vícios. Não importa há quanto tempo essa vontade foi manifestada; se não houve alteração, ela deve ser cumprida.

Diante da complexidade da questão que pode envolver, inclusive, direitos de terceiros, firmamos o entendimento de que a manifestação de vontade deve ser expressa, podendo ser revelada por meio da escrita ou por meios digitais inequívocos, trazendo, com clareza, quais alternativas a pessoa ou o casal admite no que concerne ao material criopreservado (gametas ou embriões).

Quando não há manifestação expressa, é possível que familiares busquem dar voz a/ao falecida(o) para cumprir o desejo procriativo. No entanto, também é possível que outros familiares legitimados busquem interesses próprios, forjando a vontade da pessoa. Hipoteticamente, pensamos na vontade de uma mãe

CAPÍTULO 9 • PROCRIAÇÃO HUMANA *POST MORTEM* **233**

que perdeu um(a) filho(a) querer ser avó a partir do uso de material biológico criopreservado. E, ainda, que o marido que perdeu a esposa queira transferir o embrião congelado (ou o óvulo) a um útero de substituição para ser pai.

Essas são apenas algumas conjecturas, dentre outras, que levam à reivindicação dos gametas ou embriões deixados pelo(a) falecido(a) sem que houvesse manifestação expressa.

9.2.2 A admissibilidade de outros meios de prova da decisão procriativa

Inexistindo manifestação escrita, uma possibilidade de buscar a satisfação da vontade do(a) morto(a) é por meio de sua reconstrução judicial. Cabe aqui trazer algumas decisões acerca da questão.

O primeiro caso versa sobre a utilização de sêmen após a morte. O casal Kátia Adriana Lenerneier e Roberto Jefferson Niels decidiu armazenar sêmen deste último na Androlab – Clínica e Laboratório de Reprodução Humana e Andrologia, em 2009, por causa de um tratamento de melanoma. No entanto, Roberto veio a óbito em fevereiro de 2010 e não deixou TCLE manifestando seu interesse na inseminação *post mortem*. A viúva procurou a clínica para realizar o procedimento, sem êxito, porquanto a Androlab não disponibilizou o material sob a alegação de que não havia autorização por escrito do titular. Kátia ajuizou ação de execução de obrigação de fazer junto à 13ª Vara Cível de Curitiba, com pedido de liminar para obter acesso ao sêmen congelado de seu falecido marido.[15]

Vale apontar trechos interessantes de um dos primeiros casos no Brasil sobre concessão de autorização judicial para implantação de material biológico sem manifestação prévia do genitor. Conforme a liminar concessiva, "[...] não se pode senão entender que os sucessores do doador estejam legitimados a dispor do material genético, coletado em vida como garantia do propósito frustrado pelos tratamentos quimio e radioterápico e pela morte prematura do esposo da autora, que esses tratamentos não puderam evitar". Entende a decisão que o sêmen não pode ser visto como herança, mas deve-se buscar "[...] regramento, diante da lacuna da lei, para a transmissão do direito de levar a cabo a vontade do falecido, sem que se deixe de reconhecer à autora o exercício de um direito próprio, mais forte e desligado do que posse lhe ter sido transferido por sucessão *(sic)*".[16]

A sentença confirmou a liminar e afirmou que "havia uma "manifestação expressa" de vontade de Roberto quanto à paternidade, embora não houvesse

---

15. SÁ, Maria de Fátima Freire de; NAVES, Bruno Torquato de Oliveira. *Bioética e Biodireito*. 6. ed. Indaiatuba: Foco, 2023.

16. PARANÁ. 13ª Vara Cível de Curitiba. *Autos 27862/2010*. Juiz Alexandre Gomes Gonçalves. Sentença prolatada em 06 mar. 2012.

deixado por escrito tal assentimento". Afirmou também que "não houve realmente lide, pois, a Androlab não se negou a realizar o procedimento de inseminação. Houve apenas a necessidade de suprimento judicial da vontade, já que esta não se manifestou por escrito".[17]

Firmamos o entendimento de que a conduta da clínica não poderia ser diferente, cabendo ao judiciário, uma vez inexistindo manifestação escrita ou qualquer outro meio expresso, o suprimento da vontade do falecido. Não disponibilizar prontamente o material biológico é ato de prudência, já que tal circunstância não é abarcada pelas regras de filiação e sucessão, consoante previsões do Código Civil.

Caso emblemático foi julgado pelo Tribunal de Justiça de São Paulo (AC 1114911-38.2019.8.26.0100), cujo pedido, feito pelos pais, foi a utilização de óvulos congelados da filha falecida e posterior fecundação com sêmen de doador. O pedido também incluía a transferência de embrião para o útero de uma amiga próxima da falecida, que concordou em ser a gestante por substituição. Como premissas, há de se registrar que o pedido alegou ser vontade da filha ter filhos e isso era óbvio pela submissão aos incômodos (como hiperestimulação ovariana) da coleta de material biológico para congelamento; sob a perspectiva patrimonial, a *de cujus* deixou um irmão, que não se opôs ao intento dos pais em ter um(a) neto(a). O TCLE fornecido pela clínica continha apenas a hipótese de utilização posterior dos óvulos pela própria paciente, nada sendo mencionado sobre doação, utilização ou destruição após a morte.[18]

Passemos a compreender os termos da sentença cujo pedido foi parcialmente julgado procedente. Está claro que não houve manifestação escrita de vontade da falecida quanto ao uso dos seus óvulos *post mortem,* cabendo, portanto, a reconstrução judicial da sua vontade. Para o juízo, ficou evidente que os documentos que instruíram a inicial demonstraram de forma inequívoca que a *de cujus* tinha o firme propósito de ter um filho e que, apesar de o CFM, por meio de resolução deontológica, exigir que a autorização fosse prévia e específica (à época a resolução vigente era a CFM 2.168/2017), não se trata de comando legal ordinário, de modo a impedir o pedido judicial. Assim, entendeu a sentença que foi suficientemente demonstrada a anuência da falecida quanto à destinação a ser dada a seus óvulos preservados, cabendo suprimir o seu consentimento para autorizar os autores a utilizar o material genético para fecundação *in vitro,* de modo que os embriões obtidos fossem gestados por meio de gestação por substituição.[19]

---

17. SÁ, Maria de Fátima Freire de; NAVES, Bruno Torquato de Oliveira. *Bioética e Biodireito.* 6. ed. Indaiatuba: Foco, 2023, p. 136.
18. SÃO PAULO. Tribunal de Justiça de São Paulo. *AC 1114911-38.2019.8.26.0100.*
19. SÃO PAULO. Tribunal de Justiça de São Paulo. *AC 1114911-38.2019.8.26.0100.*

CAPÍTULO 9 • PROCRIAÇÃO HUMANA *POST MORTEM* **235**

Embora a decisão tenha entendido não ser necessária autorização judicial para a manifestação de vontade da gestante substituta, acabou por avaliar o mérito do pedido ao apontar que não havia qualquer indício de má-fé ou pretensão remuneratória por parte da amiga da falecida, além de afirma não existir norma que "imponha" a utilização de útero solidário somente entre parentes, até o 4º grau, da falecida". Contraditoriamente, a decisão afirma "que a utilização gestação em substituição por Eliane não prescinde da autorização do Conselho Regional de Medicina, como expressamente previsto na Resolução 2.168/17, não cabendo ao juízo a substituição do Conselho quanto à avaliação da viabilidade da gestação por Eliane".[20] Se por um lado a sentença caminha bem ao afirmar a inexistência de lei *stricto sensu* que impeça a realização da gestação por útero de substituição sem parentesco, de outro lado, remete a decisão ao órgão de classe. Firmamos a posição de que cabe à clínica e à equipe de saúde a responsabilidade pela aferição das condições clínicas e psicológicas da possível gestante substituta, mas consignamos não ser de competência de nenhum conselho de classe condicionar a gestação ao pré-requisito do parentesco.

Por fim, os pais da falecida, autores da ação, pediram, também, que a criança nascida fosse registrada em nome da mãe biológica e adotada por eles. A decisão judicial reconheceu o direito de registro em nome da falecida, mas entendeu não caber a adoção pleiteada. Cabe, aqui, uma reflexão: Se o objetivo dos avós era fazer valer a vontade da filha em ser mãe, por que pleitear a adoção do(a) neto(a)? A guarda não seria medida suficiente para garantir o melhor interesse da criança, onde, uma vez ausentes os genitores, os avós seriam os guardiões de seus interesses? Querem eles ser genitores, ou de fato e de direito, ser avós? De todo modo, essas questões não foram enfrentadas pela decisão, que entendeu não ser possível adoção de criança que ainda não nasceu e ser o juízo incompetente para a apreciação da matéria.[21]

---

20. SÃO PAULO. Tribunal de Justiça de São Paulo. *AC 1114911-38.2019.8.26.0100.*
21. Segue acórdão do referido caso emblemático: Apelação. Alvará judicial. Reprodução humana. Sentença de improcedência. Autores que buscam autorização judicial para utilização de óvulos deixados pela filha falecida, para fertilização com espermatozoide de doador anônimo e gestado por uma amiga próxima da "de cujus" – inexistência de herdeiros, que não os próprios autores – ausência de prejuízo a qualquer interessado – inequívoca vontade da "de cujus" de gerar prole, impossibilitada em razão de sua morte – ausência de proibição expressa quanto à utilização dos óvulos para fecundação *post mortem* – autorização para utilização dos oócitos – gestação em substituição que deve ser autorizada previamente pelo CRM, nos termos da Resolução do Conselho Federal de Medicina 2168/2017 – ordem judicial que não pode substituir a autorização do Conselho, que sequer se manifestou sobre o caso concreto – prévia autorização de adoção da criança pelos avós inviabilidade – adoção que deve ser oportunamente decidida, pelo juízo competente, segundo o melhor interesse da criança – Sentença parcialmente reformada – Recurso Parcialmente Provido (SÃO PAULO. Tribunal de Justiça de São Paulo. *AC 1114911-38.2019.8.26.0100.*).

Outro caso referente à utilização de material biológico *post mortem* foi julgado pelo Tribunal de Justiça de São Paulo (AC 1000586-47.2020.8.26.0510). Na situação, o sêmen foi coletado após o óbito do titular, sem sua autorização prévia por escrito. Vale o esclarecimento de que o pedido judicial não foi para que fosse feita a coleta do material genético, mas, para que, uma vez já colhido, pudesse ser inseminado na demandante. É curioso imaginar as circunstâncias nas quais essa coleta foi realizada. O envolvimento do hospital e de profissionais de saúde, sem a premissa da autorização prévia, torna a questão ainda mais complexa, já que a conduta importa em violação corporal. O juiz de primeira instância julgou improcedente o pedido, cuja decisão foi mantida em grau de recurso, sob a alegação de que "o material genético não foi fornecido pelo falecido marido da recorrente, mas sim recolhido após o óbito", evidenciando a ausência de prévia autorização expressa por escrito.[22]

O STJ examinou, em 2021, interessante caso sobre a implantação de embriões congelados após a morte de um dos genitores. A decisão entendeu pela necessidade de que a vontade seja expressa e específica, tendo em vista as repercussões patrimoniais e sucessórias. O meio a ser utilizado, segundo o STJ, deve ser o testamento ou documento equivalente.[23]

Em apertada síntese, a decisão de primeiro grau entendeu pela impossibilidade da transferência embrionária, mas, em grau de recurso, o TJSP afirmou ser suficiente o contrato hospitalar em que as partes declararam que, em caso de falecimento de uma delas, os embriões congelados ficariam sob a custódia da outra. Constou da declaração que ambas as partes rechaçaram o descarte, a doação e o uso de embriões em pesquisas científicas.

Tendo o caso chegado ao STJ, o ministro relator, Marco Buzzi, entendeu pela manutenção da posição do TJSP, seguido também pela ministra Maria Isabel Gallotti. A divergência foi instaurada pelo ministro Luis Felipe Salomão, acompanhada pelos ministros Raul Araújo e Antônio Carlos Ferreira. Nesse sentido, a tese vencedora foi a de que a disposição *post mortem* de material biológico gera efeitos sucessórios e patrimoniais e, portanto, necessita de adequada acurácia para a sua aferição. Segundo a tese, um contrato padrão de prestação de serviços de RHA não é instrumento hábil a legitimar a transferência de embriões após a morte.[24]

---

22. SÃO PAULO. Tribunal de Justiça de São Paulo. *Apelação Cível 1000586-47.2020.8.26.0510*. Relator (a): José Rubens Queiroz Gomes. Órgão Julgador: 7ª Câmara de Direito Privado. Foro de Rio Claro – 2ª Vara Cível. Data do Julgamento: 11.02.2021. Data de Registro: 12.02.2021.

23. STJ. 4ª TURMA. *RESP 1918.421-SP*. Rel. Min. Marco Buzzi, Rel. p/Acordão Min. Luis Felipe Salomão. Julg. 08.06.2021, DJ 26.08.2021.

24. STJ. 4ª TURMA. *RESP 1918.421-SP*. Rel. Min. Marco Buzzi, Rel. p/Acordão Min. Luis Felipe Salomão. Julg. 08.06.2021, DJ 26.08.2021.

CAPÍTULO 9 • PROCRIAÇÃO HUMANA *POST MORTEM* **237**

A tese vencedora entendeu, ainda, que o direito de custódia não abarca a transferência embrionária, mas, tão somente, a cessão, a doação, o descarte ou simplesmente deixar que o embrião permaneça congelado sem tempo determinado.

Resta-nos, aqui, estabelecer um paralelo entre o primeiro (TJSP--AC1114911-38.2019.8.26.0100) e o terceiro (STJ – RESP 1918.421) julgados mencionados. Ao que nos parece, o maior entrave para se pensar na admissibilidade dos projetos procriativos *post mortem* são as implicações patrimoniais. No primeiro julgado, não havia terceiros que se manifestassem contrariamente ao pedido. Nesse caso, tanto o tio quanto os avós da futura criança queriam seu nascimento. No terceiro caso, julgado pelo STJ, filhos do *de cujus* pronunciaram-se contrariamente ao projeto assistido *post mortem* da mulher de seu pai.

Reafirmamos o entendimento acerca da necessidade de manifestação expressa sobre os possíveis destinos de gametas e embriões congelados. Todavia, enquanto não houver disciplina legal sobre o assunto, não há como rechaçar, de plano, a possibilidade de reconstrução judicial da vontade. O caso concreto vai apontar as peculiaridades de cada situação e a robustez das provas fundamentais à comprovação do projeto parental.

9.3 FILIAÇÃO E QUESTÕES SUCESSÓRIAS

Feitas as abordagens que envolvem a aferição da vontade do *de cujus,* expressamente ou por meio da reconstrução judicial (já que não há a obrigatoriedade de forma), é necessário incorrer nas consequências que disso emergem. A primeira delas é o fato de que, uma vez reconhecida a vontade e o direito de implantação de gametas e embriões *post mortem,* há que se falar em filiação. O vínculo que determina a filiação, em regra, nessa circunstância, não é outro senão o biológico, já que o projeto parental foi construído com base na alegação de que o(a) falecido(a) tinha essa vontade.

No entanto, em caso de congelamento de embriões, originados por doação de gametas, está-se diante de uma procriação de natureza heteróloga, em que o(a) falecido(a) manifestou previamente sua vontade de integrar o projeto parental.

A reprodução humana assistida *post mortem* é mencionada no Código Civil de 2002, apenas uma vez, no artigo 1.597, III, IV e V, para estabelecer a presunção de filiação.

Art. 1.597. Presumem-se concebidos na constância do casamento os filhos:

[...]

III – havidos por fecundação artificial homóloga, mesmo que falecido o marido;

IV – havidos, a qualquer tempo, quando se tratar de embriões excedentários, decorrentes de concepção artificial homóloga;

V – havidos por inseminação artificial heteróloga, desde que tenha prévia autorização do marido.[25]

Antes da interpretação do conteúdo posto pela norma, é válido registrar, novamente, seu importante coeficiente de imprecisão terminológica, estruturado num contexto em que não se contemplou, com adequação, o conhecimento especializado da medicina reprodutiva e as distintas circunstâncias que podem envolver a procriação *post mortem*.

O *caput* do artigo já deflagra o primeiro problema, que é o uso da palavra "concebidos". A concepção, à luz do que já descrevemos no capítulo 1, é a fusão do óvulo com o espermatozoide e pode ocorrer de forma corpórea (pela procriação natural ou pelo procedimento de inseminação artificial) ou extracorpórea (possível pelos métodos da FIV clássica e da ICSI). O legislador, ao usar a referida expressão, não considerou a necessidade de atentar para a precisão do termo, já que a palavra abrange tanto a reprodução natural quanto a reprodução assistida. É notório que o Código não mais reflete as especificidades atuais da procriação de forma assistida, partindo de uma nomenclatura generalista, capaz de prejudicar o alcance de uma adequada interpretação.

O inciso III estabelece a presunção de filiação paterna para os filhos "havidos por fecundação artificial homóloga, mesmo que falecido o marido", pecando pelo uso das palavras e pela restrição de gênero. Fecundação (ou concepção) é palavra, na medicina reprodutiva, para designar a fusão do óvulo com o espermatozoide. Quando associada ao termo "artificial", a expressão é usada para designar procedimento reprodutivo extracorpóreo (FIV ou ICSI, como visto). Melhor seria se o legislador adotasse a expressão "procriação artificial homóloga", o que abrangeria tanto a técnica da fecundação artificial quanto a técnica da inseminação artificial.

Completando a imprecisão normativa, a presunção estabelecida apenas contemplou a figura masculina, talvez influenciada pela ideia, não mais cabível, de que a maternidade é sempre certa. Tanto a doação de óvulos quanto a gestação por substituição romperam com a presunção de maternidade e são recursos usados a partir da avaliação da demanda reprodutiva e das dificuldades de procriação. Assim, caberia também ao Código Civil disciplinar a procriação *post mortem* nos casos em que o falecimento fosse da mulher que deixou gametas ou embriões congelados.

---

25. BRASIL. *Lei 10.406*, de 10 de janeiro de 2002. Institui o Código Civil. Disponível em: https://www.planalto.gov.br/ccivil_03/LEIS/2002/L10406compilada.htm Acesso em: 02 jul. 2023.

O inciso IV do artigo estabelece a presunção para filhos "havidos, a qualquer tempo, quando se tratar de embriões excedentários, decorrentes de concepção artificial homóloga". Da leitura dos incisos III e IV, pode-se depreender a desnecessidade de autorização prévia do titular do gameta congelado ou do embrião. O que parece é que a natureza homóloga da procriação permitiria o uso do gameta ou do embrião a qualquer tempo, diferentemente do que dispõe o inciso V do artigo, quando a reprodução tem natureza heteróloga. Disso resulta a evidente necessidade de que o Código tivesse disciplinado o cerne dos questionamentos que envolvem a forma *post mortem* da procriação – a autorização do titular do gameta ou embrião.

De mais a mais, cabe questionar: A constatação da autorização para uso do gameta ou embrião não deveria anteceder qualquer regramento que estabelece a presunção de filiação? Não caberia ao Código ter disciplinado a manifestação de vontade expressa, em contextos como esse, como condicionante para o estabelecimento de presunção? Essa manifestação de vontade não deveria antes ser disciplinada na parte geral do Código Civil, quando da discussão sobre os planos de existência e validade dos negócios jurídicos, para que, posteriormente, se pudesse falar em presunção? Ao que nos parece, o caminho adequado seria esse.

O pré-requisito da autorização somente está estampado no inciso V, quando o embrião é formado por material genético doado. Esse critério sugere perquirir se o vínculo biológico é mais sólido que o vínculo socioafetivo, já que o primeiro dispensa a necessidade de autorização.

Qualquer mudança no artigo 1.597 do Código Civil deve ser procedida em harmonia com as regras do direito sucessório, tendo em vista que o reconhecimento de filiação leva ao reconhecimento da capacidade sucessória passiva.

Ressaltamos que 2023 é o ano da escrita desse livro, que coincide com o momento em que vários fóruns de discussão enfrentam temas atuais e controversos do direito civil, inclusive sobre quais matérias devem integrar o conteúdo da nova codificação.

Em se tratando de filiação *post mortem*, tendo em vista que o gameta ou embrião está em estado de congelamento, não há previsão na lei sobre o limite temporal[26] em que eles podem ser utilizados ou transferidos. Conforme escla-

---

26. Sobre essa questão: "Importante também deliberar sobre a fixação ou não de prazo de validade para o consentimento dos casos de reprodução póstuma. Por um lado, pode-se entender desarrazoada essa fixação, por não mais haver que se falar na possibilidade de mudança de vontade daquele que veio a falecer; porém, por outro, surgem problemas que levam à insegurança na perspectiva sucessória, na medida em que um herdeiro poderá ser concebido muitos anos após o falecimento, levantando questões sobre se a herança deverá ou não ficar reservada, por exemplo [...]". (TEIXEIRA, Ana Carolina Brochado; RETTORE, Anna Cristina de Carvalho. A (des) necessidade de manifestação expressa em

recido no capítulo 7, sabe-se que não há, na medicina especializada, consenso para determinar o tempo de inviabilidade do gameta ou do embrião em estado criopreservado. Portanto, o Código Civil deverá determinar qual o prazo para uso e transferência do material congelado, porquanto isso repercute na capacidade de herdar.

Nesse sentido, entendemos que o Código Civil deve contemplar, primeiro, as alterações quanto à filiação nos casos de procriação *post mortem* para, ato contínuo, definir as regras sucessórias.

---

vida do cônjuge acerca do uso do material genético em caso de falecimento. In: MASCARENHAS, Igor Lucena; DADALTO, Luciana (Coord.). *Direitos reprodutivos e planejamento familiar.* Indaiatuba, SP: Editora Foco, 2024, p. 268).

Capítulo 10
PRODUÇÃO INDEPENDENTE CONVENCIONAL E INSEMINAÇÃO CASEIRA

Esse último capítulo exorbita a perspectiva da reprodução medicamente assistida para contemplar duas situações que dialogam com premissas que pertencem ao âmbito da disciplina jurídica da procriação. A opção por essa abordagem tem como ponto inicial o fato de que, em grande parte das vezes, as condutas procriativas nos contextos a serem tratados a seguir são, originariamente, motivadas pela impossibilidade financeira de proceder ao uso de técnicas assistidas. Como sabido, nem todas as pessoas ou casais podem dispender recursos expressivos para intentar um projeto de filiação dentro dos moldes sanitários, biojurídicos e bioéticos adequados.

Com isso, de pronto, esclarecemos que não partilhamos da ideia de que tais "acertos procriativos" sejam o caminho adequado para a constituição de um projeto parental. No entanto, cabe reconhecer que as implicações oriundas de condutas dessa natureza geram resultados e situações que carecem da incidência da norma, já que, inegavelmente, envolvem direitos das pessoas, uma delas a criança, ontologicamente sujeito vulnerável.

10.1 PRODUÇÃO INDEPENDENTE CONVENCIONAL

Chamamos de produção independente convencional o acerto ou o acordo entre duas pessoas que se conhecem e decidem praticar conjunção carnal com o intento claro de gravidez. No entanto, nesse caso, uma das partes tem a intenção prévia de abrir mão da paternidade (e maternidade) e seus efeitos jurídicos. Essa situação pode envolver pessoas amigas ou mesmo conhecidas e o intuito é propiciar à outra pessoa a constituição de uma família monoparental.

Aqui, alguns esclarecimentos são necessários. A produção independente ou projeto monoparental programado, como antes já trabalhado, também pode ocorrer no âmbito assistido da reprodução clínica, envolvendo, inclusive, três hipóteses: com o uso de doador desconhecido (situação claramente prevista pela

Resolução CFM 2.320/2022), mediante doação de sêmen em banco de doadores; com o uso de sêmen de parente (situação também prevista na resolução); e, por fim, ainda, em casos de doação entre conhecidos não parentes, ou seja, certamente, entre amigos (neste caso, não há previsão na resolução, mas é prática não tão rara no âmbito medicamente assistido).

As três hipóteses relatadas não devem ser confundidas com a que chamamos de produção independente convencional, que tem como característica central não envolver clínica de reprodução medicamente assistida.

De volta ao que denominamos produção independente convencional, cabe ressaltar que o elemento caracterizador do fato "nascimento" é a conjunção carnal (ou cópula), diferentemente do que chamamos produção independente assistida, em que o fato relevante é a institucionalização da doação do gameta, porquanto realizada em clínica de reprodução humana.

Naturalmente, a prática da conjunção carnal é a maneira de se ter uma prole, mas a novidade que se quer evidenciar são as situações em que pessoas buscam instrumentalizá-la, transformando-a em objeto de contrato. Assim, a obrigação de uma das partes é praticar a relação sexual e abrir mão da possível consequência da gravidez.

A objetificação da conjugação carnal, nesse contexto, tem consequências não muito claras à luz da ordem jurídica, já que se trata de modelo contratual atípico. Em um esforço hermenêutico, não havendo a formalização do contrato, a consequência principal seria o reconhecimento da filiação para ambas as partes. É claro que quem teve a intenção de ter um filho, nessas condições, pode não acionar o outro quanto ao reconhecimento, no entanto, qualquer mudança da decisão da parte modificaria o estado de filiação.

Segurança maior haverá quando da formalização da vontade, de preferência por contrato escrito e registrado em cartório, em que as partes definem que a obrigação contratual se resume à prática da conjunção carnal e que a filiação se dará unilateralmente. Por óbvio, diante da novidade desse novo modelo parental, os casos concretos trarão particularidades que ensejarão a busca de argumentos adequados para preservar os bens jurídicos envolvidos.

10.2 INSEMINAÇÃO CASEIRA

Em um contexto de tantas desigualdades, principalmente econômica, cresce, no Brasil, a busca por um modelo de reprodução não assistida, alijado das clínicas especializadas onde o serviço de procriação é um ato médico. Segundo reporta-

CAPÍTULO 10 • PRODUÇÃO INDEPENDENTE CONVENCIONAL E INSEMINAÇÃO CASEIRA **243**

gem da CNN,[1] há grupos no *facebook* e no *whatsapp* criados, tanto por pessoas que oferecem o próprio sêmen quanto por mulheres que relatam as próprias experiências de terem bebês pela chamada inseminação caseira ou doméstica.

Alguns relatos, publicados em matérias jornalísticas no país, nos últimos anos, confirmam essa nova prática.[2] Em matéria publicada pelo jornal Folha de São Paulo, intitulada "Inseminação caseira ganha impulso com pai 'real' e custo quase zero", um casal de duas mulheres buscou auxílio no procedimento doméstico de procriação em duas ocasiões. O primeiro procedimento seu deu em um cômodo separado, onde o doador encheu um frasco esterilizado de plástico com seu sêmen e transferiu para uma seringa. Uma das mulheres, no cômodo ao lado, introduziu o material em sua companheira, e algumas semanas depois o teste de gravidez confirmou o sucesso da tentativa.[3]

A segunda gestação desse mesmo casal foi concretizada por meio de um doador encontrado na internet. Um grupo virtual de mães indicou um casal que atendia em sua própria casa durante a madrugada. O processo foi rápido, "a mulher do doador trouxe a seringa com o sêmen, após o casal namorar", enquanto as mulheres aguardavam no quarto do lado. A transferência do sêmen foi feita em uma das mulheres demandantes gerando a segunda gravidez. "A bebê foi a 17ª nascida a partir da inseminação feita no quarto alugado pelo doador e sua mulher desde o início do ano passado". Nesse contexto, uma das únicas exigências foi "fazer a inseminação de madrugada, quando os sete filhos do doador estão dormindo, além de apresentar exames de saúde recentes para HIV, hepatite e HPV".[4]

Em outro relato, a gravidez se deu com a doação de sêmen do namorado de um amigo de uma das mulheres. O sêmen doado foi injetado por uma delas no corpo da outra e, em três tentativas durante a semana, a gravidez foi concretizada. Neste caso, as mulheres foram aconselhadas por um advogado a reduzir os termos do acordo por contrato, no entanto, decidiram tudo por meio de uma

---

1. CNN Brasil. *Inseminação caseira para engravidar cresce no Brasil.* 04 ago. 2022. Disponível em: https://www.cnnbrasil.com.br/nacional/inseminacao-caseira-para-engravidar-cresce-no-brasil-entenda-os--riscos/ Acesso em: 29 out. 2023.
2. Conforme matérias relatadas no artigo: MEIRELLES, Ana Thereza. Projetos parentais por meio de inseminações caseiras: Uma análise bioético-jurídica. *Revista Brasileira de Direito Civil – RBDCivil,* Belo Horizonte, v. 24, p. 101-119, abr./jun. 2020. DOI: 10.33242/rbdc.2020.02.006.
3. ZYLBERKAN, Mariana. Inseminação caseira ganha impulso com pai 'real' e custo quase zero. *Folha de São Paulo,* 15 out. 2017. Disponível em: www1.folha.uol.com.br/cotidiano/2017/10/1927109-inseminacaocaseira-ganha-impulso-com-pai-real-e-custo-quase-zero.shtml. Acesso em: 29 abr. 2020.
4. ZYLBERKAN, Mariana. Inseminação caseira ganha impulso com pai 'real' e custo quase zero. *Folha de São Paulo,* 15 out. 2017. Disponível em: www1.folha.uol.com.br/cotidiano/2017/10/1927109-inseminacaocaseira-ganha-impulso-com-pai-real-e-custo-quase-zero.shtml. Acesso em: 29 abr. 2020.

conversa informal. Uma das demandantes afirmou não terem mais contato com o doador que, de toda forma, garantiu-lhes não querer ser pai da criança gerada.[5]

A BBC Brasil veiculou reportagem sobre perfis de doadores de sêmen já conhecidos no país, que anunciam, nas redes sociais, suas características físicas, estéticas e intelectuais. Um deles afirma ser loiro, grisalho, com olhos azuis, 1,80m de altura, 80 quilos e tipo sanguíneo O negativo, com ascendência portuguesa, inglesa, alemã e indígena, considerando-se um dos maiores doadores de sêmen na forma doméstica, cuja prática iniciou em 2015. Relata que, na maioria das doações, as mães pediam para que ele assinasse um termo abrindo mão da paternidade e, em raros casos, pediam que ele registrasse a criança, feito que realizou duas vezes.[6]

Na mesma reportagem, há notícia de uma mulher que engravidou desse mesmo doador ao descobrir sua existência no *facebook*. Afirmou a mulher que sempre quis realizar o procedimento com um doador conhecido e não anônimo, para que pudesse ter acesso à sua identidade biológica. No entanto, neste caso, a questão ultrapassou o conhecimento para que, a pedido dela, o doador registrasse a criança, com o que ele concordou.[7]

Assim, a nomenclatura "inseminação caseira" revela um procedimento não assistido por profissionais da área da saúde em que uma mulher ou um casal de mulheres busca alguém que se disponha a ser "doador" de material biológico para a realização do sonho da maternidade. Para tanto, colhe-se o esperma que é inserido numa seringa e injetado no corpo da mulher "tentante". Veja-se que não há contato físico entre as partes e, na grande maioria das vezes, não há, também, a intenção de paternidade por parte do cedente do sêmen.

Essa prática, além do risco para a saúde da mulher, uma vez que as tentativas são procedidas em ambiente inadequado e as partes não se sujeitam a todos os exames laboratoriais necessários, provoca muitos questionamentos biojurídicos.

Para ilustrar tais questionamentos, aportamos, de início, precedentes jurisprudenciais importantes com o objetivo de descortinar os fundamentos favoráveis e desfavoráveis exarados pela atividade jurisdicional acerca das consequências da realização desse tipo de projeto parental. Em seguida, passaremos a analisar a

---

5. BRANDALISE, Camila. Engravidei com inseminação artificial caseira, diz mulher de casal lésbico. *UOL Notícias*, 27 jul. 2018. Disponível em: universa.uol.com.br/noticias/redacao/2018/07/25/fiz-inseminacaoartificial-caseira-com-produtos-de-farmacia-e-engravidei.htm. Acesso em: 29 abr. 2020.
6. LEMOS, Vinicius. Os brasileiros que doam esperma para inseminações caseiras. *BBC Brasil*, 29 nov. 2017. Disponível em: https://www.bbc.com/portuguese/geral-42145205. Acesso: 21 abr. 2020.
7. LEMOS, Vinicius. Os brasileiros que doam esperma para inseminações caseiras. *BBC Brasil*, 29 nov. 2017. Disponível em: https://www.bbc.com/portuguese/geral-42145205. Acesso: 21 abr. 2020.

CAPÍTULO 10 • PRODUÇÃO INDEPENDENTE CONVENCIONAL E INSEMINAÇÃO CASEIRA

pertinência dos argumentos, considerando os riscos sanitários e jurídicos, mas, também, a inegável existência de uma vida que precisa ser reconhecida e protegida.

10.2.1 Alguns precedentes jurisprudenciais

Após realizada consulta ao site do Tribunal de Justiça do Estado de São Paulo, selecionamos alguns julgados, entre os anos de 2019 e 2023, que trazem fundamentos diversos, tanto para indeferir a pretensão de dupla maternidade quanto para reconhecê-la, em situações de inseminação caseira com sêmen doado. Interessante ressaltar que as Câmaras de Direito Privado do TJSP vêm utilizando a expressão "inseminação heteróloga caseira".

Para fins de melhor compreensão, agrupamos, inicialmente, os julgados desfavoráveis a pedidos de alvarás judiciais para reconhecimento de dupla maternidade:

A 7ª Câmara de Direito Privado do TJSP, ao analisar a apelação registrada sob o 1024709-26.2022.8.26.0224,[8] decidiu desfavoravelmente ao pedido, proposto no curso da gestação por duas mulheres, de reconhecimento de dupla maternidade à criança concebida por meio de inseminação heteróloga caseira.

O Ministério Público argumentou que a criança ainda não nascera e, portanto, o ato de registro de nascimento representaria mera expectativa de direito, que é evento futuro e incerto. Enfatizou que não se justificaria a emissão de uma ordem direcionada a um oficial do registro, tendo em vista que, na ocorrência do nascimento, o ato deverá ser formalizado de acordo com o Registro de Nascimento de Vivos. Esse entendimento corrobora a teoria natalista, que reconhece que a personalidade jurídica é adquirida somente no momento do nascimento com vida, ressalvando, entretanto, a possibilidade de resguardar os direitos do nascituro.

O julgado se centra na inexistência do nascimento com vida para postergar a análise do mérito quanto a possibilidade de registro da dupla maternidade, que

---

8. SÃO PAULO. Tribunal de Justiça do Estado de São Paulo. *Acórdão processo 1024709-26.2022.8.26.0224.* Apelação. Alvará judicial. Autorização de registro civil. Dupla maternidade. Inseminação artificial caseira. Sentença de improcedência. Insurgência das autoras. Argumento de que, por se tratar de inseminação artificial, não é possível atender às diretrizes do Provimento CNJ 63, motivo pelo qual necessitam do alvará judicial. Parecer da Douta Procuradoria-Geral de Justiça aduzindo, preliminarmente, a carência de ação das autoras. Filio-me a esta solução. Nascimento não ocorrido, caracterizando mera expectativa de direito do nascituro. O Código Civil adota a teoria natalista ao exigir o nascimento com vida para a aquisição da personalidade jurídica, ressalvando a possibilidade de preservação dos direitos do nascituro. O direito aqui pleiteado, contudo, não surge antes do nascimento, carecendo as autoras de interesse de agir. Recurso desprovido. Sentença reformada *ex officio*, para julgar o processo extinto sem resolução do mérito. 7ª Câmara de Direito Privado. Relator: Des. Pastorelo Kfouri, 09 nov. 2022.

é o cerne da prática da inseminação caseira. Aventa, ainda, a possibilidade de, após esgotados os procedimentos administrativos, as recorrentes pleitearem, judicialmente, a adoção da criança, considerando o Provimento CNJ 83/2019.

Do mesmo modo, a 3ª Câmara de Direito Privado do TJSP, ao analisar a apelação 1022163-72.2023.8.26.0576,[9] proferiu decisão desfavorável ao pedido de reconhecimento de dupla maternidade ao nascituro concebido por meio de inseminação heteróloga caseira. A ação também foi proposta no curso da gestação por duas mulheres que vivem em união estável.

Nesse processo, as demandantes juntaram aos autos declaração na qual o doador renuncia a paternidade da criança. Para embasar o pedido, os argumentos se centraram na preservação dos vínculos afetivos, na promoção da dignidade em todos os âmbitos familiares e no estímulo à acessibilidade de indivíduos desprovidos de recursos financeiros à reprodução assistida.

De início, a decisão reconheceu que a solicitação do registro que abrange a dupla maternidade configurou uma tentativa de contornar a inexistência de previsão normativa, posto que a gravidez é resultado de método de reprodução informal e não regulamentado. Posteriormente, registrou a necessidade de se ter uma declaração do responsável técnico pelo procedimento de reprodução assistida, em conformidade ao Provimento CNJ 63/2017.

Sem reconhecer a dupla maternidade, o Tribunal concluiu que o nascituro detém o direito de buscar seu histórico e conhecer sua ancestralidade, especialmente considerando que o doador do material genético é identificado. Sublinhou, ainda, considerações pertinentes à escolha do perfil genético, uma vez que, não existindo regulamentação específica sobre a inseminação caseira, a assistência de um profissional médico se revelaria benéfica e o estrito cumprimento da legislação vigente é imperativo.

Os pontos aventados no curso do julgado se distanciam do cerne do pedido, que é o reconhecimento da dupla maternidade, no registro de nascimento da

---

9. SÃO PAULO. Tribunal de Justiça do Estado de São Paulo. *Acórdão processo 1022163-72.2023.8.26.0576*. Apelação. Alvará judicial para registro de dupla maternidade. Sentença de extinção do feito sem julgamento do mérito. Insurgência. Recorrentes em relação homoafetiva, que se valeram de inseminação caseira e pretendem o registro da dupla maternidade. Não acolhimento. Ausência de interesse de agir. Demanda que versa sobre nascituro, que ainda não é sujeito de direito. Precedentes do E. TJSP. De salientar que a demanda não versa sobre o registro da dupla maternidade ou da reprodução assistida, já que não há qualquer vedação a tal, nos termos do provimento 63/2017, CNJ. Pretendem, de fato, contornar a inviabilidade de registro que decorre do método informal de inseminação eleito. Debate que atravessa questões sobre padrões genéticos. Sensibilidade do tema impõe a observância da legislação em vigor. Sentença mantida. Apelo desprovido. 3ª Câmara de Direito Privado. Relator: Des. Donegá Morandini, 09 set. 2022.

CAPÍTULO 10 • PRODUÇÃO INDEPENDENTE CONVENCIONAL E INSEMINAÇÃO CASEIRA **247**

criança, de modo a evitar um posterior pedido de adoção unilateral da companheira que não gestou.

Outra decisão desfavorável ao pedido de dupla maternidade, por duas mulheres que conceberam uma criança por meio de inseminação heteróloga caseira, foi da 7ª Câmara de Direito Privado do TJSP, na apelação 1001267-16.2020.8.26.0575.[10] Embasado em Resolução do CFM, o Ministério Público emitiu parecer no sentido da ausência de evidências que comprovem que a criança seja resultado de inseminação artificial heteróloga.

A decisão foi fundamentada no Provimento CNJ 63/2017, que estabelece as diretrizes para o registro de nascimento e emissão da correspondente certidão de nascimento de filhos concebidos por meio de reprodução assistida. Segundo a Câmara, tal dispositivo não deixa margem para dúvidas quanto ao requisito essencial, que é a apresentação de uma declaração, emitida pelo diretor técnico da clínica, centro ou serviço de reprodução humana responsável pelo procedimento, atestando que a criança foi gerada por meio de reprodução assistida heteróloga, além de mencionar o nome dos beneficiários. Para a improcedência, considerou-se, também, ausência de provas que atestem que a concepção da criança ocorreu por meio de "reprodução artificial realizada no âmbito doméstico".

A 6ª Câmara de Direito Privado do TJSP, ao analisar a apelação 1019511-22.2021.8.26.0554,[11] negou o pedido de reconhecimento de dupla maternidade

---

10. SÃO PAULO. Tribunal de Justiça do Estado de São Paulo. *Acórdão processo 1001267-16.2020.8.26.0575*. Ação de Retificação de Registro Civil. Pedido das autoras, conviventes, para que se insira nome de uma delas como mãe da criança, esta concebida por inseminação caseira. Improcedência da ação que se mantém face o disposto no Provimento 63/2017 do CNJ, o qual exige declaração com firma reconhecida do diretor técnico da clínica, centro ou serviço de reprodução humana assistida Sentença mantida. Recurso não provido. 7ª Câmara de Direito Privado. Relator: Des.ª Maria de Lourdes Lopes Gil, 27 jun. 2021.

11. SÃO PAULO. Tribunal de Justiça do Estado de São Paulo. *Acórdão processo 1019511-22.2021.8.26.0554*. Registro civil. Nascimento. Autoras que vivem em união estável desde 2007, casando-se em 2019. Requerentes que, alegando ausência de condições econômicas para a contratação de inseminação artificial heteróloga em uma clínica de reprodução assistida, dizem haver realizado inseminação caseira, utilizando sêmen doado por um amigo, cuja identidade é anônima. Pedido de retificação da "declaração de nascido vivo" do menor, bem como de expedição de sua certidão de nascimento, registrando-se ambas como suas mães. Magistrado que julgou improcedente o pedido, acertadamente. Conselho Nacional de Justiça que editou o Provimento 63/2007 para disciplinar a matéria, exigindo-se, para o registro pleiteado, declaração assinada pelo diretor técnico da clínica de reprodução assistida, com firma reconhecida, atestando a realização do procedimento. Exigência feita, indistintamente, a casais homoafetivos ou heteroafetivos, como forma de se evitarem fraudes e se promover a segurança jurídica, além da veracidade do registro. Sentença que remeteu as partes à propositura de demanda própria, inclusive com eventual pedido de adoção unilateral, o que em nada prejudicaria o menor, dada a inexistência de distinções jurídicas baseadas na origem da filiação (art. 227, § 6º, CF/88). Sentença mantida. Recurso improvido. 7ª Câmara de Direito Privado. Relator: Des.ª Maria de Lourdes Lopes Gil, 27 jun. 2021.

solicitado por duas mulheres casadas que conceberam a criança por meio de inseminação heteróloga caseira.

A decisão embasou-se no Provimento CNJ 63/2017, que preconiza a possibilidade de reconhecimento da paternidade ou maternidade resultante de um processo de inseminação artificial heteróloga, desde que mediado por uma instituição de reprodução assistida. A Câmara fez referência, também, a Normas de Serviço estabelecidas pela Corregedoria Geral de Justiça, em especial o artigo 42-A, que estipula que o registro de filhos concebidos por meio de técnicas de reprodução humana assistida deve atender a todos os requisitos legais, incluindo a apresentação de documentação apropriada, qual seja a declaração emitida pelo responsável da clínica que realizou o procedimento.

Mais uma vez, a decisão se centrou na ausência de documentos que comprovem a inseminação heteróloga, parametrizando a análise a partir do que regulamentou o CFM sobre reprodução humana assistida. A decisão enfatizou a possibilidade de adoção unilateral por parte de uma das autoras, afirmando ser juridicamente inviável o registro da criança em nome das duas demandantes.

Por fim, a 8ª Câmara de Direito Privado do TJSP, ao analisar a Apelação 1012225-60.2022.8.26.0003,[12] negou provimento ao pedido de reconhecimento e registro de dupla maternidade apresentado por duas mulheres que mantêm união estável e conceberam a criança por meio de inseminação heteróloga caseira. As requerentes alegaram que não dispunham de recursos financeiros suficientes para custear as despesas de uma clínica de reprodução humana assistida, sendo a inseminação caseira a única alternativa viável para elas.

A decisão proferida se fundamentou nas diretrizes regulatórias que orientam o registro de crianças nascidas por reprodução humana assistida, contidas no Provimento CNJ 63/2017. Segundo a Câmara, a modalidade de reprodução executada pelas demandantes não está prevista nas hipóteses de registro apontadas no referido Provimento. A decisão conclui que as disposições normativas vigentes não foram estritamente obedecidas e que a emissão do alvará pleiteado não pode ser concedida em detrimento do processo administrativo associado ao registro de nascimento.

---

12. SÃO PAULO. Tribunal de Justiça do Estado de São Paulo. *Acórdão processo 1012225-60.2022.8.26.0003*. Ação declaratória – sentença de improcedência – autoras utilizaram método de "inseminação caseira" – pretensão de dupla maternidade no registro do filho que está sendo gerado por uma das autoras – descabimento – procedimento caseiro não regulamentado no ordenamento pátrio impede o acolhimento da pretensão inicial – sentença mantida – recurso desprovido. 8ª Câmara de Direito Privado. Relator: Des. Theodureto Camargo, 10 maio 2023.

CAPÍTULO 10 • PRODUÇÃO INDEPENDENTE CONVENCIONAL E INSEMINAÇÃO CASEIRA **249**

Lado outro, servem os julgados abaixo para demonstrar as razões que embasaram a procedência dos pedidos de registro de nascimento, por duas mulheres, de crianças nascidas por meio de inseminação caseira.

A 3ª Câmara de Direito Privado do TJSP, na Apelação 1003733-76.2021.8.26.0565,[13] deu provimento ao recurso das autoras para reconhecer-lhes a dupla maternidade. Elas vivem em união estável há mais de 16 anos e conceberam uma criança por meio de inseminação heteróloga caseira. A decisão se deu sob a perspectiva do reconhecimento da maternidade com base na relação socioafetiva. Segundo a Câmara, ficou provado que a escolha por conceber uma criança por esse meio ocorreu por consentimento unânime do casal, tendo o material biológico do doador sido transferido para a mulher mais jovem.

A argumentação do Ministério Público se deu no sentido de que a ação foi intentada prematuramente, uma vez que a criança contava com menos de um ano de idade e que a comprovação da posse do estado de filho demanda o transcurso de certo período de tempo para viabilizar a aferição da consolidação dos laços afetivos, na forma do enunciado 519 CJF.

No entanto, mesmo reconhecendo que não se pode negligenciar os riscos associados à inseminação artificial caseira heteróloga, os magistrados entenderam que a mãe socioafetiva tinha o direito de ser devidamente registrada e que o descumprimento do disposto no artigo 17, II, do Provimento CNJ 63/2017 não afasta o direito ao registro. O julgado ressaltou, ainda, que o reconhecimento da maternidade socioafetiva se alinha com o superior interesse da criança.

A 6ª Câmara de Direito Privado do TJSP, ao julgar a Apelação 1004874-05.2023.8.26.0002,[14] reconheceu a dupla maternidade solicitada por duas mu-

---

13. SÃO PAULO. Tribunal de Justiça do Estado de São Paulo. *Acórdão processo 1003733-76.2021.8.26.0565.* Reconhecimento de maternidade socioafetiva. Inseminação artificial heteróloga "caseira". Sentença de procedência, declarando a maternidade socioafetiva da coautora em relação à criança. Apelo do Ministério Público. Sentença mantida. Demonstrada, no caso, relação de afeto entre as autoras e da coautora A. P. com a menor. União estável homoafetiva. Convivência iniciada há mais de 16 anos. Concepção planejada pelas autoras em mútuo acordo. Possibilidade de registro de ambos os pais do mesmo sexo em caso de inseminação artificial heteróloga. Enunciados 40 do CNJ e 608 da CJF. Impossibilidade de contratação de serviço de fertilização em clínica particular não pode ser óbice ao direito da autora ao registro. Medida, no caso, que atende ao melhor interesse da menor. Desnecessidade, no contexto dos autos, de produção de outras provas. Recurso desprovido. 3ª Câmara de Direito Privado. Relator: Des. Carlos Alberto de Salles, 21 set. 2022.
14. SÃO PAULO. Tribunal de Justiça do Estado de São Paulo. *Acórdão processo 1004874-05.2023.8.26.0002.* Apelação. Inseminação artificial caseira. Interesse das requerentes. Questão superada ante o nascimento com vida e negativa do registro civil. Causa madura para enfrentamento do mérito. Provimento 63/2017 do Conselho Nacional de Justiça (art. 17, inciso II). Interpretação em cotejo com os princípios do Direito de Família e da dignidade da pessoa humana. Distinção entre famílias hetero ou homoafetivas que não tem lugar em nosso ordenamento (ADI 4.277 e ADPF 123). Reconhecimento da maternidade socioafetiva na ocasião do registro. Possibilidade. Pareceres 336/2014-E e 355/2014-E da E. Corregedoria

lheres legalmente casadas, que tiveram um bebê por meio de inseminação heteróloga caseira.

Em primeira instância o pedido foi julgado procedente com fundamento na viabilidade do reconhecimento de filiação socioafetiva, bem como na manifestação do 'estado de filho'. A decisão fez referência à jurisprudência do Supremo Tribunal Federal, que, ao deliberar sobre a questão da multiparentalidade em processo de repercussão geral, estabeleceu que a paternidade/maternidade socioafetiva, quer seja oficialmente registrada ou não, não impede o reconhecimento simultâneo de vínculos biológicos, atribuindo primordial importância à dimensão afetiva das relações interpessoais. Concluiu pela possibilidade de reconhecimento voluntário da maternidade perante o oficial do registro civil das pessoas naturais, em consonância com o princípio da igualdade jurídica em matéria de filiação.

No entanto, o pedido foi negado pelo oficial do Registro Civil das Pessoas Naturais e de Interdições e Tutelas, com base na falta de cumprimento dos requisitos estabelecidos no Provimento CNJ 63/2017. O oficial entendeu que a lavratura do ato, na esfera administrativa, não era possível sem intervenção judicial, diante da exigência de apresentação de declaração com firma reconhecida do diretor técnico da clínica, centro ou serviço de reprodução humana onde a reprodução assistida fora realizada, com indicação de que a gestação se dera por meio de reprodução assistida heteróloga, bem como o nome dos beneficiários.

A Câmara sustentou que o reconhecimento do registro da maternidade socioafetiva da criança deve prevalecer sobre disposições burocráticas e determinou o registro da criança com o nome e sobrenome de ambas as mães e seus ascendentes na certidão de nascimento. Concluiu, ainda, que a recusa ao reconhecimento da filiação socioafetiva no âmbito administrativo equivaleria a uma clara violação da proibição de discriminação com base na natureza da filiação, conforme estabelecido no parágrafo 6º do artigo 227 da Constituição da República de 1988. Se um filho biológico pode ser reconhecido voluntariamente, mediante uma declaração simples, desprovida de qualquer prova, perante o oficial do registro civil, o mesmo direito, sob as mesmas condições, deve ser estendido ao filho socioafetivo.

Entendemos acertada a decisão. No entanto, a razão para a procedência do pedido, ao nosso sentir, deveria ser alicerçada no planejamento parental que, originariamente, é de ambas as mulheres, não se distinguindo classes de mater-

---

Geral da Justiça em consonância com o art. 227, § 6º, da Constituição Federal. Socioafetividade que emerge das provas documentais acostadas aos autos. Recurso provido. 4ª Câmara de Direito Privado. Relator: Des. Maurício Campos da Silva Velho, 18 set. 2023.

CAPÍTULO 10 • PRODUÇÃO INDEPENDENTE CONVENCIONAL E INSEMINAÇÃO CASEIRA **251**

nidade, ou seja, a mãe biológica e a outra socioafetiva. No mesmo sentido são os julgados abaixo, da 4ª Câmara de Direito Privado do TJSP.

Ao analisar a Apelação 1009371-88.2022.8.26.0037,[15] a 4ª Câmara de Direito Privado do TJSP decidiu pela procedência do pedido de reconhecimento de dupla maternidade apresentado por duas mulheres casadas, que conceberam uma criança por meio de inseminação heteróloga caseira.

Inobstante o indeferimento da inicial ao fundamento de inexistência de interesse processual, porquanto ao nascituro se confere expectativa de direito, além de falta de previsão normativa para o caso de inseminação caseira, as requerentes defenderam a continuidade do processo. Segundo as autoras, sua vulnerabilidade econômica impossibilitava o custeio do método de reprodução assistida em uma clínica médica particular e, de mais a mais, a Constituição da República proíbe toda forma de discriminação relacionada à filiação. Ressaltaram a necessidade de observância dos princípios da dignidade da pessoa humana e da liberdade na tomada de decisões sobre o planejamento familiar.

A Câmara embasou sua decisão – como no julgado comentado acima – na jurisprudência do Supremo Tribunal Federal, que estabeleceu a tese da multiparentalidade. Argumentou que a viabilidade do reconhecimento voluntário da maternidade perante o oficial de registro civil das pessoas naturais se dá em consonância com o princípio da igualdade jurídica da filiação. Fez constar também que, embora o Provimento CNJ 63/2017, ao exigir uma declaração do diretor da clínica que realizou o procedimento de reprodução assistida, tenha como objetivo a segurança do processo, criou uma distinção de classe.

De acordo com a decisão colegiada, embora o método informal adotado pelas requerentes não esteja em conformidade com o ordenamento jurídico, nem deva ser incentivado, considerando a natureza inalienável dos direitos envolvidos e a necessidade de regulamentação, as circunstâncias peculiares do caso em questão justificam o reconhecimento do direito em prol do melhor interesse da criança. Seria, de fato, discriminatório exigir um procedimento judicial para o reconhecimento da filiação com base em laços afetivos, quando a filiação biológica não requer tal comprovação documental.

---

15. SÃO PAULO. Tribunal de Justiça do Estado de São Paulo. *Acórdão processo 1009371-88.2022.8.26.0037*. Apelação cível. Alvará judicial. Inseminação artificial caseira. Sentença de improcedência face o disposto no Provimento 63/2017 do CNJ (art. 17, I e II). Interpretação que deve ser harmoniosa com todos os valores e princípios jurídicos dos envolvidos. Inadmissibilidade de bloquear acesso à jurisdição efetiva (art. 5º, XXXV, da CF), com indeferimento da inicial, por ausência do prontuário clínico com a identidade do doador do sêmen. Sentença anulada, com o retorno dos autos à origem, para retomada de seu regular processamento. Recurso provido. 4ª Câmara de Direito Privado. Relator: Des. Vitor Frederico Kümpel, 08 mar. 2023.

No mesmo sentido foi a decisão 1002159-73.2022.8.26.0309,[16] da mesma 4ª Câmara de Direito Privado do TJSP. O que ocorreu, nesse caso, foi o indeferimento da inicial, sob a justificativa de que ali não constava documento com a identificação da identidade do doador do material biológico, exigência do artigo 17, inciso II do Provimento CNJ 63/2017. No entanto, em sede de recurso, a Câmara asseverou que tal regulamentação acabou por criar distinções adicionais entre os cidadãos. Concluiu pela viabilidade do processo para que fosse avaliada a existência da maternidade socioafetiva, especialmente em consideração à garantia da igualdade de direitos para casais homoafetivos, conforme estabelecido nas decisões das ADI 4277 e ADPF 132, julgadas pelo STF.

Ressaltou que, mesmo com o término da relação, ambas as mulheres quiseram ser mães e foi isso que as levou a procurar por um doador de gametas. Sendo assim, mesmo diante da interrupção informal da relação entre elas, tal fato não exime a obrigação de reconhecer os direitos resultantes da convivência que gerou uma criança. Esta, por sua vez, tem o direito de ter acesso a todas as informações possíveis (conforme o art. 27 do Estatuto da Criança e do Adolescente) para que, no futuro, possa exercer as prerrogativas conferidas pelo artigo 227 da Constituição da República, convivendo com ambas as figuras que estiveram presentes em sua vida intrauterina e nos primeiros anos de sua existência.

Na Apelação 1002159-73.2022.8.26.0309, a 4ª Câmara de Direito Privado do TJSP, proferiu decisão favorável ao pedido de reconhecimento de dupla maternidade e ascendência avoenga, solicitado por duas mulheres casadas, que conceberam a criança por meio de inseminação heteróloga caseira.

A decisão teve como fundamento a premissa de que o sistema legal não faz distinção entre filiação biológica e socioafetiva. A multiparentalidade é aceita, conforme estabelecido em sede de repercussão geral. Foi sinalizado na análise que o artigo 17, inciso II, do Provimento CNJ 63/2017 introduziu diferenciação entre pessoas concebidas por meio de estabelecimentos clínicos e aquelas cuja concepção ocorreu fora desse contexto.

Segundo a Câmara, o fato de a concepção ter ocorrido sem a intermediação de clínica especializada não afeta a existência legal e factual do nascido vivo,

---

16. SÃO PAULO. Tribunal de Justiça do Estado de São Paulo. *Acórdão processo 1002159-73.2022.8.26.0309*. Inseminação artificial caseira. Ausência do documento exigido pelo Provimento 63/2017 (art. 17, II) editado pelo CNJ. Interpretação que deve ser harmoniosa com todos os valores e princípios jurídicos dos envolvidos, inclusive a criança. Inadmissibilidade de bloquear acesso à jurisdição efetiva (art. 5º, XXXV, da CF), com indeferimento da inicial, porque os interessados não utilizaram de clínica de reprodução humana ou não obtiveram cadastro oficial para identificação do doador e isso não poderá inviabilizar o projeto do casal homoafetivo. Provimento, para que a ação prossiga, realizadas as provas pertinentes. 4ª Câmara de Direito Privado. Relator: Des. Enio Zuliani, 18 ago. 2022.

CAPÍTULO 10 • PRODUÇÃO INDEPENDENTE CONVENCIONAL E INSEMINAÇÃO CASEIRA **253**

mantendo seu *status* como sujeito de direitos. A decisão ressalta a igualdade de tratamento entre famílias hetero e homoafetivas, corroborando o entendimento proferido nas decisões das ADI 4.277 e ADPF 123. Por tais motivos, entendeu não ser cabível procedimento de adoção pela genitora não biológica e enfatizou a boa-fé das requerentes, que casaram e constituíram família livremente.

A 4ª Câmara de Direito Privado do TJSP, na análise da apelação registrada sob o 1055550-93.2019.8.26.0002,[17] emitiu decisão desfavorável ao pleito do Ministério Público, que entendeu não ser cabível a pretensão das autoras de buscarem o reconhecimento de dupla maternidade, porquanto, ao seu olhar, caberia, no caso, procedimento de adoção, posto que o período decorrido era insuficiente para a configuração de maternidade socioafetiva. Lado outro, ainda, o MP requereu o reconhecimento da paternidade biológica do doador.

A ação foi proposta por duas mulheres legalmente casadas, que conceberam a criança por meio de inseminação heteróloga caseira, e formalizaram um acordo com o doador, estabelecendo como condição a ausência de qualquer vínculo emocional entre ele, as requerentes e a criança.

A decisão da Câmara foi no sentido de não ser cabível a determinação do reconhecimento automático da paternidade biológica do doador, uma vez que os autos revelam que sua atuação se restringiu à mera doação de material genético, respaldada por uma declaração pública que atesta a completa ausência de laços afetivos tanto com as autoras quanto com a criança em questão.

A decisão também infere que não se trata de adoção da criança e alega ser notório existir clara diferenciação entre os efeitos jurídicos resultantes da adoção e da reprodução assistida heteróloga. Na primeira, há a extinção do vínculo legal entre a criança e os genitores biológicos, enquanto, na segunda, esse vínculo sequer chega a existir.

A Câmara concluiu que a escolha em conceber uma criança por meio desse método foi concretizada a partir do pleno consentimento do casal e a implantação do material genético de um terceiro seu deu na requerente mais jovem. Assim, desde a concepção até o nascimento e durante toda a vida da criança, ambas as autoras estiveram envolvidas e participaram, ativamente, assumindo o papel de mães, compartilhando responsabilidades e cuidados.

---

17. SÃO PAULO. Tribunal de Justiça do Estado de São Paulo. *Acórdão processo 1055550-93.2019.8.26.0002.* Ação de reconhecimento de maternidade Ação de procedência Insurgência do Ministério Público em recurso de apelação União homoafetiva Criança concebida através de inseminação artificial heteróloga "caseira" Demonstração da doação de material genético por terceiro, que declarou a ausência de vínculo afetivo com as autoras e com a criança Comprovação da parentalidade socioafetiva que possibilita a declaração de maternidade. Sentença mantida Recurso não provido. Nega-se provimento ao recurso. 4ª Câmara de Direito Privado. Relator: Des. Márcia Dalla Déa Barone, 21 jan. 2022.

10.2.2 ANVISA e riscos sanitários

Como apontamos no item 10.2, as mulheres que se submetem à inseminação caseira devem estar cientes dos riscos, posto que a conduta é praticada fora dos serviços de saúde e o sêmen utilizado não provém de um banco de doadores. Sendo assim, as vigilâncias sanitárias e a Anvisa não têm poder de fiscalização.

A Agência Nacional de Vigilância Sanitária (Anvisa), em comunicado publicado em seu site, originariamente em 2018 e atualizado em 2022, traz informações relevantes para que a decisão a ser tomada, por parte de quem busca essa prática, seja consciente e esclarecida.

Sobre a questão biológica, a Anvisa pontua o risco de transmissibilidade de doenças graves que podem afetar a saúde da gestante e do bebê. "Isso se dá devido à introdução no corpo da mulher de um material biológico sem triagem clínica ou social, que avalia os comportamentos de risco, viagens a áreas endêmicas e doenças pré-existentes no doador, bem como a ausência de triagem laboratorial para agentes infecciosos"[18] o que inclui patologias como HIV, Hepatites B e C, Zika vírus e outras.

O uso de instrumentos inapropriados, afirma a Anvisa, é mais um risco quando manipulado por leigos. Outro aspecto advertido pelo órgão é a grande possibilidade de existir contaminação por bactérias e fungos, uma vez que a manipulação do sêmen é feita em ambiente aberto.[19]

Transcrevemos abaixo alerta sobre os riscos, apontados pela agência fiscalizadora, destinado às pessoas que cogitam fazer a inseminação artificial caseira:

> Qualquer material biológico de terceiros requer avaliação antes de ser introduzido em outra pessoa.
>
> As triagens social, clínica e laboratorial do doador são necessárias para eliminar riscos de transmissão de doenças por meio da avaliação da presença de agentes infecciosos, como HIV, Hepatites B e C, Zika Vírus, Chikungunya, entre outros.

---

18. ANVISA. *Inseminação artificial caseira*: riscos e cuidados. Procedimento feito em casa com uso de seringas e esperma colhido na hora pode trazer alguns riscos e está fora da competência da Anvisa. Anvisa, 6 abr. 2018. Disponível em: http://portal.anvisa.gov.br/noticias/-/asset_publisher/FXrpx9qY-7FbU/content/ inseminacao-artificial-caseira-riscocuidados/219201?p_p_auth=KWOtL9KK&inheritRedirect=false. Acesso em: 18 abr. 2023.
19. ANVISA. *Inseminação artificial caseira*: riscos e cuidados. Procedimento feito em casa com uso de seringas e esperma colhido na hora pode trazer alguns riscos e está fora da competência da Anvisa. Anvisa, 6 abr. 2018. Disponível em: http://portal.anvisa.gov.br/noticias/-/asset_publisher/FXrpx9qY-7FbU/content/ inseminacao-artificial-caseira-riscocuidados/219201?p_p_auth=KWOtL9KK&inheritRedirect=false. Acesso em: 18 abr. 2023.

CAPÍTULO 10 • PRODUÇÃO INDEPENDENTE CONVENCIONAL E INSEMINAÇÃO CASEIRA **255**

A exposição ao ambiente também deve ser considerada. Na inseminação caseira o esperma fica em contato com o ambiente externo e com os micro-organismos do ar durante alguns momentos.[20]

É necessário ressaltar a importância desse comunicado para a saúde dos envolvidos e a legítima decisão de não incentivar a prática. Todavia, o comunicado não tem força normativa e não é capaz de evitar a realização de projetos parentais por parte de quem o deseja, ainda que sob a égide de riscos sanitários claros, e, como veremos a seguir, também jurídicos.

10.3 INSEMINAÇÃO CASEIRA: DA PRECARIEDADE JURÍDICA DO ACERTO À NECESSIDADE DA TUTELA DAS IMPLICAÇÕES

Após trazermos o panorama da inseminação caseira, também denominada inseminação caseira heteróloga pelos precedentes apresentados, cabe analisar alguns pontos utilizados como fundamentação pelos recentes julgados para atribuir ou não a dupla maternidade.

Antes, há que se reconhecer a precariedade jurídica desse tipo de acordo, posto que, sendo feita a doação do sêmen fora das clínicas de reprodução humana assistida, não há garantia legal de que a paternidade não possa ser reconhecida posteriormente. No mesmo sentido, também não há garantia jurídica de reconhecimento de maternidade para a companheira da mulher que gestou a criança.

Afirmar a precariedade jurídica do acordo não afasta a sua existência e as consequências que dela podem surgir,[21] cabendo ao judiciário adotar medidas que facilitem a constituição desse modelo familiar, que, de maneira alguma, se distancia do paradigma da pluralidade que orienta a Constituição da República.

Parte dos julgados mencionados decidiu no sentido de que, nesse contexto, a adoção seria a única solução para estabelecer a filiação. De pronto, rechaçamos o argumento da pertinência da adoção como forma de reconhecer a maternidade para uma das mulheres, eis que o projeto parental é de ambas e, para concretizá-

---

20. ANVISA. *Inseminação artificial caseira*: riscos e cuidados. Procedimento feito em casa com uso de seringas e esperma colhido na hora pode trazer alguns riscos e está fora da competência da Anvisa. Anvisa, 6 abr. 2018. Disponível em: http://portal.anvisa.gov.br/noticias/-/asset_publisher/FXrpx9qY-7FbU/content/ inseminacao-artificial-caseira-riscocuidados/219201?p_p_auth=KWOtL9KK&inheritRedirect=false. Acesso em: 18 abr. 2023.

21. "Portanto, a partir do momento em que não há lei, aqueles que buscam o seu direito ao planejamento familiar devem estar cientes de todos os riscos que a IC envolve, que vai além da insegurança da saúde do doador. Envolve a filiação propriamente dita, que é a essência de todo o projeto parental" (GOZZO, Débora; NOMURA-SANTIAGO, Maria Carolina. Inseminação caseira: Um debate sobre filiação. In: MASCARENHAS, Igor Lucena; DADALTO, Luciana (Coord.). *Direitos reprodutivos e planejamento familiar*. Indaiatuba, SP: Editora Foco, 2024, p. 99).

-lo, necessário se faz que alguém se disponha a doar o sêmen e, por óbvio, uma das mães para gestar. A estrutura desse tipo de projeto parental exclui uma das mulheres como gestante, mas isso não impede o reconhecimento de que ambas são partes iguais do intento. Não cabe, portanto, buscar na adoção a solução para a garantia da dupla maternidade, até porque não se está a desconstituir relações familiares anteriores para a constituição de uma nova família. O modelo familiar que se busca com a inseminação caseira é, originariamente, formado por duas mulheres que almejam uma prole a partir da gestação de uma delas.

Em grande parte dos julgados, foi ventilada a necessidade de se ter uma declaração do responsável técnico pelo procedimento de reprodução assistida, em conformidade ao Provimento CNJ 149/2023 (antigo Provimento CNJ 63/2017). No entanto, se o projeto parental decorreu de procedimento caseiro, longe do controle técnico das clínicas de reprodução, a utilização desse argumento nada mais é do que decidir por não decidir. Não há como condicionar o registro da dupla maternidade à apresentação de uma declaração que advém de uma prática formal.

Ainda cabe considerar que o reconhecimento da dupla maternidade encontra guarida no fundamento da multiparentalidade, respaldado pela Constituição da República e pela posição do Supremo Tribunal Federal.

CONSIDERAÇÕES FINAIS

As contribuições que ora propomos tiveram seu ponto de partida na preocupação em investigar questões médicas que integram a prática das técnicas de reprodução humana assistida. Para isso, destinamos, por motivação metodológica, todo o capítulo 1 do livro, e pulverizamos, à medida que a necessidade surgia, outros conteúdos médicos no cerne dos pontos que demandavam esclarecimentos dessa natureza. Dada à tecnicidade do assunto, entendemos que é fundamental, a nós e ao leitor, buscar conhecer a medicina especializada para que seja adotado o melhor caminho interpretativo.

Disso, um pressuposto se tornou evidente. Construímos entendimentos que propugnaram revelar coesão em seus argumentos, para que nossas posições biojurídicas fossem compreendidas a partir de um conjunto de fundamentos que se entrelaçam, estabelecendo, entre si, uma relação de complementariedade e causalidade. Um dos pontos centrais que demonstram essa nossa proposta é assumir que o embrião extracorpóreo, mesmo possuidor de valor ontológico pelo que representa, não desfruta da mesma condição jurídica que o nascituro e está mais distante ainda da categoria de pessoa. Afastar o embrião da titularidade do direito à vida é o único entendimento que se alinha à legitimação de condutas e práticas já sedimentadas socialmente e, há tempos, permitidas pelo direito.

O especial protagonismo dos direitos reprodutivos, como fundamento para algumas críticas que lançamos, se revelou como um guia perante situações exclusivamente regulamentadas pelo comando deontológico em vigência. Ao optar por não legislar sobre o assunto, o Brasil, como um dos poucos países ocidentais, abre mão de conferir perspectiva especializada, sob a influência direta dos arcabouços constitucional e infraconstitucional, contribuindo para que muitas demandas que orbitam a procriação medicamente assistida tenham como única alternativa a judicialização.

A evolução da medicina especializada, que, na reprodução, representa um conjunto de segmentos diferentes, envolvendo a genética e a embriologia, trouxe questões novas ao debate e, certamente, descortinará, cada vez mais, desdobramentos capazes de instar o direito a se posicionar. O fluxo da relação entre as áreas médica e jurídica tem sido conduzido pela velocidade dos avanços da medicina e pela transitoriedade das suas descobertas *versus* a morosidade do processo legislativo ordinário. O ritmo com que o direito brasileiro, sob a perspectiva do ato de legislar, impôs ao tema da reprodução, abriu importante espaço à doutrina e aos precedentes jurisprudenciais que, muitas vezes, se tornam o primeiro julgado sobre determinada demanda relacionada a decisões que envolvem a execução das técnicas.

Reservamos ao leitor a garantia de continuidade futura desse escrito, na medida em que passemos a incorporar os desdobramentos que surgirão das novas possibilidades médicas e da casuística da prática, seja em referência ao cenário jurídico brasileiro ou para relato comparativo do direito estrangeiro. Outras edições incorporarão os desdobramentos da prática e serão influenciadas pelo que, como autoras, seguiremos a discutir e descortinar nas aulas com graduandos, pós-graduandos, mestrandos e doutorandos.

REFERÊNCIAS

ABELLÁN, Fernando. Aspectos bioéticos y legales del diagnóstico preimplantatório (DPG). *Revista de la Escuela de Medicina Legal*, Madrid. Universidade Complutense Madrid. Setembro, 2006.

ABELLÁN, Fernando. Diagnóstico genético embrionário y eugenesia: un reto para el derecho sanitário. *Revista DS*, v. 15, n. 1, p. 75-97, jan.-jun. 2007.

ABELLÁN, Fernando. *Selección genética de embriones. Entre la libertad reproductiva y la eugenesia*. Granada: Comares, 2007.

AHMAD, Roseli Borin Ramadan. *Identidade genética e exame de DNA*. Curitiba: Juruá, 2009.

ALCÂNTARA, Manuel J. Santos. Aspectos bioéticos del consejo genético em la era del proyecto del genoma humano. *Acta Bioethica*, ano X, n. 2, p. 191-200, 2004.

ALMEIDA, Renata Barbosa de; RODRIGUES JÚNIOR, Walsir Edson. *Direito Civil:* famílias. 3. ed. Belo Horizonte: Expert, 2023.

ALVARENGA, Bruno Henrique Andrade. *Reprodução humana assistida:* Aspectos jurídicos na seleção pré-implantacional de embriões. Curitiba: Appris, 2020.

AMBAR, Rafael Favero; GAVA, Marcelo Machado; GLINA, Sidney. Propedêutica avançada do fator masculino: Além do espermograma. In: CAETANO, João Pedro Junqueira; MARINHO, Ricardo Mello; PETRACCO, Alvaro; LOPES, Joaquim Roberto Costa; FERRIANI, Rui Alberto (Org.). *Medicina reprodutiva SBRH*. São Paulo: Segmento Farma: SBRH, 2018.

AMERICAN SOCIETY OF REPRODUCTIVE MEDICINE (ASRM). *Practice Committee Documents*. Disponível em: https://www.asrm.org/news-and-publications/practice-committee-documents/. Acesso em: 23 fev. 2023.

ANVISA. *1º Relatório de Amostras Seminais para uso em Reprodução Humana Assistida*. 2017. Disponível em: file:///C:/Users/Baiana/Downloads/1%C2%BA%20Relat%C3%B3rio%20 de%20Importa%C3%A7%C3%A3o%20%20Reprodu%C3%A7%C3%A3o%20Humana%20Assistida%202017.pdf. Acesso em: 24 abr. 2023.

ANVISA. *2º Relatório –* Dados de Importação de Células e Tecidos Germinativos para Uso em Reprodução Humana Assistida. 2018. Disponível: em: file:///C:/Users/Baiana/Downloads/2%C2%BA%20Relat%C3%B3rio%20de%20Importa%C3%A7%C3%A3o%20%20 Reprodu%C3%A7%C3%A3o%20Humana%20Assistida%202018%20(2).pdf. Acesso em: 24 abr. 2023.

ANVISA. *12º Relatório de produção de embriões –* SisEmbrio. Agência Nacional de Vigilância Sanitária – Anvisa. Disponível em: file:///C:/Users/Baiana/Downloads/12%C2%BA%20Relat%C3%B3rio%20do%20Sistema%20Nacional%20de%20Produ%C3%A7%C3%A3o%20 de%20Embri%C3%B5es%20-%20SisEmbrio%20(2).pdf. Acesso em: 22 fev. 2023.

ANVISA. *13º Relatório de produção de embriões* – SisEmbrio. Agência Nacional de Vigilância Sanitária – Anvisa. Disponível em: https://app.powerbi.com/view?r=eyJrIjoiOTVjM-DYxOGMtMmNlYy00MjQ3LTg3Y2ItYTAxYTQ4NTkxYjFkIiwidCI6ImI2N2FmM-jNmLWMzZjMtNGQzNS04MGM3LWI3MDg1ZjVlZGQ4MSJ9&pageName=Report-Section770f72a0cca27de07030. Acesso em: 24 abr. 2023.

ANVISA. *Anvisa habilita primeira empresa importadora de células germinativas e embriões no Brasil*. Outubro 2023. Disponível em: https://www.gov.br/anvisa/pt-br/assuntos/ noticias-anvisa/2023/anvisa-habilita-primeira-empresa-importadora-de-celulas-germinativas-e-embrioes-no-brasil. Acesso em: 20 dez. 2023.

ANVISA. *Dados institucionais*. Disponível em: https://www.gov.br/anvisa/pt-br/acessoainformacao/ institucional. Acesso em: 21 abr. 2023.

ANVISA. *Inseminação artificial caseira: riscos e cuidados*. Procedimento feito em casa com uso de seringas e esperma colhido na hora pode trazer alguns riscos e está fora da competência da Anvisa. Anvisa, 6 abr. 2018. Disponível em: http://portal.anvisa.gov.br/noticias/-/ asset_publisher/FXrpx9qY7FbU/content/ inseminacao-artificial-caseira-riscocuidados/219201?p_p_auth=KWOtL9KK&inheritRedirect=false. Acesso em: 18 abr. 2023.

ANVISA. *Nota Técnica 72. 2020*. Disponível em: https://www.gov.br/anvisa/pt-br/centraisdeconteudo/publicacoes/sangue-tecidos-celulas-e-orgaos/notas-tecnicas/revogadas/ nota-tecnica-72-2020-gstco/view. Acesso em: 22 abr. 2023.

ANVISA. *Relatório de Avaliação Sanitária dos Centros de Reprodução Humana assistida* – CRHA. 2019-2020. Disponível em: file:///C:/Users/Baiana/Downloads/Relat%C3%B3rio%20 Avalia%C3%A7%C3%A3o% 20Sanit%C3%A1ria%20CRHA%202019-2020%20(1).pdf. Acesso em: 1º maio 2023.

ANVISA. *Relatórios de produção de embriões* – SisEmbrio. Informações gerais. Agência Nacional de Vigilância Sanitária – Anvisa. Disponível em: www.gov.br. Acesso em: 22 fev. 2023.

ANVISA. *Relatório de produção de embriões* – SisEmbrio. 2020, 2021, 2022. Agência Nacional de Vigilância Sanitária – Anvisa. Disponível em: https://www.gov.br/anvisa/pt-br/acessoainformacao/dadosabertos/informacoesanaliticas/sisembrio. Acesso em: 2 abr. 2023.

ANVISA. *Resolução de Diretoria Colegiada (RDC) 339*. 26 de novembro de 2020. Disponível em: https://bvsms.saude. gov.br/bvs/audelegis/anvisa/2020/RDC_339_2020_.pdf. Acesso em: em: 21 abr. 2023.

ANVISA. *Resolução de Diretoria Colegiada (RDC) 771*. 22 de dezembro de 2022. Disponível em: http://antigo.anvisa.gov.br/documents/10181/5141698/RDC_771_2022_.pdf/816a-a15e-ceba-4e12-b666-9affe9d66957. Acesso em: 25 abr. 2023.

ARGENTINA. *Código Civil de la República Argentina*. Disponível em: https://www.oas.org/ dil/esp/codigo_civil_de_la_republica_argentina.pdf. Acesso em: 11 jan. 2024.

ARGENTINA. *Ley 26.862/2013*. Acceso integral a los procedimientos y técnicas médico-asistenciales de reproducción médicamente asistida. Disponível: https://www.argentina.gob. ar/normativa/nacional/ley-26862-216700/texto. Acesso em: 5 jan. 2024.

ARISTÓTELES. *A Política*. Trad. Roberto Leal Ferreira. 2. ed. 3. reimp. São Paulo: Martins Fontes, 2002.

REFERÊNCIAS **261**

ARROTEIA, Kélen Fabíola; BRAGA, Daniela Paes de Almeida Ferreira; VEIGA, Fernanda Cristina; COSTA; Carolina Frandsen Pereira da; PEREIRA, Luis Antonio Violin Dias. Fisiologia reprodutiva. In: BORGES JÚNIOR, Edson; BRAGA, Daniela Paes de Almeida Ferreira; SETTI, Amanda Souza (Coord.). *Reprodução humana assistida*. 2. ed. Rio de Janeiro: Atheneu, 2020.

ASSI, Juliana; BRAGA, Amanda Cristina; SILVA, Maria Gabriela Sant'Anna; OLIVEIRA, Cristiane, Araújo de. O papel da enfermagem nos serviços de reprodução assistida. In: CAETANO, João Pedro Junqueira; MARINHO, Ricardo Mello; PETRACCO, Alvaro; LOPES, Joaquim Roberto Costa; FERRIANI, Rui Alberto (Org.). *Medicina reprodutiva SBRH*. São Paulo: Segmento Farma: SBRH, 2018.

ATIENZA, Manuel. Sobre la gestación por sustitución. Otra vuelta de tuerca. *Revista Bioetica y Derecho*, Barcelona. 2022; 56: 107-124 DOI 10.1344/rbd2022.56.40721.

AUSIELLO, Dennis Arthur; GOLDMAN, Lee. Cecil. *Tratado de Medicina Interna*. 23. ed. São Paulo: Elsevier, 2010.

BADALOTTI, Mariangela; COLOMBO, Talita; KIRA, Ariane Tieko Frare; PETRACCO, Alvaro. Fertilização *in vitro* (FIV) e Injeção intracitoplasmática de espermatozoide (ICSI). In: CAETANO, João Pedro Junqueira; MARINHO, Ricardo Mello; PETRACCO, Alvaro; LOPES, Joaquim Roberto Costa; FERRIANI, Rui Alberto (Org.). *Medicina reprodutiva SBRH*. São Paulo: Segmento Farma: SBRH, 2018.

BADALOTTI, Mariangela. Seleção de sexo: aspectos médicos e biológicos. In: CLOTET, Joaquim; GOLDIM, José Roberto (Org.). *Seleção de sexo e Bioética*. Porto Alegre: Edipucs, 2004.

BARBAS, Stela Marcos de Almeida Neves. *Direito do Genoma Humano*. Tese de doutoramento em Ciências Jurídicas na Universidade Autonoma de Lisboa. Coimbra: Almedina, 2007.

BARBOZA, Heloiza Helena. Proteção jurídica do embrião humano. In: ROMEO CASABONA, Carlos María; QUEIROZ, Juliane Fernandes (Coord.). *Biotecnologia e suas implicações ético-jurídicas*. Belo Horizonte: Del Rey, 2005.

BBC Brasil. *Bebê nasce de embrião congelado há quase 20 anos*. Disponível em: www.bbc.co.uk/portuguese/ciencia/2010/10/101011_embriao_congelado_pu.shtml. Acesso em: 17 abr. 2023.

BEAUCHAMP, Tom; CHILDRESS, James. *Principles of biomedical ethics*. 7. ed. New York: Oxford University Press, 2013.

BEIGUELMAN, Bernardo. Genética, Ética e Estado: (Genetics, Ethics and State*). Brazilian Journal of Genetics*. Ribeirão Preto, v. 20, n. 3, Sept. 1997. Disponível em: www.scielo.br/scielo.php?script=sci_arttext&pid=S010084551997000300027&lng=en&nrm=iso. Acesso em: 30 nov. 2023.

BERTOLLO, Eny Maria Goloni; CASTRO, Rodrigo; CINTRA, Mariangela Torreglosa Ruiz; PAVARINO, Érika Cristina. O processo de Aconselhamento Genético. *Arq Ciênc Saúde*, 2013 jan.-mar. 20(1) 30-6.

BORGES JÚNIOR, Edson; BRAGA, Daniela Paes de Almeida Ferreira. Preservação da fertilidade masculina. In: BORGES JÚNIOR, Edson; BRAGA, Daniela Paes de Almeida

Ferreira; SETTI, Amanda Souza (Coord.). *Reprodução humana assistida.* 2. ed. Rio de Janeiro: Atheneu, 2020.

BORGES JÚNIOR, Edson; OLIVEIRA, Deborah Ciocci Alvarez de. *Reprodução assistida:* Até onde podemos chegar? São Paulo: Editora Gaia, 2000.

BOURGUET, Vincent. *O ser em gestação.* Reflexões bioéticas sobre o embrião humano. Tradução Nicolás Nymi Campanário. São Paulo: Edições Loyola, 2002.

BRANCO, Altina Castelo; FONTES, Alide Caroline Lima; CRUZEIRO, Ines katerina Damasceno Cavallo. Inseminação intrauterina: indicações, fatores prognósticos e resultados. In: CAETANO, João Pedro Junqueira; MARINHO, Ricardo Mello; PETRACCO, Alvaro; LOPES, Joaquim Roberto Costa; FERRIANI, Rui Alberto (Org.). *Medicina reprodutiva SBRH.* São Paulo: Segmento Farma: SBRH, 2018.

BRANDALISE, Camila. Engravidei com inseminação artificial caseira, diz mulher de casal lésbico. *UOL Notícias,* 27 jul. 2018. Disponível em: universa.uol.com.br/noticias/redacao/2018/07/25/fiz-inseminacaoartificial-caseira-com-produtos-de-farmacia-e-engravidei.htm. Acesso em: 29 abr. 2020.

BRASIL. *Constituição da República Federativa do Brasil.* 1988. Disponível em: https://www.planalto.gov.br/ccivil_03/constituicao/constituicao.htm. Acesso em: 02 jul. 2023.

BRASIL. *Decreto-Lei 2.848,* de 7 de dezembro de 1940. Institui o Código Penal. Disponível em: https://www.planalto.gov.br/ccivil_03/decreto-lei/del2848compilado.htm. Acesso em: 02 jul. 2023.

BRASIL. *Lei 3.268/1957.* Dispõe sobre os Conselhos de Medicina, e dá outras providências. Disponível em: https://www.planalto.gov.br/ccivil_03/LEIS/L3268.htm. Acesso em: 20 jun. 2023.

BRASIL. *Lei 8.069,* de 3 de julho de 1990. Estatuto da criança e do adolescente. Disponível em: https://www.planalto.gov.br/ccivil_03/leis/L8069.htm. Acesso em: 09 jul. 2023.

BRASIL. *Lei 9.434/1997,* de 04 de fevereiro de 1997. Dispõe sobre a remoção de órgãos, tecidos e partes do corpo humano para fins de transplante e tratamento e dá outras providências. Disponível em: https://www.planalto.gov.br/ccivil_03/leis/l9434.htm. Acesso em: 02 fev. 2023.

BRASIL. *Lei 9.782/1999.* Define o Sistema Nacional de Vigilância Sanitária, cria a Agência Nacional de Vigilância Sanitária, e dá outras providências. Disponível em: http://www.planalto.gov.br/ccivil_03/leis/ L9782compilado.htm. Acesso em: 21 abr. 2023.

BRASIL. *Lei 10.406,* de 10 de janeiro de 2002. Institui o Código Civil. Disponível em: https://www.planalto.gov.br/ccivil_03/LEIS/2002/L10406compilada.htm Acesso em: 02 jul. 2023.

BRASIL. *Lei 11.105,* de 24 de março de 2005. Lei de biossegurança. Disponível em: https://www.planalto.gov.br/ccivil_03/_Ato2004-2006/2005/Lei/L11105.htm. Acesso em: 02 jul. 2023.

BRENA, I. La Sentencia de la Corte Interamericana de Derechos Humanos, Caso Artavia Murillo y otros. (Fecundación in vitro) Vs Costa Rica; nuevas esperanzas para la libertad reproductiva en Latinoamérica. *Revista de Derecho y Genoma Humano,* Bilbao, n. 38, p. 149-166, enero-junio 2013.

BRIGATI, Bárbara; IZIQUE, Renata R. Doação de óvulos. In: BORGES JÚNIOR, Edson; BRAGA, Daniela Paes de Almeida Ferreira; SETTI, Amanda Souza (Coord.). *Reprodução humana assistida*. 2. ed. Rio de Janeiro: Atheneu, 2020.

CAETANO, João Pedro Junqueira; PEREIRA, Leonardo Matheus Ribeiro; XAVIER, Erica Becker de Souza; MARINHO, Ricardo Mello. Transferência embrionária (TE): O que é importante? In: CAETANO, João Pedro Junqueira; MARINHO, Ricardo Mello; PETRACCO, Alvaro; LOPES, Joaquim Roberto Costa; FERRIANI, Rui Alberto. (Org.). *Medicina reprodutiva SBRH*. São Paulo: Segmento Farma: SBRH, 2018.

CANGUILHEM, Georges. *O normal e o patológico*. Trad. Maria Thereza Redig. 7. ed. Rio de Janeiro: Forense, 2011.

CAPLAN, Arthur; McGEE, Glenn; MAGNUS, David. What is immoral about eugenics? *Center of Bioethics Papers*. University of Pensilvania. v.319. November, 1999. Disponível em: ibrary.upenn.edu/1017/1008. Acesso em: 18 abr. 2023.

CARVALHO, Bruno Ramalho; SOBRINHO, David Barreira Gomes; VASQUES, Raquel Medeiros; SÁNCHEZ, Carlos Portocarrero; ROLINDO, Taciana Fontes. Preservação da fertilidade em doenças benignas. In: CAETANO, João Pedro Junqueira; MARINHO, Ricardo Mello; PETRACCO, Alvaro; LOPES, Joaquim Roberto Costa; FERRIANI, Rui Alberto (Org.). *Medicina reprodutiva SBRH*. São Paulo: Segmento Farma: SBRH, 2018.

CARVALHO, Bruno Ramalho de Carvalho; ROLINDO, Taciana Fontes; SILVA, Romina Soledad Heredia Garcia; SOBRINHO, David Barreira Gomes; VASQUES, Raquel Medeiros. Herança epigenética, anomalias cromossômicas, defeitos congênitos e resultados perinatais em pessoas concebidas por técnicas de reprodução assistida. *Ímpar Medical Journal*. 2019. Disponível em: https://www.researchgate.net/publication/ 331141874_Heranca_epigenetica_anomalias_cromossomicas_defeitos_congenitos_e_resultados_perinatais_em_pessoas_concebidas_por_tecnicas_de_reproducao_assistida. Acesso em: 10 jan. 2024.

CAVAGNA, Mario; DZIK, Artur; CAVAGNA, Felipe. Preservação da fertilidade feminina. In: BORGES JÚNIOR, Edson; BRAGA, Daniela Paes de Almeida Ferreira; SETTI, Amanda Souza (Coord.). *Reprodução humana assistida*. 2. ed. Rio de Janeiro: Atheneu, 2020.

CEBIDJUSBIOMED. *Tiktoker americana viraliza nas redes sociais ao se dizer interessada em ser mãe de um bebê, cujo embrião é formato por material genético de seus pais*. Publicação construída pelo Grupo de Pesquisa em Rede e divulgada na rede social Instagram no perfil @cebidjusbiomed. 31 agosto 2023.

CFM. *Código de Ética Médica*. Resolução CFM 2.217/2018. Publicada em 1º de novembro de 2018. Disponível em: https://portal.cfm.org.br/images/PDF/cem2019.pdf. Acesso em: 20 jun. 2023.

CFM. *Recomendação CFM n. 1/2016*. Dispõe sobre o processo de obtenção de consentimento livre e esclarecido na assistência médica. Disponível em: https://sistemas.cfm.org.br/normas/visualizar/recomendacoes/BR/2016/1. Acesso em: 28 out. 2023.

CFM. *Resolução CFM 2.013/2013*. Adota as normas éticas para a utilização das técnicas de reprodução assistida, anexas à presente resolução, como dispositivo deontológico a ser seguido pelos médicos e revoga a Resolução CFM 1.957/10. Disponível em: portal.cfm.org.br/ images/PDF/resoluocfm%202013.2013.pdf. Acesso em: 17 ago. 2023.

CFM. *Resolução CFM 2.320/2022*. Adota normas éticas para a utilização de técnicas de reprodução assistida. Disponível em: https://sistemas.cfm.org.br/normas/arquivos/resolucoes/BR/2022/2320_2022.pdf. Acesso em: 23 fev. 2023.

CHINELATO E ALMEIDA, Silmara Juny. *Tutela civil do nascituro*. São Paulo: Saraiva, 2000.

CLEMENTE, Graziela Trindade; ROSENVALD, Nelson. Edição gênica e os limites da responsabilidade civil. In: MARTINS, Guilherme Magalhães; ROSENVALD, Nelson (Coord.); FALEIROS JÚNIOR, José Luiz de Moura (Org.). *Responsabilidade civil e novas tecnologias*. 2. ed. Indaiatuba, SP: Editora Foco, 2024.

CNJ. *Provimento 149*. 30 de agosto de 2023. Disponível em: https://atos.cnj.jus.br/atos/detalhar/5243. Acesso em: 18 set. 2023.

CNN Brasil. *Inseminação caseira para engravidar cresce no Brasil*. 04 ago. 2022. Disponível em: https://www.cnnbrasil.com.br/nacional/inseminacao-caseira-para-engravidar-cresce-no-brasil-entenda-os-riscos/ Acesso em: 29 out. 2023.

COELHO, Genevieve Marina; ROCHA, Marla Niag. S. Suporte hormonal da fase lútea em fertilização *in vitro* (FIV). In: CAETANO, João Pedro Junqueira; MARINHO, Ricardo Mello; PETRACCO, Alvaro; LOPES, Joaquim Roberto Costa; FERRIANI, Rui Alberto (Org.). *Medicina reprodutiva SBRH*. São Paulo: Segmento Farma: SBRH, 2018.

CONCIL OF EUROPE. PARLIAMENTARY ASSEMBLY. Report. Committee on Social Affairs, Health and Sustainable Development Rapporteur: Ms Petra De SUTTER, Belgium, Socialist Group. Doc. 14140 23 September 2016. *Children's rights related to surrogacy*. Disponível em: https://pace.coe.int/pdf/a78e4d8b4e90762e7126957315e97dd7d2c62b19306e6092d-feecc78570f00bf/doc.%2014140.pdf. Acesso em: 08 set. 2023.

CONVENÇÃO AMERICANA DE DIREITOS HUMANOS. Disponível em: www.pge.sp.gov.br/centrodeestudos/bibliotecavirtual/instrumentos/sanjose.htm. Acesso em: 16 abr. 2014.

COPELAN, Edward A. Hematopoietic stem-cell transplantation. *New England Journal of Medicine*, n. 354, p. 1813-1826, 2006.

CORNEL, Cesar Augusto; GREGORCZYK, Vivian Ramos; CORNEL, Felipe Viana; DUCLOU, Caroline Naback. Propedêutica Básica do Casal Infértil. In: CAETANO, João Pedro Junqueira; MARINHO, Ricardo Mello; PETRACCO, Alvaro; LOPES, Joaquim Roberto Costa; FERRIANI, Rui Alberto (Org.). *Medicina reprodutiva SBRH*. São Paulo: Segmento Farma: SBRH, 2018.

CORTE-REAL, Carlos Pamplona. Os efeitos familiares e sucessórios da procriação medicamente assistida. In: ASCENSÃO, José de Oliveira (Coord.). *Estudos de Direito da Bioética*. Coimbra: Almedina, 2005.

CORTÉS, Fabiola Villela; SALGADO, Jorge E. Linares. Eugenesia. Un análisis histórico y una posible propuesta. *Acta Bioethica*, v. 17, p. 189-197, 2011.

CURY, Thais Sanches Domingues; BARROS, Brina Camillo de; AQUINO, Ana Paula Alves de Oliveira; LOPES, Joaquim Roberto Costa. Fertilização *in vitro* (FIV) com óvulos doados. In: CAETANO, João Pedro Junqueira; MARINHO, Ricardo Mello; PETRACCO, Alvaro; LOPES, Joaquim Roberto Costa; FERRIANI, Rui Alberto (Org.). *Medicina reprodutiva SBRH*. São Paulo: Segmento Farma: SBRH, 2018.

DANTAS, Carlos Henrique Félix. *Aprimoramento genético em embriões humanos*. Limites ético-jurídicos ao planeamento familiar na tutela da deficiência como diversidade biológica. Belo Horizonte: Fórum, 2022.

DARWIN, Charles. *A Origem das Espécies no meio da seleção natural ou a luta pela existência na natureza*. Trad. Joaquim Mesquita Paul. v. 1. E-book. Disponível: www.ecologia.ib.usp.br/ ffa/arquivos/abril/ darwin1.pdf. Acesso em: 15 nov. 2023.

DEL CONT, Valdeir D. *Eugenia. A ciência do melhoramento das especificidades genéticas humanas*. Tese. Doutorado em Ciências Sociais da Universidade Estadual de Campinas – UNICAMP. Campinas, 2007.

DINIZ, Debora; AVELINO, Daniel. Cenário internacional da pesquisa em células-tronco embrionárias. *Revista Saúde Pública*, 2009;43(3):541-7.

DINIZ, Debora; GUEDES, Cristiano. A Ética na História do Aconselhamento Genético: um Desafio à Educação Médica. *Revista Brasileira de Educação Médica*, n. 33, 2, p. 247-252, 2009.

DINIZ, Maria Helena. *O estado atual do Biodireito*. 6. ed. rev. aum. e atual. São Paulo: Saraiva, 2009.

DONIZETTI, Leila. *Filiação Socioafetiva e Direito à Identidade Genética*. Rio de Janeiro: Lumen Juris, 2007.

DUARTE FILHO, Oscar Barbosa; TOGNOTTI, Elvio. Aconselhamento reprodutivo. In: CAETANO, João Pedro Junqueira; MARINHO, Ricardo Mello; PETRACCO, Alvaro; LOPES, Joaquim Roberto Costa; FERRIANI, Rui Alberto (Org.). *Medicina reprodutiva SBRH*. São Paulo: Segmento Farma: SBRH, 2018.

DWORKIN, Ronald. *Levando os direitos a sério*. São Paulo: Martins Fontes, 2002.

EMALDI CIRIÓN, Aitziber. *El consejo genético y sus implicaciones jurídicas*. Bilbao-Granada: Comares, 2001.

ESPAÑA. *Ley 14/2006*, de 26 de mayo, sobre técnicas de reproducción humana asistida. Disponível em: https://www.boe.es/eli/es/l/2006/05/26/14/con. Acesso em: 28 ago. 2023.

FEINBERG, Andrew. Epigenetics at the Epicenter of Modern Medicine. *JAMA*, 2008;299(11):1345-1350. doi:10.1001/jama.299.11.1345.

FERRAZ, Sérgio. *Manipulações biológicas e princípios constitucionais:* uma introdução. Porto Alegre: Sergio Antônio Fabris Editor, 1991.

FIUZA, César. *Direito Civil:* Curso completo. 18. ed. São Paulo: Ed. RT, 2015.

FOLHA DE SÃO PAULO. *Bebê gerado após seleção genética vai ajudar tratamento da irmã*. 16 fev. 2012. Disponível em: www1.folha.uol.com.br/equilibrioesaude/1049568-bebe-gerado-apos-selecao-genetica-vai-ajudar-tratamento-da-irma.shtml. Acesso em: 22 fev. 2023.

FRANCE. *Comité Consultatif National d'Ethique pour les Sciencesde la vie et de la Santé*. Réflexions sur l'extension du diagnostic pré-implantatoire. Disponível em: www.ccneethique.fr/sites/default/files /publications/avis072.pdf. Acesso em: 22 fev. 2023.

FRIAS, Lincoln. *A ética do uso e da seleção de embriões*. Florianópolis: Editora UFSC, 2012.

GAGLIANO, Pablo Stolze; PAMPLONA FILHO, Rodolfo. *Curso de direito civil*. São Paulo: Saraiva, 2016. v. 4, t. I.

GALLO DE SÁ, Paulo; MARTINS, Maria Cecília Erthal de Campos; SARTORIO, Cássio Alessandro Pagonon; DEMÔRO, Alessandra Viviane Evangelista; WERNECK, Caio Luis Vieira. Congelamento de embriões: aspectos clínicos e laboratoriais. In: CAETANO, João Pedro Junqueira; MARINHO, Ricardo Mello; PETRACCO, Alvaro; LOPES, Joaquim Roberto Costa; FERRIANI, Rui Alberto (Org.). *Medicina reprodutiva SBRH*. São Paulo: Segmento Farma: SBRH, 2018.

GALTON, Francis. *Hereditary genius. An inquiry into its laws and consequences*. London: Macmillan and Co, 1892.

GAWANDE, Atul. *Mortais*: nós, a medicina e o que realmente importa no final. Rio de Janeiro: Objetiva, 2015.

GEBER, Selmo. Implicações éticas do diagnóstico pré-implantacional. In: ROMEO CASABO-NA, Carlos Maria; QUEIROZ, Juliane Fernandes (Coord.). *Biotecnologia e suas implicações ético-jurídicas*. Belo Horizonte: Del Rey, 2004.

GOZZO, Débora; NOMURA-SANTIAGO, Maria Carolina. Inseminação caseira: Um debate sobre filiação. In: MASCARENHAS, Igor Lucena; DADALTO, Luciana (Coord.). *Direitos reprodutivos e planejamento familiar*. Indaiatuba, SP: Editora Foco, 2024.

GRACIA, Diego. *Pensar a bioética*: metas e desafios. São Paulo: Centro Universitário São Camilo; Loyola, 2010.

GUINDALINI, Rodrigo *et al.* Personalizing Precision Oncology Clinical Trials in Latin America: An Expert Panel on Challenges and Opportunities. *The Oncologist*, 2019, 24, 709-719.

HÄBERLE, Peter. *Hermenêutica Constitucional*: a sociedade aberta de intérpretes da constituição: contribuição para a interpretação pluralista e 'procedimental' da Constituição". Trad. Gilmar Mendes. Porto Alegre: Sergio Antônio Fabris Editor, 2002.

HABERMAS, Jürgen. *O futuro da natureza humana. A caminho de uma eugenia liberal?* Trad. Karina Janini. São Paulo: Martins Fontes, 2010.

HERINGER, Astrid; BURIN, Lucas. As células-tronco embrionárias e as repercussões do histórico julgamento do Supremo Tribunal Federal. In: IACOMINI, Vanessa (Coord.). *Biodireito e Genoma Humano*. Curitiba: Juruá Editora, 2013.

HOFFBRAND, A Victor; MOSS, Paul A. H. *Fundamentos em hematologia*. 6. ed. Porto Alegre: Artmed, 2013;

INSTITUTO NACIONAL DE CÂNCER – INCA. *Informações sobre transplante de células hematopoiéticas*. Disponível em: http://www2.inca.gov.br/wps/wcm/connect/orientacoes/site/home/ informacoes_sobre_doacao_de_medula_ossea. Acesso em: 21 maio 2023.

INSTITUTO NACIONAL DE CÂNCER – INCA. *Tópicos em transplante de células-tronco hematopoiéticas*. Rio de Janeiro: Ministério da Saúde, INCA, 2012. Disponível em: http://bvsms.saude.gov.br/bvs/publicacoes/topicos_transplante_celtronco_hematopoeticas.pd. Acesso em: 21 maio 2023.

JONAS, Hans. *Ética, medicina e técnica*. Trad. Antônio Fernando Cascais. Lisboa: Paimgráfica, 1994.

KEHL, Maria Rita. As máquinas falantes. In: NOVAES, Adauto (Org.). *O homem-máquina*: a ciência manipula o corpo. São Paulo: Companhia das Letras, 2003.

KEMP, Peter; RENDTORFF, Jacob. Princípio da vulnerabilidade. In: HOTTOIS, Gilbert; MISSA, Jean-Noel. *Nova Enciclopédia da Bioética*: medicina, ambiente, tecnologia. Trad. Maria Carvalho. Lisboa: Instituto Piaget, 2003.

KFOURI NETO, Miguel. *Responsabilidade civil do médico*. 7. ed. São Paulo: Ed. RT, 2010.

KOTECKI, José Aldair; CARVALHO, Luizz Fernando Pina de; MACEDO, José Fernando de. Visão geral e epidemiologia da infertilidade. In: CAETANO, João Pedro Junqueira; MARINHO, Ricardo Mello; PETRACCO, Alvaro; LOPES, Joaquim Roberto Costa; FERRIANI, Rui Alberto (Org.). *Medicina reprodutiva SBRH*. São Paulo: Segmento Farma: SBRH, 2018.

LACADENA, Juan-Ramon. *Genética y Sociedad*. Madrid, 2011. Disponível em: http://www.ranf.com/ pdf/ 2011.pdf. Acesso em: 12 jan. 2023.

LATOURELLE, Jonathon. The Report of the Committee of Inquiry into Human Fertilisation and Embryology (1984), by Mary Warnock and the Committee of Inquiry into Human Fertilisation and Embryology. *The embryo project encyclopedia*. 2014. Disponível em: https://embryo.asu.edu/pages/report-committee-inquiry-human-fertilisation-and-embryology-1984-mary-warnock-and-committee. Acesso em: 30 mar. 2023.

LAZAR JUNIOR, Felipe; GIACOBBE, Marcelo; MONTELEONE, Pedro Augusto Araujo. Indução e monitorização da ovulação na baixa complexidade: coito programado (CP) e inseminação intrauterina (IIU). In: CAETANO, João Pedro Junqueira; MARINHO, Ricardo Mello; PETRACCO, Alvaro; LOPES, Joaquim Roberto Costa; FERRIANI, Rui Alberto (Org.). *Medicina reprodutiva SBRH*. São Paulo: Segmento Farma: SBRH, 2018.

LEÃO JÚNIOR, Paulo Silveira Martins. O direito fundamental à vida dos embriões e dos anencéfalos. In: MARTINS, Ives Gandra da Silva (Coord.). *Direito fundamental à vida*. São Paulo: Quartier Latin/Centro de Extensão universitária, 2005.

LEITE, Eduardo de Oliveira. *Procriações artificiais e o direito*: aspectos médicos, religiosos, psicológicos, éticos e jurídicos. São Paulo: Ed. RT, 1995.

LEITE, Michel Lopes; COSTA, Fabricio F. Epigenômica, epigenética e câncer. *Revista Pan-Amaz Saúde*, 2017; 8(4):1-3, p. 3.

LEMOS, Vinicius. Os brasileiros que doam esperma para inseminações caseiras. *BBC Brasil*, 29 nov. 2017. Disponível em: https://www.bbc.com/portuguese/geral-42145205. Acesso: 21 abr. 2020.

LILIENTHAL, Debra; CAHR, Michelle Cahr. Genetic Counseling and Assisted Reproductive Technologies. *Cold Spring Harb Perspect Medicine*, 2020;10:a036566. Editors: Laura Hercher, Barbara Biesecker, and Jehannine C. Austin Additional Perspectives on Genetic Counseling: Clinical Practice and Ethical Considerations available at www.perspectivesinmedicine.org.

LIMA, Taisa Maria Macena de; SÁ, Maria de Fátima Freire de. *Ensaios sobre a infância e a adolescência.* 2. ed. Belo Horizonte: Arraes, 2019.

LOBO NETTO, Paulo Luiz. Direito ao estado de filiação e direito à origem genética: uma distinção necessária. *Revista CEJ,* Brasília, n. 27, p. 47-56, out.-dez. 2004.

LÔBO, Paulo. Entidades familiares constitucionalizadas: para além do *numerus clausus. Jus Navigandi,* Teresina, ano 7, n. 53, 1 jan. 2002. Disponível em: http://jus.com.br/artigos/2552. Acesso em: 02 jul. 2023.

MACÊDO, Manoel Antônio Silva. *Reprodução humana assistida:* Congelamento de embriões e direitos fundamentais. Belo Horizonte: Del Rey, 2023.

MAIA, Maria de Mascena Diniz; SILVA, Isaura Isabelle Fonseca Gomes da. *Conceitos básicos de epigenética para universitários.* Recife: EDUFRPE, 2020

MALANDA, Sergio Romeo. *Intervenciones genéticas sobre el ser humano y Derecho Penal. Consideraciones político-criminales y consecuencias dogmáticas.* Bilbao-Granada: Comares, 2006.

MANTOVANI, Ferrando. Uso de gametas, embriões e fetos na pesquisa genética sobre cosméticos e produtos industriais. In: ROMEO CASABONA, Carlos María (Org.). *Biotecnologia, Direito e Bioética:* Perspectiva em Direito Comparado. Belo Horizonte: Del Rey e PUC Minas, 2002.

MARGULIS, Lynn; SAGAN, Dorion. *O que é vida?* Trad. Vera Ribeiro. Rio de Janeiro: Jorge Zahar Ed., 2002.

MARINHO, Ricardo Mello; CHEHIN, Maurício Barbour; ROSA E SILVA, Ana Carolina Japur de Sá. In: CAETANO, João Pedro Junqueira; MARINHO, Ricardo Mello; PETRACCO, Alvaro; LOPES, Joaquim Roberto Costa; FERRIANI, Rui Alberto (Org.). *Medicina reprodutiva SBRH.* São Paulo: Segmento Farma: SBRH, 2018.

MARTINHAGO, Ciro. Teste genético pré-implantacional. In: BORGES JÚNIOR, Edson; BRAGA, Daniela Paes de Almeida Ferreira; SETTI, Amanda Souza (Coord.). *Reprodução humana assistida.* 2. ed. Rio de Janeiro: Atheneu, 2020.

MARTINS-COSTA, Judith. O Direito Privado como um "sistema em construção": as cláusulas gerais no Projeto do Código Civil brasileiro. *Revista de Informação Legislativa,* Brasília v. 35, n. 139, p. 6-8, 1998.

MARTINS-COSTA, Judith; FERNANDES, Márcia; GOLDIM, José Roberto. *Medusa legislativa.* Disponível em: www.bioetica.ufrgs.br/ibiosseg.htm. Acesso em: 17 abr. 2023.

MASCARENHAS, Igor Lucena. O exercício do planejamento familiar na esterilização voluntária e o erro médico por negligência informacional. In: MASCARENHAS, Igor Lucena; DADALTO, Luciana (Coord.). *Direitos reprodutivos e planejamento familiar.* Indaiatuba, SP: Editora Foco, 2024.

MEIRELLES, Ana Thereza. A informação na relação médico-paciente: o delineamento da obrigação mútua face ao argumento da vulnerabilidade. In: CONPEDI (Org.). *Biodireito e direitos dos animais.* XXVI Encontro Nacional do Conpedi. Florianópolis: Conpedi, 2018.

MEIRELLES, Ana Thereza. *A Proteção do ser humano no direito brasileiro:* Embrião, nascituro e pessoa e a condição de sujeito de direito. Rio de Janeiro: Lumen Juris, 2016.

MEIRELLES, Ana Thereza. *Neoeugenia e reprodução humana artificial:* Limites éticos e jurídicos. Salvador: Editora JusPodivm, 2014.

MEIRELLES, Ana Thereza. O estado regulatório da reprodução humana assistida no Brasil: da ausência de legislação ordinária ao regulamento deontológico atual. *Caderno Ibero-americano de Direito Sanitário,* Brasília, 12(1), 2023 10 https://doi.org/10.17566/ciads.v12i1.968.

MEIRELLES, Ana Thereza. Projetos parentais por meio de inseminações caseiras: Uma análise bioético-jurídica. *Revista Brasileira de Direito Civil – RBDCivil,* Belo Horizonte, v. 24, p. 101-119, abr./jun. 2020. DOI: 10.33242/rbdc.2020.02.006.

MEIRELLES, Ana Thereza; ARAÚJO FILHO, José Edson. Transplantes hematológicos e seleção genética em projetos parentais. *Revista de Direito Sanitário da USP,* São Paulo v. 20 n .2, p. 47-68, jul.-out. 2019.

MEIRELLES, Ana Thereza; GUINDALINI, Rodrigo. Oncogenética e dimensão preditiva do direito à saúde: a relevância da informação genética na prevenção e tratamento do câncer. In: SÁ, Maria de Fátima Freire de; MEIRELLES, Ana Thereza; SOUZA, Iara Antunes; NOGUEIRA, Roberto Pôrto; NAVES, Bruno de Oliveira Torquato (Coord.). *Direito e Medicina:* Interseções científicas. V.I. Biotecnologia e genética. Belo Horizonte: Conhecimento, 2021.

MEIRELLES, Ana Thereza; GUINDALINI, Rodrigo. Oncogenética e Estatuto da Pessoa com Câncer: Fundamentos bioético-jurídicos. *Revista Bioética,* Brasília, v. 30, n. 4, p. 705-714, out.-dez. 2022.

MEIRELLES, Ana Thereza; LINS-KESTERER, Liliane; VERDIVAL, Rafael. Vulnerabilidade e compreensão como fundamentos do consentimento na relação médico-paciente. *Revista Brasileira de Direito Civil – RBDCivil,* Belo Horizonte, v. 31, n. 1, p. 275-295, jan.-mar. 2022.

MEIRELLES, Jussara Maria Leal. *A vida humana embrionária e sua proteção jurídica.* Rio de Janeiro: Renovar, 2000.

MELO, Helena Pereira de. *A clonagem humana reprodutiva no direito internacional dos direitos humanos.* Coimbra: Almedina, 2019.

MELO, Helena Pereira. O eugenismo e o direito. In: MELO, Helena Pereira. *Manual de Biodireito.* Coimbra: Almedina, 2008.

MOORE, Keith L; PERSAUD, T.V.N; TORCHIA, Mark G. *Embriologia clínica.* 10. ed. Trad. Adriana de Siqueira et al. Rio de Janeiro: Elsevier, 2016.

MORAES, Suzana G.; COSTA, Carolina F. P.; PEREIRA, Luís Antônio V. D. Embriologia clínica. In: BORGES JÚNIOR, Edson; BRAGA, Daniela Paes de Almeida Ferreira; SETTI, Amanda Souza (Coord.). *Reprodução humana assistida.* 2. ed. Rio de Janeiro: Atheneu, 2020.

MORENO, Claudia Lucía Albujar. El Diagnóstico Genético Preimplantatorio y sus Implicancias Ético-Jurídicas como Mecanismo de Selección y Discriminación de la Vida del Concebido obtenido mediante Fecundación In Vitro. *Revista de Investigación Jurídica,* Chiclayo, n. 4, ano 2, p. 01-25.

MOTTA, Eduardo Leme Alves da; SERAFINI, Paulo Cesar; LORENZON, Aline Rodrigues. Técnicas de diagnóstico genético: PGT-A e PGT-M. In: CAETANO, João Pedro Junqueira; MARINHO, Ricardo Mello; PETRACCO, Alvaro; LOPES, Joaquim Roberto Costa;

FERRIANI, Rui Alberto (Org.). *Medicina reprodutiva SBRH*. São Paulo: Segmento Farma: SBRH, 2018.

MOUREIRA, Diogo Luna. *Pessoas e autonomia privada:* dimensões reflexivas da racionalidade e dimensões operacionais da pessoa a partir da teoria do direito privado. Rio de Janeiro: Lumen Juris, 2011.

NAVES, Bruno Torquato de Oliveira; SÁ, Maria de Fátima Freire de. *Direitos da Personalidade*. 2. ed. Belo Horizonte: Arraes, 2021.

NEVES, Maria do Céu Patrão. Legal initiative for Gestational Surrogacy in Portugal: an overview of the legal, regulatory, and ethical issues. *Revista Bioetica y Derecho*, Barcelona, 2022; 56: 55-74 DOI 10.1344/rbd2022.56.39614.

NEVES, Maria do Céu Patrão. Sentidos da vulnerabilidade: característica, condição, princípio. *Revista Brasileira de Bioética, v.* 2, n. 2, p. 157-172, 2006. Disponível em: https://periodicos. unb.br/index.php/rbb/ article/view/7966. Acesso em: 14 ago. 2023.

OLDT, Joachim. The concept of vulnerability in medical ethics and philosophy. *Philosophy, Ethics, and Humanities in Medicine, v.* 14, n. 6, 2019. Disponível em: https://pubmed.ncbi. nlm.nih.gov/30975177/#:~:text=While%20the%20ethical%20role%20of,that%20are%20 regarded%20as%20valuable. Acesso em: 14 ago. 2023.

OLIVEIRA, Lucas Costa de. *Gametas como mercadorias*. A superação dos desafios ético-jurídicos da comodificação de gametas humanos. Indaiatuba, SP: Editora Foco, 2023.

ONU. *Convenção Internacional sobre os Direitos da Criança*. Disponível em: https://www.unicef. org/brazil/convencao-sobre-os-direitos-da-crianca. Acesso em: 09 jul. 2023.

ONU. UNESCO. *Declaração Internacional sobre os Dados Genéticos Humanos*. Disponível em: www.unesdoc.unesco.org/images/0013/001361/136112porb.pdf. Acesso em: 30 dez. 2023.

ONU. UNESCO. *Declaração Universal sobre o Genoma Humano e os Direitos Humanos*. 25 de julho de 1997. Disponível em: www.unesdoc.unesco.org/images/0012/001229/122990por. pdf. Acesso em: 30 dez. 2023.

ORDÁS, Maria Cristina Hidalgo. *Análisis jurídico-científico Del concebido artificialmente. Em el marco de la experimentación gênica*. Barcelona: Editorial Bosch, 2002.

PARANÁ. 13ª Vara Cível de Curitiba. *Autos 27862/2010*. Juiz Alexandre Gomes Gonçalves. Sentença prolatada em 06 mar. 2012.

PEREIRA, Caio Mário da Silva. *Instituições de direito civil. Contratos*. Rio de Janeiro: Forense, 2004. v. 3.

PEREIRA, Lygia da Veiga. *Células-tronco:* Promessas e realidades. São Paulo: Moderna, 2013.

PEREIRA, Tânia da Silva; MELO, Carolina de Campos. Infância e juventude: os direitos fundamentais e os princípios constitucionais consolidados na Constituição de 1988. *Revista da EMERJ*, v. 6, n. 23, p. 265-266, 2003.

PERLINGIERI, Pietro. *Perfis do direito civil*. 2. ed. Rio de Janeiro: Renovar, 2002.

PETTERLE, Selma Rodrigues. *O Direito Fundamental à Identidade Genética na Constituição Brasileira*. Porto Alegre: Livraria do Advogado, 2007.

PETRACCO, Alvaro; BADALOTTI, Mariangela; HENTSCHKE, Marta Ribeiro; CAETANO, João Pedro Junqueira. A história da Fertilização *in vitro* (FIV). In: CAETANO, João Pedro Junqueira; MARINHO, Ricardo Mello; PETRACCO, Alvaro; LOPES, Joaquim Roberto Costa; FERRIANI, Rui Alberto (Org.). *Medicina reprodutiva SBRH*. São Paulo: Segmento Farma: SBRH, 2018.

PLATÃO. *A República*. Introdução, Tradução e notas de Maria Helena da Rocha Pereira. 9. ed. Lisboa: Fundação Calouste Gulbekian, 2001.

POTTER, Van Rensselaer. *Bioethics: Bridge to the future*. New Jersey: Prentice-Hall, 1971.

POTTER, Van Rensselaer. *Global Bioethics*. Michigan: Michigan State University, 1988.

PRANKE, Patrícia. A importância de se discutir o uso das células-tronco embrionárias para fins terapêuticos. Set. 2004. *Rev. Ciência e Cultura*. Disponível em:www.cienciaecultura. bvs.br/pdf/cic/v56n3/a17v56n3.pdf. Acesso em: 02 jul. 2023.

QUINTANA M. *et al*. Embarazo espontaneo generado por un varón con síndrome de Klinefelter sin-mosaico. *Revista Iberoamericana de Fertlidad,* v. 19, n. 4, p. 288-285, jul.-ago. 2002.

RAMPAZZO, Flaviana. *Consentimento do paciente no direito médico*. Validade, interpretação e responsabilidade. Idaiatuba, SP: Editora Foco, 2021.

RAPOSO, Vera Lúcia. *Se busca embrión en buenas condiciones para la aplicación del diagnostico preimplantacional y el bebe-medicamento*. Disponível em: www.saber.ula.ve/bitstream/.../1/ articulo5. pdf. Acesso em: 15 mar. 2023.

REDELARA. Rede Latinoamericana de Reproducción Assistida. *Registro 2019*. Disponível em: https://redlara.com/registro_anual.asp?categoria=Registros%20Anuais&USIM5=700. Acesso em: 1º mar. 2023.

RETTORE, Anna Cristina de Carvalho. *Gestação de substituição no Brasil:* a estrutura de um negócio jurídico dúplice, existente, válido e eficaz. Programa de Pós-graduação em Direito. Mestrado em Direito. Dissertação. Orientação: Professora Maria de Fátima Freire de Sá. PUC Minas, Belo Horizonte, 2018.

RETTORE, Anna Cristina de Carvalho; SÁ, Maria de Fátima Freire de. Registro civil de crianças nascidas de gestação de substituição no Brasil: uma análise a partir de julgamentos pelo tribunal supremo espanhol. *Biodireito e direito dos animais* (CONPEDI/UnB/ UCB/IDP/ UDF). Florianópolis: CONPEDI, 2016.

RETTORE, Anna Cristina de Carvalho; SÁ, Maria de Fátima Freire de. Patrimonialidade na gestação de substituição. In: MASCARENHAS, Igor; DADALTO, Luciana. *Direitos reprodutivos e planejamento familiar*. Indaiatuba: Foco, 2024.

RIBEIRO, Cláudio Barros Leal; SILVEIRA, George Hamilton Caldas; RUIZ, Erika Caldas Razuk. Gestação de substituição ou cessão temporária do útero. In: CAETANO, João Pedro Junqueira; MARINHO, Ricardo Mello; PETRACCO, Alvaro; LOPES, Joaquim Roberto Costa; FERRIANI, Rui Alberto (Org.). *Medicina reprodutiva SBRH*. São Paulo: Segmento Farma: SBRH, 2018.

ROCHA, Claudia Chagas. Gametogênese. In: A.R (Coord.). *Avanços em Reprodução Humana Assistida*. São Paulo: Atheneu, 2007.

RODOTÀ, Stefano. *La vida y las reglas*: entre el derecho e el no derecho. Madrid: Trotta, 2010.

RODRIGUES, Renata de Lima. *Planejamento familiar*: Limites e liberdade parentais. Indaiatuba, SP: Foco Editora, 2021.

ROMEO CASABONA, Carlos María. Aspectos jurídicos do aconselhamento genético. In: ROMEO CASABONA, Carlos María Romeo (Org.). *Biotecnologia, Direito e Bioética*: Perspectiva em Direito Comparado. Belo Horizonte: Del Rey e PUC Minas, 2002.

ROMEO CASABONA, Carlos Maria. *Do gene ao direito*. São Paulo: IBCCrim, 1999.

ROMEO CASABONA, Carlos María. *El debate en España sobre la legalización de la gestación por sustitución*. No prelo, 2023.

ROMEO CASABONA, Carlos Maria Romeo. Las prácticas eugenésicas: nuevas perspectivas. In: ROMEO CASABONA, Carlos Maria. *La eugenesia hoy*. Bilbao-Granada: Editorial Comares, 1999.

ROSA E SILVA, Ana Carolina Japur de Sá; ADAMI, Karina de Sá; MARINHO, Ricardo Mello; MAIA, Laura Maria Almeida. Preservação social de gametas. In: CAETANO, João Pedro Junqueira; MARINHO, Ricardo Mello; PETRACCO, Alvaro; LOPES, Joaquim Roberto Costa; FERRIANI, Rui Alberto (Org.). *Medicina reprodutiva SBRH*. São Paulo: Segmento Farma: SBRH, 2018.

ROSA E SILVA, Ana Carolina Japur de Sá; CHECHIN, Maurício Barbour; MARINHO, Ricardo Mello. Preservação da fertilidade em mulheres com câncer. In: CAETANO, João Pedro Junqueira; MARINHO, Ricardo Mello; PETRACCO, Alvaro; LOPES, Joaquim Roberto Costa; FERRIANI, Rui Alberto (Org.). *Medicina reprodutiva SBRH*. São Paulo: Segmento Farma: SBRH, 2018.

SÁ, Maria de Fátima Freire de. Corpo humano. In: ROMEO-CASABONA, Carlos María (Dir.). *Enciclopédia de bioderecho y bioética*. Granada: Comares, 2011.

SÁ, Maria de Fátima Freire de. La donación de gametos y el anonimato de los donantes. *Revista de Derecho y Genoma Humano*, Bilbao, v. 40, p. 195-216, 2014.

SÁ, Maria de Fátima Freire de; MOUREIRA, Diogo Luna. *Autonomia e morte digna*. Belo Horizonte: Conhecimento, 2022.

SÁ, Maria de Fátima Freire de; MOUREIRA, Diogo Luna. Responsabilidade civil do médico: Análises de casos a partir dos princípios normativos que justificam a formação do consentimento discursivo. In: OMMATI, José Emílio Medauar; SILVEIRA, Renato Marcuci Barbosa da (Coord.). *Teoria crítica do direito na perspectiva do direito privado*. Belo Horizonte: Conhecimento, 2019. v. 7, Coleção Teoria crítica do direito.

SÁ, Maria de Fátima Freire de; NAVES, Bruno Torquato de Oliveira. *Bioética e Biodireito*. 6. ed. Indaiatuba: Foco, 2023.

SÁ, Maria de Fátima Freire de; NAVES, Bruno Torquato; MOUREIRA, Diogo Luna; SOUZA, Iara Antunes de. Novas famílias e reprodução assistida. In: CAETANO, João Pedro Junqueira; MARINHO, Ricardo Mello; PETRACCO, Alvaro; LOPES, Joaquim Roberto Costa; FERRIANI, Rui Alberto (Org.). *Medicina reprodutiva SBRH*. São Paulo: Segmento Farma: SBRH, 2018.

SÁ, Maria de Fátima Freire de; OLIVEIRA, Lucas Costa de. A morte como o melhor interesse da criança: Uma proposta a partir dos casos Charlie Gard e Alfie Evans. *Revista de Bioética y Derecho*. Perspectivas Bioéticas, Barcelona. 2020:48.

SÁ, Maria de Fátima Freire de; PONTES, Maíla Mello Campolina. Autonomia privada e o direito de morrer. In: FIUZA, César; SÁ, Maria de Fátima Freire de; NAVES, Bruno Torquato de Oliveira (Coord.). *Direito Civil*: Princípios jurídicos no direito privado. Atualidades III. Belo Horizonte: Del Rey, 2009.

SÁ, Maria de Fátima Freire de.; SOUZA, Iara Antunes de. Termo de Consentimento Livre e Esclarecido e Responsabilidade civil do médico e do hospital. In: ROSENVALD, Nelson; MENEZES, Joyceane Bezerra de; DADALTO, Luciana (Coord.). *Responsabilidade Civil e Medicina*. 2. ed. Indaiatuba: Foco, 2021.

SÃO PAULO. TRIBUNAL DE JUSTIÇA DO ESTADO DE SÃO PAULO. *AC 1114911-38.2019.8.26.0100.*

SÃO PAULO. TRIBUNAL DE JUSTIÇA DO ESTADO DE SÃO PAULO. *Acórdão processo 1024709-26.2022.8.26.0224.*

SÃO PAULO. TRIBUNAL DE JUSTIÇA DO ESTADO DE SÃO PAULO. *Acórdão processo 1022163-72.2023.8.26.0576.*

SÃO PAULO. TRIBUNAL DE JUSTIÇA DO ESTADO DE SÃO PAULO. *Acórdão processo 1001267-16.2020.8.26.0575.*

SÃO PAULO. TRIBUNAL DE JUSTIÇA DO ESTADO DE SÃO PAULO. *Acórdão processo 1019511-22.2021.8.26.0554.*

SÃO PAULO. TRIBUNAL DE JUSTIÇA DO ESTADO DE SÃO PAULO. *Acórdão processo 1012225-60.2022.8.26.0003.*

SÃO PAULO. TRIBUNAL DE JUSTIÇA DO ESTADO DE SÃO PAULO. *Acórdão processo 1003733-76.2021.8.26.0565.*

SÃO PAULO. TRIBUNAL DE JUSTIÇA DO ESTADO DE SÃO PAULO. *Acórdão processo 1004874-05.2023.8.26.0002.*

SÃO PAULO. TRIBUNAL DE JUSTIÇA DO ESTADO DE SÃO PAULO. *Acórdão processo 1009371-88.2022.8.26.0037.*

SÃO PAULO. TRIBUNAL DE JUSTIÇA DO ESTADO DE SÃO PAULO. *Acórdão processo 1055550-93.2019.8.26.0002.*

SÃO PAULO. TRIBUNAL DE JUSTIÇA DO ESTADO DE SÃO PAULO. 8ª Câmara de Direito Público. *Agravo de Instrumento 2194127-40.2019.8.26.0000*. Relator: José Maria Câmara Junior. São Paulo, 19 de fevereiro de 2020.

SÃO PAULO. Tribunal de Justiça de São Paulo. *Apelação Cível 1000586-47.2020.8.26.0510*. Relator (a): José Rubens Queiroz Gomes. Órgão Julgador: 7ª Câmara de Direito Privado. Foro de Rio Claro - 2ª Vara Cível. Data do Julgamento: 11.02.2021. Data de Registro: 12.02.2021.

SCARABOTO, Débora; SCANTAMBURLO, Viviane; CENTA, Lídio Jair Ribas. Congelamento de espermatozoides: Aspectos clínicos e laboratoriais. In: CAETANO, João Pedro

Junqueira; MARINHO, Ricardo Mello; PETRACCO, Alvaro; LOPES, Joaquim Roberto Costa; FERRIANI, Rui Alberto (Org.). *Medicina reprodutiva SBRH*. São Paulo: Segmento Farma: SBRH, 2018.

SCHAEFER, Fernanda. Bebê medicamento: Entre a salvação e a objetificação do ser humano. In: MASCARENHAS, Igor Lucena; DADALTO, Luciana (Coord.). *Direitos reprodutivos e planejamento familiar*. Indaiatuba, SP: Editora Foco, 2024.

SCHETTINI, Beatriz. *Reprodução humana e direito:* o contrato de gestação de substituição onerosa. Belo Horizonte: Conhecimento, 2019.

SCHRAMM, Fermin Roland. Eugenia, Eugenética e o Espectro do Eugenismo: Considerações atuais sobre Biotecnociência e Bioética. *Revista Bioética,* CFM, Brasília, 2006. Disponível em: www.revistabioetica.cfm. org.br/index.php/revista_bioetica/article/viewFile/384/484. Acesso em: 02 dez. 2023.

SCHRAMM, Fermin Roland; SEGRE, Marco; LEOPOLDO e SILVA, Franklin. O Contexto Histórico, Semântico e Filosófico do Princípio de Autonomia. *Revista Bioética,* v. 6, n. 1. Disponível em: revistabioetica.cfm.org.br/index.php/revista_bioetica/article/viewArticle/321. Acesso em: 22 jun. 2023.

SCHRÖDINGER, Erwin. *O que é vida?* O aspecto físico da célula viva. Tradução de Jesus de Paula Assis e Vera Yukie Kuwajima de Paula Assis. São Paulo: Fundação Editora da UNESP, 1997.

SEGER-JACOB, Liliana; MELAMED, Rosie Marie Massaro. A saúde e a doença na reprodução humana assistida – Psicologia. In: BORGES JÚNIOR, Edson; BRAGA, Daniela Paes de Almeida Ferreira; SETTI, Amanda Souza (Coord.). *Reprodução humana assistida*. 2. ed. Rio de Janeiro: Atheneu, 2020.

SEMIÃO, Sergio Abdalla. *Os direitos do nascituro. Aspectos Cíveis, Criminais e do Biodireito*. 2. ed. rev. atual. e ampl. Belo Horizonte: Del Rey, 2000.

SGRECCIA, Elio. *Manual de Bioética I Fundamentos e ética biomédica*. 2. ed. São Paulo: Edições Loyola, 2002.

SINGER, Peter. *Ética prática*. Trad. Jefferson Luiz Camargo. São Paulo: Martins Fontes, 2006.

SOARES, Flaviana Rampazzo. *Consentimento do paciente no Direito Médico*. Validade, interpretação e responsabilidade. Indaiatuba: Foco, 2021.

SOTULLO, Daniel. El concepto de eugenesia y su evolución. In: ROMEO CASABONA, Carlos Maria. *La eugenesia hoy*. Bilbao-Granada: Editorial Comares, 1999.

SOUZA, Iara Antunes de. *Aconselhamento genético e responsabilidade civil*. As ações por concepção indevida (*Wrongful Conception*), nascimento indevido (*Wrongful Birth*) e vida indevida (*Wrongful life*). Belo Horizonte: Arraes Editores, 2014.

STANCIOLI, Brunello. *Lei não prevê crime para venda de óvulos*. 2013. Disponível em: https://www.conjur.com.br/2013-abr-28/brunello-stancioli-lei-nao-preve-crime-venda-ovulos/#:~:text=Logo%2C%20n%C3%A3o%20h%C3%A1%20crime%20previsto,ter%-C3%A1%20fins%20lucrativos%20ou%20comerciais. Acesso em: 10 jan. 2024.

STEPAN, Nancy Leys. *A hora da eugenia*. Raça, gênero e nação na América Latina. Trad. Paulo M. Garchet. Rio de Janeiro: Fiocruz, 2005.

STF. *Acórdão ADI 3510*. Disponível em: https://redir.stf.jus.br/paginadorpub/paginador.jsp?docTP= AC&docID =611723. Acesso em: 02 jul. 2023.

STF. *ADPF 54*. Disponível em: https://redir.stf.jus.br/paginadorpub/paginador.jsp?docTP=-TP&docID=3707334. Acesso em: 25 jul. 2023.

STF. Voto do Min. Relator Carlos Ayres de Britto. *Acórdão ADI 3510*. Disponível em: https://redir.stf.jus.br/paginadorpub/paginador.jsp?docTP= AC&docID =611723. Acesso em: 02 jul. 2023.

STJ. 4ª TURMA. *RESP 1918.421-SP*. Rel. Min. Marco Buzzi, Rel. p/Acordão Min. Luis Felipe Salomão. Julg. 08.06.2021, DJ 26.08.2021.

TAMMUZ. *Sobre a clínica*. Disponível em: https://www.tammuz.com/pt-br/. Acesso em: 1º set. 2023.

TEIXEIRA, Ana Carolina Brochado; RETTORE, Anna Cristina de Carvalho. A (des) necessidade de manifestação expressa em vida do cônjuge acerca do uso do material genético em caso de falecimento. In: MASCARENHAS, Igor Lucena; DADALTO, Luciana (Coord.). *Direitos reprodutivos e planejamento familiar*. Indaiatuba, SP: Editora Foco, 2024.

THE NATIONAL COMMISSION FOR THE PROTECTION OF HUMAN SUBJECTS OF BIOMEDICAL AND BEHAVIORAL RESEARCH. *Belmont Report*. 1978. Disponível em: https://www.hhs.gov/ohrp/ regulationsand-policy/belmont-report/index.html. Acesso em: 14 ago. 2023.

URUGUAY. *Ley 19.167/2013*. Regulacion de las tecnicas de reproduccion humana asistida. Disponível em: https://www.impo.com.uy/bases/leyes/19167-2013. Acesso em: 11 jan. 2024.

VASCONCELOS, Camila. *Direito médico e bioética*: história e judicialização da relação médico-paciente. Rio de Janeiro: Lumen Juris, 2020.

VEGA J.; VEGA M.; MARTINEZ Baza P. El hijo en la procreación artificial. Implicaciones éticas y medicolegales. *Cuadernos de Bioética*, 1995.

VELÁZQUEZ, José Luis. *Del homo al embrión. Ética y biologia para el siglo XXI*. Barcelona: Gedisa Editorial, 2003.

VERDIVAL, Rafael. *As implicações bioético-jurídicas do uso da edição genética como protocolo terapêutico*. Salvador: Ed. Autor, 2022.

VIANA, Melissa Machado; AGUIAR, Marcos José Burle de. Genética e reprodução humana. In: CAETANO, João Pedro Junqueira; MARINHO, Ricardo Mello; PETRACCO, Alvaro; LOPES, Joaquim Roberto Costa; FERRIANI, Rui Alberto (Org.). *Medicina reprodutiva SBRH*. São Paulo: Segmento Farma: SBRH, 2018.

VILLELA, João Baptista. Do fato ao negócio: em busca da precisão conceitual. *Estudos em homenagem ao professor Washington de Barros Monteiro*. São Paulo: Saraiva, 1982.

WARNOCK, Mary. *Fabricando bebês*. Trad. José Luis López Verdú. Barcelona: Gedisa Editorial, 2004.

WHO. World Health Organization. *Constitution*. Disponível em: https://www.who.int/about/governance/constitution. Acesso em: 20 fev. 2023.

ZYLBERKAN, Mariana. Inseminação caseira ganha impulso com pai 'real' e custo quase zero. *Folha de São Paulo,* 15 out. 2017. Disponível em: www1.folha.uol.com.br/cotidiano/2017/10/1927109-inseminacaocaseira-ganha-impulso-com-pai-real-e custo-quase--zero.shtml. Acesso em: 29 abr. 2023.